华东师范大学精品教材建设项目（2022 年度）

华东师范大学教材研究项目（2023 年度）

习近平新时代中国特色社会主义思想"三进"教材研究与建设基地（华东师范大学）项目

Rule-of-Law
Education in University

Legal Knowledge and Its Value of Moral Education

大学法治教育
法律知识及其德育价值

陈 融 ◎ 主编

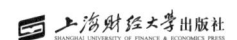

上海财经大学出版社

图书在版编目(CIP)数据

大学法治教育:法律知识及其德育价值 / 陈融主编.
-- 上海:上海财经大学出版社,2024.9
ISBN 978-7-5642-4335-7/F·4335

Ⅰ.①大… Ⅱ.①陈… Ⅲ.①大学生-社会主义法制-法制教育-研究-中国 Ⅳ.①G641.5

中国国家版本馆CIP数据核字(2024)第051135号

□ 责任编辑　吴晓群
□ 书籍设计　张克瑶

大学法治教育:法律知识及其德育价值

陈　融　主编

上海财经大学出版社出版发行
(上海市中山北一路369号　邮编200083)
网　　址:http://www.sufep.com
电子邮箱:webmaster @ sufep.com
全国新华书店经销
上海华业装潢印刷厂有限公司印刷装订
2024年9月第1版　2024年9月第1次印刷

710mm×1000mm　1/16　21.5印张(插页:2)　349千字
定价:68.00元

法律的权威源自人民的内心拥护和真诚信仰。人民权益要靠法律保障，法律权威要靠人民维护。必须弘扬社会主义法治精神，建设社会主义法治文化，增强全社会厉行法治的积极性和主动性，形成守法光荣、违法可耻的社会氛围，使全体人民都成为社会主义法治的忠实崇尚者、自觉遵守者、坚定捍卫者。

——《中共中央关于全面推进依法治国若干重大问题的决定》（2014年10月23日中国共产党第十八届中央委员会第四次全体会议通过）

撰 稿 人
（以撰写内容为序）

陈　融　杨　露　赵伟成　朱　佳
张　文　孙若溪　董　洁　任　雪

编写说明

法治教育,在规范性文件中也表述为"普法教育"或"法治宣传教育",是指面向非法律职业从业者或学习者开展的以法律相关知识、理念和技能为内容的教育活动。本书被命名为"大学法治教育:法律知识及其德育价值",不仅遵循法律与道德相辅相成的哲理关系,而且立足于我国大学法治宣传教育的发展历程和学科定位,更是对中国特色社会主义"坚持依法治国和以德治国相结合"治理方略的落实。

一、中华人民共和国成立后的大学法治教育历程及其德育课程归属

中华人民共和国成立后的法治教育是十一届三中全会以后随着社会主义法制建设的恢复而兴起发展的,与中国改革开放事业和中国特色社会主义法治建设同步。在我国高等教育课程体系中,面向非法学专业学生的通识性法律教育一直是大学生思想道德教育的重要组成部分。

(一)大学法治教育的探索阶段(1978—1986年):思想品德教育中普及法律常识

1978年10月4日,教育部发布《关于讨论和试行全国重点高等学校暂行工作条例》,提出高等教育的目标包括社会主义法治教育与革命传统教育、共产主义道德品质教育。随着新中国刑法、刑事诉讼法的颁布,中共中央提出"深入对广大党员、干部和群众宣传法律,加强法制教育",并要求把法制教育课列入各大中小学和各级党校的教学内容。据此,一些高校会在政治理论课教学和政治学习活动中,增加一些民主与法制教育的内容。1985年6月,中共中央宣传部、司法部在北京共同召开了新中国第一次专门的法制宣传教育工作会议。1985年11月,中央宣传部、司法部发布《关于向全体公民基本普及法律常识的五年规划》,指出"全

民普及法律常识是我国人民政治生活的一件大事,是社会主义精神文明建设的重要组成部分"。同时,中共中央发布的《关于改革学校思想品德和政治理论课程教学的通知》提出,在大学里有计划地进行理想、纪律、道德的教育。当时,法律知识融于道德教育与纪律教育之中。

(二)大学法治教育初步发展(1987—1996):思想道德教育课程体系中设置独立课程

1987年10月,国家教育委员会发布《关于高等学校思想教育课程建设的意见》,要求普通高等学校为本专科生普遍开设"法律基础"课。该文件不仅使大学法律知识教育有了专门的课程依托,而且明确了该类教育作为思想政治课组成部分的课程定位。1993年8月,中共中央组织部、中共中央宣传部、国家教育委员会发布《关于新形势下加强和改进高等学校党的建设和思想政治工作的若干意见》,将包括"法律基础"在内的"两课"定位为学生思想政治教育的主渠道。1995年10月国家教育委员会发布文件明确将"法律基础"确定为"两课"体系中的必修课。同年11月国家教育委员会发布《中国普通高等学校德育大纲》,将"民主法制教育"列入德育内容,推进了法治教育与道德教育的有机融合。1995年12月,国家教育委员会、中央社会治安综合治理委员会办公室、司法部印发《关于加强学校法治教育的意见的通知》,对不同年龄层次的学生提出不同的学习要求,再次强调了法治教育是学校德育工作的组成部分。1996年4月,第三个全民普法规划发布,突出了法治宣传教育的规范化、制度化,以及注重对法律意识的培养。全民普法规划进一步推动了学校法治教育在世纪之交的发展。

(三)大学法治教育的积极推进(1997—2011年):课程合并强化法治教育与道德教育的融合

1997年10月,中国共产党第十五次全国代表大会胜利召开。大会首次提出"依法治国""建设社会主义法治国家"等重要论断。1998年6月出台的《关于普通高等学校"两课"课程设置的规定及其实施工作的意见》,强调了"法律基础"作为本专科生必修课及其与"思想品德修养课"并列的地位。2004年8月出台的《中共中央、国务院关于进一步加强和改进大学生思想政治教育的意见》将"加强民主法制教育,增强遵纪守法观念"列入大学生素质教育的重要组成部分。2005年2月,中共中央宣传部、教育部发布《关于进一步加强和改进高等学校思想政治理论课的意见》,将高等学校马克思主义理论课和思想品德课归属为"高等学校思想政治理论课",并将面向本科生开设的7门思想政治理论课整合为4门,包括将"思想道德修养"与"法律基础"合并为"思想道德与法律基础"课程,实现道德教育与法治教育的融合。接下来的"五五普法规划"及"六五普法规划"继续强调大学法治教育的重要性。

(四)大学法治教育的深入发展(自2012年至今):反映新时代全面依法治国的理论与实践

2012年11月,中国共产党第十八次全国人民代表大会提出"全面依法治国"方略,"法治"被确立为中国特色社会主义核心价值观的内容。随着全民法治教育的蓬勃发展,提高思想道德素质和法治素养被确定为培养时代新人的必要路径。2013年6月,教育部、司法部等部门联合发布《关于进一步加强青少年学生法制教育的若干意见》。2014年10月,中共十八届四中全会召开,发布了《中共中央关于全面推进依法治国若干重大问题的决定》。文件首次使用"法治教育"概念,提出"坚持把全民普法和守法作为依法治国的长期基础性工作,深入开展法治宣传教育"。中央宣传部、司法部陆续发布的"七五"普法规划以及"八五"普法规划无一例外都将青少年列为普法教育的重点对象。2016年,教育部、司法部、全国普法办联合印发《青少年法治教育大纲》,其中要求"把法治教育融入学校教育的各个阶段",推进"法治教育要与道德教育相结合"。作为大学生法治教育的主渠道,"思想道德修养与法律基础"课程近年经历了数次改良。课程内容在2018年、2021年及2023年得到多次修正,及时反映了习近平新时代中国特色社会主义法治思想和法治建设成果。2021年起承担大学法治教育的课程名称改为"思想道德与法治"。新的课程名体现了"坚持依法治国和以德治国相结合"的治理方略在教育领域的落实。

二、本书的内容和特点

(一)注重法律知识传授与道德教育的结合

坚持"知识性与价值性的统一"是新时代高校思想政治理论教育的本质要求。

科学系统的知识是探索价值引领的基础。本书关照了与中学阶段法治教育的衔接,针对非法律专业的学生,根据高等教育阶段法治教育的目的,精心呈现了以下几个方面的法律知识:第一编是关于法律本体的基本知识,包括法律的定义、本质、特征、运行及其作用。第二编是国家法治建设的知识,包括历史进程、基本理论、制度体系及文化基础。第三编涉及公民个人法治素养,包括法律权利、法律义务以及法律责任的核心知识。根据新时代中国特色社会主义理论,"坚持依法治国和以德治国相结合"本质上要求发掘"道德对法治的支撑作用",同时"提高全民法治意识和道德自觉",尤其"要在道德教育中突出法治内涵,注重培养人们的法律信仰、法治观念、规则意识,引导人们自觉履行法定义务、社会责任、家庭责任,营造全社会都讲法治、守法治的文化环境"。① 据此,本书注重呈现法律知识的德育内核和德育价值。例如,在关于法的本体认知中引导学生树立马克思主义唯物史观,在阐述我国法治建设理论与实践成就的过程中注重培养学生对于中国特色社会主义的道路自信、理论自信、制度自信和文化自信,在讲授关于法律权利、法律义务及法律责任的相关知识点时,引导学生把握法律的道德基础,同时感受法律约束力与道德感召力,提升其思想道德素养及法治素养。

(二)注重理论与实践的结合

本书不仅阐述了马克思主义法学原理、西方经典法律思想以及中国特色社会主义法治理论,而且解释了法律权利、法律义务、法律责任、法律体系、党内法规、社会规范等核心概念,并且借助了国家及社会治理中的丰富素材帮助学生了解法治建设实践运行。本书所使用的实践素材丰富而鲜活,包括最新的立法文件、各级法院发布的社会主义核心价值观典型案例、人民法院和最高人民检察院发布的司法文书、行政机关开展专项治理的成果以及权威媒体上的相关资讯。本书致力于培养学生在两个层面的实践能力:一是增强学生依法办事、保护自我、理性解纷、明白是非、承担责任的能力,二是培养学生行使权利、参与自治以及展开批判性反思的能力。

---

① 习近平.坚持依法治国和以德治国相结合 推进国家治理体系和治理能力现代化[N].人民日报,2016—12—11(01).

（三）契合大学生的生活实践及成长空间

本书注重教育的针对性、时代感以及对学生的亲和力和吸引力。本书特别关照大学生生活实践及成长需求，向学生传播与其个人成长和交往空间紧密相关的法律常识和行为规则。例如，在讨论法律对诚信德性的保障时，本书特别介绍我国刑法规定的"组织考试作弊罪"及"代替考试罪"，以强化大学生在学习过程中的考试诚信。在讲解家庭美德及其法律保障时，本书帮助学生明晰恋爱关系中的权利和义务，引导学生认识到恋爱关系中对自身和对方人格权的尊重既是道德修养也是法律要求。结合新时代大学生网络生活实际，本书注重分析网络空间的道德规范与法律责任。总之，本书在理论阐述和案例分析中力求让学生感受法律规范对诚实守信、友善互助、爱国敬业、敬老孝亲等美德义行的支持，体会执法司法裁决的惩恶扬善功能，从而提升其思想道德素养及法治素养。

三、本书使用建议

本书是华东师范大学 2022 年度精品教材建设专项基金项目以及 2023 年度华东师范大学教材研究项目的研究成果。本书的使用适宜于以下情形：

第一，本书可作为"思想道德与法治"课程统编教材的辅助读本。"思想道德与法治"课程是目前非法律专业大学生接受法治教育的主渠道，其统编教材《思想道德与法治》设立第六章作为法治教育专章，而其他章节也零零散散包括诸多法律知识。本书对统编教材涉及的法律知识给予了深化，并根据《青少年法治教育大纲》对高等教育阶段法治教育的要求进行了拓展，由此帮助大学生对法学基本概念、中国特色社会主义法治理论、法律体系以及法律权利义务形成系统认识。

第二，本书可以作为"大学法治教育"类似选修课的专门教材。中共中央办公厅、国务院办公厅于 2019 年 8 月印发的《关于深化新时代学校思想政治理论课改革创新的若干意见》要求，"在保持思政课必修课程设置相对稳定基础上，结合大中小学各学段特点构建形成必修课加选修课的课程体系"。"大学法治教育"选修课将定位于传播法律知识、价值观塑造以及社会实践能力培养。本书旨在帮助青年学生树立法治意识、规则意识、诚信意识，充分发挥立德树人的育人功效。

第三，本书适合作为"思想道德与法治"课程任课教师的参考书，其中包含的概念解释、理论阐述、案例分析、立法信息等丰富素材对于教师组织教学有很强的适用性。

第四，本书不仅注重分析法律的道德底蕴以及价值观引导，追求法治教育与道德教育的融合，而且收集了大量围绕青年学生、体现德法共治的案例素材，对于法学专业学生的学习具有独特价值。

第五，关于立法文件名称的使用。原则上本书第一次使用立法文件时用全称，后文可根据具体情况使用简称。例如，第一次使用《中华人民共和国民法典》，后文可以根据语境要求使用《民法典》。

四、本书编写成员简介及其分工

本书编写组具有法学、思想政治教育、教育学等多学科背景，并立足于长期研究和教学实践，在编写工作中始终秉持严谨认真负责的态度，在内容选取中坚持价值观引领、专业知识传授、深厚学理解读、针对教学需求以及围绕生活实践等目标，严谨呈现法学核心知识点，精心挑选适合大学生的实践案例。编写组成员精诚团结、相互审阅、坦诚批评。主编陈融教授对每部分书稿均进行了多遍审阅，并与撰稿者对稿子进行逐字逐句讨论后提出修改意见，最后进行统稿和文字完善。

1.陈融（女，华东政法大学法学博士）于华东师范大学从事法学专业及思想政治教育相关教学工作二十余年。近年发表了与本书内容紧密相关的前期研究成果，包括《社会主义核心价值观入法的理论基础、现实需求及实现路径》《论将爱国主义融入法治建设的逻辑理据与实践策略》《论社会主义法治促进和保障道德建设的使命》《法治社会目标视域下网络道德建设路径探析》《党内法规体系建设的新时代成就：致力于推进党的领导制度化法治化》《中华人民共和国爱国主义教育法的内容特点与实施建议》以及《中华人民共和国爱国主义教育法的多重价值》等学术论文。负责本书章节结构及标题设计，撰写本书编写说明、第一章、第二章、第三章及第四章内容，并对本书其他章节进行审阅、完善及统稿。

2.杨露（女，华东师范大学法学博士，中共四川省委党校教师）撰写本书第五章。

3.赵伟成（男，上海师范大学法学硕士，华东师范大学马克思主义学院博士研究生）撰写本书第六章。

4.朱佳(女,华东政法大学法学硕士,华东师范大学马克思主义学院博士研究生,上海电子信息职业技术学院副教授)撰写本书第七章。

5.张文(女,兰州理工大学法学硕士,华东师范大学马克思主义学院博士研究生)撰写本书第七章。

6.孙若溪(女,英国伦敦大学学院比较教育学硕士,华东师范大学马克思主义学院博士研究生)撰写本书第八章。

7.董洁(女,兰州大学法学硕士,华东师范大学马克思主义学院博士研究生,兰州城市学院讲师)撰写本书第九章。

8.任雪(女,华东师范大学法学硕士,华东师范大学马克思主义学院博士研究生)撰写本书第十章。

编写组成员诚挚希望该书能够成为"有用又好用"的大学生法治教育教材,能够对学生的法治素养以及思想道德素养的提升做出切实贡献。对于本书可能存在的种种不足,请各位读者给予批评和指正。本书撰稿人将认真吸取各位的合理建议,在未来工作中对该书予以完善。

同时感谢上海财经大学出版社的大力支持!

目 录

第一编 法律本体认识：本质、历史、作用及运行

第一章 法律的本质与特征 / 3
  第一节 关于"法律是什么"的丰富学说 / 3
  第二节 经典马克思主义法学观 / 8
  第三节 法律的特征 / 14

第二章 法律的起源与发展 / 18
  第一节 法律起源的动力和形式 / 18
  第二节 奴隶社会法律 / 20
  第三节 封建社会法律 / 22
  第四节 资本主义法律 / 25
  第五节 社会主义法律 / 27

第三章 法律的作用 / 30
  第一节 法律作用的主要方式 / 30
  第二节 科学认识法律作用的限度 / 33

第四章 法律的运行 / 36
  第一节 法律的创制 / 36
  第二节 法律执行 / 43

第三节　司法 / 49
第四节　法律遵守 / 52

第二编　法治国家建设：道路、理论与制度

第五章　中国法治文明的道路历程 / 61
第一节　传统中国法律文化的流变 / 61
第二节　近代中国的法律变革与转型 / 71
第三节　中华人民共和国成立以来的法治建设历程与成就 / 80
第四节　新时代中国特色社会主义法治建设 / 90

第六章　全面依法治国的理论创新 / 103
第一节　准确把握全面依法治国的指导思想、目标抓手与工作布局 / 103
第二节　坚持党的领导、人民当家作主、依法治国有机统一 / 110
第三节　坚持科学立法、严格执法、公正司法、全民守法的动态和谐 / 115
第四节　坚持依法治国与以德治国相结合的治理策略 / 124

第七章　法治中国建设的制度保障 / 135
第一节　中国特色社会主义法律体系 / 135
第二节　党内法规制度体系 / 153
第三节　社会规范体系 / 169

第三编　个人法治素养：权利、义务与责任

第八章　法律权利及其道德情感 / 185
第一节　法律权利的基本理论 / 185
第二节　政治权利及其行使 / 195

　　　　第三节　民事权利及其行使 / 204
　　　　第四节　社会经济文化权利及其行使 / 218

第九章　法律义务及其道德基础 / 230
　　　　第一节　法律义务的基本理论 / 230
　　　　第二节　我国公民的基本义务 / 238
　　　　第三节　公民基本义务的主要内容 / 241

第十章　法律责任及其道德理性 / 263
　　　　第一节　法律责任的基本理论 / 263
　　　　第二节　民事责任 / 270
　　　　第三节　行政责任 / 279
　　　　第四节　刑事责任 / 289

参考文献 / 300

第一编

法律本体认识：本质、历史、作用及运行

在现代汉语中，"法律"一词有广义和狭义之分。广义的法律指所有具有法定效力的规范性文件。狭义的法律指国家专门立法机关制定的规范性文件，在我国指全国人民代表大会及其常务委员会制定的规范性文件。按照文件的效力位阶，当代中国法的表现形式包括宪法、法律（由全国人民代表大会制定的基本法以及由全国人民代表大会常务委员会制定和修改的非基本法）、行政法规（由最高国家行政机关国务院制定）、地方性法规、自治条例和单行条例、行政规章（部门规章和地方规章）、军事法规和规章、特别行政区的发源、国际条约。本课程的教学立足于法治观念培养，主要是广义上使用法律概念，包括后文讲到立法、执法、司法、守法、依法治国等概念时，都是使用广义上的法。①第一编围绕法律的本质、特征、历史、运行和作用展开对法及法律的本体认识。

---

① 至于西文中"法"及"法律"的表达，除了英语中的"law"外，在欧洲大陆各主要民族的语言中，广义的法律与狭义的法律分别用不同的词来表达，如拉丁语中的 jus 和 lex，法文中的 droit 和 loi，德文中的 recht 和 gesetz。其中，jus、droit、recht 等词不仅有法的意思，而且有权利、公平、正义的含义。

第一章 法律的本质与特征

"什么是法"或"法律是什么"自古是思想家探索的重要话题。历代思想家们的学说观点丰富了人类法学思想,给后世留下启示。不过,由马克思、恩格斯创立的辩证唯物主义和历史唯物主义催生了真正科学的法律认识观。[①] 法律的特征,是法的本质外化于法律规范的特殊表征。这些特殊性表现在法律的创制方式、内容表达、调整方式以及实施方式等方面,也是法律与道德、风俗习惯、政党政策等社会规范的外在区别。本质与特征是关于法律本体认知的核心内容。

第一节 关于"法律是什么"的丰富学说

法律早已成为人类调整社会关系的重要依据,也是反映特定民族国家政治、经济、文化的重要载体。东西方思想家在两千多年前就开启了关于"什么是法"及"法律是什么"的探索。汉语中"法"的古体是"灋"(fǎ),其中蕴含了古老的文化寓意。在西方文明史中,"法"曾经被理解为"自然正义""神的意志""法自君出""人类理性""公共意志""主权者的命令"等抽象事物的代表。马克思、恩格斯在深入研究前述学说的基础上提出新的法学认识观,实现了历史性超越。历史唯物主义

---

① 卡尔·海因里希·马克思(德语:Karl Heinrich Marx)于 1818 年 5 月 5 日诞生于德国莱茵省特利尔城的一个犹太律师家庭,其父亲是特利尔高等上诉法院律师。 1835 年 10 月,马克思中学毕业后进入波恩大学法律系学习。 1836 年 10 月,马克思离开波恩大学到柏林大学,继续攻读法学,在学习期间试图构架法哲学体系。 马克思、恩格斯的法律思想十分丰富,散见于马克思主义经典作家的大量文章中,同他们的哲学、政治学、经济学、伦理学、社会学、历史学、人类学等思想交织在一起。 马克思主义法学是马克思主义理论体系的重要组成部分,是马克思、恩格斯刻苦实践和潜心钻研的科学成果。

理论基础是正确理解法的起源与发展、法的本质与特征以及法的作用的科学路径。

一、"法"与"律"的汉语词源与语义

根据我国第一本字书——《说文解字》的考证,汉语中"法"的古体是"灋"。"灋,刑也,平之如水;廌,所以觸不直者去之,从去。"[①]该解释传递了古人关于"法"的三层含义:第一,中国古代的有些阶段,"法"与"刑"是相通的。古代的刑,有刑戮、刑罚和规范之意;第二,"平之如水,从水",一种解释认为古人对灋寄予了公平正义之意,也有解释认为这表达了法律的惩罚功能,即驱逐、裁判,置罪者于水之上,使之随流飘去;第三,"触不直者去之,从去",表明了法具有的"明断是非"或"神明裁判"之威严。"廌"(zhì),即解廌,是神话传说中的一种神兽,据说,它能辨别曲直,在审理案件时,它能用角去触理曲的人。[②] 王充的《论衡》有其廌"性知有罪,有罪则触,无罪则不触"。关于"灋"的词意解释,不仅寄予了"法"内含的"公平""惩罚""裁判"等价值与功能,而且其中关于"廌"的传说延续为中国法律文化的重要符号,獬豸图案长期用于与法律有关的物品或场所,包括官员的服饰。著名法律史学家程树德[③]先生曾描述"前清凡执法者,犹用獬豸为补服"[④]。

与"法"密切相关的一个字是"律"。从中国法制史的演进来看,"律"代表着"法"的制度化,即国家政权机关对行为规则的制定和公布。春秋时期,由于铁器与牛耕的逐步推广、水利灌溉的发展,生产力水平得以提高,土地私有制的出现冲击了井田制以及与之并行的宗法制、分封制,历史最终陷入"礼崩乐坏"的转型局面。新兴地主阶级为了推进社会改革,纷纷主张以公开的、划一的法取代奴隶制

---

① [汉]许慎.说文解字[M].影印本.北京:中华书局,1963:202.
② "灋"的造字构意,源出一个历史传说。春秋战国时期,齐庄公有个叫壬里国的臣子,与另一位叫中里缴的臣子打了三年官司。因为案情难以判断,齐庄公就让"廌",即神兽獬豸,来听他二人自读诉状。结果壬里国的诉状读完,獬豸没有什么表示,而中里缴的诉状还没有读到一半,獬豸就用角顶翻了他。于是,齐庄公判决壬里国胜诉。这种以角触断罪的方法,被古人用"会意"的方法放进了"灋"字的构形之中。
③ 程树德(1877—1944年),著名法律史学家,毕业于日本法政大学法律科,回国后通过留学生授职考试,被赐予法政科进士,授翰林院编修。他一生从事国际法、宪法、中国法制史研究。其主要著作有《宪法历史及比较研究》《九朝律考》《论语集释》(全四册)《说文稽古篇》等。
④ 程树德.说文稽古篇[M].北京:商务印书馆,1957.

的礼与秘密的"刑"。新兴地主阶级的变法原则包括"事断于法""法与时转""刑无等级""重刑轻罪""布之于众"等。魏国的法家学派代表李悝集诸侯国立法之大成，制定《法经》，开创了中国历史上第一部封建成文法典，并改"刑"为"法"，首开先列罪名再规定刑罚的立法体例。卫国的商鞅前往魏国学法，然后带着李悝的《法经》到秦国推行变法，改"法"为"律"。据《说文解字》的解释，"律，均布也"。段玉裁①注曰："律者，所以范天下之不一而归于一，故曰均布也。""均布"，是古代调节音律的工具，商鞅以"律"代"法"，强调了法律的普遍性、公开性以及一体制裁作用，是李悝"改刑为法"的发展，开启了后世历代封建立法以"律"命名的传统，包括秦律、汉朝《九章律》、隋朝《开皇律》、唐朝《永徽律》、《大明律》以及《大清律例》等。先秦法家在推行变法过程中也留下了诸多关于"法是什么"的名言。例如，韩非子有言，"法者，编著之图籍，设之于官府，而布之于百姓者也"②；"法者，宪令著于官府，刑罚必于民心，赏存于慎法，而罚加乎奸令者也"③。管子有言，"尺寸也、绳墨也、规矩也、衡石也、斗斛也、角量也、谓之法"④。

总之，在中国法制史演进中，"法"强调公平、正义的裁判标准，比"法"更晚出现的"律"侧重描述公布于众的人人必须遵守的规则。"法"强调内涵，较为抽象。"律"强调形式，更为具体。不过，二者的使用也并非严格区分。《唐律疏议》说："律之与法，文虽有别，其义一也。"在19世纪中期清末法制变革之前的漫长封建社会，"一准乎礼""礼法合一"成为绵延不断的制度主线，不论是"法"还是"律"，都维护着以"亲亲""尊尊"为核心的儒家伦理。至于"法律"一词，在清末民初才被广泛使用，据说是受日本的影响。⑤

二、关于"什么是法"的西方法学史

古希腊哲学家从人们天然的自然联系出发坚持"自然法"的存在，将法律描述为符合自然要求、体现自然正义的秩序规则，且"自然法"高于"人定法"。例如，亚

---

① 段玉裁（1735—1815年），清代文字训诂学家、经学家，著有《说文解字注》《六书音韵表》《古文尚书撰异》《毛诗故训传定本》《经韵楼集》等。
② ［战国］韩非.韩非子·难三［M］.张觉，译.上海：上海古籍出版社，2012.
③ ［战国］韩非.韩非子·定法第四十三［M］.张觉，译.上海：上海古籍出版社，2012.
④ ［春秋］管仲·管子·七法［M］.李山，轩新丽，译.北京：中华书局，2019：98.
⑤ 孙国华，朱景文.法理学［M］.4版.北京：中国人民大学出版社，2015：18.

里士多德(Aristotle,公元前 384—公元前 322 年)认为,"城邦以正义为原则"①"法律的实际意义应该是促成全邦人民都能进于正义和善德的制度"②。公元 476 年西罗马帝国灭亡至 1640 年英国资产阶级革命,史称西欧中世纪。在这漫长的一千多年,神学主义的政治法律观占据主导地位,正如恩格斯所言:"中世纪的世界观本质上是神学世界观……教会信条自然成了任何思想的出发点和基础。法学、自然科学、哲学,这一切都由其内容是否符合教会的教义来决定。"③以基督教经典——《圣经》为代表的神法被视为最高的法律渊源。例如,圣·奥古斯丁(Saint Aurliustinus Augustine,354—430 年)认为,"人法"是"神法"的派生物,而"神法"是神的理性和意志,且是永恒的,"在你(指上帝)的惩罚范围中哪能避开你的法律""你的法律即真理",而"真理即你的法律"④。总之,西欧中世纪思想家将上帝意志作为法律的来源。

资产阶级政治法律思想早在 14 世纪至 16 世纪反对封建主义意识形态的文艺复兴时期就已萌芽,到 17、18 世纪资产阶级革命中获得长足发展。思想家们以古典自然法思想、社会契约论、天赋人权论等学说开辟了法学的新时代。代表性的思想家包括胡果·格劳秀斯(Hugo Grotius,1583—1645 年)、巴鲁赫·德·斯宾诺莎(Baruch de Spinoza,1632—1677 年)、托马斯·霍布斯(Thomas Hobbes,1588—1679 年)、约翰·洛克(John Locke,1632—1704 年)、托马斯·杰斐逊(Thomas Jefferson,1743—1826 年)、潘恩(Thomas Paine,1737—1809 年)、孟德斯鸠(Montesquieu,1689—1755 年)、卢梭(J. J. Rousseau,1712—1778 年)、伊曼努尔·康德(Immanuel Kant,1724—1804 年)、约翰·费希特(Johann Fichte,1762—1814 年)以及格奥尔格·黑格尔(Georg W. Hegel,1770—1831 年)等。这一阶段资产阶级政治法律思想的显著特点是以理性主义、人文主义代替古代的自然主义和中世纪的神权主义。

作为古典自然法(理性自然法)学派的代表,卢梭认为,"法律乃是公意的行

---

① [古希腊]亚里士多德. 政治学 [M]. 北京:商务印书馆,1996:9.
② [古希腊]亚里士多德. 政治学 [M]. 北京:商务印书馆,1996:138.
③ 转引自:谷春德,史彤彪. 西方法律思想史 [M]. 北京:中国人民大学出版社,2017:61.
④ [古罗马]奥古斯丁. 忏悔录 [M]. 北京:商务印书馆,1981:40.

为"①。法律调整普遍性的抽象行为,"我的意思是指法律只考虑臣民的共同体以及抽象的行为,而不考虑个别的行为"②。卢梭将之前格劳修斯、霍布斯以及洛克倡导的社会契约学集大成。他认为,人类进入文明社会的必经方式是签订社会契约,契约的核心条款是每个结合者将其自身一切权利转让给整个集体。③ 社会契约对个体的天然欲望有所限制,但保护了根本的权利和整体的自由。"人类社会因契约而丧失的,乃是他的天然的自由以及对于他所企图和所能得到的一切东西的无限的权利;而他所获得的,乃是社会的自由以及对于他所享有的一切东西的所有权。"④作为卢梭思想的继承者和发展者,康德认为,"关于权利和法律原理的理论知识,不同于实在法和经验的案件,属于纯粹的权利科学。所以权利科学研究的是有关自然权利原则的哲学上的并且是有系统的知识"⑤。法律可以理解为"全部条件,根据这些条件,任何人的有意识的行为,按照一条普遍自由法则,确实能够和其他人的有意识的行为相协调"⑥。黑格尔在《法哲学原理》中探讨了法的本质,即"法的基础是精神的东西,它的确定地位和出发点是意志,意志是自由的,所以自由就构成法的实体和规定性"⑦。"任何定在,只要是自由意志的定在,就叫作法,所以一般说来,法就是作为理念的自由。"⑧

到19世纪,伴随着欧洲封建势力对法国大革命的反抗,在德国出现了以狭隘的民族主义为特征的历史法学派。以弗里德里希·卡尔·萨维尼(Friedrich Karl Savigny,1779—1861年)为代表的历史法学派竭力反抗18世纪的革命精神,攻击理性自然法,反对用理性自然法代替封建习惯法。萨维尼认为,法律随着民族的发展而发展,随着民族力量的加强而加强,最后如同一个民族失去它的民族性而消亡;法律如同一个民族特有的语言和风俗,具有特定的属性,受同样的发展规律支配。所以法律的形成依赖民族内部默默起作用的力量,而不是依靠立法者的武

---

① [法]卢梭. 社会契约论 [M]. 北京:商务印书馆,1980:51.
② [法]卢梭. 社会契约论 [M]. 北京:商务印书馆,1980:50.
③ [法]卢梭. 社会契约论 [M]. 北京:商务印书馆,1980:23.
④ [法]卢梭. 社会契约论 [M]. 北京:商务印书馆,1980:30.
⑤ [德]康德. 法的形而上学原理 [M]. 北京:商务印书馆,1991:38.
⑥ [德]康德. 法的形而上学原理 [M]. 北京:商务印书馆,1991:40.
⑦ [德]黑格尔. 法哲学原理 [M]. 北京:商务印书馆,1982:10.
⑧ [德]黑格尔. 法哲学原理 [M]. 北京:商务印书馆,1982:36.

断意志。①

  同时期具有重大影响的法学流派还有功利主义法学及其影响下的分析法学。18世纪中叶,发源于英格兰中部地区的一系列技术革命引起了从手工劳动向动力机器生产转变的飞跃,由此引发了持续近一百年的西方工业革命。工业革命无疑给社会生产和经济生活带来了变革,也带来了19世纪西方法律思想界的活跃。英国法学家杰里米·边沁(Jeremy Bentham,1748—1832年)认为,"避苦求乐"是人的本能和目的,政府的职责就是通过避苦求乐来增进社会的幸福,而立法艺术就是教导共同体成员按照立法者的意思依据总体上最有利于共同体幸福的方式来行事。② 至于法律的含义,边沁强调制定者的权威性而不是律令的内容,"被承认有权制定法律的个人或群体为法律而制定出来的任何东西,俱系法律""凡一举打上君王印记的,就是一项法律""强制性的法律就是命令"③。边沁的法律命令说被约翰·奥斯丁(John Austin,1790—1859年)继承,成为分析法学派最重要的法律分析方法。奥斯丁认为,"人们所说的准确意义的法或规则,都是一类命令"④。以"命令"为核心的奥斯丁法律定义还包括了强制、政治优势者、责任以及法律制裁等要素。

第二节　经典马克思主义法学观

  出生于德国的卡尔·马克思(Karl Marx)恰好生长于风云涌动的19世纪。他正是基于对前述丰富学说的研究以及自身的实践思考,逐步形成了自己的唯物主义法学观。第一,把法律现象放置到整个社会大系统中来考察,科学地确定法律在社会系统中的地位,揭示法律与社会系统的相互作用,把握社会进步与法律发展的内在机制。第二,深入分析法律与社会经济生活条件之间的关系,强调法是一定社会经济关系的法权表现,揭示法与统治阶级意志之间的内在关联。第

---

① 谷春德,史彤彪.西方法律思想史[M].北京:中国人民大学出版社,2017:218-219.
② [英]边沁.道德与立法原理导论[M].时殷弘,译.北京:商务印书馆,2000:361.
③ [英]边沁.道德与立法原理导论[M].时殷弘,译.北京:商务印书馆,2000:370-371.
④ [英]约翰·奥斯丁.法理学的范围[M].刘星,译.北京:中国法制出版社,2003:17.

三,批判地继承文明社会法学的思想精华,精辟地阐发法律现象的价值属性。①

一、马克思历史唯物主义法学观的形成

1835年10月,17岁的马克思中学毕业后进入波恩大学法律系学习。在波恩大学的一年时间里,马克思勤奋学习了"法学全书""法学纲要""罗马法史""德意志法学史""欧洲国际法"和"自然法"等课程。1836年10月,马克思离开波恩大学到柏林大学继续攻读法学,在学习期间试图构架法哲学体系。在从事法学探究的初期,马克思深情拥抱卢梭以及康德的理性主义法学观,反映了青年马克思对当时时代精神的把握以及内心的理想主义激情。但是在深刻反思中,马克思发现了康德及其学生费希特的法学观的内在困境,也就是说,法被看作先验的范畴,是从所谓"科学原则的纯粹理性形式"中推演出来的,从而歪曲了法的内容、形式与现实生活的真实联系。而且,马克思也捕捉到以理性主义法学观为基础建立法哲学体系的最大障碍就是"现有的东西"和"应有的东西"之间的对立,这种坚硬的对立恰恰是唯心主义固有的。马克思认为,"应有"与"现有"不应该互相对立,而应该是统一的,并且应该从"现有"事物自身矛盾的东西出发来求得这种统一;同样,法哲学的理论部分应该奠基于实证部分,形式也必须从内容中产生出来,形式只能是内容的发展。②

基于以上思考,马克思转向黑格尔学说。马克思在1836年到柏林大学不久,就参加了青年黑格尔派的"博士俱乐部",并很快赢得这个团体团员的尊重。马克思在研读大量著作中认识到黑格尔哲学方法论对于探索法的本质的重要性。历史法学派的浓厚封建色彩让马克思感到窒息,反映德国资产阶级利益的青年黑格尔派表现的狂热的个人主义情绪让马克思感到不安。于是,马克思巧妙地将康德与黑格尔的思想结合起来,用新的时代精神去改造他们的思想,以此来确定自己的新法学世界观,或曰"新理性批判精神"。③ 这种新法学观首先以古希腊思想史作为分

---

① 李光灿,吕世伦.马克思恩格斯法律思想史[M].修订版.哈尔滨:黑龙江美术出版社,2018:1.
② 李光灿,吕世伦.马克思恩格斯法律思想史[M].修订版.哈尔滨:黑龙江美术出版社,2018:31—32.
③ 李光灿,吕世伦.马克思恩格斯法律思想史[M].修订版.哈尔滨:黑龙江美术出版社,2018:35.

析对象。从1839年初起,马克思开始全面研究古希腊思想史,后来撰写了著名的《德谟克利特的自然哲学和伊壁鸠鲁的自然哲学的差别》一文,即其博士论文。

马克思于1841年获得耶拿大学哲学博士学位后,开始为德国《莱茵报》撰稿,后成为该报编辑。1841年12月,德国国王威廉四世颁布新的书报检查令,马克思敏锐地觉察到新书报检查令存在限制出版自由的危险,于是撰文予以揭露。马克思运用新理性批判主义法学观,深入分析法与自由的关系,抨击专制制度,捍卫出版自由。马克思指出,"法律不是压制自由的措施,正如重力定律不是阻止运动的措施一样……恰恰相反,法律是肯定的、明确的、普遍的规范,在这些规范中自由获得了一种与个人无关的、理论的、不取决于个别人的任性的存在。法典是人民自由的圣经"[①]。马克思还指出了书报检查令以人的"倾向"作为惩罚客体的错误实质,并以此为切入点分析了法律评判应有的客观性,即应该以人的外在行为而不是思想作为调整对象。1842年初夏到1843年初,马克思更加广泛地参与社会政治生活。19世纪前半期的德国,时常有贫民因生活所迫而盗窃林木从而遭受严厉惩罚的案件。莱茵省议会试图通过加大对民众处罚的方式达到保护地主贵族利益的目的,要求把贫民习惯性的捡拾枯枝的行为也列入盗窃林木的范畴。莱茵省议会对贵族的偏袒和对农民的无情让马克思发现了立法者所代表的利益对法律的决定性作用,也让马克思意识到黑格尔关于"理性国家"观点与现实生活大相径庭,于是他开始关注被以往思想家忽略的经济问题,并试图厘清国家、法和市民社会的关系。马克思于1844年春发表的《经济学-哲学手稿》(简称《巴黎手稿》)不仅标志着他在经济学方面的成就,而且代表马克思对法学理解的重大突破。

1845年2月,马克思被法国当局逐出巴黎,迁居布鲁塞尔。同年4月,恩格斯也到达布鲁塞尔。两人开始第二次伟大的合作,共同撰写题为"德意志意识形态"[②]的著作。《德意志意识形态》是马克思历史唯物主义法学形成的标志,是历史唯物主义法学第一次较为完整而系统的阐述。在这部著作中,马克思、恩格斯第一次明确地阐发"生产力决定交往形式""市民社会决定上层建筑"的历史唯物主义基本原理,并以此为理论根据,揭示了法的产生、发展及其消灭的历史运动规

---

① 中国法学会研究部.马克思恩格斯论法[M].北京:法律出版社,2010:56.
② 《德意志意识形态》是马克思、恩格斯于1845年在布鲁塞尔共同撰写的并未公开发表的著作。

律,科学分析了法的本质与特征。① 19世纪40年代,欧洲工人运动风起云涌,马克思、恩格斯以理论家和革命战士的姿态积极投身到无产阶级革命浪潮中。1847年11月29日至12月8日,马克思和恩格斯参加了在伦敦召开的共产主义者同盟第二次代表大会,并受大会的委托以宣言形式制定共产主义者同盟纲领。1848年,由马克思和恩格斯起草的《共产党宣言》在伦敦发表。②《共产党宣言》是科学社会主义的第一个纲领性文件,标志着历史唯物主义法学的公开问世。在宣言中,马克思、恩格斯进一步论证了法的运动规律,揭露了资本主义法的本质,明确提出无产阶级要建立新型社会主义法的历史使命。

二、经典马克思主义"法的本质"观

从古希腊到19世纪以来关于"什么是法律"的学说流派纷呈,但绝大多数思想家是从表面现象或者先验精神世界寻找法的本质,把法律现象看成超时空、超人类、超阶级的抽象之物,忽略了社会经济条件与法律现象的紧密关系,所以没法对"法是什么"的问题给出透彻的解释。马克思、恩格斯在对丰富学说予以批判继承的基础上,结合对现实社会的观察和思考,逐步提炼出历史唯物主义法学观。

(一)法的"阶级性"与"国家性":法是体现统治阶级意志的国家意志

马克思、恩格斯在《共产党宣言》中驳斥资产阶级的谬误时指出:"你们的观念本身是资产阶级的生产关系和资产阶级的所有制关系的产物,正像你们的法不过是奉为法律的你们阶级的意志,而这种意志的内容是由你们这个阶级的物质生活

---

① 李光灿,吕世伦. 马克思恩格斯法律思想史[M]. 修订版. 哈尔滨:黑龙江美术出版社,2018:150-151.
② 19世纪40年代,欧洲工人运动风起云涌,共产主义学说在无产阶级队伍中广泛传播。 马克思、恩格斯以理论家和革命战士的姿态积极投身到无产阶级革命浪潮之中。 1947年6月初,共产主义者同盟在伦敦召开第一次代表大会。 同年8月,在马克思的领导下,在布鲁塞尔成立共产主义者同盟的支部和分部。 同年10月底至11月,恩格斯受共产主义者同盟巴黎区部委员会的委托为同盟起草名为"共产主义原理"的纲领草案;11月23日、24日,恩格斯写信给马克思,建议以宣言形式拟写共产主义者同盟纲领。 11月29日至12月8日,马克思和恩格斯参加在伦敦召开的共产主义者同盟第二次代表大会的工作。 他们的理论观点为全体代表所接受,大会委托马克思和恩格斯以宣言的形式制定共产主义者同盟纲领。 大会闭幕后,马克思、恩格斯着手写作宣言。 1848年2月24日,《共产主义宣言》在伦敦出版。 ——参见:李光灿,吕世伦. 马克思恩格斯法律思想史[M]. 修订版. 哈尔滨:黑龙江美术出版社,2018:175.

条件来决定的。"①这段经典阐述的意思是,法在本质上就是反映统治阶级意志的国家意志,而统治阶级的意志也不是任意的,它是由特定环境的物质生活条件决定的。这段话揭示了法的多层内涵。作为"意志"的体现,表明了法的主观性。作为"统治阶级的意志"的体现,反映了法律的主观性与阶级性。"由物质生活条件决定",反映了法的最终客观性。与其他唯心主义思想家不同的是,马克思、恩格斯强调,考察作为国家意志的法律,不能把国家意志与制约这种国家意志的社会经济关系割裂开来,而应当把法的主观性和客观性结合起来,并且使法的客观性成为法的主观性的基础。②

关于法律的"阶级性",有两点需要注意:其一,法律维护的是统治阶级的共同利益、根本利益,法律所体现的是统治阶级的整体意志、一般意志,并不是统治阶级内部单个成员意志的简单相加。正如马克思、恩格斯所指出的那样,统治者中的所有个人"通过法律形式来实现自己的意志,同时使其不受他们之中任何一个单个人的任性所左右……由他们的共同利益所决定的这种意志的表现,就是法律"③。其二,统治阶级的意志本身并不是法律,只有经过特定形式"奉为法律"以后才是具有普遍约束力的国家意志,表达这种国家意志的载体就是规范性法律文件。

(二)法的物质制约性:法最终受到物质生活条件的制约

马克思认为,法以社会为基础。"法律如果不合社会需求,就会破产,即无法成立。"④而"物质生活的生产方式制约着整个社会生活、政治生活和精神生活的过程。不是人们的意识决定人们的存在,相反,是人们的社会存在决定人们的意识"⑤。所谓物质生活条件,是指与人类生存相关的地理环境、人口、物质资料的生产方式。其中,物质资料的生产方式是决定性因素。关于法律的"物质制约

---

① [德]马克思,恩格斯.马克思恩格斯全集:第4卷[M].北京:人民出版社,1956:485.
② 李光灿,吕世伦.马克思恩格斯法律思想史[M].修订版.哈尔滨:黑龙江美术出版社,2018:156.
③ [德]马克思,恩格斯.马克思恩格斯全集:第3卷[M].北京:人民出版社,1960:378.
④ [德]马克思,恩格斯.马克思恩格斯全集:第2卷[M].北京:人民出版社,1957:571-572.
⑤ [德]马克思.政治经济学批判:第1分册[M]//中国法学会研究部.马克思恩格斯论法.北京:法律出版社,2010:150.

性",马克思、恩格斯有过诸多精彩描述。在《哲学的贫困》①中马克思指出:"只有毫无历史知识的人才不知道:君主们在任何时候都不得不服从经济条件,并且从来不能向经济条件发号施令。无论是政治的立法或市民的立法,都只是表明和记载经济关系的要求而已。"②依据马克思主义的唯物史观,法律作为上层建筑,是由前述要素构成的物质生活条件决定的。由此要求,统治阶级的意志不能任性,必须尽量反映客观物质生活条件。"立法者应该把自己看成自然科学家。他不是在创制法律,不是在发明法律,而仅仅是在表述法律,他用有意识的实在法精神把精神关系的内在规律表现出来。如果立法者用自己的臆想来代替事物的本质,那么人们就应该责备他极端任性。"③

(三)马克思主义"法的本质"观的现实价值

《中华人民共和国宪法》(以下简称《宪法》)序言规定,"在我国,剥削阶级作为阶级已经消灭,但是阶级斗争还将在一定范围内长期存在。中国人民对敌视和破坏我国社会主义制度的国内外敌对势力和敌对分子,必须进行斗争"。《宪法》第一条明确了"中华人民共和国是工人阶级领导的、以工农联盟为基础的人民民主专政的社会主义国家"。在人民当家作主的社会主义国家背景下,马克思主义关于法本质的经典理论的现实意义同样重大。第一,法律必须符合社会发展规律,及时反映现实需求,并随着客观情况的发展而变化。第二,立法反映广大人民群众的根本利益。第三,对法的功能的全面认知和充分发挥,促进社会治理的法治化、制度化。

前两种启示是当下"科学立法"和"民主立法"的法理依据。既然法是某种意志的表达,立法的主观性就在所难免。由于不同群体社会成员的文化水平、财富

---

① 由卡尔·马克思撰写的著作《哲学的贫困》,于1847年4月首次出版。该书基于全新的历史唯物主义理论,批评了安埃尔-约瑟夫·普鲁东(Pierre-Joseph Proudhon,1809—1865年)的唯心主义经济学和社会改良主义观点。全书分为两章:科学的发现和政治经济学的形而上学。普鲁东是法国政治家、经济学家、小资产阶级社会主义者、政府主义奠基人之一。他认为可以保护小私有制摆脱资本主义的弊病。1846年他发表了《贫困的哲学》,企图以政治经济学理论论证自己的改良主义思想,反对工人阶级的革命斗争。
② [德]马克思,恩格斯.马克思恩格斯全集:第4卷[M].北京:人民出版社,1958:121-122.
③ [德]马克思,恩格斯.马克思恩格斯全集:第1卷[M].2版.北京:人民出版社,1995:347.

占有等因素的差异也是客观存在的,因此我们必须健全立法体制以防范法律的主观任意性,拓宽公民有序参与立法的途径,广泛凝聚社会共识,使每一项立法都遵循客观规律、符合宪法精神、反映人民意志、得到人民拥护。第三种启示涉及对法律功能的认知和发挥。事实上,马克思、恩格斯尽管揭示了法在本质上是统治阶级意志的体现,但并不认为法律只有阶级统治功能,而是强调政治统治职能与社会管理职能的紧密联系。"政治统治到处都是以执行某种社会职能为基础,而且政治统治只有在它执行了它的这种职能时才能持续下去。"① 在中国特色社会主义理论体系中,法治是国家治理体系和治理能力的重要依托,以"全面建设社会主义现代化国家、全面深化改革、全面依法治国、全面从严治党"为内容的"四个全面"战略布局饱含着马克思主义的立场、观点、方法,闪耀着马克思主义与中国实际相结合的思想光辉,反映了法在现代国家和社会治理中的基础性作用。

第三节　法律的特征

法律的特征是法的本质的外化,是关于法的产生、内容及运行的外部描述。中国先秦时期法家管子有言"尺寸也,绳墨也,规矩也,衡石也,斗斛也,角量也,谓之法"②。欧洲中世纪经院主义哲学家托马斯·阿奎那(Thomas Aquinas,1225—1274年)认为,法律有两大基本特点:第一,法律是指导人类行动的规则;第二,法律具有强制力量。③ 现代社会的法律普遍具有以下特征。

一、法律由国家机构制定或认可

从法律的创制来源来看,法律只能由国家机关制定或认可,这是法作为国家意志的本质决定的,是法律的"国家性"的体现。立法权与执法权、司法权并列为现代国家最重要的国家权力。由于历史传统和政治模式的差异,不同国家的立法体制可能不完全一样,但绝大多数国家有议会作为专门的立法机关,也有专门的

---

① [德]马克思,恩格斯.马克思恩格斯选集:第3卷[M].北京:人民出版社,2012:559.
② [春秋]管仲.管子·七法[M].李山,轩新丽,译.北京:中华书局,2019:98.
③ [意]托马斯·阿奎耶.阿奎那政治著作选[M].马清槐,译.北京:商务印书馆,1963:121.

法律规制立法活动。① 认可,则是国家立法机关或司法机关赋予既存的习惯、惯例或判决以法律效力。经认可产生的法律,可以被概括为"不成文法"。例如,立法机关将特定的民族习惯认可为法律,在判例法传统的国家,法官判决可能成为法律的组成部分。法律产生的国家性,决定了法律的权威性、统一性以及普遍适用性。当然,具体法律文件的效力范围也有特殊性。在联邦制国家,某州的立法只在特定州的范围内有约束力。在单一制国家,某个地方的立法只对该法制定主体所辖地域的人或事有效。例如,中国某一省、自治区或直辖市人民代表大会及其常务委员会制定的立法只对该省、自治区或直辖市发生效力。

二、法律是调整社会关系的行为规范

法律是通过调整人或组织的行为从而调整社会关系的规范。法律的这一特征包含多层含义:第一,法律具有规范性,并由此具有内容的一般性、概括性等特点。法律因此区别于那些执行或适用法律法规所产生的政府命令、裁定书等适用于某一事件的非规范性文件。法律在其生效期间内可以反复适用,由此使得法律具有指引、评价、教育、预测等规范作用。第二,法律是以社会关系为最终调整目标的社会规范。法律既不是思想意识或实体机构,也区别于规定人们如何使用自然力或生产工具的技术规范。第三,法律的直接作用对象是人或组织的行为。法律以人的外在行为为直接作用对象,保证了法律裁判的客观性以及对人的尊重,防止了法律的专制。马克思继承了近代启蒙思想家们对法律惩罚人的思想的批评。1841年12月,普鲁士国王弗·威廉四世颁布新的书报检查令,冲击德国思想界。马克思为《德国年鉴》写下政论文章——《评普鲁士最近的书报检查令》。马克思指出,书报检查令中的所有惩罚的客观标准都已消失了,不是写作行为而是"倾向"成了检查令惩罚的客体。这种"追究倾向的法律不仅要惩罚我所做的,而且要惩罚我所想的,不管我的行为如何。所以,这种法律是对公民名誉的一种

---

① 《中华人民共和国立法法》是为了规范立法活动,健全国家立法制度,提高立法质量,完善中国特色社会主义法律体系,发挥立法的引领和推动作用,保障和发展社会主义民主,全面推进依法治国,建设社会主义法治国家,根据宪法,制定的法律。2000年3月15日,第九届全国人民代表大会第三次会议通过《中华人民共和国立法法》,第31号主席令公布,自2000年7月1日起施行。2015年3月15日,第十二届全国人民代表大会第三次会议通过《全国人民代表大会关于修改〈中华人民共和国立法法〉的决定》。

侮辱,是威胁着我生存的一种阴险的陷阱"①。马克思把惩罚思想的法律视为专制法、恐怖法,因为这种法律没有规定任何惩罚的客观标准。②"我只是由于表现自己,只是由于踏入现实的领域,我才进入受立法者支配的范畴。我的行为就是我同法律打交道的唯一领域,因为行为就是我为之要求生存权利、要求现实权利的唯一东西,而且因此我才受到现行法的支配。"③

需要注意的是,并不是所有的行为都是法律的调整对象。法律行为是主体有意志的行为,即人们有意识、有目的的活动,是行为人为追求一定的物质或精神利益而发动的。例如,为了获得某种商品而订立买卖合同;为满足某种物质或精神生活需要而实施盗窃、抢劫犯罪;等等。这是行为主体意志自由选择的结果。一方面,如果人的行为仅对本人有影响而并不辐射到他人和社会,社会对它不作任何肯定或否定的态度表示,那么法律自然没有必要对它做出评价。另一方面,即使人们的行为对他人和社会产生了影响,但如果社会对该行为的反应和评价不是从法律的角度而是从道德、宗教、政治、经济等角度作出的,那么该行为也可能只是道德行为、宗教行为、政治行为、经济行为等,而不是法律行为。总之,被法律调控的行为必须表现为一定的客观行为——作为或者不作为,而不是思想,思想属于主观的范畴。

三、法律以权利和义务为规范内容

权利和义务是法律规范的关键词,也是法律作用的切入点。法律通过规定人们的权利和义务,影响人们的行为动机,指引人的行为,从而达到调整社会关系的目的。法律规范常常表现为"可为"(有权做什么)、"应为"(应该做什么),或"禁止"(不能做什么)。法律权利是规定或隐含在法律规范中,主体以相对自由的作为或不作为的方式获得利益的手段。法律义务是设定或隐含在法律规范中的,主体以相对抑制的作为或不作为方式保障权利主体获得利益的约束手段。法律权利意味着一种资格、一种选择权以及利益。法律义务意味着主体的自我抑制。法律权利的实现必须以相应法律义务的履行为条件。

---

① [德]马克思,恩格斯.马克思恩格斯全集:第1卷[M].北京:人民出版社,1956:17.
② 李光灿,吕世伦.马克思恩格斯法律思想史[M].哈尔滨:黑龙江美术出版社,2018:43.
③ [德]马克思,恩格斯.马克思恩格斯全集:第1卷[M].北京:人民出版社,1956:16—17.

法律不仅对个人、社会组织、国家的权利和义务作出规定，而且对国家机关及其工作人员在执行公务时的职权和职责作出规定，以此实现对社会秩序的调整。法律的调整方式呈现出与道德、宗教、习惯的显著区别。道德和宗教规范实质上表现为个人对他人或神明的义务。而法律抛弃了义务本位，充分表达对人的尊重，赋予个体机会和选择，从而激发人们的积极性、主动性和创造性，这正是法治的优越之处。

四、法律以国家强制力保证实施

法律的国家性不仅表现在法律的产生必须由国家机关创制，而且表现在法律的实施上，即法律由国家强制力保证实施。对于违法行为和犯罪行为，执法机关、司法机关将依照法定程序追究行为人的法律责任，对受害人的权利予以救济，对社会秩序予以恢复。法律的实施由国家强制力做后盾，是法律权威性的保障，也是法律与其他社会规范的显著区别。道德的效力实施依赖人们内心信念、社会舆论等因素完成。失德行为会受到他人的蔑视、谴责以及行为人内心的忏悔，甚至行为人会受到其所在团体组织的纪律处分。但是，只要该失德行为没有突破法律底线，警察、法庭、监狱这样的法律实施机构就不会实施制裁。法律责任制度是法律国家强制力的鲜明体现。不论是民事责任、行政责任还是刑事责任的落实，都需要依靠国家强制力予以保障才能实现。

对于法律实施的国家强制力需要注意以下几点：第一，国家强制力对于法律实施是潜在的。如果法律运行良好，国家强制力就是隐而不发的。但国家强制力的存在，会形成一种无形的威慑力量，增强人们对法律的服从。第二，国家强制力是法律实施的最后一道保障，推进法律实施的基础性力量是法律本身与社会需求的契合程度以及社会主体的道德素质和法治素养。如果法律实施过多依靠国家暴力来强制，就意味着法律的运行成本偏高，需要人们检视法律本身的科学性、社会道德状况以及经济状况等因素。第三，国家强制力对于法律实施的保障不是随意介入的，而是需要遵循严格的程序来进行，这一过程本身也是法律规范的重要内容，国家强制力的实施必须防止公权力的滥用，避免对公民权利的伤害。

第二章 法律的起源与发展

根据历史唯物主义法学观,法律最终是由人类物质生活条件决定的,本质上是反映统治阶级意志的国家意志。在原始社会时期,为了对抗自然灾害和外族入侵,人类处于共同劳动共同占有的群居状态。以血缘关系为基础的氏族公社是原始社会中后期最基本的经济组织与社会单位。原始人在长期共同生活中自发形成的原始习惯是调整各种社会关系的有效规范。习惯规范的实施一方面靠氏族首领的道德感召力和个人威望,另一方面靠人们对传统的依赖、对自然的敬畏、内心自觉以及舆论压力,并辅以简单的氏族处罚措施。然而,随着人类社会的发展,这种质朴、简单而粗放的原始习惯被更高级、更复杂的社会规范——法律逐步取代。"法律变革乃是社会各阶级之间冲突的产物,这些阶级谋求把社会控制制度转变到适合自己的目的,并将某种具体体制强加于社会关系之上以及予以维护。"[①]

第一节 法律起源的动力和形式

在揭示了生产力对法律起源的决定性作用后,马克思、恩格斯进一步区分了人类文明社会中几种本质不同的社会形态以及与之相适应的法律类型,描述了它们各自的特征,并总结了法律演进的规律。马克思、恩格斯认为,法的历史类型及其更替与社会分工及所有制的变更是一脉相承的。根据法律所依赖的经济基础和体现的阶级意志的差别,人类的法律体现为不同的历史类型,依次为奴隶制法、

---

① [美]泰格,利维.法律与资本主义兴起[M].纪琨,译.上海:上海学林出版社,1996:1.

封建制法、资本主义法和社会主义法。

一、法律起源的动力是社会生产力的发展

马克思、恩格斯指出,任何新的生产力的进步,都会引起社会分工的进一步发展,社会分工又推动生产力和生产关系的矛盾运动。随着人类生产工具的改善、生产力的提高,个人和家庭逐步代替集体成为劳动单位,于是私有制萌芽。同时,财产占有状况的差异导致社会主体的分层以及社会关系的变革,比氏族组织更加复杂严格的权力机构逐步出现。国家是以代表"普遍利益"的政治共同体形式出现的。而国家干涉"特殊利益"的重要手段就是制定和实施法律,法律作为适应新的经济基础的社会调控规范顺势出现,因为原始习惯无力应对更加复杂多元的社会矛盾。通过对罗马法的产生、复兴以及世界化的历史进程的回顾,马克思、恩格斯强调了私法对私有制的依存性,甚至在《德意志意识形态》中概括指出:"不应该忘记法也和宗教一样是没有自己的历史的。"①

二、法律起源的过程表现为"从习惯到习惯法再到成文法"的演变

法律的起源与发展并非一朝一夕之事,也不是全新创制与突变,而是在自发性习惯基础上的逐步成长。正如马克思所说:"在社会发展某个很早的阶段,产生了这样一种需要:把每天重复着的产品生产、分配和交换用一个共同规则约束起来,借以使个人服从生产和交换的共同条件。这个规则首先表现为习惯,不久便成了法律。"②"如果一种生产方式持续一个时期,那么,它就会作为习惯和传统固定下来,最后被作为明文的法律加以神圣化。"③从氏族习惯到习惯法再到成文法的演变,反映了人类从自发形成规范到自觉认可或制定规范的进步。

三、法律起源在内容上表现为与宗教规范和道德规范的混杂

由于对科学知识的缺乏以及生产力的低下,早期人类必然产生对自然的恐惧和对神力的寄托,因此最初的法律普遍表现出对宗教戒律和道德规范的吸收借

---

① 中国法学会研究部. 马克思恩格斯论法[M]. 北京:法律出版社,2010:164.
② [德]马克思,恩格斯. 马克思恩格斯选集:第3卷[M]. 北京:人民出版社,2012:260.
③ [德]马克思,恩格斯. 马克思恩格斯全集:第25卷[M]. 人民出版社,1974:894.

用。中世纪西方教会法最重要的渊源就是《圣经》，其中的"摩西十诫"构成西伯莱法的核心。正如英国法学家梅因所言："这些东方和西方的法典的遗迹，也都明显地证明不管它们的主要性质是如何的不同，它们中间都混杂着宗教的、民事的以及仅仅是道德的各种命令；而这与我们从其他来源所知道的古代思想是完全一致的，至于把法律从道德中分离出来，把宗教从法律中分离出来，则非常明显属于智力发展的较后阶段的事。"[①]在法律起源时期，法律常常被宣称为神的旨意或者统治者以神的名义颁布法律。在古巴比伦，国王是以太阳神的名义颁布《汉穆拉比法典》，宣称从决定国运之天地神宰恩利尔及诸神那里获得了统治人类之权。在古印度，《摩奴法典》自称是人类始祖"梵天"之子所编。

第二节　奴隶社会法律

奴隶社会法律制度，习惯上也被称为"奴隶制法"，是人类历史上出现的第一种历史类型的法。奴隶制法的代表，包括亚洲西南部美索不达米亚及其毗邻区域在公元前3000年左右先后兴起的一批奴隶制国家的法律（楔形文字法）、古代印度完成于公元2世纪的《摩奴法典》、肇始于公元前8世纪的古希腊各奴隶制城邦的法律、繁荣于公元前5世纪至公元5世纪的古罗马法，以及中国夏、商、西周时期的法律等。这一阶段的法律主要有以下共同特征。

一、具有明显的原始习惯规范的残余

刚刚进入国家组织形态的人类，其法律明显保留了原始社会的习惯规范，包括一些残酷的刑罚方式、同态复仇、土地公有制等。例如，《汉穆拉比法典》在处理同等级人之间的人身侵害纠纷时，一般适用以眼还眼、以牙还牙的同态复仇主义。《汉穆拉比法典》第一百九十六条、第一百九十七条以及第二百条的内容分别是"挖去别人眼睛的人也要被挖出眼睛""打断别人骨头的人也要被打断骨头"以及"打掉他人牙齿的人将会被敲掉牙齿"，充分体现了同态复仇的早期法律特点。

---

① ［英］梅因·古代法[M].沈景一，译.北京：商务印书馆，1996：9—10.

二、公开确认人与人之间的不平等地位

奴隶制法将自然人划分为奴隶和自由民。首先,奴隶不是权利主体,而是权利客体——物。奴隶主可以任意处置奴隶,就像处置自己所有的物品一样,奴隶可以被买卖、赠与、继承,甚至屠杀和充作殉葬品。如果他人杀死或伤害奴隶,那也不认为是犯罪,不需要负刑事责任,只负责对其主人赔偿财产上的损失。如《汉穆拉比法典》第二百一十九条规定:"如果医生在自由人的奴隶的身体里动切割手术,并致其死,他就必须用另一个奴隶赔偿。"然后,法律又对自由民规定了不同的等级。奴隶制法普遍包括对人的严格等级划分。例如,《摩奴法典》以"种姓制度"为中心,包括婆罗门、刹帝利、吠舍和首陀罗四个等级。中国古代规定"礼不下庶人,刑不上大夫",礼和刑在适用对象上有所偏重,由此公然宣告了在法律面前阶级的不平等和等级的不平等。[①]

三、刑罚方式极其残酷

神权色彩以及原始残余加重了奴隶制法刑罚方式的野蛮残酷。例如,中国奴隶制下的"五刑"都是手段野蛮的残害身体的肉刑,即墨刑(在额头上刻字涂墨)、劓刑(割鼻子)、剕刑(砍断犯人的脚)、宫刑(毁坏生殖器)及大辟(死刑)。古希伯来法广泛使用死刑,执行方式包括石毙、坠石、焚刑、缢刑等。古希腊雅典城邦,公元前621年执政官德拉古(Draco)迫于平民压力,将现行习惯法加以编纂,颁布了雅典第一部不成文法。德拉古法以重刑闻名于世,甚至偷窃蔬菜、水果也要被处以死刑。可笑的是某一无生命物倒塌压死人也要受到"法办"。古希腊历史学家普鲁塔克曾经说:"德拉古的法律不是用墨水写成的,而是用血写成的。"[②]亚里士多德也说:"除了法典惩罚的严厉性,那么在这些法典中再也没有什么值得特别记述的东西。"[③]罗马帝国时期,死刑不仅被广泛使用,而且附带肉体折磨和精神虐待,如火烧、钉十字架或犯人与野兽决斗等。

---

① 张秋芝.中国文化概论[M].北京:中国广播电视出版社,2014:98.
② 由嵘.外国法制史[M].北京:北京大学出版社,2003:57.
③ 由嵘.外国法制史[M].北京:北京大学出版社,2003:57.

四、公开维护奴隶制生产关系

法律对奴隶制生产关系的保护，集中体现为法律明确规定奴隶主对生产资料以及奴隶的完全占有权。奴隶主不仅直接获得奴隶的劳动成果，而且完全占有奴隶的人身。奴隶主有权任意处置奴隶，可以买卖、抵押、赠与、继承，甚至屠杀和充作殉葬品。他人杀伤奴隶，不被认定为犯罪，只需对奴隶的主人做出财产性赔偿。相反，盗窃或藏匿他人所有的奴隶，协助他人奴隶逃跑，或者丢掉他人所有的奴隶的标志，则被认定为犯罪，行为人将被处以重刑。可见，奴隶与土地、房屋、牲畜一样被视为奴隶主的私有财产而受到严格的保护。

第三节　封建社会法律

世界各国进入封建社会的时间及其发展进程都不一样。但是，这一历史类型的法制具有以下共同特征：严格维护封建土地所有制和农民对封建主的人身依附关系，确立封建等级制，维护王权，刑罚方式残酷。

一、确立农民对封建地主的人身依附关系

封建土地私有制是封建制度的基础。农民或农奴对封建主的人身依附关系是这种所有制的必然产物，是维持和加强封建剥削必不可少的条件，也是封建制生产关系不同于其他剥削制生产关系的一个重要特点。因此，封建制法在维护封建土地所有制的同时，确认和保护农民或农奴对封建主的人身依附关系。如中国的租佃制度，这一制度自战国至明清，延续了两千多年。地主将土地出租给农奴，农民要以一定的劳役、粮食或者货币作为代价，从而形成地主对农奴的剥削事实。

二、实行封建等级制度

由于地主阶级占有绝大部分土地，从而在政治生活中也占据统治地位，因此，从总的方面来说，整个地主阶级是封建社会中的特权阶级，他们处于统治地位，享有广泛的政治、经济特权。同时由于地主阶级对土地的占有程度不同以及政治地

位不同,统治阶级内部也形成了"金字塔"式的等级:皇帝占有最大量的土地,是最大的地主,也是全国政治上最大的特权者,他居于封建等级"塔"尖。他把土地赏赐给所属诸侯,诸侯又把部分土地向下转赐,这些大大小小的封建贵族,统治着他们领地内的居民。于是就形成了一个从皇帝到诸侯、家臣和一般地主的封建等级制度。在统治阶级内部,按这些等级来确定他们的权力和地位。这种由土地占有程度不等引起的封建等级制度,是封建社会的基本经济、政治制度。封建制法不能不反映这种制度。

官制上也实行等级制度。中国从秦朝开始,皇帝是最高独裁官,皇帝下面设朝廷三公,即丞相(皇帝的最高助手)、太尉(皇帝的最高军事长官)、御史大夫(丞相的助手兼管监察百官工作)。三公下面设有九卿(九品),属于中央机关。这些等级制度为后来历代封建王朝一脉相承,大同小异。封建制法对这类制度严加保护。在西欧,封建等级虽不如中国那样层次众多,但一般也分为贵族、僧侣和第三等级,第三等级不能享受特权且受尽盘剥。

三、维护专制皇权

以中国封建时代为例,各朝代帝"命"为"制",帝令为"诏",天子为"朕",皇帝独揽全国政治,实行"天下之事无大小,皆决于上"的制度。军事、政治、财政、刑事、文化等制度的建立和修订,总是依据在位皇帝的统治利益和运用方便作为取舍的标准。比如明朝把御史台改称都察院,负责纠举弹劾全国上下官吏的违法犯罪,并且参与重大疑难案件的审判工作,监督法律的执行。都察院附设监狱,关押皇帝直接交办的重要案犯。监察御史定期巡视地方,对地方司法审判进行监督。发现官吏违法犯罪,可以"大事奏裁,小事立断"。此外,明朝在普通审判机关之外,还建立了特务审判机构,如锦衣卫、东厂、西厂等,用以维护专制皇权,监视臣民。

四、刑罚方式严酷

从总体上说,封建制法在刑罚方面的严酷程度只是稍次于奴隶制法。但侮辱刑、肉刑和各种死刑的执行在各个封建制法律制度中普遍存在。而族刑和连坐制度可谓是封建制法之残酷野蛮的代表。以欧洲中世纪为例,在欧洲中世纪罗马教会统辖地区，普遍成立异端裁判所，并且制定了严酷的审判条例，包括"一切有利于被告的证词都不能成立""被告可以不经审判便处死"等规则。14世纪发源于意大利的文艺复兴运动为近代自然科学的产生提供了良好的文化条件，但大批科学进步人士遭到异端裁判所的刑罚。例如，1327年，意大利天文学家采科·达斯科里被活活烧死，他的"罪名"就是违背《圣经》的教义，论证了地球呈球状，在另一个半球上也有人类存在。1415年捷克宗教改革家胡斯因被罗马教廷视为异端而在德国康斯坦茨受火刑处死。波兰天文学家尼古拉·哥白尼(Mikotaj Kopernik)经过数十年研究发现"太阳中心说"，而系统阐述该学说的《天体运行论》于1543年的公开问世则是科学写给神学的"挑战书"。意大利唯物主义哲学家布鲁诺(Bruno)和意大利天文学家伽利略(Galileo)推进了哥白尼学说在知识界和民间的广为传播，因此遭到罗马教会法庭的严酷报复。布鲁诺惨遭教会杀害，伽利略被终身监禁。1600年2月17日布鲁诺被烧死在罗马的鲜花广场上。欧洲异端裁判法庭存续了500年之久，曾对38万人判处刑罚，刑罚方式不仅包括火刑、绞刑等生命刑，而且包括没收异端分子的遗产，株连其后裔，直到第三代。①

五、中西方封建制法差异显著

由于地理及文化条件的差异，中国与西方的封建制法呈现出较大差异。中国封建制法以儒家思想为指导，具有"儒法合一"的伦理传统，而西欧封建制法深受基督教神学的影响，具有宗教性。中国封建制法以统一的王朝法典形式出现，而西欧封建制法表现形式多元，包括罗马法、教会法、城市商法、国王敕令以及习惯法等。中国封建制法以君权至上为原则，维护君主专政和等级特权；在西欧，各国君主的权力受到贵族、教会和法律的限制。由于自然经济的主导地位以及"重农抑商"的治理策略，中国封建制法主要发达在国家管理、刑法等公法领域。而西欧发达的商品交换促进了以民法、商法为主的私法在中世纪的兴起和发展。中国封建制法的突出特点是司法与行政不分，没有独立的法院系统，地方各级行政官员兼理司法，中央王权集立法、行政、司法于一身。西欧国家在中世纪后期已经分化出专门的司法机构，并逐步形成"司法独立"的理念和制度。

---

① 由嵘.外国法制史［M］.北京：北京大学出版社，2003：117.

第四节　资本主义法律

资本主义法与之前的奴隶制法和封建制法的共同性在于其维护剥削阶级利益的本质。但是，资本主义法萌芽于封建社会后期，经历了西方启蒙运动的思想洗礼，经过资产阶级革命后得以最终确立，它致力于挣脱王权、教权对人权的束缚。资本主义法相对于之前的法律历史类型具有较大的历史飞跃，在内容上集中表现为更加注重对个体权利的保护以及对市场经济的促进，在法律形式上追求科学严谨的立法成就。所以，资本主义法属于近现代文明形态，具有历史进步意义，同时具有历史局限性。资本主义法确立了以下经典法律原则。

一、私有财产神圣不可侵犯原则

1789 年的法国《人权宣言》明确规定："财产是神圣不可侵犯的权利，除非当合法认定的公共需要所显然必要时，且在公平而预先赔偿的条件下，任何人的财产不得受到剥夺。"1804 年颁布的《法国民法典》是资本主义社会第一部民法典，它的颁布开启了民事法律法典化的先河，也集中阐明了自由主义、个人主义的民法原则。该法典第五百四十四条规定："所有权是对于物有绝对无限制地使用、收益和处分的权利，但法令禁止的使用不在此限。"私有财产神圣不可侵犯原则是资本主义法律制度的核心，它确认和维护资本主义私有制即资产阶级的财产权。该原则为商品交易安全提供了最有力的保障，对资本主义市场经济的发展具有推进作用。但该原则的局限性也是明显的。对私有财产权的严格保护其实是固化了有产者与无产者之间的阶级鸿沟。同时，私有财产权的神圣不可侵犯也阻碍了矿产开发、城市扩张等公用事业的发展。所以，20 世纪以后，法律社会化思潮兴起，私有财产权在各国法律中都受到限制。

二、契约绝对自由原则

英国法学家梅因曾说："所有进步社会的运动，到此处为止，是一个从'身份到契约'的运动。"①相对于奴隶制法和封建制法中的身份等级制,契约自由原则代表了人类法律的进步,也为以自由交换为核心的市场经济的发展祛除了一切外在束缚。契约自由原则包含了是否缔结契约的自由(缔约的自由)、与谁缔结契约的自由(对象选择的自由)、订立什么内容的契约的自由(内容的自由)、以何种方式订立契约的自由(方式的自由)。资本主义法律制度把契约自由上升为调整社会经济关系的基本原则。比如《法国民法典》第一千一百三十四条规定:任何人都可以自由订立契约,自由决定契约的内容、形式,自由选择缔约的对方,以便和他人发生联系、享受权利、履行义务。在这部总共有两千两百八十三条的影响世界的民法典中,有一半以上的篇幅是关于契约的内容。

契约绝对自由原则在资本主义实践中暴露出虚伪性及历史局限性。第一,该原则看似赋予了一切人自由选择的机会,但是那种自由只为经济强势方专享。对于不占有生产资料的普通劳动者来说,他们并没有实质意义上的契约自由,因为他们没有议价能力,他们为了生存必须出卖劳动力,哪怕劳动条件对于劳动者很不利,也没有自由选择的余地。第二,该原则甚至阻碍一些保护弱势群体的进步立法的出台。法官会借口"契约自由原则"宣布那些规定最低工资、限制工作时间、限制童工的进步性立法的无效,提倡经济放任主义,实质上保护了资本家的利益。

三、法律面前人人平等原则

公布于1776年的北美《独立宣言》被马克思称为"人类历史上第一个人权宣言"。该宣言首次以纲领形式宣布了"天赋人权"、"主权在民"和"人人被造的平等"的思想,即人被造物主赋予了某些不可转让的权利,其中包括生命权、自由权和追求幸福的权利,为了保障这些权利,才在人们之间成立政府。1789年法国颁布的《人权与公民权利宣言》在序言里强调了天赋人权不可侵犯原则,接着宣布"人们生来并且始终是自由的,在权利上是平等的"(第一条),"法律对于所有人,无论保护或处罚都是一律的,在法律面前,所有的公民都是平等的"(第六条)。法律面前人人平等原则的确立,是人类社会从古代法律制度进入现代法律制度最主

---

① [英]梅因.古代法[M].北京:商务印书馆,1996:97.

要的标志,是等级社会和专制国家的死亡宣告,因而具有划时代的意义。不过,这一原则在资本主义社会具有一定的抽象性。因为法律规范中的权利只是一种可能性,权利的实现离不开必要的社会条件,在对经济资源、政治资源和信息资源的占有实际不平等的情况下,平等的权利对许多普通劳动者来说,很少具有实际意义。[1]

第五节　社会主义法律

在当代中国的治国理政文件中,全面依法治国是中国特色社会主义的本质要求和重要保障,法治是治国理政的基本方式。[2] 社会主义法律有着以往历史类型法律不同的经济基础和阶级本质。社会主义法以公有制为经济基础,保障劳动者共同占有生产资料,通过解放生产力和发展生产力来推动社会物质财富和精神财富的日益丰富,从而实现人的全面发展和全体社会成员的共同富裕。当代中国社会主义法律的本质特征包含以下要素。

一、我国社会主义法律体现了党的主张与人民意志的统一

当代中国社会主义法体现了阶级性与人民性的统一,具体表现为党的主张与人民意志的统一。中国共产党自成立以来,创建了丰富的社会主义建设理论,如毛泽东思想、邓小平理论、"三个代表"重要思想、科学发展观以及习近平新时代中国特色社会主义思想。这些主张都是中国共产党集体智慧的结晶。党的主张涉及社会主义发展的方方面面,包括理想、信念、道德、品行等社会主义核心价值理念,还有经济社会发展的方针、政策,以及党的纪律内容。那么,何为人民意志呢?《宪法》第二条规定:中华人民共和国的一切权力属于人民。因此,人民是我们国家和社会的主人,法律、法规、规章都应该也必须体现人民的共同意志、维护人民的根本利益、保障人民当家作主。这里需要注意两个问题:第一,个人意志与人民

---

[1] 张文显.法理学[M].5版.北京:高等教育出版社,2018:192.
[2] 中共中央党史和文献研究院.十九大以来重要文献选编(上)[M].北京:中央文献出版社,2019:16.

意志的关系。第二，个人意志与体现为法律的国家意志的关系。

人民意志并非某个人的意志，也并非个人意志的简单相加，而是人民的整体意志。我国的法律是通过人民代表的形式将个人意志上升为人民整体意志。党的主张为什么能实现与人民意志的统一呢？首先，党的主张与最广大人民的根本利益是一致的，与人民意志价值趋同。《中国共产党章程》规定，"中国共产党是中国工人阶级的先锋队，同时是中国人民和中华民族的先锋队，代表中国最广大人民的根本利益"。其次，党的主张通过代议机关的立法程序上升为法律，符合人民意志的表达形式。目前使党的主张成为国家意志的基本途径和方式是，将党的理论、纲领、路线、方针和政策通过立法程序由国家立法机关上升为法律，以法律条款的形式变成国家政权、社会组织和公众行为必须遵循的普遍准则。因此，通过代议机关——人民代表大会将党的主张体现在法律中，符合人民意志的表达形式。

二、我国社会主义法律具有科学性和先进性

社会主义法体现的是最广大人民群众的意志，是实现人民当家作主、实行人民民主专政的重要保证。社会主义法以马克思主义法律思想为指导，反映了社会主义生产关系的本质特征，是人类历史上新型的、先进的法律文化成就。这种先进性和科学性，本质上就是指社会主义法对社会发展规律的遵循，国家意志和客观规律在社会变迁过程中保持动态的统一。第一，我国社会主义法律坚持体现全体人民的意志和利益，而不是仅体现少数人的意志和利益，这是对奴隶制法、封建制法和资本主义法制的超越。第二，我国社会主义法律坚持辩证唯物主义和历史唯物主义的世界观和方法论，立足于本国国情，同时借鉴世界优秀文明成果，提升立法质量，改革司法体制，积极探索中国特色法治国家道路。

三、我国社会主义法律是中国特色社会主义建设的重要保障

正是因为社会主义法具有人民性、科学性和先进性的品质，所以社会主义法能服务于"富强、民主、文明、和谐、美丽的社会主义现代化强国"这一建设目标，能够对经济发展、政治清明、文化繁荣、社会建设以及生态保护提供引领、规范和保障。中国特色社会主义法律体系在前述五个方面都有充分的制度准备。

我国法律维护和巩固社会主义经济制度,促进社会主义市场经济持续健康发展,保障现代化经济体系建设顺利推进。我国法律维护和巩固社会主义政治制度,保障社会主义民主政治顺利推进,保证人民享有广泛的民主权利和自由,巩固人民民主专政。我国法律维护社会主义核心价值观,弘扬社会主义道德,促进文化事业和文化产业的发展,推动社会主义文化繁荣兴盛。为传承和弘扬英雄烈士精神、爱国主义精神,2018 年 4 月 27 日全国人大常委会通过了《中华人民共和国英雄烈士保护法》,以激发实现中华民族伟大复兴中国梦的强大精神力量。对于亵渎、否定英雄烈士事迹和精神,宣扬、美化侵略战争和侵略行为,寻衅滋事、扰乱公共秩序的行为,给予治安管理处罚;构成犯罪的,依法追究刑事责任。我国法律确保改革发展成果更多、更公平地惠及全体人民,促进社会公平正义,形成有效的社会治理、良好的社会秩序,使人民的获得感、幸福感、安全感更加充实、更有保障、更可持续。我国颁布《中华人民共和国劳动法》以维护劳动者权益,颁布《中华人民共和国就业促进法》(以下简称《就业促进法》)以解决国民的就业问题,颁布《中华人民共和国老年人权益保障法》(以下简称《老年人权益保障法》)以促使老有所养。我国法律倡导尊重自然、顺应自然、保护自然的理念,推动绿色发展,促进人与自然和谐共生。为保护生态环境,我国颁布了大量的环境保护法律法规,包括《中华人民共和国环境保护法》(以下简称《环境保护法》)、《中华人民共和国野生动物保护法》(以下简称《野生动物保护法》)、《中华人民共和国水污染防治法》(以下简称《污染防治法》)、《中华人民共和国大气污染防治法》(以下简称《大气污染防治法》)等。

第三章 法律的作用

"法律实质上并不仅仅是欲然和应然,而且是民众生活中一种实际有效的力量。"[1]法律的作用,简言之就是体现国家意志的法律文本运用于社会实践的实际影响力。因为,法律首先表现为对人或组织的行为规范,最终达到调整社会关系的目的,所以,法的作用可以分为规范作用和社会作用。这种分类是按照法律影响的对象或进程而自然形成的。同时,按照法律对社会福利的实际意义,法律的作用可能是积极作用,也可能是消极作用。本文主要从积极方面来介绍法律的作用。

第一节 法律作用的主要方式

前文已述,"通过规范人的行为进而调整社会关系"是法律的显著特点。注意这里的"人"是包括自然人和组织机构在内的社会主体。法律对社会关系的调整作用是宏观的、深刻的,影响国家治理及社会秩序的多重转变。而规范作用是相对微观的、具体的,表现为对社会主体行为模式的影响。

一、告知作用

从形式上看,法律是国家机关经过法定程序形成的规范性文件,有正式的载体、规范的程序和严谨的语言。从内容上看,法律是向公众告知国家的基本制度、发展规划、办事规则以及道德导向。例如,宪法宣告了国家的基本制度、国家机构的组成及权责、公民的基本权利与义务等重要内容。相对于古代社会"法不可知

---

[1] [德]拉德布鲁赫.法学导论[M].米健,译.北京:商务印书馆,2013:14.

则威不可测"的做法,"公开性"是现代法律的优点,体现了现代国家对公民知情权的尊重。所以,学习法律是提升公民素养的重要途径。

二、指引作用

法律规范或规则是规定法律上的权利、义务、责任的具体标准,以"可为""应为""不得""禁止"等形式表达对行为的鼓励、强制或禁止。法律原则是比法律规则更加抽象的基础性、方向性原理,为法律适用提供指导,填补法律规则的空缺。总的来说,法律对社会的指引作用表现在多个层面。一是对具体行为的指引,包括引导人们决定某种行为是否可行以及行为方式。例如,《中华人民共和国民法典》(以下简称《民法典》)对于民事行为能力的系列规定引导不同年龄自然人的行为选择。《中华人民共和国公司法》(以下简称《公司法》)具体指引人们设立商事组织的条件和程序。二是对价值观及社会风尚的指引。古希腊哲学家柏拉图认为,立法的全部意义就是让公民们在尽可能相互友好的环境中过最幸福的生活。[①] 现代立法的道德引导价值明显。例如,《民法典》规定的"诚信原则""不得违背公序良俗""节约资源、保护生态环境"以及"家庭应当树立优良家风,弘扬家庭美德,重视家庭文明建设"等内容直接引导社会道德风尚。

三、评价作用

中国先秦时期思想家管子就生动描述过法律的评价功能,即《管子·七法》所阐述的"尺寸也,绳墨也,规矩也,衡石也,斗斛也,角量也,谓之法"。法律的明确性、权威性以及对人们权利、义务和责任的全面规定,使得法律无疑是人们衡量某种行为是否良善、是否合法以及可能导致什么责任、后果的标准。执法机关和司法机关正是根据法律规定对事实作出评价,完成对纠纷的裁决,由此实现法律调整社会关系的目的。而且,由于法律承载了价值选择或者道德追求,因此,执法机关和司法机关在处理纠纷过程中,往往将法律评价和道德评价融会贯通、结合使用。

四、预测作用

法律规则对行为的规范可以分解为"前提条件""行为模式"和"法律后果"三

---

① [古希腊]柏拉图.法律篇[M].张智仁,何勤华,译.上海:上海人民出版社,2001:154.

部分。法律具有清晰的逻辑结构和权责规定,可以帮助当事人预测行为后果和事态发展趋势。理性的当事人会依据法律选择行为方法及限度,调整自身情绪,优化解决措施。例如,《宪法》第三十八条规定,"中华人民共和国公民的人格尊严不受侵犯。禁止用任何方法对公民进行侮辱、诽谤和诬告陷害"。显然,行为人可以据此预测实施条文中被禁止的行为所导致的法律后果。再如,《民法典》规定,"禁止家庭暴力,禁止家庭成员间的虐待和遗弃",同时有《中华人民共和国反家庭暴力法》(以下简称《反家庭暴力法》)的存在,人们可以根据相关法律规定预测婚恋关系中的当事人彼此伤害的行为的法律后果。

五、教育作用

法的教育作用是由法律的权威性、适用对象的广泛性以及文本形式的统一规范性决定的。法律不仅准确告知国家的基本制度和行为要求,而且有助于培养公民的权利意识、规则意识及合作精神。古希腊哲学家亚里士多德曾讨论过法律的教育作用。他认为,法律的实际意义应该是促成全邦人民都能进于正义和善德的制度①,立法家必须保证他的公民们个个都成为善人,并熟知应采取怎样的教育而后可以取得这样的成绩②。各个私人和公众社会的善德是相同的,立法家应该将这些善德灌输于公民的思想中。③ 中国古人也提出"石以砥焉,化钝为利;法以砥焉,化愚为智"④。当前,法治宣传教育已成为我国国民教育的重要组成部分,小学、中学、大学各学段都有专门的课程设置。全国人大常委会 2023 年度立法工作计划已将"法治宣传教育法"列为预备审议项目。⑤ 法的教育作用不仅通过公民对法律文本的学习来实现,而且立法执法及司法活动本身也是教育的实践方式。

六、强制作用

法律的强制作用是法律区别道德等其他社会规范的显著特点。广义的法律

---

① [古希腊]亚里士多德. 政治学 [M]. 北京:商务印书馆,1996:138.
② [古希腊]亚里士多德. 政治学 [M]. 北京:商务印书馆,1996:387.
③ [古希腊]亚里士多德. 政治学 [M]. 北京:商务印书馆,1996:391-392.
④ [唐]刘禹锡. 砥石赋 [M]//刘禹锡集. 上海:上海人民出版社,1975:2.
⑤ 中国人大网. 全国人大常委会 2023 年度立法工作计划 [EB/OL]. http://www.npc.gov.cn/npc/c30834/202305/3369dcb74761426d92fd19a19cb9ac98.shtml.

强制表现为执法机关及司法机关在实施法律过程中对纠纷的裁决以及对法律责任的追究,在此过程中相关当事人之间的正义在国家强制力的主导下得到恢复,社会公共利益得以维护。法律强制涉及对公民、法人或其他组织的权益减损,因此法律对各种强制的实施都有严格的限制规定,以防权力滥用。狭义的法律强制主要指行政强制。《中华人民共和国行政强制法》(以下简称《行政强制法》)将行政强制分为行政强制措施和行政强制执行。前者是指,行政机关在行政管理过程中,为制止违法行为、防止证据毁损、避免危害发生、控制危险扩大等情形的发生,依法对公民人身自由实施暂时性限制,或者对公民、法人或者其他组织的财产实施暂时性控制的行为。强制措施类型主要包括:限制公民自由,查封场所、设施或者财物,扣押财物,冻结存款。① 其中,对人身及人身自由的强制突出用于控制疫情及传染病防治上,例如强制隔离、强制治疗等。行政强制执行,是指在行政法律关系中,作为义务主体的行政相对人不履行义务,行政机关或者行政机关申请人民法院,依法强制其履行义务的行为。② 行政强制执行可以针对物(财产)、行为和人身自由三种对象。针对物的强制执行包括强制划拨、强制拆除、强制搬迁等。针对行为的强制执行包括强制登记、强制检定、滞纳金、滞报金等。针对人身及人身自由的强制执行包括强制传唤、强制拘留、强制履行、遣送出境、强制隔离治疗、强制戒毒、强制带离现场等。

第二节　科学认识法律作用的限度

纵观历史,人类探索并实验了多种治道,包括诉诸神灵权威的神治,仰赖领袖超常能力与特殊魅力的人治,倚重道德教化的德治以及凭借法律治理的法治。近代以来,大多数社会经历过生活世俗化、体制民主化和思维理性化的转型,法治已成为主要治道。③ 但我们必须承认,"在现代社会,没有法律是万万不能的,但法

---

① 《行政强制法》第二条、第九条。
② 《行政强制法》第二条第三款。
③ 由嵘.外国法制史[M].北京:北京大学出版社,2003:19.

律也不是万能的"①。法律虽然以其规范作用和社会作用对个体行为以及社会关系产生深刻影响,但法律的作用可能受到多种因素的限制。

一、法律调整对象的有限性

对一个自然人来说,从出生到死亡都处于法律调整的关系中。例如,根据《民法典》,自然人从出生时起到死亡时止,具有民事权利能力,依法享有民事权利,承担民事义务。涉及遗产继承、接受赠与等胎儿利益保护的,胎儿视为具有民事权利能力。对于社会来说,法律也是关乎政治、经济、文化以及社会生活方面的法律。但是,法律调整范围的有限性是客观存在的。第一,法律通过规范人或组织的外在行为来调整社会关系,那么涉及情感、信仰、思想认识等无法用外在客观标准来衡量的范畴是不宜用法律来调整的。第二,从伦理要求来说,法律固然秉持有助于公共利益和个人发展的伦理追求,但是法律对人的要求是基于普通理性人假设,法律可以鼓励但不能强行提出大公无私、舍己为人等不具有普遍可行性的行为要求。但正所谓:"强人之所不能,法必不立;禁人之所必犯,法必不行。"②那么关乎人类道德建设、美好生活建设的事业还是需要法律以外的规范来合作推进。

二、法律调整方式的局限性

法律的调整方式的突出特点是国家强制性、一体性与技术性,但法律可能因缺乏对个体情感的关注而变得刚性、冷漠,甚至存在实质不平等的隐患,同时可能受技术限制。正如沈家本所言:"是刑也,非威民治不足,而以辅教之不足者也。"③所以,除法律外,政党政策、社团纪律、乡规民约、宗教规范等其他社会规范以及经济奖惩、行政奖惩、思想教育等活动对于社会调整也有不可或缺的辅助作用。据此,中国特色社会主义法治建设的鲜明特色是"坚持依法治国和以德治国

---

① 习近平.论坚持全面依法治国[M].北京:中央文献出版社,2020:24.
② [清]魏源.默下·治篇三[M]//陆学艺,王处辉.中国社会思想史资料选辑·晚清卷.南宁:广西人民出版社,2007:12.
③ [清]沈家本.历代刑法考[M]//邓经元,骈宇骞,点校.北京:中华书局,1985:171.

的结合"。"坚持法治、德治、自治相结合"是法治社会建设的主要原则之一。[①] 例如,中国特色乡村治理善治之路是"以自治增活力、以法治强保障、以德治扬正气,健全党组织领导的自治、法治、德治相结合的兴村治理体系,构建共建共治共享的社会治理格局"[②]。

三、法律规范相对于现实生活的局限性

前文已述,法律规范具有表述概括性、反复使用性。现实生活纷繁复杂,法律不可能对每一种情形都预设规范,所以无法可依、规则缺位的现象不可避免。而且,法律经过严格法定程序生成之后,必须保持稳定性、连续性和确定性,以便被传播和遵循从而发挥其权威性和实际效力。然而,面对纷繁复杂的社会现实,法律规范可能陷入僵化、滞后的缺陷,其涵盖性和适应性受到限制。近年来,数字化、网络化的社会变化给法律治理带来了不容忽视的挑战。

四、法律预期目标的实现需要外部条件的支撑

假定既有的立法已达到良法水准,符合社会发展客观规律,并反映了民众需求。但是法律的预期目标需要经过执法、司法及守法各运行环节才能实现。而严格执法、公正司法以及普遍守法的良好状态离不开必备的物质设备、政法队伍的专业素养、稳定的社会秩序以及良好的道德风尚等多种因素的支撑。所以,我国将全面依法治国的总目标确立为"建设中国特色社会主义法治体系,建设社会主义法治国家",而法治体系包括完备的法律规范体系、高效的法治实施体系、严密的法治监督体系、有力的法治保障体系以及完善的党内法规体系。[③]"法治体系"的构成反映了当前中国的治理实践对多方主体以及多类制度资源的调动,符合国家治理理论及治理能力现代化的发展方向。

---

① 法治社会建设实施纲要(2020—2025)[M].北京:法律出版社,2021:3.
② 关于加强和改进乡村治理的指导意见[M].北京:法律出版社,2019:45.
③ 中共中央关于全面推进依法治国若干重大问题的决定[N].人民日报,2014-10-29(1).

第四章　法律的运行

　　法或法律的运行就是从创制法律到运用法律的动态过程,一般分为立法、守法、执法、司法四个环节,是法律的预期目标和预期价值真正实现的过程,是纸上的法律条文变为实际生活准则的过程。法的运行不仅有立法者、执法者、法官、检察官、律师等职业群体的主导,而且依赖广大民众和社会组织的积极参与。法的运行过程本身就是法律调整的重要内容,典型的有立法法、行政法、诉讼法等。

第一节　法律的创制

　　法律的创制是广义的立法,是指有权的国家机关,依照法定职权和程序,创制法律规范的活动。基于前文的法律的广义和狭义界定,狭义的"立法"仅指专门的国家立法机关的法律创制活动。然而"法的创制"却是基于广义的法的概念。在我国,法的创制包括以下四种具体活动:(1)制定法律、行政法规、地方性法规、自治体例和单行条例等有效法律形式;(2)对这些规范性法律文件进行修改和废止;(3)对经久不用的法律法规的清理;(4)法律解释。其中,新法的制定是最重要的立法活动。立法体制和立法程序是一个国家立法制度的核心内容。

一、立法体制

　　立法体制是关于国家立法权限的行使主体和行使方式的制度体系,既涉及中央和地方立法权限的划分,也涉及同级国家机关之间立法权的划分。国家的政权组织形式对立法体制有决定性的影响。在君主专制国家中,法自君出,君主命令就是法律。在民治制国家中,代议制机构代表民众表达意志,行使立法权。在近代启蒙思想家关于"三权分立"学说的影响下,欧洲大陆法系国家普遍接受代议制政体下的议会至上原则。例如,法国宪法规定:"一切法律,皆由议会通过。"德国宪法所规定的国家机构中,联邦议院居于中心地位。同时,国家结构形式也影响立法体制。《德意志联邦共和国基本法》确认了联邦和州的两级立法体制,在第七十三条对联邦专属的立法事项做了规定,同时第七十条规定:"在本基本法没有授权联邦以立法权的范围内,各州有立法权。"在国家机构形式为单一制国家中,立法体制是一元的,也就是由一个专门立法机构制定面向全国范围内有效的法律。例如,英国实行议会（parliament）主权原则,自1688年光荣革命后,议会取得了不受限制的立法权,议会可以制定、颁布新的制定法（statute）,可以废除旧的制定法,还有权修改和废除判例法。

中国特色的立法体制可以概括为"一元两级多层次"。"一元"表明了这一单一制国家所具有的统一立法体系的共性。全国人民代表大会（常简称人大）及其常务委员会就是专门的国家立法机关。"两级"表示中央和地方共同行使立法权。"多层次"表示在中央和地方又包括多个制定权限层次不同的立法主体。根据《宪法》和《中华人民共和国立法法》（以下简称《立法法》）①,当前我国享有立法权的机关及其制定权限如下：

（一）全国人民代表大会和全国人民代表大会常务委员会行使国家立法权

全国人民代表大会负责修改宪法,制定和修改刑事、民事、国家机构和其他的基本法律。全国人民代表大会常务委员会制定和修改除应当由全国人民代表大会制定的法律以外的其他法律；在全国人民代表大会闭会期间,对全国人民代表大会制定的法律进行部分补充和修改,但是不得同该法律的基本原则相抵触。关于全国人民代表大会及其常务委员会的专属立法权,根据《宪法》的规定和多年立法实践,《立法法》第八条规定了十一个方面的事项只能制定法律,涉及国家主权、基本政治制度、经济制度、公民的基本权利义务等方面。

---

① 《立法法》分为"总则""法律""行政法规""地方性法规、自治条例和单行条例、规章""适用与备案审查""附则"6章,共计105条。 法律、行政法规、地方性法规、自治条例和单行条例的制定、修改和废止,适用《立法法》。 国务院部门规章和地方政府规章的制定、修改和废止,依照《立法法》的有关规定执行。

（二）国务院制定行政法规

作为最高国家行政机关，国务院根据宪法和法律，制定行政法规。行政法规适用于以下情形：(1)为执行法律的规定需要制定行政法规的事项；(2)《宪法》第八十九条规定的国务院行政管理职权的事项；(3)《立法法》第八条规定的只能由法律来规范的事项，全国人民代表大会及其常务委员会有权作出决定，授权国务院根据实际需要，对其中的部分事项先制定行政法规。行政法规的决定程序依照《中华人民共和国国务院组织法》的有关规定办理。行政法规由总理签署国务院令公布。签署公布后，及时在国务院公报和中国政府法制信息网以及在全国范围内发行的报纸上刊载。

（三）地方性法规、自治条例和单行条例

(1)省、自治区、直辖市的人民代表大会及其常务委员会根据本行政区域的具体情况和实际需要，在不同宪法、法律、行政法规相抵触的前提下，可以制定地方性法规。设区的市的人民代表大会及其常务委员会根据本市的具体情况和实际需要，在不同宪法、法律、行政法规和本省、自治区的地方性法规相抵触的前提下，可以对城乡建设与管理、环境保护、历史文化保护等方面的事项制定地方性法规，法律对设区的市制定地方性法规的事项另有规定的，从其规定。《立法法》对地方性法规制定主体和制定内容有专门规定。2015年《立法法》修正案赋予设区的市人民代表大会及其常务委员会地方立法权。

(2)民族自治地方的人民代表大会有权依照当地民族的政治、经济和文化的特点，制定自治条例和单行条例。自治条例和单行条例可以依照当地民族的特点，对法律和行政法规的规定作出变通规定，但不得违背法律或者行政法规的基本原则。不得对宪法和民族区域自治法的规定以及其他有关法律、行政法规专门就民族自治地方所作的规定作出变通。

(3)经济特区所在地的省、市的人民代表大会及其常务委员会根据全国人民代表大会的授权决定，可以制定经济特区法规，在经济特区范围内实施。全国人民代表大会及其常务委员会于1988年至1996年分别通过了对海南省、深圳市、厦门市、汕头市和珠海市制定经济特区法规的授权决定。

（四）规章的制定

(1)国务院各部、委员会、中国人民银行、审计署和具有行政管理职能的直属

机构,可以根据法律和国务院的行政法规、决定、命令,在本部门的权限范围内,制定规章。部门规章规定的事项应当属于执行法律或者国务院的行政法规、决定、命令的事项。

(2)省、自治区、直辖市和设区的市、自治州的人民政府,可以根据法律、行政法规和本省、自治区、直辖市的地方性法规,制定规章。地方政府规章可以就下列事项作出规定:为执行法律、行政法规、地方性法规的规定需要制定规章的事项;属于本行政区域的具体行政管理事项。2015年修改的《立法法》,对规章的权限做了进一步规范:没有法律或者国务院的行政法规、决定、命令依据,部门规章不得设定减损公民、法人和其他组织权利或者增加其义务的规范,不得增加本部门的权力、减少本部门的法定职责;制定地方政府规章,没有法律、行政法规、地方性法规依据,不得设定减损公民、法人和其他组织权利或者增加其义务的规范。

(五)军事法规与军事规章的制定

中央军事委员会有权根据宪法和法律制定军事法规,中央军事委员会各总部、军兵种、军区可以根据法律和中央军事委员会的军事法规、决定和命令,制定军事规章。

(六)特别行政区法的制定

香港、澳门特别行政区的立法机关,在《宪法》和特别行政区法授予的权限范围内制定和认可在该特别行政区范围内普遍有约束力的法律规则。根据全国人民代表大会制定的《中华人民共和国香港特别行政区基本法》以及《中华人民共和国澳门特别行政区基本法》,特别行政区享有高度的自治权,包括行政管理权、立法权、独立司法权和终审权。

主要立法机构及其权限的归纳见表4-1。

表4-1　　　　　　　　主要立法机构及其权限

类别	机构	立法权限
最高国家权力机关(国家法定立法机关)立法	全国人民代表大会	修改《宪法》,制定和修改基本法律
	全国人民代表大会常务委员会	解释《宪法》、监督《宪法》实施,制定非基本法,修改法律

续表

类别	机构	立法权限
国家军事机关立法	中央军事委员会	制定军事法规
	中央军事委员会各总部、军兵种、军区	制定军事规章
最高国家行政机关立法	国务院	制定行政法规 发布决定和命令
	国务院所属各部、各委员会、中国人民银行、审计署和其他具有管理职能的直属机关	制定部门规章
地方政权机关立法	省、自治区、直辖市以及设区的市的人民代表大会及其常务委员会	制定地方法规
	民族自治地方的人民代表大会	制定自治条例、单行条例
	省、自治区、直辖市和设区的市、自治州的人民政府	地方规章
	经济特区所在地的省、市的人大及其常委会	经济特区法规
特别行政区立法	香港、澳门特别行政区的立法机关	特别行政区法

《立法法》第八十七至八十九条规定了各种法律形式的效力等级。宪法具有最高的法律效力，一切法律、行政法规、地方性法规、自治条例和单行条例、规章都不得同宪法相抵触。法律的效力高于行政法规、地方性法规、规章。行政法规的效力高于地方性法规、规章。地方性法规的效力高于本级和下级地方政府规章。除了《立法法》第八条规定的只能由全国人民代表大会及其委员会制定法律的领域外，对于其他事项，国家尚未制定法律或者行政法规的，省、自治区、直辖市和设区的市、自治州根据本地方的具体情况和实际需要，可以先制定地方性法规。在国家制定的法律或者行政法规生效后，地方性法规同法律或者行政法规相抵触的规定无效，制定机关应当及时予以修改或者废止。省、自治区的人民政府制定的规章的效力高于本行政区域内设区的市、自治州的人民政府制定的规章。国务院部门规章和地方政府规章的制定程序，参照《立法法》第三章的规定，具体由国务院规定。地方政府规章由省长、自治区主席、市长或者自治州州长签署命令予以公布。

二、立法程序

以上关于立法权限的介绍是基于广义的法律范畴而展开的。下文关于立法程序的介绍主要针对全国人民代表大会及其常务委员会行使的中央专属立法活动。根据《立法法》和有关法律的规定，全国人民代表大会及其常务委员会制定法律的程序包括四个阶段：法律案的提出、法律案的审议、法律案的表决、法律的公布。

（一）法律案的提出

有权向全国人民代表大会提出法律案的主体有：全国人民代表大会主席团、全国人民代表大会常务委员会、中央军委、国务院、最高人民法院、最高人民检察院、全国人民代表大会各专门委员会，以及一个代表团或者 30 名以上代表联名（《立法法》第十四条和第十五条）。有权向全国人民代表大会常务委员会提出法律案的主体有：委员长会议、国务院、中央军事委员会、最高人民法院、最高人民检察院、全国人民代表大会各专门委员会，以及常务委员会组成人员十人以上联名（《立法法》第二十六条）。法律议案的主题根据每届全国人民代表大会常务委员会立法规则和全国人民代表大会常务委员会每年立法工作计划来选定。

（二）法律案的审议

审议法律案，是立法程序中最重要的环节。全国人民代表大会及其常务委员会审议法律案的过程，是充分发扬民主、集思广益和凝聚共识的过程。

全国人民代表大会审议法律案的程序分为四个步骤：第一步，在会议举行前一个月将法律草案发给代表；第二步，在大会全体会议上听取提案人作关于法律草案的说明；第三步，各代表团全体会议或小组会议对法律草案进行审议；第四步，宪法和法律委员会（现行《立法法》所说的"法律委员会"，下同）根据各代表团的审议意见，对法律案进行统一审议。

全国人民代表大会常务委员会按照以下程序审议法律案：第一，在常务委员会会议举行的 7 日前将法律草案发给常务委员会组成人员；第二，在常务委员会全体会议上听取提案人作关于法律草案的说明；第三，常务委员会分组会议对法律草案进行审议，在此基础上，必要时可以召开联组会议进行审议；第四，有关专门委员会对草案提出审议意见，然后由宪法和法律委员会统一审议。

《立法法》第九十二条规定了对法律草案的"三审制"。列入常务委员会会议议程的法律案，一般应当经三次常务委员会会议审议后再交付表决。如果法律案经常委会三次会议审议后，仍有重大问题需要进一步研究的，交宪法和法律委员会和有关的专门委员会进一步审议。近年来，我国立法程序更加谨慎，一部新法案审议次数超过三次的屡见不鲜。比如，常务委员会对《中华人民共和国物权法》（现已废止）草案审议了7次才提交大会审议，《行政强制法》草案审议了6次，《中华人民共和国证券法》（以下简称《证券法》）草案审议了5次，《中华人民共和国食品安全法》（以下简称《食品安全法》）、《中华人民共和国各级人民代表大会常务委员会监督法》（以下简称《监督法》）、《环境保护法》、《中华人民共和国预算法》（以下简称《预算法》）等法律草案分别审议了4次。[①] 在立法过程中，除了人大代表和常务委员会委员组成人员参与审议讨论、提出意见外，还认真听取各方面的意见。现在，全国人民代表大会常务委员会审议的法律草案一般在中国人大网站上公开征求意见，重要法律草案还在新闻媒体上公布。

（三）法律案的表决

不同的法律议案适用不同的表决机制。根据《立法法》，列入全国人民代表大会会议审议的法律案，由全体代表的过半数通过（第二十四条）。列入全国人民代表大会常务委员会审议的法律案，由常务委员会全体组成人员的过半数通过（第四十一条）。由于宪法的根本法地位，宪法的修改，由全国人民代表大会常务委员会或者五分之一以上的全国人民代表大会代表提议，并由全国人民代表大会全体代表的三分之二以上的多数通过（《宪法》第六十四条）。立法实践中，宪法修改的表决方式也有所不同，一般的法律案和其他议案的表决采用举手表决或者电子表决的方式，而宪法修正案的表决采取无记名投票的方式。

（四）法律的公布

法律的公布，是立法的最后一道程序，是法律生效的条件。我国《宪法》第八十条规定，中华人民共和国主席根据全国人民代表大会和全国人民代表大会常务委员会的决定，公布法律，签署公布法律的主席令。法律签署公布后，及时在全国人民代表大会常务委员会公报和中国人大网以及在全国范围内发行的报纸上刊

[①] 刘克希.当代中国的立法发展[M].北京：法律出版社，2017:69.

载。在常务委员会公报上刊登的法律文本为标准文本。

根据《立法法》，法律的修改和废止程序适用前述立法的有关规定。立法的方式主要有立、改、废、释。"立"即制定新法。"改"就是对现行法律的修订，具体包括以下三种修订方式：第一，修正案形式，如宪法修正案[①]、刑法修正案[②]；第二，法律的修订形式，一般用于对法律大范围的修改；[③]第三，立法机关发布关于法律的修改决定（这是最普遍的修法方式），例如，2013年12月28日第十二届全国人民代表大会常务委员会第六次会议发布的《关于修改〈中华人民共和国海洋环境保护法〉等七部法律的决定》、2018年10月26日第十三届全国人民代表大会常务委员会第六次会议发布的《关于修改〈中华人民共和国公司法〉的决定》。"释"，即法律解释。法律解释适用于两种情况：第一，法律规定的含义需要得到进一步明确；第二，由于新情况的出现，需要对法律规定的适用作出说明。法律解释是全国人民代表大会常务委员会的职权。总之，我国立法体制及立法程序都按照"科学立法、民主立法、依法立法"的原则持续完善。

第二节　法律执行

法律执行，广义上是指国家机关及其公职人员在国家和公共事务管理中依照法定职权和程序，贯彻和实施法律的活动。狭义的法律执行则指国家行政机关执行法律的活动，也被称为行政执法，即国家行政机关将体现在法律中的国家意志落实到社会生活中，防止行政权力的滥用或懈怠，依照法律要求保障个人权利、谋

[①] 我国现行《宪法》于1982年通过以来，分别在1988年、1993年、1999年、2004年及2018年通过五次宪法修正案。
[②] 《中华人民共和国刑法》于1997年通过，至今有十一部刑法修正案。
[③] 《食品安全法（修订草案）》于2014年5月14日由国务院常务会议讨论并原则通过。会议决定，该修订草案经进一步修改后提请全国人大常委会审议。该条例决定建立最严格的监管处罚制度。2015年4月24日，《食品安全法（修订草案）》经十二届全国人大常委会第十四次会议表决通过。修改后的《食品安全法》自2015年10月1日起施行。

取公共福利。① "盖天下之事,不难于立法,而难于法之必行。"②法律的生命力在于实施,法律执行是法律实施中的核心组成部分。执法的显著特点是主体的合法性、内容的广泛性以及执法行为对合法合理及效率原则的遵循。

一、行政执法主体

行政执法主体就是行政执法活动的承担者。根据行政法,行政执法主体可包括以下三种类别:第一,国家行政机关及其公职人员;第二,法律或法规授权的组织及其公职人员;第三,受行政机关委托的组织或个人。其中,国家各级行政机关根据宪法产生,组成行政机关的各个行政部门根据本行政机关的组织法产生。各执法主体的职权必须由法律赋予,执法活动必须在其法定职权范围内。行政执法主体分为行政机关及其他行政主体。

(一)行政机关

行政机关是指依宪法或行政组织法的规定而设置的行使国家行政职能的国家机关。行政机关首先是执行机关,其基本职能是执行最高国家权力机关和各级国家权力机关作出的决议、决定。行政机关是由人民代表机关产生的为人民服务的机关,它必须完全服从和全面执行体现人民意志、利益的法律以及人民代表机关的其他决议、决定。行政机关,相对于权力机关、决策机关,是执行机关;相对于行政相对人,则是行政主体。③ 行政机关体系包括中央行政机关及其工作部门、地方各级行政机关及其工作部门,以及其他行政主体。

1. 中央行政机关

我国中央行政机关由国务院的工作部门(部、委、行、署、局等)组成。国务院即中央人民政府,是最高国家权力机关的执行机关,是最高国家行政机关。国务院由全国人民代表大会产生,对全国人民代表大会负责,受全国人民代表大会及其常务委员会监督。国务院各部委(含行、署)是国务院的工作部门,部委的设立经总理提出。除设立部、委作为其正式工作部门外,国务院还设立直属特设机构、

---

① 孙国华,朱景文.法理学[M].北京:中国人民大学出版社,2015:227.
② [明]张居正.请稽查章奏随事考成以修实政疏[M]//张文忠公全集·论时政疏.南京:凤凰出版社,2019.
③ 姜明安.行政法与行政诉讼法[M].7版.北京:北京大学出版社,2022:94-95.

16个直属机构和4个办事机构。此外,国务院还设立14个直属事业单位(如证监会、电监会等)和16个主管有关行业或领域行政事务的国家局(如国家信访局、国家粮食和物资储备局、国家烟草专卖局等)。

2. 地方行政机关

一般地方行政机关包括各级地方人民政府及其工作部门。一般地方行政机关通常分为三级:(1)省、直辖市人民政府;(2)县、县级市辖区人民政府;(3)乡、镇人民政府。① 地方各级行政机关实行双重从属制,既从属于本级人民代表大会,对本级人民代表大会负责并报告工作,又从属于上一级国家行政机关,对上一级国家行政机关负责和报告工作。地方人民政府工作部门(教育、工商、税务、环保、土地管理等)的设立由本级人民政府决定,报上一级人民政府批准。② 民族自治地方行政机关是指自治区、自治州、自治县、民族乡的人民政府及其工作部门。民族自治地方的人民政府既是民族自治地方人民代表大会的执行机关,也是民族自治地方的行政机关。另外,根据《香港特别行政区基本法》及《澳门特别行政区基本法》的规定,香港特别行政区政府和澳门特别行政区政府分别是香港特别行政区和澳门特别行政区的行政机关。特别行政区政府的首长是特别行政区长官。特别行政区政府执行立法会通过并已生效的法律,定期向立法会做施政报告,答复立法议员的质询。特别行政区设立政务司、财政司、律政司和若干局、处、署作为其工作部门。

(二) 其他行政主体

其他行政主体可分为两大类别:第一类为获得法律、法规授权的组织,第二类为其他社会公权力组织。其他行政主体的权能合法化,一方面是国家行政职能扩张的现实需求,另一方面反映了国家权力向社会分解的民主化趋势。

依据法律、法规授权的组织,是指依据法律法规授权而行使特定职能的非国家行政机关的组织。这类组织执法的权限和内容都必须在法律的授权范围内。例如,《中华人民共和国行政处罚法》(以下简称《行政处罚法》)第十七条规定:"法律、法规授权的具有管理公共事务职能的组织可以在法定授权范围内实施行政处

---

① 有些地方行政机关是四级而不是三级,省级地方行政机关与县及地方行政机关之间设立市(下设区、县的市)人民政府。
② 参见《中华人民共和国地方组织法》第五十四、五十五、五十六、六十三条。

罚。"法律法规授权的组织包括以下几种情形：第一，法律法规授权的社会公权力组织，如行业协会、基层群众自治组织、工青妇之类的社会团体。第二，法律法规授权的国有企事业单位，如高等院校、中国科学院、电力公司、烟草专卖局、中科院等。第三，民办非法人组织、民间社团组织等。第四，行政机关的内设机构、派出机构。例如，"税务所"是税务局、税务分局的派出机构，也是《中华人民共和国税收征收管理法》（以下简称《税收征收管理法》）规定的税务机关。"其他社会组织"作为行政执法主体的情形是，当行业协会、基层群众自治组织、工青妇之类的社会团体等社会公权力组织未获得法律法规的明确授权时，可以根据自己组织的章程对内行使行政职能，对内行使一定公权力，由此取得行政主体资格。

其他社会公权力组织，是指那些未获得法律法规未授权情况下依社会自治原则和组织章程行使社会公权力的社会公共组织。社会公权力组织是一定范围内的人们自愿结成的组织。组织的领导机构对内部成员的奖惩权力是必然存在的。该类组织没有得到法律法规授权而对外行使公权力只能在特殊情形下才具有"合法性"。在这些特殊情形下，内部关系和外部关系相互交织，内部相对人与外部相对人相联系或者存在某种特定公共利益。例如，消费者权益保护协会受理消费者投诉，会处理消费者与产品生产者、销售者之间的纠纷；环境保护组织或野生动物保护协会对于公众破坏环境或捕杀野生动物的行为进行制止。[①]

此外，行政机关还可能委托行政机关系统以外的社会公权力组织或私权利组织行使某种行政职能、办理某种行政事务。这种情形属于行政委托。受委托的主体不是行政机关或其他国家机关，只能以委托机关的名义而不是以自己的名义行使特定行政职能，其行为的对外法律责任由委托机关承担。受托行使行政职权的组织常常有企事业组织、基层民众组织等，它们可能代民政部门发放救济品，代税务部门收税等。行政委托适应了出现突发情况、管理事务技术性很强等特殊行政管理需求。

二、行政行为

根据现代法治理论，行政主体的行政权与行政相对人的权利一样来源于法

---

① 姜明安. 行政法与行政诉讼法[M]. 7版. 北京：北京大学出版社，2022：113—114.

律,行政主体行使行政权的行为必须全面接受法律监管。按照行为所针对的相对人是否特定为标准,行政机关行使行政权的行为可以分为具体行政行为和抽象行政行为。简言之,抽象行政行为是指行政主体运用行政权,针对不特定相对人所做的行政行为,包括行政立法和发布行政命令;具体行政行为是指行政主体运用行政权,针对特定相对人设定、变更或消灭其权利和义务所实施的单方行政行为。

(一)行政立法与行政命令

行政立法,即前文讲到的行政机关依照法定职权和程序制定行政法规和规章的活动。具体涉及国务院制定行政法规、决定、命令的活动,国务院各部门制定规章的权利,省、自治区、直辖市和设区的市、自治州的人民政府针对本行政区域的具体行政管理事项制定规章的活动。

行政命令,即行政机关向行政相对人发布命令,要求行政相对人做出某种行为或不做某种行为的活动。针对不特定相对人的行政命令与行政立法类似,往往以规范性文件发布。行政规范性文件,指行政机关及其被授权的组织为实施法律和执行政策,在法定权限范围内制定的除行政立法以外的决定、命令等普遍性行为规则的总称。行政规范性文件俗称"红头文件",文件名称表现为"行政措施""决定""命令""公告""通知"等形式。[1]

(二)行政处理

行政处理是指行政主体为实现行政管理的目标和任务,对涉及特定相对人的权利和义务的事项做出处理的具体行政行为。有些行政处理只能在相对人申请的条件下才能做出,例如,行政许可、行政给付、行政奖励、行政裁决等。有些行政处理不需要以相对人申请为条件,而是行政主体依照法定职权即可直接做出,例如,行政规划、行政征收[2]、行政处罚、行政强制等。

行政机关的职责履行主要通过行政处理来实现。所以,行政处理权是行政机关实施行政管理、履行行政职责中最经常、最广泛使用的一种行政权力。其中,行政裁决权、行政强制权、行政处罚权特别关乎公民权利保护。行政裁决权,是指行

---

[1] 姜明安.行政法与行政诉讼法[M].7版.北京:北京大学出版社,2022:172.
[2] 行政主体凭借国家行政权,根据国家和社会公共利益的需要,依法向行政相对人强制地、无偿地征收税、费或者实物的行政行为。

政机关裁决争议、处理纠纷的权力。法律允许行政机关在行政管理过程中裁决和处理与其管理有关的民事、行政争议和纠纷,表达了对行政机关在其管理领域的专业优势的重视。这些领域主要涉及商标、专利、医疗事故、交通事故、运输、劳动就业以及资源权属等。不过,为了保证裁决的公正,行政机关的裁决还受到司法审判的监督。[1] 行政强制权,是行政机关在实施行政管理过程中,对不依法履行行政义务的行政相对人采取人身和财产强制措施,迫使其履行相应义务的权力。行政强制权的目的是制止违法行为,维护良好社会秩序,确保行政目标的实现。[2] 行政处罚权,是指行政机关在实施行政管理过程中,为了维护公共利益和社会秩序,保护其他公民、法人和其他组织的合法权益,对违反行政管理秩序的行政相对人给予制裁的权力。后文有对行政处罚的专门介绍。

三、执法的原则

执行的原则,即行政执法主体在执法活动中所应遵循的一般性准则。

(一)合法性原则

古希腊哲学家柏拉图(Plato,公元前427年—公元前347年)曾形象地描述过政府守法的重要性,即法律应该是政府的主人而政府是法律的仆役,这样的国家才有希望。[3] 执法合法性原则是法治政府运行的基本要求,具体有以下几层含义:第一,执法主体必须在法律规定的权限范围内行使职权,权力行使必须有法律依据。如果行政机关的行为超越法定职权范围,则越权行为不具备法律效力。例如,执法部门将罚没款进行私分、截留或挪用,税务部门对偷税、漏税、抗税人员采

---

[1] 例如,我国现行劳动争议的处理程序是:劳动争议发生后,劳动者和用人单位首先进行协商和解,协商不成,可以申请调解,调解不成或者不愿调解或达成调解协议不愿履行,则向专门的劳动争议仲裁委员会申请仲裁。 仲裁是劳动争议处理的必经程序。 劳动者不服从仲裁决定,或者用人单位不服对《劳动争议调解仲裁法》第四十七条规定以外情形所作的仲裁裁决,可以依法向人民法院起诉。 当事人不服一审判决,还可以上诉,二审判决为终审判决。 上述程序可简称为"一调一裁二审"。

[2] 行政强制,是指在行政过程中出现违反义务或义务不履行的情况下,为了确保行政的实效性,维护和实现公共利益,由行政主体或行政申请人人民法院,对公民、法人或者其他组织的财产以及人身自由等予以强制而采取的措施。 例如,以物作为强制执行对象的强制拆除,以行为作为强制对象的强制登记,以人身自由作为强制对象的强制隔离治疗。

[3] 参见[古希腊]柏拉图.法律篇[M].张智仁,何勤华,译.上海:上海人民出版社,2001:123.

取拘留措施,都属于执法主体超越权限的情形。第二,执法的内容必须合法。任何组织都不得法外设定权力,不得在没有法律法规依据的情况下作出减损公民、法人和其他组织的合法权益或者增加其义务的任何决定。第三,执法程序必须合法。执法主体必须严格遵循法定程序,依法保障相对人、利害关系人的知情权、参与权和救济权。第四,执法主体违法或者不当行使职权,应当依法承担法律责任,实现权力与责任的统一,做到用权受监督、有责受追究。

(二) 合理性原则

执法合理性原则就是执法机关在执法活动中,特别是行使法定自由裁量权时,必须做到客观、适度、合乎情理。行政管理的复杂性和广泛性,决定了行政执法自由裁量权的客观存在,但是执法机关的自由裁量行为必须受到控制,防止被滥用。执法合理性原则坚决反对执法工作人员以权谋私、徇私舞弊,并要求执法工作人员对行政相对人公平公正、不偏私、不歧视。执法合理性原则认可了法律法规、道德习惯、村规民约等多元制度在社会治理中的价值。

(三) 效率性原则

执法效率原则是指,在依法行政的前提下,执法主体在对社会实行组织管理的过程中,以最低成本取得尽可能大的执法效益。效益原则要求执法主体从保护公民权利和国家利益出发,对行政相对人的各项请求做出及时反应,给出救济,提供服务,使相对人、法人和其他组织的合法利益得到维护,经济交往得以有效开展。当然,效率原则的本质是发挥法治的积极价值,必须建立在执法合法性、合理性的基础上,执法主体不得以"高效"为借口牺牲法律实施应有的公平正义目标。总体来说,坚持严格公正文明执法是深入推进依法行政、提高执法公信力的重要保证。

第三节 司 法

司法,是指国家司法机关及其公职人员依照法定职权和程序适用法律处理案件的专门活动。司法权是与国家立法权、行政权并立的国家权力。司法权的核心内容是对事实的判断权和对争议的裁决权。司法权的突出特点是权力专属性、程序法定性、法律专业性以及裁判权威性。司法活动的结果借助非规范性的法律文件来表现,如起诉书、调解书、裁定书、判决书等,对相关当事人具有等同于法律的强制力。

一、司法机构

我国司法机构包括国家审判机关(人民法院)和国家检察机关(人民检察院)。人民法院的设置包括最高人民法院、地方各级人民法院(包括基层人民法院、中级人民法院和高级人民法院)和专门人民法院(如军事法院、铁路运输法院、林业法院、海事法院)。人民检察院的设置包括最高人民检察院、地方各级人民检察院(包括基层人民检察院、中级人民检察院和高级人民检察院)和专门人民检察院(如军事检察院和铁路检察院等)。人民法院代表国家行使审判权,人民检察院代表国家行使法律监督权。最高人民法院和最高人民检察院拥有就一般法律适用问题规定司法解释的权力,可以对整个法院系统和检察院系统的法律适用问题出台规定,从而保证法律适用的统一。[①]

二、司法原则

司法原则,是贯穿在司法全过程,指导和制约司法活动且为司法机关和司法人员必须遵守的基本准则,是人们在司法活动中总结出来的思想结晶。司法活动被誉为社会正义的最后一道防线,对于社会发展有极其重要的影响。正如英国哲学家弗朗西斯·培根(Francis Bacon,1561—1626年)所言:"一次不公正的判决比多次不平等的举动为祸尤烈。因为这些不平等的举动不过弄脏了水流,而不公的判决则把水源败坏了。"[②]司法原则包括司法独立、司法平等、司法责任等原则。

(一)司法独立原则

司法独立原则,是指司法机关在办案过程中依法独立行使司法权。司法独立原则符合裁判权的中立性、专业性,是实现司法公正的要求。1701年英国《王位继承法》规定非经议会解除职务,法官得终生任职。该规定为司法独立原则奠定

---

① 陈兴良.司法解释功过之议[J].法学,2003(8).
② [英]费朗西斯·培根.培根论说文集[M].水天同,译.北京:商务印书馆,1996:193.

了基础。马克思曾经说过:"法官除了法律就没有别的上司。"①联合国核准认定的《关于司法机关独立的基本原则》指出:"司法机关应不偏不倚、以事实为根据并依法律规定来裁决其所受理的案件,而不应有任何约束,也不应为任何其他直接或间接不当影响、怂恿、压力、威胁或者干涉所左右,不论其来自何方或出于何种理由。"联合国颁布的《世界人权宣言》第十条从人权保护角度强化了司法独立原则的内涵与价值,"人人完全平等地有权由一个独立而无偏倚的法庭进行公正和公开的审讯,以确定他的权利和义务并判定对他提出的任何刑事指控。"

在当代中国,司法独立原则具有两层含义:第一,唯有司法机关才拥有宪法和法律专门赋予的司法权,其他任何组织或者个人都没有司法权。第二,司法机关在行使职权时,所有的国家机关、社会团体和个人均不得加以干预。当然,司法独立原则并不排除司法权在运行过程中依法受到监督。司法机关要服从中国共产党的领导,要接受人民代表大会的监督,要接受上级司法机关的指导,要接受其他机关、团体和人民群众的监督。多方监督有助于最大限度地防止司法腐败、维护司法公正。

(二)司法平等原则

司法平等原则是法律平等原则在司法活动中的运用,是维护司法公正的保证。与司法独立原则一样,司法平等原则也是古今中外的共识。一位美国作家曾经写道:"有一种方式能让一切人生来平等——有一种社会机构可以让乞丐等于洛克菲勒,让蠢人等于爱因斯坦,让无知的人平等于任何大学校长。这种机构,先生们,就是法庭。"②中国先秦时期就有"王子犯法,与庶民同罪"的思想。《公民权利与政治权利国际公约》③第十四条第一款规定:"所有人在法庭和裁判面前一律平等。在判定对任何人提出的任何刑事指控或确定他在一件诉讼案件中的权利

---

① [德]马克思,恩格斯.马克思恩格斯全集:第 1 卷 [M].北京:人民出版社,1995:180—181.
② [美]哈珀·李.杀死一只知更鸟[M].高红海,译.南京:译林出版社,2012:252.
③ 《公民权利与政治权利国际公约》是联合国制定的最重要的国际人权文书之一,于 1966 年 12 月 16 日由联合国大会通过并开放供签署,于 1976 年 3 月 23 日生效,共 53 条。该公约与《世界人权宣言》《经济、社会与文化权利国际公约》被统称为国际人权保护宪章。1998 年 10 月 5 日,我国常驻联合国代表秦华孙在联合国总部代表中国政府签署了《公民权利和政治权利国际公约》。

和义务时,人人有资格由一个依法设立的合格的、独立的和无偏倚的法庭进行公正和公开的审讯。"在当代中国,司法平等原则的核心内容是:所有公民,不论其性别、民族、种族、财产状况、职业、宗教信仰、受教育状况、居住期限等方面有何差别,都平等地享有诉讼过程中的权利和义务,受到司法机关平等对待,平等地受到法律保护,也平等地承担法律责任。我国的《宪法》、《中华人民共和国民事诉讼法》(以下简称《民事诉讼法》)《中华人民共和国行政诉讼法》(以下简称《行政诉讼法》)以及《中华人民共和国刑事诉讼法》(以下简称《刑事诉讼法》)等法律法规对司法平等原则有充分体现。

(三)司法责任原则

司法责任原则,是指司法机关和司法人员在行使司法权的过程中,如违反法律规定或因重大过失导致裁判错误并造成严重后果的,应承担相应的法律责任。司法责任原则是国家机关权责一致原则的体现。强化司法责任原则,一方面促使司法人员持续提升业务水平,包括对法律知识的理解以及对社会公共政策的把控能力,另一方面警示司法人员坚守法律职业伦理,秉持公平与正义,以事实为根据,以法律为准绳,不为一己私利或强权压力而抛弃法律的公正。《中华人民共和国国家赔偿法》《中华人民共和国法官法》《中华人民共和国检察官法》《人民检察院错案责任追究条例》等法律法规对司法责任的认定与承担有明确规定。依据《中华人民共和国刑法》(以下简称《刑法》),冤假错案如果是由司法机关工作人员滥用职权、徇私枉法等行为造成的,可以按渎职罪追究责任人刑事责任,具体罪名涉及《刑法》第三百九十九条的"徇私枉法罪""民事、刑事枉法裁判罪""执行判决、裁决失职罪""执行判决、裁定滥用职权罪"及"枉法仲裁罪"等。

第四节　法律遵守

法律遵守,简称守法,也就是社会主体对法律的服从。古希腊学者亚里士多德关于"法治"的经典定义包含了守法的重要意义,"法治应包含两重含义:已成立的法律获得普遍的服从,而大家所服从的法律又应该本身是制定得良好的法律"①。我国近代法学家沈家本也强调守法的重要性,"法立而不行,与无法等,世未有无法之国而能长久之治安者也"②。同时,守法不仅指对法律法规文件的遵守,而且包括对依法作出的法律裁定书的服从。

一、守法的理论本质

"守法"是认知、情感和行为选择的有机统一体,指个人或组织对法律的知晓、认同并以之作为行为依据。守法是法律运行的终局环节,是国家治理和社会有序的基本条件,也是个体人格完善的组成部分。

(一)守法是法治的内核与目标

法律运行包括立法、执法、司法和守法四个环节。但守法贯穿于法律运行的始终。立法需要"依法立法",立法活动需要根据宪法、《立法法》所规定的权限和程序来开展。"合法性"是执法活动的基本原则之一,执法主体资格、权限范围、执法内容、执法程序都必须符合法律的要求。司法程序本身就有专门的程序法规范。主体、执法内容和方法都必须合法。司法更是以法律为准绳的活动,司法程序本身就是专门诉讼程序法。总之,守法是法治运行的内在精髓,立法者、执法者及司法者的守法是实现科学立法、严格执法和公正司法的前提。

全面推进依法治国的总目标包括"实现科学立法、严格执法、公正司法、全民守法"。"全民守法"对于法治宣传教育、社会主义法治精神以及社会主义法治文化建设都提出了要求。因为"人们遵守法律的主要原因在于,集体的成员在信念上接受了这些法律,并且能够在行动上体现这些法律所表达的价值观念"③。而且,"对于一个守法者来说,法已成为他自己的习惯"④。所以,"全民守法"要求守法成为社会主体的生活习惯和道德风尚,标志着法律预期目标的最终实现,代表法治社会的理想状态。

---

① [古希腊]亚里士多德.政治学[M].吴寿彭,译.北京:商务印书馆,1996:199.
② [清]沈家本.历代刑法考[M].邓经元,骈宇骞,点校.北京:中华书局,1985:34.
③ [美]R.M.昂格尔.现代社会中的法律[M].吴玉章,周汉华,译.南京:译林出版社,2001:29.
④ 中国法学会研究部.马克思恩格斯论法[M].北京:法律出版社,2010:271.

（二）守法是社会有序运行的基本前提

法律是以各领域社会关系为调整对象的行为规范。法律调整的主要方式是给社会关系主体恰当分配权利和义务。权利意味着某种资格、机会或利益满足，义务意味着某种负担、克制或损失。所有法律权利的实现都必须以相应法律义务的履行为条件，所有义务都是从事一定行为（作为）或不行为（不作为）以满足权利人利益的法律手段。从公民个体权利的实现到国家和社会公共利益的维护，都依靠社会成员对法律的遵守。例如，如果宪法规定的依法纳税义务普遍得不到履行，就意味着国家的财政收入受损，进一步影响社会公共服务的供给，最终可能导致宪法规定的众多公民权利得不到满足，包括社会保障权、受教育权以及从国家和社会获得物资帮助的权利等。可见，社会主体不依法履行法律义务或者对权利的滥用，都会使其他社会个体的利益或者社会公共利益受损，并导致对社会秩序的破坏。法律通过责任强制将各主体的权利和义务界定在合适的范围内，对违法行为及时阻止、纠正，对违法受损人予以补偿，对违法行为人予以教育或惩罚，尽量将社会秩序恢复到违法行为发生前的状态。所以，社会成员的普遍守法是成员相互之间的权利尊重，是社会运行顺畅高效的前提和标志。

（三）守法是公民的法律义务和道德践行方式

个人的违法行为不仅伤害行为相对人的合法权益，而且是对社会公共利益的破坏，包括物质利益、精神利益。所以各国法律都规定了公民守法义务。根据我国《宪法》第五条，"一切国家机关和武装力量、各政党和各社会团体、各企业事业组织都必须遵守宪法和法律。一切违反宪法和法律的行为，都必须予以追究。任何组织或者个人都不得有超越宪法和法律的特权。"《宪法》第五十三条强调"中华人民共和国公民必须遵守宪法和法律"。

守法具有深厚的道德价值：

第一，根据经典马克思主义法学，法律是以国家意志形式表现出来的统治阶级的意志。国家政权机关是统治阶级的意志转化为法律的中介。法律与其所依赖的国家政权在职能目标和阶级本质上具有天然的一致性，法律保护着政权组织、政治制度、国家安全、经济利益、历史文化等方面的"国家法益"。可以说，要求公民对国家的忠诚与热爱是国家法律的自然选择，公民对国家法律的遵守首先就具有爱国主义的道德底蕴。

第二,法律是经过民主程序达成的适用于主权范围内全体社会成员的行为规范,适用于日常生活、商事交往、参政议政等广泛空间。公民对法律的遵守也是社会合作精神的体现。

第三,遵守法律也是公民道德养成的应然要求。古希腊哲学家柏拉图曾提出,公民对本国法律的尊重所获得的荣誉比他在奥林匹克竞技会获得胜利所获得的荣誉更为珍贵。[①]

在"依法治国和以德治国相结合"的中国特色治理背景下,社会主义法律注重树立道德导向、弘扬美德义行,法律法规蕴含了爱国、敬业、诚信、友善的公民道德价值观。法律本身就是道德情感的制度载体。总之,基于法律的本质及其道德底蕴,公民对法律的遵守也是道德践行的重要方式。

二、促进守法的实践路径

守法的状况受主观因素和客观因素的影响。主观因素涉及公民身份意识、道德观念、教育程度及法律意识等,而客观因素包括国家的政治状况、法治状况、经济水平、文化传统、社会风尚、科学发展水平等因素。所以,促进守法需要从改善主观条件和客观条件两方面同时发力。

(一)优化守法的制度依据

优良的制度依据必须满足以下几点要求:

第一,内容完备。以"立""改""废""释"等方式推进社会关系各领域实现有法可依、良法先行,加快社会重点领域立法,避免制度空白。

第二,价值优良。法律法规恪守立法为民,体现人民意志,反映人民需求,回应现实问题,彰显社会主义道德导向。

第三,立法技术科学。法律法规与宪法及其他法律部门协调一致,立法语言清晰,权利、义务、责任的规定明确而可行。

第四,加强党内法规、居民公约、村规民约、行业章程、社会组织章程等非法律类规范建设,推进党组织及社会成员的自我约束、自我管理、自我规范,与法律法规体系协同发力。

---

① [古希腊]柏拉图.法律篇[M].张智仁,何勤华,译.上海:上海人民出版社,2001:138.

（二）营造守法环境

良好的守法环境首先要求公众获取法律信息的渠道通畅，保障公众对法律的知情权、学习权，为城乡居民创建法律信息传播方式。同时，良好的守法环境需要培育、保护和支持公众对法律的积极态度。这里包含几重含义：

第一，以严格文明的执法和公平正义的司法活动，让人民群众感受到正义可期待、权利有保障、义务须履行，引导全社会树立权利与义务、个人自由与社会责任相统一的观念，纠正法不责众、滥用权利、讲"蛮"不讲法、遇事找关系等思想和行为。①

第二，发挥特殊成员群体的积极作用。首先，"全面推进依法治国，建设一支德才兼备的高素质法治队伍至关重要"②，执法司法人员等法律从业人员事实上成为法律的代言人，他们本身的法治素养、职业道德直接影响公众对法律的好恶态度。其次，公众人物和各组织机构带头人对公众守法心理有重大影响。一个人的心理和行为模式不免受到其所处社会交往关系的干扰，尤其受到那些掌握较大公共话语权的角色的影响。所以，中国特色法治理论特别强调抓住领导干部这个"关键少数"，指出"高级干部做尊法学法守法用法的模范，是实现全面推进依法治国目标和任务的关键所在"③。

第三，要健全公民和组织守法信用记录，完善守法诚信褒奖机制和违法失信行为惩戒机制，持续开展道德模范评选、法治人物表彰等活动，形成守法光荣、违法可耻的社会氛围，使尊法守法成为全体人民的共同追求和自觉行动。

（三）以法治教育提升守法自觉

法治教育是各国公民教育的重要组成部分。美国《1978 年教育修正案》包括了对"法治教育"（law-related education）的专门规定，而且明确说明"该部分可以被引用为《1978 年法治教育法》（Law-Related Education Act of 1978）"。该法案对"法治教育"的定义是"通过教育来为非法律从业者提供与法律规则、法律程序

---

① 中央宣传部、司法部关于开展法治宣传教育的第八个五年规划（2021—2025 年）[N]. 人民日报，2021-06-16.
② 习近平. 加快建设社会主义法治国家[J]. 求是，2015（1）.
③ 中共中央文献研究室. 习近平关于全面依法治国论述摘编[M]. 北京：中央文献出版社，2015：121.

和法律制度相关的知识和技能,以及它们赖以建立的基本原则和价值观"[1]。在我国,法治教育与普法教育、法治宣传教育相通,一直受到高度重视,被纳入国民教育的重要组成部分。《法治宣传教育法》已进入全国人大常务委员会立法工作计划预备审议项目。法治教育的直接意义在于培养守法主动性,包括对法律内容的了解、对法律精神的认可以及使用法律的能力,由此培养公众对国家制度的内容认可,对社会治理的合作,对他人权利的尊重以及对自身义务的理性担当。法治教育使得公众对法律的遵守不是因为对法律惩罚的恐惧,不是出于对他人的盲从,也不是出于获得法律好处的投机心理,而是源自内心的理性选择和行为习惯。我国的法治教育以党政领导干部和青少年为重点对象。将法治观念、法治素养作为干部德才的重要内容。法治教育坚持课堂教育与实践教育的结合、学校教育与社会教育的结合。法治教育应与人生观教育、社会主义核心价值观教育、国防教育等思想道德教育活动相互融合。

---

[1] USC 3002. Part G, Title III, Educational Amendment of 1978 [J]. Public Law 95—561, Nov.1, 1978. Sec. 347(b).

第二编

法治国家建设：道路、理论与制度

坚持全面依法治国，推进法治中国建设，是中华民族伟大复兴之路上的一场深刻而伟大的革命，也是一项任务艰巨的宏大系统工程。

现代法治文明的发展离不开传统法治文化，只有回望来时路才能走好当今的法治道路。中国传统法律思想独具特色，但又存有不足，因而需要取其精华，去其糟粕，推进其创造性转化与创新性发展，实现推陈出新、古为今用。社会主义法治建设的实践经验同样是一笔独一无二、弥足珍贵的精神财富。

法治国家建设需要与时俱进、不断创新的法治理论提供科学指引。习近平法治思想是全面依法治国的行动指南，回答了新时代为什么要推进全面依法治国、怎样推进全面依法治国等一系列重大问题。深入学习贯彻习近平法治思想是准确把握我国基本国情与法治实践方向的重要路径，也是新时代法治宣传教育的重要任务。

制度是国家之基、社会之规、治理之据，构成了法治国家建设的重要保障。中国特色社会主义制度基于悠久的历史文化与先进的理论创新，事关经济建设、政治建设、文化建设、社会建设与生态文明建设多个领域。加强对"中国之制"认识的深度与广度，是坚定制度自信、建设法治中国的必经之路。

本编拟从历史逻辑、理论逻辑与制度逻辑三个层面阐释中国特色社会主义法治国家建设的历史文化渊源、指导思想理论与制度体系现状。

第五章　中国法治文明的道路历程

"法治(法制)文明是人类文明的重要组成部分,是决定国家治乱兴衰的重要因素。"[①]中国当代法治文明"是在我国历史传承、文化传统、经济社会发展的基础上长期发展的、渐进改进的、内生性演化的结果"[②],先后历经了传统中国几千年法治求索、近代中国法治变革与转型、社会主义中国的法治建设以及新时代中国特色社会主义法治发展这几个阶段,凝结成独具民族特色的中国特色社会主义法治道路。

第一节　传统中国法律文化的流变

法律文化是指一个民族或国家在长期的生活实践中形成的相对稳定的,与法、法律现象有关的意识、制度和传统学说的总和,是法的制度、实施、教育等实践活动的经验积累与总结,包括法律意识、法律制度、法律实践。[③]中国传统法律文化是上古至明清时期中国法律实践活动及其成果的总称,其萌芽与形成于夏商西周时期,春秋至魏晋时期得以发展,在隋唐时期发展成熟后,于宋元明清时期进一步深化。中华传统法律文化"在中国五千余年从未中断的法制历史中,形成了一个纵向传承、代有兴革的法文化发展轨迹"[④]。

一、夏商西周时期:中国传统法律文化的萌芽与形成

在距今五六千年的新石器时代后期,华夏先民在黄河流域和长江流域先后形

[①] 黄文艺,赵世奇.论中华法治文明新形态[J].吉林大学社会科学学报,2023(1).
[②] 中共中央宣传部.习近平总书记系列讲话重要读本[M].北京:人民出版社,2016:166-167.
[③] 张洪林.中国传统法律文化[M].广州:华南理工大学出版社,2018:1.
[④] 张晋藩.弘扬中华法文化,构建新时代的中华法系[J].当代法学,2020(3).

成华夏、东夷和苗蛮三大部落联盟。这三大部落联盟为发展自身,不断向外扩张。华夏联盟向东、南发展,东夷联盟向西扩展,苗蛮联盟则向黄河流域深入,其间为抢夺资源,曾发生三次较大规模的暴力征战。最终,黄帝战胜炎帝,在黄河流域形成了以黄帝为核心的部落大联盟。尧、舜、禹作为黄帝的后代,先后成为这个中央部落联盟的首领。

三大部落联盟在对外扩张的征战中开始注重内部秩序的构建,在职能机构设置和不同社会关系调整等方面,已形成大量处理争端的判决和确定某些事项的决定,并形成了性质各异、功能不同的规范体系。其中相当一部分已为社会所承认和接受,具有普遍适用性和一定的强制性,初步具备法律的特征。①

(一)夏朝的法律

约公元前21世纪,禹改变部落联盟中的禅让习惯,将帝位传给其子启,从而形成"家天下"的政治格局。夏朝的国家机构、管理制度都处于早期发展阶段,其法律也处于起源时期。由于人们对自然界的认知有限,常将超越人力的自然现象归因于不可知的神秘力量,因此便产生了宗教崇拜与神灵崇拜。鬼神观念深刻影响着夏朝法制,是当时定罪量刑的主要依据。

"夏有乱政,而作禹刑。"②"禹刑"是夏朝刑法的总称,是夏朝统治者为加强统治,整理此前做出的各项判决、决定及一般原则而成。据《尚书大传》记载,"夏刑三千条",多为处理具体案件的判决。汉代学者郑玄称"夏刑三千条"具体为:"大辟二百,膑辟三百,宫辟五百,劓、墨各千。"③大辟(死刑)、膑(割除膝盖骨)、宫(毁坏生殖器)、劓(割鼻)、墨(在面部刺痕后涂墨)是夏朝已初步形成的较为固定的刑种。④

(二)商朝的法律

夏朝末期,夏王桀残酷无道,社会矛盾不断激化,商部落联盟最终灭夏建商。商朝时天命神权思想发展流行,神权与王权相结合是国家政权在统治方式上的集中体现。商汤灭夏即以"有夏多罪天命殛之"号称。而占卜是领会上天旨意,指导

---

① 朱勇.中国法律史[M].北京:法律出版社,2021:3.
② [春秋]左立明.左传·昭公六年[M].郭丹,程小青,李彬源,译.北京:中华书局,2016.
③ [周]周公旦.周礼·秋官司寇[M].郑玄,注.徐正英,常佩雨,译.北京:中华书局,2023.
④ 朱勇.中国法律史[M].北京:法律出版社,2021:15.

人间行动的重要方式,从商王到各级机构首领,多借之以决策。此外,崇拜祖先,以祖先的名义实行现世统治,也是商王朝政治统治的特点之一。统治者提出,"天帝"是商王朝的祖宗神,商王是"天帝"的子孙,商王祖先统治着商民的祖先,商王统治着商民,商民违背商王就是违背自己的祖先。

商朝法制受王权与神权、祖先崇拜相结合的统治方式影响。统治者通过烦琐的占卜,将统治权、立法权、司法权说成神的意志,凭借"神意"用刑。商朝初期的刑法主要由删修夏朝"禹刑"形成;商朝后期,为适应统治需要对刑法做全面修改、补充。史书记载:商祖甲二十四年,修订"汤刑","商有乱政,而作汤刑"[1]。"汤刑"是商朝刑法的总称。"违反天命""不遵天命"是"汤刑"中的重要罪名。同时,"汤刑"为保护祖先崇拜制度还设立"不孝"罪,如"(汤)刑三百,罪莫重于'不孝'"[2]。

(三)西周的法律

公元前 11 世纪,黄河中游的周部落日益壮大,周武王趁商王朝内乱时进军商都朝歌,经过牧野之战推翻商朝统治,建立周王朝。周朝统治分西周和东周两个阶段,前者是指公元前 11 世纪周王朝建立,建都镐京(今陕西西安),至公元前 770 年东迁都城;后者是指公元前 770 年周平王迁都洛邑(今河南洛阳),至公元前 256 年被秦所灭。自平王东迁后,周朝势力减弱,中国历史进入春秋战国时代。因此,周朝法律主要指西周时期的法律。

西周统治者继承了夏商以来"君权神授"的思想,同时意识到需对"天命"为何会在夏、商、周三代王朝间转移给出合理化解释。所以,西周统治者总结夏、商灭亡的教训,提出"以德配天"的思想,即通过造福民众、保护民众,使自己成为有"德"者,进而获得并保持"天命"对自己的支持,并在"以德配天"的基础上进一步衍生出"敬天保民"的统治政策。此外,西周还以政治和血缘为标准,基于分封制构建起"家""国"一体的宗法政权体制。政治和血缘的双重标准使西周形成了大宗、小宗严格区分,并分别享受不同权利、承担不同义务的宗法政治等级身份体制。[3]

---

[1] [春秋]左立明.左传·昭公六年[M].郭丹,程小青,李彬源,译.北京:中华书局,2016.
[2] [战国]吕不韦.吕氏春秋·孝行[M].张双棣,张万彬,殷国光,译.北京:中华书局,2022.
[3] 朱勇.中国法律史[M].北京:法律出版社,2021:22.

基于"以德配天""敬天保民",西周统治者在法制上主张"明德慎罚"。西周初期,为稳定社会秩序、巩固王朝统治,统治者以商朝"汤刑"为基础,确立了刑事制度。据《左传·昭公六年》记载:"周有乱政,而作'九刑'。"关于"九刑",有两种看法:一种认为是"刑书九篇"[①],另一种认为是九种刑罚[②]。周初统治者还进行了大规模的"制礼"活动,制定了一套通行全国的典章制度和礼节仪式。西周中期,社会形势日益复杂化,原有的《九刑》已不适用,周穆王命吕侯制定了新的刑法——《吕刑》。

"明德慎罚"思想贯穿于西周刑罚体系,其中矜老恤幼的刑事原则便是重要体现。《礼记·曲礼》中指出:"七年曰悼,八十、九十曰耄。悼与耄,虽有罪,不加刑焉。"《周礼·秋官》也规定:"一赦曰幼弱,二赦曰老耄。"即七岁以下、八十岁以上的幼童和老人,犯罪免于刑事处罚。此外,西周刑事法律中还设定了"抗命罪"与"不孝罪"两大罪名以维护宗法政治体制。

二、春秋至魏晋时期:中国传统法律文化的发展

从春秋战国时期"百家争鸣",秦朝尊崇"法治",到汉武帝"独尊儒术",《晋律》中"准五服以制罪",儒家思想逐渐融入律典、法令,成为立法、司法的指导思想,法律的儒家化发展逐步实现。

(一)春秋战国时期:"儒法之争"

公元前770年,周平王迁都洛邑(今河南洛阳),史称"东周"。从此至公元前476年是中国历史上的"春秋"时期,公元前475至公元前221年是中国历史上的"战国"时期。春秋战国时期,由于铁制农具、牛耕技术的发展与推广,社会生产力迅速提高。奴隶制社会中集体劳作方式逐渐被一家一户的生产方式所取代,土地逐渐私有化。"私田"的出现致使井田制逐步瓦解,与井田制并行的宗法制、分封制也受到冲击,各诸侯国的实力不断增强,出现了著名的"春秋五霸"。各诸侯国为争霸图强,在官制、法律制度等方面进行变革,周礼逐渐崩溃,奴隶制法律危机四伏,出现了"礼崩乐坏"的局面。在各诸侯国探求治国主张过程中,各学派思潮

---

① [唐]令狐德棻.周书·尝麦解[M].北京:中华书局,2022.
② 九种刑罚是指墨、劓、刖、宫、大辟、流、赎、鞭、扑。

涌现,出现了"诸子林立""百家争鸣"的局面,数儒、墨、道、法四家法律思想贡献较大,其中儒、法两家尤为显著。

儒家由孔子创立,经孟子和荀子进一步发展。儒家在承继西周"礼治"和"明德慎罚"的思想基础上,形成了以"礼治""德治""人治"为基本内容的法律思想。[①]"礼治",即以礼作为立法和司法的基本原则。"德治",即主张"以德服人",而法律是确立和维护"君臣父子"道德准则的辅助手段。儒家重视道德教化,认为刑罚是教化的辅助手段,刑罚是为了促成"德治"。[②] 尽管儒家重教化、轻刑罚,但当教化无效时也主张诉诸暴力,使用刑罚,即"宽猛相济"。"人治",即"为政在人",统治者要施德行仁,以身作则,"其身正,不令而行;其身不正,虽令不从"[③];在任用官吏上主张"举贤使能",使贤者在位,能者在职。

法家是春秋战国时期主张"以法治国"[④]的学派,管仲、李悝、商鞅、慎到、申不害以及韩非、李斯等是其代表人物。法家强调法的重要作用,主张有法必依、赏罚严明,其"法治"理论主要涉及以下方面:

其一,事断于法。法家认为法律是判断人们言行是非和进行赏罚的标准,主张"不别亲疏、不疏贵贱,一断于法"[⑤]。商鞅提出"缘法而治"[⑥]。

其二,法与时转。法家认为立法应当顺应时代需求,因时制法。商鞅主张:"法古则后于时,修今则塞于势。"[⑦]韩非也指出:"法与时转则治,治与世宜则有功……时移而治不易者乱,能众而禁不变者削。"[⑧]

其三,刑无等级。法家作为维护新兴地主阶级利益的代表,反对贵族享有的同罪异罚的等级制度与法律特权。商鞅就此指出:"刑无等级,自卿相将军以致大夫庶人,有不从王令、犯国禁、乱上禁者,罪死不赦。"[⑨]

其四,轻罪重刑。法家认为法律的作用在于禁奸而不是劝善,重刑不仅能惩

[①] 武树臣.中国法律思想史[M].2版.北京:法律出版社,2017:113.
[②] 武树臣.中国法律思想史[M].2版.北京:法律出版社,2017:121.
[③] [春秋]孔子弟子,等.论语·子路[M].陈晓芬,译.北京:商务印书馆,2022.
[④] [战国]韩非.韩非子·有度[M].张觉,译.上海:上海古籍出版社,2012.
[⑤] [西汉]司马迁.史记·太史公自序[M].北京:中华书局,2016.
[⑥] [先秦]商鞅.商君书·君臣[M].石磊,译.北京:中华书局,2022.
[⑦] [先秦]商鞅.商君书·开塞[M].石磊,译.北京:中华书局,2022.
[⑧] [战国]韩非.韩非子·心度[M].张觉,译.上海:上海古籍出版社,2012.
[⑨] [先秦]商鞅.商君书·赏罚[M].石磊,译.北京:中华书局,2022.

罚犯罪者，而且具有威慑效应，因而提倡重刑主义。韩非提出："重一奸之罪而止境内之邪，此所以为治也。"①商鞅变法时，提出了一系列重刑措施，如重赏告奸，以及包括什伍连坐、军事连坐、全家连坐、职务连坐在内的连坐法。

其五，布之于众。法家认为法律制定后须向百姓公布，使百姓知晓，以此约束百姓行为；而要让百姓了解法律，法律就应当简单明了。商鞅曾强调："圣人为法，必使之明白易知，名正，愚智遍能知之。"②春秋时期，郑、晋两国便以"铸刑书""铸刑鼎"等形式公布成文法。战国时期，李悝吸收春秋各国立法经验，编撰了我国"封建社会"历史上第一部较为系统的成文法典——《法经》③，其"创封建法典之体制，开成文法典之先河"④，对传统中国法律的发展具有里程碑意义。

（二）秦汉至魏晋时期：传统中国正统法律思想形成

公元前221年，秦始皇统一六国，开创了中国历史上"海内为郡县，法令由一统"的局面。秦统一后，仍以法家思想为指导开展治国实践。第一，以法为本，事皆决于法。"事皆决于法"是对"事断于法"的发展。秦始皇统一六国后，以"事皆决于法"为指导，对各项法律进行完善，形成了各领域较为完备的法律规范。然而，统治者对法律以及刑罚的过度崇拜，也使"法治"走向专任暴力的"罚治"。第二，君主独断，法自君出。秦统一六国后，为维护皇帝的地位与权威，废除了"世卿世禄"制，建立起以皇帝为中心的封建官僚制度，中央和地方的主要官吏均由皇帝任免，官吏遵从皇帝诏令，即法自君出，言出法随。第三，严刑峻法，深督轻罪。秦从商鞅开始就奉行重刑主义，统一六国后继续推行严刑峻法，试图用刑罚来阻止犯罪。而严刑峻法也导致"奸邪并生，赭衣塞路，囹圄成市，天下愁怨，溃而叛之"⑤，引发陈胜、吴广起义，为后世封建统治者留下深刻教训。第四，法令由一统。秦始皇称帝后，以法家思想主张取缔其他各家学说，并以法律来统一人们的思想。尽管"法令由一统"利于巩固国家政权，但"以法为教"的做法扼杀了多元文化的发展。

---

① [战国]韩非.韩非子·六反[M].张觉，译.上海：上海古籍出版社，2012.
② [先秦]商鞅.商君书·定分[M].石磊，译.北京：中华书局，2022.
③ 朱勇.中国法律史[M].北京：法律出版社，2021：57.
④ 夏锦文.中华法系的深厚底蕴及其创造性转化[J].江海学刊，2023（1）.
⑤ 邓长春.汉书·刑法志[M].上海：上海古籍出版社，2023.

秦末严刑峻法导致民不聊生,农民起义不断。公元前202年,农民起义首领刘邦战胜项羽,定都长安,史称"西汉";公元9年至公元24年,汉外戚王莽篡权称帝,建立新朝,西汉灭亡。公元25年,汉室刘秀重建汉朝,定都洛阳,史称"东汉"。汉初统治者吸收秦亡的教训,在"思想上主张清静无为,重德轻刑,经济上轻徭薄赋,休养生息,法律上宽简刑罚,削除繁苛"①。经过几十年的发展,出现了"文景之治"的盛世局面。汉武帝时,"无为而治"的思想已无法适应治国需求,统治者亟待探寻新的治国方略。董仲舒吸收阴阳五行、法家、黄老的思想改造儒家理论,新儒学应运而生。汉武帝接受董仲舒"罢黜百家,独尊儒术"的建议,将儒家伦理作为官方的政治理论和全社会的是非标准。新儒家思想成为封建正统法制指导思想,内容包括:第一,确立了"德主刑辅""礼法并用"的治国主张,即以礼义教化和刑罚两种手段治理国家——礼义教化为主,刑罚制裁为辅。第二,以"三纲五常"为立法与司法的准绳。以"君为臣纲、父为子纲、夫为妻纲"的思想指导立法和司法;以"仁、义、礼、智、信"五种伦理道德为处理人际关系的重要行为准则。"三纲五常"影响下最具代表性的刑罚适用原则是"上请"制度与"亲亲得相首匿"原则。前者即一定范围内官僚、贵族及其子孙犯罪,不交一般司法机关处理,而是奏请皇帝裁决的制度。后者是指汉朝法律规定有血缘或姻亲关系的亲属之间,有罪应相互包庇,不得向官府告发,对于此类容隐行为,法律不追究其刑事责任。第三,"《春秋》决狱"的司法主张。在具体案件审理上,统治者以儒家经典经学《春秋》中的"微言大义"为依据进行定罪量刑,其核心在于"论心定罪",即根据人的主观动机来衡量是否有罪以及罪之轻重。由此开启了对中国传统法律影响极深的《春秋》决狱之风,后世的引经注律即肇端于此。

继东汉之后的魏晋南北朝时期,统治者进一步贯彻儒家倡导的礼义原则、等级秩序和伦理道德精神,儒家思想对法律的影响逐渐加强,在立法中确定了一系列反映儒家伦理精神的法律原则和制度,基本完成了中国传统法律儒家化进程。② 该时期的法律原则和制度主要包括:第一,"准五服制罪"制度。《晋律》中将儒家所总结的以丧服为标志的"五服"亲属等级原则,吸纳为法定亲等制度,"峻

---

① 朱勇.中国法律史[M].北京:法律出版社,2021:78.
② 马作武.中国法制史[M].4版.北京:中国人民大学出版社,2016:86.

礼教之防,准五服以制罪"①,即九族之内的亲属间的犯罪,依据五服所表示的亲疏关系来定罪量刑。"准五服制罪"制度是儒家礼教法律化的重要表现。② 第二,"八议"制度。"八议"源于《周礼·八辟》,是指对八种权贵人物③犯罪以后在刑罚上给予特殊照顾。所谓"大者必议,小者必赦",充分体现了法律适用上的贵贱尊卑等级秩序。第三,"官当"制度,即贵族官僚犯罪后可用管职、爵位抵罪并折当徒刑,保障了官僚贵族的地位与司法特权。

三、隋唐至清朝前中期:中国传统法律文化的深化

隋唐时期中国社会再次"大一统",并推动了法律儒家化的进一步发展。法律儒家化自西汉开始,历经约八百年的发展,形成了以《唐律疏议》为代表的中国传统法律的经典体系,标志着以中国古代法律为核心内涵的中华法系走向成熟。此后,宋、元、明、清各朝均以唐律为基础,结合实际统治需要,构建各自法律制度,从传统法律内容、形式等方面推动中国传统法律文化不断深化发展。

(一)隋唐时期:中华法系发展成熟

公元581年,北周权臣杨坚夺取政权,建立隋朝;公元589年,隋军结束西晋末年以来南北分裂的局面,实现全国统一。基于对近三百年国家分裂、社会动荡历史的认识,隋朝统治者十分重视法律的作用,主张"兵可立威,不可不戢,刑可助化,不可不行"④。隋朝统治者在以融合儒家、法家学说的正统法律观为法制指导思想时,又较多侧重法家的"专任刑罚、严刑止奸"学说,因而其法治实践呈现"始于重法,终于毁法"⑤的特征。隋文帝、炀帝即位初期,都认识到宽法轻刑对政权稳固的作用,但在各自统治后期,企图通过轻罪重罚原则以及奖励纠告等高压政策来维持统治,最终导致原有法律制度破坏,政权崩溃。正如清末法学家沈家本所言:"关于炀帝之先轻刑而后淫刑,与文帝如出一辙。文淫刑而身被弑,炀淫刑

---

① 周东平.晋书·刑法志[M].北京:人民出版社,2017.
② 叶孝信,郭建.中国法制史[M].3版.复旦大学出版社,2017:89.
③ 八类权贵人物分别是:亲(皇室宗亲)、故(皇帝故旧)、贤(贤人君子)、能(才能卓越者)、功(功勋者)、贵(上层权贵)、勤(对国家勤劳者)、宾(前朝皇帝及后裔)。
④ [隋唐]魏徵.隋书·高祖纪[M].北京:中华书局,1973.
⑤ 朱勇.中国法律史[M].北京:法律出版社,2021:135.

而或遂亡。盖法善而不循法,法亦虚器而已。"①

公元618年,隋朝灭亡,李渊于长安称帝,建立唐朝。唐朝统治者基于此前各朝政权更迭的教训,认识到国家治理与社会管理需借助法律手段,且法律的内容又需与儒家倡导的"仁政""德治"原则相适应,进而形成了"德主刑辅""德礼为政教之本,刑罚为政教之用"的法制思想,并贯彻于立法与司法中。就立法而言,《唐律疏议》"集中体现中华法系的基本精神,在内容和编定技术上代表着中国古代法律最高成果"②。《唐律疏议》除了为唐朝以后历代律典制定提供蓝本外,对包括日本、越南等东亚各国的法律也产生了重大影响。③ 就刑罚而言,唐朝统治者强调"以宽仁治天下,而于刑法尤慎",确立了一系列刑法原则与制度。如"十恶"重惩原则,即对谋反、谋大逆、谋叛、大不敬(危害国家的行为)、恶逆、不孝、不睦、内乱(危害家庭伦常秩序的行为)、不义、不道(严重违反传统道义的行为)进行重点惩治。④

(二)宋元明清时期:中国传统法律文化深化发展

唐朝灭亡后,中国社会历经长达半个世纪的五代十国分裂割据状态。公元960年,赵匡胤发动兵变,夺取政权建立宋朝,定都东京(今河南开封),史称北宋。公元1127年,金兵南侵,宋王朝迁都临安(今浙江杭州),史称南宋。公元1279年,南宋被元所灭。宋初统治者历经"五代十国"之乱,因而注重加强法制以强化中央集权,具体包括:其一,"事为之防,曲为之制",即制定一系列规则束缚人们手脚,并使之相互牵制。⑤ 其二,临下以简,必务哀矜。宋朝立法崇尚轻刑薄赋、宽简待民,强调恤狱慎刑、宽缓刑罚,并删除了五代以来刑法中的严酷条文。其三,重惩贪墨。官吏贪赃枉法侵害了封建法律所保护的财产关系与封建统治权威,是宋朝法律的重点惩治对象。到了南宋时期,朱熹在"二程"思想的基础上,以"理"为核心重新解读儒家经典,创立了"理学",对南宋王朝法制产生了重要影响。

自唐末五代以来,我国北部和西部地区,先后出现了契丹(辽)、金、西夏,以及

---

① [清]沈家本.历代刑法考·刑制总考三[M].邓经元,骈宇骞,点校.北京:中华书局,1985.
② 朱勇.中国法律史[M].北京:法律出版社,2021:144.
③ 叶孝信,郭建.中国法制史[M].3版.上海:复旦大学出版社,2017:105.
④ 王琦,李岭梅.中国法制史[M].北京:中国检察出版社,2016:169.
⑤ 朱勇.中国法律史[M].北京:法律出版社,2021:181.

蒙古(元朝)等少数民族的割据政权。公元1279年,蒙古族灭南宋,建立元朝。元朝作为中国历史上第一个少数民族大一统的帝制政权,其建立后在沿袭原有民族传统的基础上参照唐宋旧制进行法制建设。忽必烈即位后受到汉族法制的影响,逐渐接受旧臣汉儒的建议,以"祖述变通""附会汉法""参照唐宋之制"为立法指导思想,在保留蒙古旧制的同时吸收唐宋法制,实行民族分治。[①]

元末红巾军农民起义,摧毁了元朝的统治。红巾军首领之一朱元璋于1368年建立明朝,并于1387年统一全国。明初统治者认为元末社会动荡是由宋、元两代法制废弛、吏治腐败造成,因而主张援引儒家传统的"刑乱国用重典"的理论加强法制,并以"重典治吏"为突破口。他们不仅制定了比唐律惩罚官吏更严厉的《大明律》,为了严惩官吏贪赃枉法,还编纂了《大诰》。在以"重典治国"的同时,明朝统治者还进一步推行"明刑弼教""礼法并用"。"明刑弼教"即"明礼以导民,定律以绳顽"[②],从正面引导民众,以法律严惩顽恶之徒。如在全国设置"申明亭",创设"教民榜文"之类的普及法令文告的制度,将以"礼"为核心的教化落实到社会生活中。[③] 此外,明朝在立法上还主张"法贵简严"。其中的"简"即法律简单明了,严即法律处罚要严厉,以此威慑百姓不要轻易犯法。

1616年,女真族努尔哈赤再次统一女真各部,即大汗位,建立后金政权。努尔哈赤死后,皇太极继承汗位,改女真族为满洲,于1636年称帝,改国号为清。1644年清军入山海关,定都北京。自1644年清军入关至1912年清帝逊位,清朝共统治268年,其间以1840年鸦片战争为界,经历了封建社会与半殖民地半封建社会两个性质不同的社会发展阶段。努尔哈赤建立金政权后便重视建立法制以安定社会秩序,皇太极在位期间提出"参汉酌金"的立法原则,即参考以明朝法制为代表的汉族封建法律,又斟酌保留满洲族固有的某些旧制。其中,注重对儒家正统法律思想的传承,强调"明刑以弼教",把"正人心,厚风俗"作为法律的最终目的,把"禁奸止暴,安全良善"作为立法的直接目的。因而,在继承汉唐以来以刑为主、诸法合体的法典编纂传统基础上,清朝编纂了最具代表性的成文法典——《大

[①] 王琦,李岭梅.中国法制史[M].北京:中国检察出版社,2016:222.
[②] 南炳文,汤纲.明史·刑法志一[M].上海:上海人民出版社,2021.
[③] 叶孝信,郭建.中国法制史[M].3版.上海:复旦大学出版社,2017:188.

清律例》,这是中国历代成文法典宝库中的重要一部。① 清朝统治者为了维护专制主义中央集权,也加强了刑罚制度建设,如通过严惩谋反、谋大逆、谋叛等侵犯皇权、危及封建统治的重罪来加强专制统治;为了钳制抨击封建专制统治的启蒙思想与反满思潮,在推崇程朱理学为"正学"的同时大兴"文字狱",惩治"异端思想"。

第二节　近代中国的法律变革与转型

鸦片战争后,中国社会开启了近代化进程,中国法律也迎来近代化转型。中国法律近代化自清末法制改革开始,完成于南京国民政府"六法体系"的确立。其间,中国共产党自成立以来,注重将马克思主义理论与新民主主义革命时期的实际相结合来开展法制实践,为新中国的社会主义法制建设奠定了坚实的基础。

一、清末法制改革

1840 年鸦片战争以后,西方列强从军事、经济、思想、文化等各方面入侵中国社会。1894 年甲午战争的失败宣告洋务运动的破产,戊戌变法失败后,清政府统治更加摇摇欲坠。1900 年八国联军侵华,慈禧携光绪帝西逃避难。1901 年 1 月,清政府在西安下诏宣布实行新政,并在 1902 年 2 月和 4 月相继发布实行变法修律的诏书。

(一)清末仿行宪政与"预备立宪"

1905 年 12 月,清政府派遣载泽、戴鸿慈等五位大臣分两路考察日本及欧美主要国家。五位大臣回国后以皇权永固、外患渐轻、内乱可弭三方面缘由建议实行君主立宪,并指出:"立宪政体,利于君,利于民,而独不便于庶官者也。"1906 年 9 月 1 日,清政府颁布《宣示预备立宪谕》,正式提出预备立宪。1908 年 8 月 27 日清政府颁布了中国历史上第一部宪法性文件——《钦定宪法大纲》。它以法律形式规定君主权力,限制君主任意生法,使专制制度在中国失去了存在的合法性,同

---

① 朱勇.中国法律史[M].北京:法律出版社,2021:249.

时,它还以法律附录的形式在中国法律史上首次规定了臣民的权利与义务。1911年辛亥革命后,各省纷纷宣布独立。为应对革命形势,清政府不得不修改《钦定宪法大纲》。同年11月3日,清政府公布实施《宪法重大信条十九条》,尽管采用英国式"虚君共和"的责任内阁模式,对皇权做了许多限制并加强了议会的权力,但也未能挽救清政府灭亡的命运。1912年2月12日宣统皇帝退位,历经六年的预备立宪活动伴随着清朝统治的终结宣告结束。

(二)清末修律活动

1900年八国联军侵华,光绪皇帝在西行避难途中表露出改革法制的意思,又在与英国谈判过程中得知,若清政府能完善中国的法律和司法制度,则英国可放弃在华治外法权。为挽救垂危的统治,收回治外法权,1902年2月,清政府任命沈家本和伍廷芳为修订法律大臣,于1904年正式开启修律活动。

1. 清末刑律的修订

刑律的修订是清末修律活动的重点内容。清政府在删修《大清律例》的基础上形成了一部过渡性法典,即《大清现行刑律》,于1910年颁布实施。《大清现行刑律》改定刑罚制度,废除凌迟、枭首、戮尸、刺字等残酷的刑种和不合时宜的制度。在删修旧律旧例时,清政府也着手制定新刑律。1906年,清政府开始起草《大清新刑律》,并邀请日本法学家冈田朝太郎协助,于1910年颁布,但未确定实施日期。与《大清律例》相比,新律在形式上抛弃了"诸法合体"的编纂形式,采用近代西方专门刑法典体例,取消附例,改为"总则"和"分则"两编。在内容上,新律改革了刑罚制度,建立了以自由刑为中心,由主刑(死刑、无期徒刑、有期徒刑、罚金、拘役)与从刑(剥夺公权、没收)组成的新体系;同时,新律减少了死刑,减轻了刑罚。总之,《大清新刑律》汲取了西方刑法思想和原则,采用了西方刑法的体例、结构、基本规范和刑制,"是中国第一部近代化的刑法典",在中国法制发展史上具有重要意义。[①]

在《大清新刑律》的起草和修改过程中,爆发了激烈的"礼法之争"。这场争论出现于中国法律近现代转型之际,在以张之洞、劳乃宣为代表的保守的"礼教派"和以沈家本为代表的主张革新的"法理派"之间,争论焦点是新法律体系应如何对

[①] 叶孝信,郭建.中国法制史[M].3版.上海:复旦大学出版社,2017:227.

待西方近代法律精神与中国传统法律。

2. 清末民律的修订

1908年11月,修订法律馆在日本法学家的指导下,起草民法典的"总则""债权""物权"三编,"亲属""继承"两编因内容与中国传统联系密切,则由修订法律馆与礼学馆共同起草。1911年8月,《大清民律草案》起草完成,共36章1659条。在具体内容上,"总则""债权""物权"主要以西方各国通行的民法理论和原则为参照,"亲属""继承"则在吸纳近代民法基本原则的基础上,综合考虑当时中国社会现实,较多地保留了中国的传统习惯。例如,所有与亲属关系相关联的财产关系,均以中国传统为主。《大清民律草案》完成后不久辛亥革命爆发,该草案未及颁布清政府即被推翻。

3. 清末司法制度改革

清政府在综合考量西方国家司法制度以及中国实际国情的基础上,通过诉讼立法来推进司法改革。1906年,修订法律馆拟定《刑事、民事诉讼法草案》。该草案吸收了西方近代诉讼原则,并直接采纳部分诉讼制度,包括公开审判、律师辩护、陪审等制度。但"礼教派"认为草案所确立的陪审制度、律师制度等与中国传统习俗相矛盾,对此草案多有指责。因而,中国历史上第一部诉讼法草案未完成进一步的立法程序便被搁置。1910年12月,沈家本等重新修订完成新的诉讼法草案,由《刑事诉讼律草案》和《民事诉讼律草案》组成。《刑事诉讼律草案》在完整保留陪审、律师辩护等制度时,还吸收了西方国家最新的诉讼原则与制度,对于刑事诉讼程序也有更具体、详细的规定。《刑事诉讼律草案》和《民事诉讼律草案》完成后不久因辛亥革命爆发而未能颁布、实施。

1906年清政府在修订诉讼法时还进行了机构改革,将原中央六部之一的"刑部"改为法部,职掌司法行政;将"大理寺"改为"大理院",作为专门的审判机构。为使大理院在机构设置、职责以及功能方面规范化,同年公布实施了《大理院审判编制法》。《大理院审判编制法》是清末实现行政与司法分离、建立司法独立体制而颁布实施的第一个法律。

尽管清末修律是在内忧外患的境遇下,被动开展的法律改革,但从形式上宣告了中国沿袭数千年的公法与私法不分的中华法系解体,还在法律结构形式上勾画了中国近现代法律体系的轮廓,且在司法过程程序化方面结束了古代中国司法与行政合一、皇帝总揽司法大权的体制,初步确立了司法与行政分离的司法独立原则[①],在中国封建法制向近代法制的转变进程中具有承前启后的作用。

二、中华民国政府时期的法制建设

1911年爆发的辛亥革命推翻了中国两千多年的封建君主专制,1912年1月1日,以孙中山为代表的资产阶级革命派在南京成立了资产阶级民主共和制的中华民国临时政府。中华民国政府政权几经更迭,先后历经南京临时政府时期、北洋政府时期和南京国民政府时期,其间,注重引进西方各国先进法律思想,修订、编撰法典,促进了宪政的发展与法律制度的西方化,揭开了中国资产阶级民主法制的新篇章,推动了中国近代法制的发展。[②]

(一)南京临时政府时期的法律制度

资产阶级革命派领导武昌起义,建立了中华民国南京临时政府,选举孙中山为临时大总统。南京临时政府时期以"三民主义"革命纲领为法制指导思想,在其存在的三个月时间内,制定了《中华民国临时政府组织大纲》(以下简称《临时政府组织大纲》)与《中华民国临时约法》(以下简称《临时约法》),为中华民国宪政制度奠定了基础。

武昌起义爆发后,各地的革命党人纷纷组织起义,在不到两个月的时间里,已有14个省推翻清朝地方政府,建立起革命的政府"都督府"。1911年12月3日,由14个省代表组成的各省都督府代表联合会议通过了《临时政府组织大纲》。《临时政府组织大纲》"是为民国第一次公布之国家根本法,此法系仿照美国宪法之精神拟定"[③],确立了中华民国的基本政治体制,实行"三权分立"。尽管《临时政府组织大纲》在形式上并不十分完备,但它第一次以法律的形式宣告资产阶级共和政体的诞生,是中国资产阶级共和国的第一个宪法性文件,起着临时宪法的作用,为以后制定《临时约法》奠定了基础。

1912年2月12日,清廷发布《清帝退位诏书》。同日,孙中山向参议院辞职。革命党人为避免袁世凯篡夺革命成果,试图通过一部完善的"约法"对其进行约

---

① 公丕祥,夏锦文.历史与现实:中国法制现代化及其意义[J].法学家,1997(4).
② 蒋传光.新中国法治建设70年[M].北京:中国法制出版社,2019:10.
③ 陈鉴波.中华民国春秋[M].中国台湾:三民书局,1984:130.

束,于是,南京临时政府制定并通过了《临时约法》(1912年3月11日公布)。《临时约法》是"中国历史上唯一一部资产阶级民主性质的宪法性法律文件"[①],它以根本法的形式确认了中华民国是一个"主权在民"资产阶级民主共和国,明确了人民在国家中的地位,否定了在中国延续两千多年的封建君主专制制度,规定采取"三权分立"原则组建国家机构,采用资产阶级的议会制度,在中国法制史上具有里程碑意义。在世界范围内,特别是在20世纪初的亚洲民主宪政运动中,《临时约法》也是一部最民主、最有影响力的资产阶级民权宪章。

此外,南京临时政府还颁布了一系列法令:在经济方面颁布了《内务部通饬保护人民财产令》《商业注册章程》等,在社会改革方面颁布了《大总统令内务部通饬各省劝禁缠足文》《内务部报告禁赌呈》等,在文化教育方面颁布了《普通教育暂行办法》《普通教育暂行课程标准》等。

(二)北洋政府时期的法律制度

1912年3月,袁世凯窃取辛亥革命果实成为中华民国临时大总统,将临时政府迁至北京,开启"北洋政府"时期。在1912年4月1日至1928年6月间,掌权者袁世凯、段祺瑞等人为合法化自身政权,频繁开展立宪活动,先后制定了一系列宪法性文件。这些法治实践在继承晚清法律近代化转型成果的基础上注重借鉴西方法律原则,对后来中华民国南京政府的法律制度产生了重要影响。

1913年4月国会召开后,依照《中华民国国会组织法》的相关规定组建了宪法起草委员会。1913年10月31日宪法起草委员会通过了《中华民国宪法草案》,因起草工作在北京天坛祈年殿进行,故该草案又称"天坛宪草"。"天坛宪草"力图通过确立责任内阁制、设立国会委员会、设立独立于行政机关的审计员来限制总统的权力。然而,袁世凯认为"天坛宪草"束缚其权力,于1914年1月10日下令解散国会,"天坛宪草"随之夭折。

在解散国会后,袁世凯又将目标对准《临时约法》。他组建了"约法会议",并向"约法会议"提出增修《临时约法》的七项大纲。遵照七项大纲,"约法会议"拟定了《中华民国约法》(又称"袁记约法")以代替《临时约法》,于1914年5月1日正式公布。"袁记约法"取消了责任内阁制,改行总统制;取消了国会制,以有名无实

---

① 叶孝信,郭建.中国法制史[M].3版.上海:复旦大学出版社,2017:237.

的立法院代替。"袁记约法"从根本上动摇了三权分立、相互制衡的民主共和政体,确立了大总统集权制,成为军阀专制全面确立的标志。①

1916年袁世凯去世后,北洋军阀各派势力围绕北京政府统治权进行角逐。在直皖战争和直奉战争中,直系军阀胜利,北京政权落入直系军阀曹锟、吴佩孚手中。曹锟以"恢复法统"为口号,恢复《临时约法》效力,召开国会,并着手制宪活动。1923年10月,曹锟通过行贿当选大总统。10月10日,国会议员们迅速通过《中华民国宪法》,这是北洋政府时期正式颁布的一部宪法。从法典的体例及规定的内容来看,《中华民国宪法》是一部较完备的资产阶级宪法②,但由于其制定目的和程序存在问题,带有贿赂阴影,且没有影响曹锟实施军阀专制独裁统治,因此其积极性不足。

北洋政府在频繁开展立宪活动时,也根据当时形势及社会生活需要,不断加强立法建设,颁布了《中华民国暂行新刑律》《治安警察法》《民律草案》等,为南京国民政府"六法全书"体系的形成奠定了基础。

(三)南京国民政府时期的法律制度

1927年4月12日,蒋介石在上海发动政变,并于4月18日在南京成立"国民政府"。1946年6月,全面内战爆发,经过"三大战役"③,国民党军队全线战败,南京国民政府的统治基础和统治机构面临瓦解。

南京国民政府在已有法律的基础上,"把西方资本主义国家的某些法律制度引进我国,并结合中国的实际情况予以发展,把近代中国的法律制度的建设推向较为完备的阶段"④。南京国民政府的法律体系由法典、单行法规和判例、解释构成,其中法典也即成文法,是宪法、民法、刑法、民事诉讼法、刑事诉讼法、行政法六大类法律的汇编,统称"六法全书"⑤。"六法全书"构成了南京国民政府法律体系的基本框架。

尽管"六法全书"的编纂标志着南京国民政府六法体系的建构完成,实现了法

---

① 王琦,李岭梅.中国法制史[M].北京:中国检察院出版社,2016:373.
② 姜士林等.世界宪法全书[M].青岛:青岛出版社,1997:39.
③ 三大战役是指辽沈战役、淮海战役、平津战役。
④ 徐慧婷.中国法制史[M].厦门:厦门大学出版社,2007:348.
⑤ 蒋传光.新中国法治建设70年[M].北京:中国法制出版社,2019:11.

律形式上的近代化,但其阶级本质无法掩饰,"和一般资产阶级法律一样,以所谓人人在法律方面一律平等的面貌出现,但实际上在统治阶级与被统治阶级之间,剥削阶级与被剥削阶级之间,有产者与无产者之间,债权人与债务人之间,没有真正共同的利害,因而也不能有真正平等的法权。因此,国民党全部法律……是镇压与束缚广大人民群众的武器"①。1949 年 2 月,中国共产党中央委员会发表《关于废除国民党的六法全书与确立解放区的司法原则的指示》,明确宣布全面废除国民党的"六法全书",代之以"在无产阶级领导的工农联盟为主体的人民民主专政的政权下"的新的法律制度。

三、中国共产党领导下的革命根据地法制

在南京国民政府统治时期,中国共产党领导人民进行艰苦探索,明确实行工农武装割据、以农村包围城市、以武装夺取政权的新民主主义革命道路,在全国进行革命根据地建设,先后历经土地革命时期、抗日战争时期以及解放战争时期,建立了人民民主政权。革命根据地时期,中国共产党以马克思主义为指导,结合当时革命斗争和政权建设的需要,开展了一系列新民主主义法制探索与实践,为社会主义中国法治道路的形成积攒了宝贵经验。

(一)土地革命时期

1927 年"八一"南昌起义打响了反击国民党反动派的第一枪,党的"八七"会议确定了实行土地革命和武装起义的总方针。1927 年毛泽东领导秋收起义,开辟了第一个农村革命根据地——井冈山革命根据地,成立了苏维埃政权(又称"苏区")。其他地区的起义部队也先后开辟了若干革命根据地。至 1931 年底,全国已有十几个苏区。

土地革命时期,法制建设主要围绕巩固新生政权、镇压国民党反革命活动展开。1931 年 11 月 7 日,中国共产党第一次全国苏维埃代表大会制定了《中华苏维埃共和国宪法大纲》(以下简称《宪法大纲》),这是"中国宪政运动史上第一部由劳动人民制定、确保人民民主制度的宪法性文件,是中国共产党领导人民进行反

---

① 中央档案馆.中共中央文件选集:第 18 册[M].中共中央党校出版社,1992:151.

帝反封建的工农民主专政的伟大纲领"①。同时,各根据地也积极进行刑事立法,先后颁布一些地区性肃反法令。如1930年闽西苏维埃布告《惩办反革命条例》,1934年布告《川陕省苏维埃政府肃反执行条例》,1934年布告《中华苏维埃共和国惩治反革命条例》等。

党的"八七"会议还确立了土地革命总方针,各根据地由此开展土地立法。1931年第一次全国苏维埃代表大会通过了《中华苏维埃共和国土地法》,废除了封建剥削制度、没收地主土地分配给农民的基本原则,是"苏区影响最大、实施地区最广、适用时间最长的一部土地法规"②。除关注农民解放问题外,中国共产党还注重妇女解放,领导各根据地进行婚姻立法。1934年4月8日,中华苏维埃共和国执行委员会公布《中华苏维埃共和国婚姻法》,其尖锐批评封建夫权,确立婚姻自由原则,详细规定了结婚、离婚、离婚后子女与财产等问题,在各根据地影响甚大。

(二)抗日战争时期③

1937年"七七事变"后,我国进入全面抗战时期,直至1945年"八一五"日本帝国主义投降,抗日战争胜利结束。为了同国民党建立抗日民族统一战线,中国共产党于1937年9月将中华苏维埃共和国中央临时政府西北办事处改组为陕甘宁边区政府,并建立起众多敌后抗日根据地(因抗日根据地大多建立在数省交界地区,故又称"边区")。

全面抗战爆发后,为进一步促进国共合作,发展抗日民族统一战线,中国共产党于1937年发布《抗日救国十大纲领》(以下简称《十大纲领》)。根据《十大纲领》,各根据地政府都围绕抗日、团结、民主先后颁布了本地区的施政纲领作为根据地政权建设的基本法。较为典型的有1940年的《晋冀鲁豫边区政府施政纲领》和《晋察冀边区目前施政纲领》,1941年的《陕甘宁边区施政纲领》,1942年的《对巩固和建设晋西北的施政纲领》等,有力推动了边区民主政权和法制建设。运用

---

① 唐元平,钟珺.中国法制史[M].广州:华南理工大学出版社,2007:227.
② 唐元平,钟珺.中国法制史[M].广州:华南理工大学出版社,2007:234.
③ "抗日战争开始于1931年9月,与此同时中国局部抗战开始;从1937年7月全国抗战即抗日战争时期开始;但抗日战争与抗日战争时期均结束于1945年9月2日。这就是说,中国的抗日战争进行了14年,其中,前6年是局部抗战,后8年是全国抗战即抗日战争时期。"(岳思平.解放战争究竟是三年还是四年[J].中共党史研究,2012(1):119—120)

刑罚惩治汉奸和反动派,保障抗战顺利进行,是抗日民主政权的主要任务,为此各根据地进行大量刑事立法。陕甘宁边区制定的刑事法规主要有1939年发布的《抗战时期惩治汉奸条例》《抗战时期惩治盗匪条例》《惩治贪污条例》等,都贯彻了镇压与宽大相结合以及法律面前人人平等的原则。

为适应抗日民族统一战线的形势,革命根据地将没收地主土地分配给农民的政策改变为减租减息的政策,《十大纲领》中明确提出"减租减息"的土地立法原则,各根据地政府以此为指导制定了大量土地法规,包括1939年的《陕甘宁边区土地条例》,1940年的《山东省减租减息暂行条例》,1942年的《陕甘宁边区土地租佃条例》等。

(三) 解放战争时期

1945年9月至1949年9月解放战争时期,我国的民主革命已进入武装夺取全国政权的阶段,各根据地由小到大形成了几个大的解放区。由于1947年战略大反攻以前全国性的人民民主政权尚未建立,因此,各解放区人民民主政权建设主要借助中国共产党以及中国人民解放军发布的文告、宣言进行。1948年,原晋察冀边区和原晋冀鲁豫边区合并,举行了华北临时人民代表大会,通过了《华北人民政府施政方针》。该方针的颁布摧毁了国民党反动统治,消灭了封建剥削制度,规定了人民政府基本任务及有关各项政策,是这一时期具有宪法性质的代表性文件,标志着新民主主义法制建设进入最后胜利阶段。

抗日战争胜利初期,解放区政权仍实行以减租减息为内容的法规,但随着国共和谈破裂,中共中央为了保卫解放区,于1946年5月4日发布《中共中央关于土地问题的指示》("五四指示"),拉开了解放区土地改革的序幕。为了适应解放战争形势,1947年10月10日,中共中央召开全国土地会议,制定了《中国土地法大纲》。它废除了封建性及半封建性剥削的土地制度,实行耕者有其田的土地制度,是民主革命胜利时期最后一部,也是比较成熟的土地立法。

解放战争时期,各解放区刑事立法以打击反革命分子、取缔反动党团和特务组织、肃清土匪恶霸为主要任务,主要的刑事法规有1947年晋察冀边区的《对破坏土地改革者治罪暂行条例》、1948年中国人民解放军发布的《惩办战争罪犯的命令》等。在刑罚种类上,解放区还创设了"管制",即对犯罪分子不予关押但限制一定的人身自由,在当地政府和群众的监督下进行劳动改造的刑罚手段。

第三节　中华人民共和国成立以来的法治建设历程与成就

中华人民共和国的成立,彻底结束了旧中国半殖民地半封建社会的历史,中国共产党带领人民开启中国法治建设新纪元。以第一届全国政治协商会议制定的《中国人民政治协商会议共同纲领》(以下简称《共同纲领》)为基础,开始了新中国法治的创立和发展时期。[①] 社会主义法治建设历经初创时期、曲折发展时期以及十一届三中全会后的大发展时期。

一、社会主义法制初步发展时期(1949—1956年)

新中国成立初期,中国共产党十分重视法治建设,一边摧毁旧法统、清除旧法制观点,一边着手制定和推行与当时国家政治、社会发展相适宜的新法规。这一时期的法制建设在以毛泽东为核心的中央领导集体的统一领导下,形成了"依法办事""有法可依""有法必依"[②]的法治主张,并指引国家立法和司法建设。

(一)立法体制确立及立法建设

"建立新的政权,自然要创建法律、法令、规章、制度。我们把旧的打碎了,一定要建立新的。"[③]新中国成立初期,中国共产党围绕建设新生政权、巩固无产阶级专政等任务,制定了一系列法律法规。

1. 宪法建设

1949年9月,中国人民政治协商会议第一届全体会议通过了具有临时宪法性质的《共同纲领》,"使新生的人民民主专政政权具有法律基础和依据",同时通过了《中国人民政治协商会议组织法》《中华人民共和国中央人民政府组织法》,为组建国家政权提供法律依据。随着社会主义"三大改造"的深入推进,新中国的政治、经济建设步入快速发展阶段,毛泽东指出需要"用宪法这样的一个根本大法的

[①] 蒋传光.新中国法治建设70年[M].北京:中国法制出版社,2019:26.
[②] 董必武选集[M].人民出版社,1985:419.
[③] 中共中央文献研究室,中央档案馆.建党以来重要文献选编(1921—1949):第25册[M].北京:中央文献出版社,2011:577-578.

形式,把人民民主和社会主义原则固定下来"①。中央人民政府委员会于1953年1月决定成立宪法起草委员会,着手宪法起草工作。1954年9月,第一届全国人民代表大会审议通过了《中华人民共和国宪法》,史称"五四宪法"。作为新中国第一部社会主义类型的宪法,它继承了《共同纲领》的重要内容,并借鉴苏联及其他社会主义国家的立宪经验,确立了坚持走社会主义道路这一基本原则,规定了国家的国体和政体、公民的基本权利和义务,明确规定"全国人民代表大会为行使国家立法权的唯一机关"。

2. 加强社会生活各领域立法

中华人民共和国成立后,为了巩固新生政权,中国共产党在社会生活各领域进行立法实践。1950年4月,中央人民政府委员会第七次会议审议通过《中华人民共和国婚姻法》。作为中华人民共和国成立后出台的第一部法律,该法"不仅将使中国男女群众(尤其是妇女群众)从几千年野蛮落后的旧婚姻制度下解放出来,而且可以建立新的婚姻制度、新的家庭关系、新的社会生活和新的社会道德"②。同年6月,中央人民政府又颁布了《中华人民共和国土地改革法》,彻底结束了在我国延续两千多年的封建土地所有制。1951年2月,中央人民政府批准了《中华人民共和国惩治反革命条例》,有效肃清了反革命残余,维护了社会秩序。1953年,中央在提出过渡时期总路线时,提出"要逐步实行比较完备的人民民主法制,来保护和促进社会生产力的进一步发展"③,以及"依法办事""有法可依""有法必依"④的法治主张,进而开展了大量立法实践。据统计,1954年至1957年间,全国人大及其常委会、国务院及其部委制定的较重要的法律法规文件共计731件。⑤中国开启了社会主义法治建设新征程。

(二)司法制度的建立与改革

中华人民共和国成立后,中国共产党领导全国人民从司法体系建设和司法组

---

① 毛泽东文集:第6卷[M].北京:人民出版社,1999:328.
② 中央档案馆,中共中央文献研究室.中共中央文件选集:第3册[M].北京:人民出版社,2013:3.
③ 《彭真传》编写组.彭真年谱(1949—1954):第2卷[M].北京:中央文献出版社,2012:395.
④ 董必武选集.人民出版社,1985:419.
⑤ 杨春福,缪昕雨.百年法治建设中的立法历程与宝贵经验[J].法治现代化研究,2022(6).

织改革入手进行司法建设,促使"新中国司法建设逐步实现了从新民主主义到社会主义、从破除旧司法系统到确立新司法体系、从筛选旧司法人员到重组新型司法队伍的重大历史性转换"[①]。

1. 司法制度的建立

中华人民共和国成立前夕便着手司法体系的建设。1949 年 9 月 29 日,中国人民政治协商会议第一届全体会议通过的《共同纲领》规定:"制定保护人民的法律、法令,建立人民司法制度。"[②]同时,《中华人民共和国中央人民政府组织法》明确了国家司法审判机关(人民法院)、检察机关的设置和职权。1949 年 10 月 1 日,中央人民政府委员会第一次会议任命了最高法院院长和最高人民检察署检察长,至 1950 年上半年,从中央到地方的审判机关、法律监督机关和行政司法机关相继建立,中国司法机构组织系统初步形成。

1951 年,中央人民政府发布《中华人民共和国人民法院暂行组织条例》《中央人民政府最高人民检察署暂行组织条例》《各级地方人民检察署组织通则》,明确规定了人民法院、检察机关的性质、任务、组织体系、工作制度等,如人民法院实行三级两审制、人民陪审制。各项条例的颁行促进了全国各级人民法院和检察院的组织建构和审判、监察制度的规范化。1954 年第一届全国人民代表大会第一次会议通过的《中华人民共和国人民法院组织法》《中华人民共和国人民检察院组织法》详细规定了人民法院、检察院的性质、任务、组织设置和职权,并对审判制度、检察制度作出明确规定。其中,审判制度包括公开审判制度、辩护制度、人民陪审员制度、回避制度等,新中国的司法制度由此基本确立。

2. 司法改革

司法改革主要是针对司法组织和司法队伍而进行的"纯洁"运动。新中国成立初期,司法干部及司法机构工作人员极度缺乏。中央在加紧培训司法人员的同时,积极吸收旧法统下司法人员。据统计,"全国各级人民法院干部共约 2 万 8 千人,其中有旧司法人员约 6 千人,约占总人数的 22%"[③]。随着镇压反革命运动、

[①] 柯新凡.新中国司法建设的重大历史性转换及现实启示[J].毛泽东邓小平理论研究,2021(7).
[②] 中共中央文献研究室,中央档案馆.建党以来重要文献选编(1921—1949):第 26 册[M].北京:中央文献出版社,2011:762.
[③] 钟文.开国总理[M].北京:人民出版社,2009:214.

土改以及"三反"和"五反"等运动的开展,旧法人员中的政治思想问题、工作作风问题日渐暴露。据估计,在当时全国已有的两千多个人民法院中,有超24%的司法人员或多或少地存在类似问题。① 于是,1952年6月至1953年2月间,全国范围内的司法系统开展了肃清旧法观点、净化司法机关的司法改革运动,以便"彻底改造和整顿各级人民司法机关,使它从政治上、组织上和思想作风上纯洁起来,使人民司法制度在全国范围内能够有系统地正确地逐步建立和健全起来,以便完全符合国家建设的需要"②。这次司法改革运动帮助人们划清了新旧司法的界限,为新型司法制度的建立扫清了思想障碍,但也留下了历史遗憾,"在批判旧法观点、纯洁思想的过程中,错误地把一些法治的基本原则当成旧法观点进行批判,使得现代法治精神难以生成"③。

二、社会主义法制曲折发展时期(1957—1978年)

随着社会主义改造的基本完成,我国法治建设正沿着中国共产党第八次全国代表大会确立的"逐步地系统地制定完备的法律"的方针向前推进。但是,1957年"反右斗争"开始后,"党在指导思想上发生'左'的错误,逐渐对法制不那么重视了,特别是'文化大革命'十年内乱使法制遭到严重破坏"④。

由于受法律虚无主义思潮的影响,"立法工作受到很大冲击,我国法制建设开始从高潮往下滑坡"⑤,人大常委会机关人员从1956年的360人精简到1958年59人;⑥全国人大及其常委会、国务院及其所属部门发布的规范性文件较少,1958年为143件,1965年仅有14件,而1958—1966年间,不仅没有制定比较重要的法律,而且暂停了民法、刑法、民事诉讼法、刑事诉讼法的起草。尽管四届全国人大一次会议审议通过了1975年宪法,但这仍是一部有严重缺陷的宪法。⑦ 司法部、监察部以及国务院法制局等各类法制机构或被合并或被撤销。在"砸烂公检法"

---

① 钟文.开国总理[M].北京:人民出版社,2009:215.
② 必须彻底改革司法工作[N].人民日报,1952-08-17(1).
③ 公丕祥.当代中国的法律革命[M].北京:法律出版社,1999:123.
④ 中共中央文献研究室.习近平关于全面依法治国论述摘编[M].中央文献出版社,2015:8.
⑤ 俞敏声.中国法制化的历史进程[M].合肥:安徽人民出版社,1997:196.
⑥ 蒋传光.新中国法治建设70年[M].北京:中国法制出版社,2019:151.
⑦ 高培勇.新中国法治建设70年[M].北京:中国社会科学出版社,2019:10.

的反动口号影响下,公安机关、法院、检察院一度停止工作,司法机关职能被群众专政所取代,个人崇拜、以权代法现象严重,司法秩序被严重破坏。

同时,因法学是反右派斗争的重灾区而使法学教育基本衰落,1966年至1972年间政法院系停止招生,1973年至1976年间仅北京大学和吉林大学法学专业恢复招生。据统计,1973年全国法学专业在校生仅36人,占全国高校在校生的0.01%[1],这一时期的法学研究也基本被中断,"一些学有成就的法学专家、教授,被打成'反动学术权威''走资派',中青年法学教学、研究工作者荒疏了法学业务,一批宝贵的法学书刊、资料散失"[2]。总之,这一时期中国社会主义法治建设遭遇了重大挫折。

三、社会主义法制建设大发展时期(1978—2012年)

改革开放是我们党的一次伟大觉醒,正是这次伟大觉醒孕育了我们党从理论到实践的伟大创造。中国共产党深刻总结了自1957年以来法制被破坏的经验教训,围绕人治与法治的关系,"提出'有法可依、有法必依、执法必严、违法必究'的方针,强调依法治国是党领导人民治理国家的基本方略、依法执政是党治国理政的基本方式,不断推进社会主义法治建设"[3]。

(一)确立依法治国为党领导人民治理国家的基本方略

马克思曾言:"法的关系正像国家形式一样,既不能从它们本身来理解,也不能从人类一般精神来理解,相反,它们根源于物质生活条件。"[4]"依法治国"方略的提出与确立正是根源于不同时期党和国家工作的重心,"以1996年为界,大致经历了先期的理论准备和法治实践,以及后期的正式确立依法治国方略并进一步推进法治国家建设这样两个发展阶段"[5]。

"依法治国"方略的酝酿大致经过四个关键节点:一是1978年十一届三中全

---

[1] 宋婷.回溯与反思 新中国成立以来高校法制教育历程研究[M].天津:南开大学出版社,2014:85.
[2] 张友渔.中国法学四十年1949—1989[M].上海:上海人民出版社,1989:7.
[3] 习近平.坚定不移走中国特色社会主义法治道路 为全面建设社会主义现代化国家提供有力法治保障[J].求是,2021(5).
[4] 马克思恩格斯全集:第13卷[M].北京:人民出版社,2006:8.
[5] 李步云.依法治国历史进程的回顾与展望[J].法学论坛,2008(4).

会报告明确指出:"为了保障人民民主,必须加强社会主义法制……做到有法可依,有法必依,执法必严,违法必究。"①二是1979年9月中共中央发布了《关于坚决把保证刑法、刑事诉讼法切实实施的指示》("九九指示")。该文件指明,这七部法律②通过后,"它们能否严格执行,是衡量我国是否实行社会主义法治的重要标志"③。这是"法治"概念第一次出现在中国共产党和国家重要文件中。三是1980年《人民日报》发表题为"社会主义民主和法制的里程碑"的文章,指出:"对林彪、江青反革命集团的审判……充分体现了以法治国的精神,……具有除旧布新的重大意义。"④这是党和国家重要文献中最早提出"以法治国"。四是1982年通过的"八二宪法",将十一届三中以来党推进法治建设的成功经验上升为宪法规范,宣告"国家维护社会主义法制的统一和尊严","为中国式法治现代化新道路夯实了根本法基础"⑤。

随着社会主义市场经济的快速发展,法治实践作用更加明显,法治理论也更加丰富。1996年2月,江泽民同志发表了题为"坚持依法治国"的重要讲话,改"以法治国"为"依法治国",第一次对"依法治国"的内涵进行阐释,并强调"依法治国"是社会进步、社会文明的一个重要标志,是建成社会主义现代化国家的必然要求。⑥ 1996年第八届全国人民代表大会第四次会议明确将"依法治国、建设社会主义法制国家"⑦确立为重要战略目标;1997年中国共产党第十五次全国代表大会正式提出"依法治国,建设社会主义法治国家",阐明"依法治国"的内涵,表明当前中国的依法治国既区别于过去重人治、轻法治的状况,也区别于西方的法治模

---

① 中国共产党第十一届中央委员会第三次全体会议公报[M].北京:人民出版社,1978:12.
② 七部法律分别是:《刑法》《刑事诉讼法》《中华人民共和国地方各级人民代表大会和地方各级人民政府组织法》《中华人民共和国全国人民代表大会和地方各级人民代表大会选举法》《中华人民共和国人民法院组织法》《中华人民共和国人民检察院组织法》《中华人民共和国中外合资经营企业法》。
③ 中央全面依法治国委员会办公室.中国共产党百年法治大事记(1921年7月—2021年7月)[M].北京:人民出版社、法律出版社,2022:122.
④ 社会主义民主和法制的里程碑——评审判林彪、江青反革命集团[N].人民日报,1980-12-22(1).
⑤ 公丕祥.中国式法治现代化新道路的演进历程[J].学术界,2022(4).
⑥ 江泽民文选:第1卷[M].北京:人民出版社,2006:513.
⑦ 中共中央文献研究室.十四大以来重要文献选编[M].北京:中央文献出版社,2011:824.

式。① 党的十一届三中全会至党的十五大期间关于法治理论与实践的探索,实现了从建设社会主义法制国家的基本方针到实施依法治国基本方略的进步,实现了从"法制"到"法治"的发展。1999年通过的《中华人民共和国宪法修正案》(以下简称《宪法修正案》)将"中华人民共和国实行依法治国,建设社会主义法治国家"②写进《宪法》(《宪法》第五条),使依法治国基本方略得到国家根本大法的保障。2002年中国共产党第十六次全国代表大会将"社会主义民主更加完善,社会主义法制更加完备,依法治国基本方略得到全面落实,人民的政治、经济和文化权益得到切实尊重和保障"③作为全面建设小康社会的奋斗目标之一。2007年中国共产党第十七次全国代表大会明确提出"要全面落实依法治国基本方略,加快建设社会主义法治国家"。

知识拓展

"法制"与"法治"④

虽然"法制"与"法治"这两个概念表面上只有一字之差,但其内涵大不相同:第一,"法治"突出了实行法治、摒弃人治的坚强意志和决心,针对性、目标性更强。 第二,"法治""法治国家"意味着法律至上,依法而治、依法治权。 第三,与"法制"比较,"法治"意味着不仅要有完备的法律体系和制度,而且要树立法律的权威,保证认真实施法律,切实依照法律治理国家和社会。 第四,"法制"是静态的,"法治"是动态的,"法治"包容了"法制",涵盖面更广泛、更丰富。

(二)确立依法执政为党治国理政的基本方式

"依法执政"关涉执政党与政府、执政党与法律、执政党与国家政权的关系问题。党的十一届三中全会以来,中国共产党在对社会各方面深刻总结时,特别强调了执政党建设问题。邓小平同志指出,"要坚持无产阶级专政,坚持党的领导,

---

① 蒋传光. 新中国法治建设70年[M]. 北京:中国法制出版社,2019:74.
② 中共中央文献研究室. 十五大以来重要文献选编(中)[M]. 北京:人民出版社,2001:1063.
③ 中共中央文献研究室. 十六大以来重要文献选编(上)[M]. 北京:中央文献出版社,2005:15—26.
④ 张文显. 中国法治40年:历程、轨迹和经验[J]. 人民法治,2018(21).

但党要善于领导,不能像过去那样干预一切"①,针对"文化大革命"时期党政不分、以党代政的情况,提出从政治体制上进行改革,"首先是党政要分开,解决党如何善于领导的问题。这是关键,要放在第一位"②。邓小平同志还指明党的执政活动不能绕开法律,"党委领导作用的第一条就是应该保证法律生效、有效"③。在1980年中央工作会议上,邓小平同志进一步明确了党员干部与法律的关系,指出:"全党同志和全体干部都要按照宪法、法律、法令办事。"1982年,中国共产党第十二次全国代表大会首次将"党必须在宪法和法律范围内活动"④的原则写入党章。同年,"八二宪法"明确规定:"一切国家机关和武装力量、各政党和各社会团体、各企业事业组织都必须遵守宪法和法律。一切违反宪法和法律的行为,都必须予以追究。任何组织或者个人都不得有超越宪法和法律的特权。"⑤执政党与法律的关系得以明晰,依法执政的思想逐渐形成。

"依法治国"方略的确立为执政理念与执政方法提出了新的要求和依据。中国共产党第十六次全国代表大会将依法执政作为改革和完善党的领导方式和执政方式的重要内容,并提出"坚持依法执政,实施党对国家和社会的领导"⑥,这是"依法执政"首次正式出现在中国共产党党内文件中。党的十六届四中全会正式提出"加强党的执政能力建设"的论断,审议通过了《关于加强党的执政能力建设的决定》,明确宣告:"依法执政是新的历史条件下党执政的一个基本方式"⑦,并将"科学执政、民主执政、依法执政"确立为党执政的基本原则。可见,党对依法执政的认识逐渐深入,依法执政的理念不断完善。胡锦涛同志在中共中央政治局第三十二次集体学习上的讲话深刻阐释了"依法执政"的含义,还指出了其具体环节

---

① 中共中央文献研究室.邓小平思想年谱(1975—1997)[M].北京:中央文献出版社,1998:123.
② 邓小平文选:第3卷[M].北京:人民出版社,1993:177.
③ 中共中央文献研究室.邓小平思想年谱(1975—1997)[M].北京:中央文献出版社,1998:122.
④ 中共中央文献研究室.十一届三中全会以来重要文献选读(上册)[M].北京:人民出版社,1987:531.
⑤ 中共中央文献研究室.十二大以来重要文献选编(上)[M].北京:人民出版社,1986:220.
⑥ 十六大以来重要文献选编(上)[M].北京:中央文献出版社,2005:26.
⑦ 中共中央关于加强党的执政能力建设的决定[M].北京:人民出版社,2004:16.

与要求——"领导立法、带头执法、保证执法"①。中国共产党第十七次全国代表大会指明"党的执政能力建设关系党的建设和中国特色社会主义事业的全局",并将"科学执政、民主执政、依法执政"写入《中国共产党章程》,将"依法执政"上升到党内最高法规规定的执政原则和方式。

(三)形成以宪法为基础的中国特色社会主义法律体系

"依法治国"基本方略以及"依法执政"基本方式的形成与实践都离不开法律的支撑和保障。党的十一届三中全会以来,中国共产党正是在加强宪法及相关法律的制定与实施中,形成了以宪法为基础的中国特色社会主义法律体系。这一体系的形成大致历经三个阶段。

1. 奠定法律体系基础阶段(1978—1991年)

党的十一届三中全会指出"为了保障人民民主,必须加强社会主义法制……从现在起,应当把立法工作摆到全国人民代表大会及其常务委员会的重要议程上来"②。1979年五届全国人大二次会议审议通过了7部重要法律(史称"一日七法"),拉开了新时期立法工作的序幕。这一时期立法围绕以经济建设为中心、贯彻落实"一国两制"方针、加强民族团结以及促进教育和文化事业发展等工作任务展开,逐步实现1982年全国人大常委会工作报告提出的"按照社会主义法制原则,逐步建立有中国特色的独立的法律体系"③的目标,为中国特色社会主义法律体系的形成奠定了重要基础。④

2. 初步形成法律体系阶段(1992—2001年)

1992年,中国共产党第十四次全国代表大会作出建立社会主义市场经济体制的重大战略决策,明确指出社会主义市场经济体制的建立和完善必须有完备的

---

① 胡锦涛.坚持科学执政、民主执政、依法执政 扎实加强执政能力建设和先进性建设——在中共中央政治局第三十二次集体学习时的讲话[N].人民日报,2006-07-04(1).
② 中国共产党第十一届中央委员会第三次全体会议公报[M].北京:人民出版社,1978:12.
③ 中华人民共和国第五届全国人民代表大会第五次会议文件[M].北京:人民出版社,1983:226.
④ 中华人民共和国国务院新闻办公室.中国特色社会主义法律体系[M].北京:人民出版社,2011:6.

法治来规范和保障。① 所以,第八届全国人民代表大会及其常委会以加快经济立法为首要任务,在其任期内共通过法律 85 部、有关法律问题的决定 33 部。② 其中,1993 年通过的《宪法修正案》为建立和发展社会主义市场经济提供宪法依据。中国共产党第十五次全国代表大会将"依法治国,建设社会主义法治国家"作为党和国家的基本方略和奋斗目标确定下来,并明确指出到 2010 年形成中国特色社会主义法律体系。第九届全国人民代表大会以加强立法工作、提高立法质量为首要任务,共审议了 124 部法律、法律解释和有关法律问题的决定草案。其中,1999 年通过的《宪法修正案》,确立了邓小平理论的指导地位,确定了依法治国、建设社会主义法治国家的基本方略;2000 年制定的《立法法》,系统规定了国家立法体制和立法程序。③ 至此,以宪法为核心的中国特色社会主义法律体系已初步形成。④

3. 形成法律体系阶段(2002—2012 年)

第十届全国人民代表大会及其常委会以"基本形成中国特色社会主义法律体系"为目标,以"提高立法质量"为工作思路,开展立法工作。同时,国务院、地方人民代表大会及其常委会也制定了大量行政法规和地方性法规,助推中国特色社会主义法律体系的形成。2008 年 3 月,时任全国人民代表大会常务委员会委员长的吴邦国在工作报告中指出"中国特色社会主义法律体系已经基本形成"⑤并阐明了其构成⑥。在 2009 年至 2011 年底,各级立法机关多次开展法律法规清理工作,基本解决了法律法规中存在的不适应、不一致、不协调等问题。⑦ "截至 2011 年 8 月底,中国已制定现行宪法和有效法律共 240 部、行政法规 706 部、地方性法

---

① 中华人民共和国国务院新闻办公室.中国特色社会主义法律体系[M].北京:人民出版社,2011:6.
② 田纪云.全国人民代表大会常务委员会工作报告(1998 年)[N].人民日报,1998-03-23(2).
③ 李鹏.全国人民代表大会常务委员会工作报告(2003 年)[R].人民日报,2003-03-22(1).
④ 中华人民共和国国务院新闻办公室.中国特色社会主义法律体系[M].北京:人民出版社,2011:8.
⑤ 吴邦国.全国人民代表大会常务委员会工作报告[R].人民日报,2008-03-22(1).
⑥ 中国特色社会主义法律体系以宪法为核心、法律为主干,由宪法及宪法相关法、民法商法、行政法、经济法、社会法、刑法、诉讼与非诉讼程序法七个法律部门和法律、行政法规、地方性法规三个层次的法律规范共同构成。
⑦ 中华人民共和国国务院新闻办公室.中国特色社会主义法律体系[M].北京:人民出版社,2011:10.

规8 600多部,涵盖社会关系各个方面的法律部门已经齐全,各个法律部门中基本的、主要的法律已经制定,相应的行政法规和地方性法规比较完备……中国特色社会主义法律体系已经形成。"①"中国特色社会主义法律体系的形成,是我国社会主义民主法制建设史上的重要里程碑,是中国特色社会主义制度逐步走向成熟的重要标志。"②

第四节　新时代中国特色社会主义法治建设

2012年中国共产党第十八次全国代表大会(以下简称"党的十八大")报告创造性地提出"全面依法治国"的基本方略,强调"法治是治国理政的基本方式",法治在推进中国特色社会主义事业进程中的重要性日益凸显。2013年,党的十八届三中全会首次提出建设"法治中国",2014年党的十八届四中全会第一次以专题研究全面推进依法治国重大问题,通过了《中共中央全面推进依法治国若干重大问题的决定》(以下简称《决定》),明确提出要"坚定不移走中国特色社会主义法治道路"。以党的十八大、十八届三中全会、四中全会为标志,中国特色社会主义法治道路进入新的历史阶段。③ 2017年中国共产党第十九次全国代表大会(以下简称"党的十九大")报告确立了新时代法治中国建设的路线图和时间表。2022年中国共产党第二十次全国代表大会(以下简称"党的二十大")报告第一次将"坚持全面依法治国,推进法治中国建设"作为一个独立部分写进党的代表大会报告,昭示着法治中国建设已成为党和国家重要事业的组成部分。④

---

① 中华人民共和国国务院新闻办公室.中国特色社会主义法律体系[M].北京:人民出版社,2011:10.
② 吴邦国.全国人民代表大会常务委员会工作报告(2011年)[R].人民日报,2011-03-19(1).
③ 公丕祥.中国特色社会主义法治道路的时代进程[J].中国法学,2015(5).
④ 莫纪宏.党的二十大报告中的"法"字及其价值特征[J].西北大学学报(哲学社会科学版),2023(2).

一、坚持科学立法，中国特色社会主义法律体系不断完善

"法律是治国之重器,良法是善治之前提。"[1]全面推进依法治国,不仅需要有"法"可依,而且要有"良法"可依。新时代以来,立法机关聚焦"科学立法、民主立法、依法立法"[2],推动以宪法为核心的中国特色社会主义法律体系日益完善。

（一）完善立法体制机制

"立法体制是国家治理体制的重要制度安排。"[3]2023年3月13日,第十四届全国人民代表大会第一次会议通过《全国人民代表大会关于修改〈中华人民共和国立法法〉的决定》,进一步完善立法指导思想和原则,完善优化全国人民代表大会及其常委会的立法体制机制,完善地方立法权限和机制,加强备案审查制度等[4],助推立法体制机制不断完善。

新时代以来,在坚持科学立法、民主立法和依法立法的基本原则下,立法工作机制和程序不断得以完善。第一,通过完善立法听证、论证制度,创新法律草案征求意见机制,探索建立公众意见采纳反馈机制[5],建立基层立法联系点制度等,完善民主立法的机制和程序。第二,通过出台立法项目征集论证、立法重大利益调整论证咨询、重要立法事项引入第三方评估等工作规范,建立法律出台前评估制度,建立健全专门委员会、工作委员会立法专家顾问制度,建立立法后评估机制等,增加科学立法的机制与程序。第三,多种立法手段并重。习近平强调:"要坚持立法先行,坚持立改废释并举,加快完善法律、行政法规、地方性法规体系。"[6]第十三届全国人民代表大会及其常委会在任期内共制定法律47部,修改法律111部,作出法律解释、有关问题和重大问题的决定决议53项,已经审议尚未通

---

[1] 中共中央关于全面推进依法治国若干重大问题的决定[M].北京:人民出版社,2014:4.
[2] 习近平.决胜全面建成小康社会 夺取新时代中国特色社会主义伟大胜利——在中国共产党第十九次全国代表大会上的报告[M].北京:人民出版社,2017:38-39.
[3] 公丕祥.党的十八大以来全面依法治国的历史性成就和主要经验[J].南京师大学报(社会科学版),2022(4).
[4] 进一步健全立法体制机制 规范立法活动[N].民主与法制时报,2023-3-15(4).
[5] 刘克希.当代中国的立法发展[M].北京:法律出版社,2017:43.
[6] 习近平.论全面坚持依法治国[M].北京:中央文献出版社,2020:112.

过的法律案、决定案 19 部。①

(二)修订宪法并健全宪法实施和监督机制

"依法治国,首先是依宪治国;依法执政,关键是依宪执政。"②我国现行宪法自 1982 年颁行以来,为适应国家社会发展需要,分别于 1988 年、1993 年、1999 年以及 2004 年进行了修正,不仅实现了宪法的与时俱进,而且加强了我国社会主义法治建设。党的十八大以来,中国特色社会主义进入新时代,新形势、新实践都要求在总体保持我国宪法的连续性、稳定性和权威性的基础上,对其作出适当的修改,以更好地发挥我国宪法的规范、引领和保障作用。③ 2018 年 3 月 11 日,十三届全国人民代表大会第一次会议通过了《中华人民共和国宪法修正案》,即 2018 年宪法修正案,把党的十九大确定的重大理论观点和方针政策,特别是习近平新时代中国特色社会主义思想载入其中,并以国家根本大法的形式确认了一系列重大创新成果。

"宪法的生命在于实施,宪法的权威也在于实施。"④新时代以来,中国共产党在健全宪法实施和监督机制上做出了一系列举措:设立国家宪法日;确立宪法宣誓制度,规定国家工作人员就职时应公开进行宪法宣誓;实施宪法规定的特赦制度;健全备案审查制度,推进合宪性审查;制定《中华人民共和国国歌法》,修改《中华人民共和国国旗法》和《中华人民共和国国徽法》,维护宪法确立的国家重要象征和标志的尊严;⑤制定《中华人民共和国英雄烈士保护法》《中华人民共和国国家勋章和国家荣誉称号法》等,不断健全与宪法相关的法律制度;维护宪法和香港基本法确立的特别行政区宪制秩序,作出有关决定,主动释法,制定《中华人民共和国香港特别行政区维护国家安全法》;加强规范性文件备案审查。第十三届全

---

① 栗战书.全国人民代表大会常务委员会工作报告(2023 年)[R].人民日报,2023-03-17(1).
② 习近平.论坚持全面依法治国[M].北京:中央文献出版社,2020:15.
③ 李婧.中国特色社会主义法治道路探索的历程与经验研究[M].北京:人民出版社,2021:272.
④ 习近平.在首都各界纪念现行宪法公布施行 30 周年大会上的讲话[N].人民日报,2012-12-05(2).
⑤ 张德江.全国人民代表大会常务委员会工作报告(2018 年)[R].人民日报,2018-03-25(1).

国人民代表大会在任期间围绕"有件必备、有备必查、有错必究"的总要求,对公民、组织提出的 17 769 件审查建议认真进行研究,累积督促制定机关修改完善或者废止各类规范性文件约 2.5 万件。[1]

(三)加强重点领域立法,推动中国特色社会主义法律体系完善

新时代以来,立法机关围绕实现国家治理体系和治理能力现代化的重大部署,聚焦法治领域的短板和弱项,加强重点领域、新兴领域、涉外领域立法,推动以宪法为核心的中国特色社会主义法律体系日益完善。围绕促进高质量发展立法,颁布了新中国立法史上第一部以"法典"命名的法律,即《中华人民共和国民法典》。它被誉为"社会生活的百科全书","是一部固根本、稳预期、利长远的基础性法律"[2]。围绕国家安全领域立法,相继通过了《中华人民共和国反间谍法》《中华人民共和国反恐怖主义法》《中华人民共和国国家情报法》《中华人民共和国境外非政府组织境内活动管理法》等。针对网络空间乱象,不断加强立法。目前,我国关于网络领域的立法超过 140 部,已基本形成以宪法为根本,以法律、行政法规、部门规章和地方性法规、地方政府规章为依托,以传统立法为基础,以网络内容建设与管理、网络安全和信息化等网络专门立法为主干的网络法律体系,为网络强国建设提供了坚实的制度保障。[3]

二、推进严格执法,法治政府建设取得重大进展

"行政执法是法律实施的重要环节,也是公权力干预社会的主要方式,应当严格遵循依法行政的原则。"[4]新时代以来,各级执法机关围绕"执法不规范、不严格、不透明、不文明以及不作为、乱作为等突出问题"展开解决工作,以确保执法行为的合法性和正当性。

(一)提升政府依法履职能力

党的十八大以来,各级政府有序推进机构、职能、权限、程序、责任法定化,逐

---

[1] 朱宁宁.督促推动 2.5 万件规范性文件修改完善或废止[N].法治日报,2023-02-21(5).
[2] 习近平.论全面坚持依法治国[M].北京:中央文献出版社,2020:278-279.
[3] 中华人民共和国国务院新闻办公室.新时代的中国网络法治建设[N].人民日报,2023-03-17(11).
[4] 梁平.语义与实践:中国特色法治文化及其建设进路探究[J].法学杂志,2013(3).

步增强政府依法履行职能的意识和能力。

1. 改革落实行政审批制度

行政审批是指公民、法人或组织在从事某些特定的活动时,需事先申请并经过行政机关审核批准的行为和过程,是政府依法对社会各方面事物进行事前监督管理的重要手段。① 新时代以来,中共中央和国务院将简政放权、放管结合作为行政体制改革、转变政府职能的"先手棋",拉开了"放管服"改革的序幕。② 2018年国务院办公厅印发《关于做好证明事项清理工作的通知》,强调由司法部组织实施证明事项清理。截至2019年4月底共取消各类"奇葩"证明、循环证明、重复证明等13 000多项证明事项。③ 同时,在行政审批与政务服务中引入数字信息技术,推进"互联网+政务"改革,如上海"随申办"、重庆"渝快办"等,将应用频率较高的政务服务事项集合于"掌上"。

2. 普遍建立权责清单制度

权责清单制度是权力清单制度与责任清单制度的概括,通过梳理、明列、公开政府及其部门的职权和职责,理顺各级政府和各部门事权,为政府权力划定边界、规范权力行使。④ 党的十八届三中全会首次提出"推行地方各级政府及其工作部门权力清单制度,依法公开权力运行流程"⑤。2015年出台《关于推行地方各级政府工作部门权力清单制度的指导意见》,强调要遵循权责一致原则推进责任清单制度建设。随后,国务院办公厅发布《国务院办公厅印发国务院部门权力和责任清单编制试点方案的通知》,助推权责清单制度的有序建立。各地也纷纷通过"清权、减权、制权、晒权"四个环节,发挥权责清单效用。责任清单、负面清单和权力清单共同构成政府治理的"三张清单",具有中国特色的权责清单制度至此普遍建立。

---

① 张定安,彭云,武俊伟.深化行政审批制度改革 推进政府治理现代化[J].中国行政管理,2022(7).
② 李克强.简政放权 放管结合 优化服务 深化行政体制改革 切实转变政府职能[N].人民日报,2015—05—15(2).
③ 靳昊.各地各部门取消1.3万余项证明[N].光明日报,2019—05—15(16).
④ 王辉,张继容.政府权责清单制度的历史变迁与完善策略[J].改革,2022(1).
⑤ 中共中央关于全面深化改革若干重大问题的决定[M].北京:人民出版社,2013:36.

（二）不断健全依法决策机制

"决策是行政行为的起点,规范决策行为是规范行政权力的重点,也是建设法治政府的前端环节。"[1]新时代以来,各级政府不断完善行政决策的法定程序,注重提高行政决策的法治化水平,政府依法决策的机制不断健全。

1. 重大决策合法性审查机制

合法性审查是依法决策的重要保障,合法性审查作为政府重大决策的法定程序之一[2],能有效规范各级政府的重大行政决策行为,有效规避法外行政、违法决策,滥用决策权等情况。[3] 2019年国务院出台《重大行政决策程序暂行条例》,为重大决策法治化奠定基础。2019年,浙江省设区市政府、县(市、区)政府以及乡镇(街道)分别审查重大行政决策草案53件、439件和346件。[4]

2. 重大决策终身责任追究制度及责任倒查机制

决策是政府管理活动的关键环节,也是易出问题并难以追究责任的环节[5],特别是重大决策,对国家、社会以及本市区影响深远。党的十八届四中全会《决定》明确提出"建立重大决策终身责任追究制度及责任倒查机制,对决策严重失误或者依法应该及时作出决策但久拖不决造成重大损失、恶劣影响的,严格追究行政首长、负有责任的其他领导人员和相关责任人员的法律责任"[6]。之后,各地开始积极探索。深圳市政府出台了《深圳市人民政府重大行政决策程序规定》,实施重大行政决策责任追究制及责任倒查机制,对违反规定不履行职责造成严重后果的,相关责任人员无论是否调离、提拔或者退休,都必须严格依法追责。[7]

---

[1] 张金才.中共十八大以来法治政府建设的进展及成效[J].当代中国史研究,2017(3).
[2] 中共中央关于全面推进依法治国若干重大问题的决定[M].北京：人民出版社,2014:16.
[3] 张金才.中国法治建设40年(1978—2018)[M].北京：人民出版社,2019:326.
[4] 方腾高,何健勇,钟丽丹.重大行政决策合法性审查进展、问题及对策——以浙江省为例[J].中国司法,2021(7).
[5] 陈国权,谷志军.非竞选政治中的决策问责：意义、困境与对策[J].经济社会体制比较,2014(2).
[6] 中共中央文献研究室.十八大以来重要文献选编(中)[M].北京：中央文献出版社,2016:165.
[7] 中华人民共和国中央人民政府.深圳实施重大行政决策责任倒查机制[EB/OL].2016-06-03, http://www.gov.cn/xinwen/2016-06/03/content_5079299.htm.

（三）加强行政权力制约和监督

"权力不论大小，只要不受制约和监督，都可能被滥用。"[①]党的十八大以来，各级政府自觉、主动地接受监督，政府信息公开、政务公开深入推进，取得了显著成效。

1. 深入推进政府信息公开和政务公开

2019年首次对施行了12年的《政府信息公开条例》进行修订，修订后的《政府信息公开条例》确立了"以公开为常态，不公开为例外"的原则，扩大了主动公开的范围，明确了政府信息公开处理决定的具体类型[②]，标志着我国政府信息公开制度日趋成熟。此外，随着数字技术与行政法的深度融合，政府数据开放共享促进了数字政府组织再造[③]。2021年，《中华人民共和国数据安全法》颁布，它对政府数据开放和安全提出了具体要求，推动政府数据开放进入法治化轨道，促使政府数据开放与政府信息公开共同助力开放政府、透明政府建设。[④]

2. 健全行政裁量基准制度

裁量是行政的核心，健全行政裁量基准制度，压缩裁量空间，细化行政执法的裁量范围、种类、幅度并实时动态调整，能有效监督政府行政权力行使，防止随意执法。[⑤]《法治政府建设实施纲要（2020—2025年）》指出："全面落实行政裁量权基准制度，细化量化本地区各行政执法行为的裁量范围、种类、幅度等并对外公布。"2022年8月，国务院办公厅进一步印发《关于进一步规范行政裁量权基准制定和管理工作的意见》，规范了裁量基准的制定、适用及管理。2023年初，江苏、安徽两地都印发相关通知指出，力争在2023年年底前建立行政裁量权基准制度，基本实现行政裁量权标准制度化、行为规范化、管理科学化。

---

① 中共中央文献研究室.习近平关于全面从严治党论述摘编[M].北京：中央文献出版社，2016：201.
② 后向东.论政府信息公开处理决定类型化[J].行政法学研究，2019（4）.
③ 周佑勇.中国行政基本法典的精神气质[J].政法论坛，2022（3）.
④ 赵柯，薛岩.西方国家开放政府数据运动研究[J].当代世界社会主义，2020（3）.
⑤ 周佑勇.健全行政裁量基准的新使命新任务[J].行政法学研究，2023（1）.

三、严格公正司法，司法公信力不断提升

"公正是法治的生命线。"①只有让人民群众在每一个案件中感受到公平正义，才能提升司法公信力。新时代以来，中国共产党注重深化司法体系综合配套改革，将互联网技术引入司法，在完善司法体制、规范司法行为中提高司法效率。

（一）深化司法体制综合配套改革

党的二十大指出："深化司法体制综合配套改革，全面准确落实司法责任制，加快建设公正高效权威的社会主义司法制度，努力让人民群众在每一个司法案件中感受到公平正义。"②新时代以来，中共中央围绕司法管理体制、司法权运行机制以及人权司法保障机制稳步推进司法体制改革。

1. 司法管理体制改革

司法管理体制改革关涉司法机关空间布局及权力结构的调整，在司法体制改革中具有全局性、统领性、基础性的作用。③ 新时代以来，我国相继设立了知识产权法院，最高人民法院设立巡回法庭，跨行政区划人民法院、人民检察院。此外，还完善了司法人员分类管理制度，即把法院、检察院的工作人员分为法官检察官、司法辅助人员、司法行政人员三类，促使每一类人员都有职业发展空间，从而实现整合司法资源、优化司法队伍、调动司法人员积极性的目的。

2. 司法权运行机制

党的十八届三中、四中全会强调要完善人民法院、人民检察院司法责任制，人民陪审员、人民监督员制度，全面实施检察机关提起公益诉讼等；同时，注重司法运行过程中的司法公开。2013—2014年间，最高人民法院和最高人民检察院相继出台文件，推进裁判文书公开、执行信息公开、审判流程公开三大平台建设以及向社会公开重要案件信息与法律文书。2015年2月—2023年2月，中国庭审公开网的庭审直播由8万场增至2 100万场，中国裁判文书网的公开文书由629.4

---

① 中共中央关于全面推进依法治国若干重大问题的决定［M］.北京：人民出版社，2014：20.
② 习近平.高举中国特色社会主义伟大旗帜 为全面建设社会主义现代化国家而团结奋斗——在中国共产党第二十次全国代表大会上的报告［M］.北京：人民出版社，2022：42.
③ 黄文艺.论习近平法治思想中的司法改革理论［J］.比较法研究，2021（2）.

万份增至1.4亿份。①

3. 人权司法保障机制

党的十八大将"人权得到切实尊重和保障"确立为全面建成小康社会和深化改革开放的重要目标之一,并积极出台健全错案防止、纠正、责任追究机制等一系列改革举措。中共中央在2013年出台的《关于切实防止冤错案的规定》的基础上进一步制定配套措施,建立冤错案防范、纠正机制,而党的第三个历史决议(2021年党的十九届六中全会通过的《中共中央关于党的百年奋斗重大成就和历史经验的决议》)也将"依法纠正冤错案件"写入其中。新时代以来,共依法纠正重大刑事冤错案件65件,涉案131人,并依法予以国家赔偿,对5 618名公诉案件被告人和4 028名自诉案件被告人依法宣告无罪。②

(二)互联网司法深入推进

我国在坚持司法公正、司法为民的原则上,积极回应网络时代的司法需求,运用网络信息技术赋能传统司法,"实现了从技术运用到机制变革,从诉讼程序完善到实体规则治理的历史性发展"③。

1. 司法在线平台渐趋系统化

新时代以来,最高人民法院主动推进"互联网+"行动,于2015年7月首次提出"智慧法院"。2017年最高人民法院印发《最高人民法院关于加强建设智慧法院的意见》,指出"智慧法院"支持全业务网上办理、全流程依法公开、全方位智能服务,是实现公正司法、司法为民的组织、建设和运行形态。在建设"智慧法院"的目标指引下,各级人民法院积极加强互联网审判机构建设及互联网司法便民利民平台建设。杭州、北京、广州先后成立了"互联网法院",以"网上案件网上审理"的新型审理机制,专门处理网络购物合同纠纷、网络侵权纠纷等十一类互联网案件;其他各地法院也积极组建互联网审判机构或办案组织。为更加便利服务于人民,中国法院积极构建一站式多元解纷平台、一站式诉讼服务平台、"人民法院在线服务"平台等,并全面推进审判流程、庭审活动、裁判文书和执行信息四大公开平台

---

① 数据来源:2015年至2023年的《最高人民法院工作报告》。
② 数据来源:2018年至2023年的《最高人民法院工作报告》。
③ 中华人民共和国最高人民法院.中国法院的互联网司法[M].北京:人民法院出版社,2019:3.

建设,"覆盖全国法院的内外专网、移动网络和办案平台"①正逐渐建成。

2. 互联网司法规则体系初步构建

"网络行为或纠纷与线下行为或纠纷有很大不同,诉讼管辖、事实认定和法律适用均打上了互联网烙印,需要建立全新的诉讼规则和裁判标准。"②自 2018 年以来,最高人民法院先后制定了《关于互联网法院审理案件若干问题的规定》《民事诉讼程序繁简分流改革试点实施办法》等规范性文件,并于 2021 年至 2022 年间相继发布了《人民法院在线诉讼规则》《人民法院在线调解规则》《人民法院在线运行规则》。这三大规则分工明确、有序衔接,贯穿审判执行全过程,实现了司法活动全领域覆盖,"系统构建了中国特色、世界领先的互联网司法新模式,具有鲜明的时代特色"③,并"将在世界范围内首次构建全方位、系统化的互联网司法规则体系"④。

四、加强法治宣传教育,推进全民守法

"全面推进依法治国,法治人才是保障,法治教育是基础。"⑤自 1986 年起,党和国家以五年为一个计划周期在全国范围内有组织、有计划地开展普法教育。新时代以来,中国共产党进一步发展了"法治教育"的理论和内容。党的十八大报告指出要"弘扬社会主义法治精神,树立社会主义法治理念,增强全社会学法尊法守法用法意识"⑥,并宣告"法制教育"的重点是培养民众"法治思维"和"法治方式"。党的十八届四中全会首次提出"深入开展法治宣传教育""把法治教育纳入国民教育体系""把法治教育纳入精神文明创建内容",这是"法治教育"的表述第一次正式出现在中共中央文件中。"法制教育"向"法治教育"的转变表明我国法治宣传

---

① 中华人民共和国最高人民法院. 中国法院的互联网司法 [M]. 北京:人民法院出版社,2019:3.
② 胡萌. 互联网司法规则的中国模式 [N]. 人民法院报,2022—05—12(8).
③ 胡萌. 互联网司法规则的中国模式 [N]. 人民法院报,2022—05—12(8).
④ 中华人民共和国最高人民法院. 构建全方位系统化的互联网司法规则体系最高法发布人民法院在线运行规则 [EB/OL]. 2022—02—22, https://www.court.gov.cn/xinshidai—xiangqing—346501.html.
⑤ 付子堂,朱林方. 中国特色社会主义法治理论的基本构成 [J]. 法制与社会发展,2015(2).
⑥ 中共中央文献研究室. 十八大以来重要文献选编(上)[M]. 北京:中央文献出版社,2014:22.

教育进入一个新的发展阶段。

（一）深入推进法治教育

"推进全民守法,必须着力增强全民法治观念。要坚持把全民普法和守法作为依法治国的长期基础性工作,采取有力措施加强法制宣传教育。"[①]全民守法是指"任何组织或者个人都必须在宪法和法律范围内活动,任何公民、社会组织和国家机关都要以宪法和法律为行为准则,依照宪法和法律行使权利或权力、履行义务或职责。"[②]可见,它不仅要求全体社会公民在法律规定的范围内活动,不逾越法律红线、底线,而且期望全体社会公民积极主动地运用法律,"自觉抵制违法行为,自觉维护法治权威"[③]。然而人们守法的状态常常受主体所处的客观社会环境与主体主观心理状态和法律意识水平、法治观念等影响。[④] 这就需要加强法治教育,增强人民法治观念,让人们在学法、懂法的基础上实现守法、用法。

"守法激励机制和普法宣传教育机制是全社会协同推进学法用法的核心机制"[⑤],新时代以来,中国共产党努力健全普法宣传教育机制,中共中央、国务院于2016年、2021年分别转发《中央宣传部、司法部关于在公民中开展法治宣传教育的第七个五年规划（2016—2020年）》（以下简称"七五"普法规划）、《中央宣传部、司法部关于开展法治宣传教育的第八个五年规划（2021—2025年）》（以下简称"八五"普法规划）,统筹部署普法工作。同时推动建立国家机关"谁执法谁普法"的普法责任机制；建立法官、检察官、行政执法人员、律师等以案释法制；建立普法责任清单制度和普法责任监督考核机制,实行普法责任履行激励机制。

中国共产党在加强法治教育制度建设时,也注重通过学校教育落实法治教育。2016年,教育部、司法部和全国普法办制定并下发《青少年法治教育大纲》,系统部署青少年法治教育工作。2021年,教育部又印发《全国教育系统开展法治宣传教育的第八个五年规划（2021—2025年）》,深入推进普法宣传教育工作,并强调要适当增加法治知识在中考、高考中的内容占比。此外,教育部还坚持以宪

---

① 中共中央文献研究室.习近平关于全面依法治国论述摘编[M].北京：中央文献出版社,2015：91.
② 习近平.论坚持全面依法治国[M].北京：中央文献出版社,2020：23—24.
③ 习近平.论坚持全面依法治国[M].北京：中央文献出版社,2020：113.
④ 张文显.法理学[M].5版.北京：高等教育出版社,2018：256.
⑤ 张文显.法理学[M].5版.北京：高等教育出版社,2018：259.

法教育为核心,以习近平法治思想为引领,以课堂教学为主渠道,将2018年修订的《宪法》融入课程、教材和课堂,组织编写《道德与法治》教材、大中小学《习近平新时代中国特色社会主义思想学生读本》,并且编制了《习近平新时代中国特色社会主义思想进课程教材指南》。

（二）增强全民法治观念

"法律的权威源自人民的内心拥护和真诚信仰。"[1]人民对于法律权威的内心拥护和真诚信仰在一定程度上可以理解为对法治观念内涵的基本阐释,法治观念包括了自觉尊法守法的法治意识和遵循法治精神处理问题的法治思维。[2] 法治思维是指以法治价值和法治精神为导向,运用法律原则、法律规则、法律方法思考和处理问题的思维模式,其要义是把对法治的尊崇、对法律的敬畏转化成思维方式和行为方式。新时代以来,中国共产党注重在法治教育对象、法治教育方式上下功夫,力争"引导全体人民做社会主义法治的忠实崇尚者、自觉遵守者、坚定捍卫者,使法治成为社会共识和基本原则"[3]。

在法治教育对象上,各地各部门坚持以国家工作人员、青少年为重点教育对象,分层分类地对基层组织负责人、基层行政执法人员以及媒体从业人员等进行法治教育。为加强领导干部、党员同志的法治教育,"八五"普法规划特别指出要注重党内法规宣传与国家法律宣传的衔接协调,把学习掌握党内法规作为合格党员的基本要求列入党组织"三会一课"内容。

法治宣传教育"要创新宣传形式,注重宣传实效"[4]。新时代以来,中国共产党强化落实以案普法,推进法官、检察官、律师等以案释法制度和典型案例发布制度。最高人民法院充分发挥"庭审公开、文书说理、案例发布"的普法功能,举办了"现在开庭""正在执行"等全媒体直播[5],并连续发出三批弘扬社会主义核心价值观的典型案例,以生活中的典型案例来开展法治宣传教育。同时,中国共产党通

---

[1] 中共中央关于全面推进依法治国若干重大问题的决定[M].北京:人民出版社,2014:26.
[2] 张晓燕.公民法治观念的理论内涵及其培育路径——基于对《思想道德修养与法律基础》教材的分析[J].思想理论教育,2020(11).
[3] 法治社会建设实施纲要（2020—2025年）[M].北京:人民出版社,2020:3.
[4] 中共中央国务院转发《中央宣传部、司法部关于在公民中开展法治宣传教育的第七个五年规划（2016—2020年）》[N].人民日报,2016-04-18(1).
[5] 周强.最高人民法院工作报告[R].人民日报,2023-03-18(4).

过"互联网+普法"的形式,借助图解、短视频、网络直播等多元样态,将专业化的"法言法语"转化为通俗有趣的"网言网语",创新法治内容表达以增强网络普法吸引力。据"2020年全国社会心态调查综合分析报告"显示:当自己或家人遇到不公平事情时,选择"通过法律渠道解决"的居第一位,选择"托关系、找熟人"的比例明显下降。[①] 可见,新时代以来,人民的法治观念在不断增强。

---

① 唐一军.国务院关于"七五"普法决议贯彻落实情况的报告[R/OL].(2021-06-07).中国人大网. http://www.npc.gov.cn/npc/c30834/202106/b2318e8727954dc693dfaf1cb3d54f88.shtml.

第六章 全面依法治国的理论创新

增强理论自信和战略定力是坚持和发展中国特色社会主义的重要基础。推进全面依法治国需要以科学的理论来指导实践。加强中国特色社会主义法治理论学习,用习近平法治思想武装头脑,有助于及时充分地掌握当前依法治国的发展形势与前进道路,准确把握依法治国的政治方向,筑牢社会主义法治信仰的思想之基。本书重点阐释中国特色社会主义法治理论中最具代表性的若干思想观点,以全面依法治国方略的理论创新视角分析法治中国建设的丰硕成果与宏伟蓝图。

第一节 准确把握全面依法治国的指导思想、目标抓手与工作布局

全面推进依法治国是一项长期而重大的历史任务,也必然是一场深刻的社会变革和历史变迁。推进好这项艰巨而重大的系统工程,应当高瞻远瞩地做好顶层设计与谋划布局,"要既着眼长远、打好基础、建好制度,又立足当前、突出重点、扎实工作,不断推进全面依法治国向纵深发展"[①]。明确推进全面依法治国的指导思想、总目标和总抓手,充分认识"共同推进""一体建设"的工作布局,是加强新时代中国特色社会主义法治建设的重要前提与应有之义。

一、习近平新时代中国特色社会主义法治思想是全面依法治国的根本遵循和行动指南

2020年11月,"习近平法治思想"在中央全面依法治国工作会议上被正式提

---

① 习近平.论坚持全面依法治国[M].北京:中央文献出版社,2020:173.

出,同时明确了其在全面依法治国战略中的指导地位。习近平法治思想是习近平新时代中国特色社会主义思想的重要组成部分,也是中国特色社会主义进入新时代以来我国法治理论创新的重要成果与突出体现。习近平法治思想因其原创性理论贡献,被政界、学界和社会各界称为"新时代中国特色社会主义法治思想""当代中国马克思主义法治思想"以及"21世纪马克思主义法治思想"[1]。

(一)习近平法治思想的生成逻辑

习近平法治思想是在"两个结合",即"把马克思主义基本原理同中国具体实际相结合、同中华优秀传统文化相结合"[2]中应运而生、发展完善的理论创新成果。习近平总书记坚持运用马克思主义法治原理回答我国全面依法治国实践中的具体问题与发展方向,相关重要论述与讲话均彰显了马克思主义的时代性、科学性与真理性,是对马克思主义法治理论的创造性发展。与此同时,拥有丰厚的传统法律文化底蕴也是中国发展不言自明的优势条件、具体实际和现实环境,是"我们在世界文化激荡中站稳脚跟的根基"[3]。习近平法治思想实现了对中华优秀传统法律文化的创造性转化与创新性发展,其理论观点充分彰显了民族特色和文化自信。

(二)习近平法治思想的科学内涵

习近平法治思想深刻回答了新时代为什么实行全面依法治国、怎样实行全面依法治国等一系列重大问题,科学论述了新时代全面依法治国的政治方向、重要地位、工作布局、重点任务、重大关系和重要保障。习近平法治思想内涵丰富,就其主要方面来讲,集中体现为"十一个坚持",即坚持党对全面依法治国的领导;坚持以人民为中心;坚持中国特色社会主义法治道路;坚持依宪治国、依宪执政;坚持在法治轨道上推进国家治理体系和治理能力现代化;坚持建设中国特色社会主义法治体系;坚持依法治国、依法执政、依法行政共同推进,法治国家、法治政府、法治社会一体建设;坚持全面推进科学立法、严格执法、公正司法、全民守法;坚持统筹推进国内法治和涉外法治;坚持建设德才兼备的高素质法治工作队伍;坚持

---

[1] 张文显.深刻把握习近平法治思想的原创性理论贡献[J].法制与社会发展,2022(4):5.
[2] 习近平.在庆祝中国共产党成立100周年大会上的讲话[M].北京:人民出版社,2021:13.
[3] 习近平.习近平谈治国理政[M].北京:外文出版社,2018:164.

抓住领导干部这个"关键少数"①。

（三）习近平法治思想的理论品格

习近平法治思想是马克思主义法治理论中国化的最新成果，实现了新的发展与新的飞跃。同习近平新时代中国特色社会主义思想的其他组成部分一样，习近平法治思想是与时俱进、不断发展的中国化时代化马克思主义理论。党的二十大报告指出："中国共产党为什么能，中国特色社会主义为什么好，归根到底是马克思主义行，是中国化时代化的马克思主义行。"②习近平法治思想是基于新时代我国法治建设现实考量的理论创新，也是可为他国法治建设提供参考的中国智慧。另外，与时俱进、不断发展是中国化马克思主义历久弥新、永葆真理光辉的奥妙所在。习近平法治思想绝不是一成不变、因循守旧的理论，而是随着全面依法治国与法治中国建设的不断推进，内涵不断扩充，思想不断升华，彰显出与时俱进、实事求是的理论品格。

二、加快建设中国特色社会主义法治体系

建设中国特色社会主义法治体系是全面依法治国的总目标和总抓手。法治，即法律的统治，是一种同"人治"截然不同的治国理政方式与原则，更加强调法律在治理过程中的至高地位，也更加凸显民主、平等、公正、自由等价值取向。相比"法制"概念而言，"法治"不仅在制度层面要求明确其性质和价值取向，要求其具备"良法"品质，而且在实施层面强调法律在国家和社会治理中的地位、实施与意义。法治体系是法治化发展的必然追求，是由两个及两个以上法治要素构成的整体，且法治要素之间具有系统性、整体性、连贯性等特点。中国特色社会主义是我国法治体系建设的本质特征与发展方向，也是区别于西方资本主义国家法治建设的重要标志。

《中共中央关于全面推进依法治国若干重大问题的决定》将"中国特色社会主义法治体系"表述如下："在中国共产党领导下，坚持中国特色社会主义制度，贯彻

---

① 中共中央宣传部,中央全面依法治国委员会办公室.习近平法治思想学习纲要[M].北京：人民出版社,学习出版社,2021：7－8.
② 习近平.高举中国特色社会主义伟大旗帜 为全面建设社会主义现代化国家团结奋斗——在中国共产党第二十次全国代表大会上的报告[M].北京：人民出版社,2022：16.

中国特色社会主义法治理论,形成完备的法律规范体系、高效的法治实施体系、严密的法治监督体系、有力的法治保障体系,形成完善的党内法规体系。"[1]其中,党的领导、中国特色社会主义制度和中国特色社会主义法治理论是中国特色社会主义法治道路的核心要义,规定和确保了中国特色社会主义法治体系的制度属性和前进方向。[2]

(一)完备的法律规范体系

健全的法律规范体系是全面依法治国的重要前提,是实现有法可依和良法善治的基础。当前,我国已经形成了中国特色社会主义法律体系。然而,随着时代的发展与形势的演变,法律规范也应当与时俱进、因势而变。完善以宪法为核心的中国特色社会主义法律体系,应当健全宪法全面实施的制度体系,加强重点领域、新兴领域和涉外领域立法,科学推进法典化立法实践。

(二)高效的法治实施体系

高效的法治实施体系是全面依法治国的建设重点和推进难点。倘若法律无法得到有效实施或者实施不及时、不到位,那么再完善的法律规范也将无法发挥其应有之用。建设形成高效的法治实施体系,应当扎实推进依法行政,强化对行政权力的规范、监督和制约,深化司法体制改革,优化司法职权配置,以德法结合的方式构建全面守法的激励机制和制约机制,提高法治公信力与生命力。

(三)严密的法治监督体系

严密的法治监督体系是实现对权力全方位监督的有效手段。公权力若不受到有效制约和监督,则必然被滥用从而导致腐败现象。因此,必须建设党统一领导、全面覆盖、权威高效的法治监督体系,加强党对法治监督的有力领导,形成国家机关监督、民主监督、群众监督和舆论监督的多元合力。同时,健全权力运行的制约监督体系,重点加强立法监督、执法监督、司法监督以及对监察权的监督,形成完善有效的管理机制。

(四)有力的法治保障体系

有力的法治保障体系可以为法治中国建设提供坚实可靠的后盾。全面依法

---

[1] 中共中央关于全面推进依法治国若干重大问题的决定[N].人民日报,2014-10-29(1).
[2] 徐显明.论坚持建设中国特色社会主义法治体系[J].中国法律评论,2021(2):1.

治国的推进与实现还有赖于政治、组织、队伍、人才、物力、财力、科技等一系列条件的保障和支撑。加强党的领导,充分发挥党的各级组织和部门的应有职能,基层党组织和党员应当发挥战斗堡垒和先进模范带头作用,保障宪法和法律的实施。根据基本国情与时代需求,制定法治队伍建设规划,创新法治人才培育机制,着力打造一支忠于党、国家、人民和法律的中国特色社会主义法治工作队伍。法治建设需要充分利用大数据、人工智能等现代科技手段,促进"智慧法治"与"互联网＋法治"等全面法治信息化工程建设,以此来增强科技与信息保障。

(五)完善的党内法规体系

根据《中国共产党党内法规制定条例》第三条的规定,党内法规是"党的中央组织,中央纪律检查委员会以及党中央工作机关和省、自治区、直辖市党委制定的体现党的统一意志、规范党的领导和党的建设活动、依靠党的纪律保证实施的专门规章制度"。党内法规的本质是党的政治建设、组织建设、作风建设的制度载体,因此,完善的党内法规体系是长期依规治党、从严治党的制度保障。依法治国和依规治党是有机统一的,要完善以"1＋4"为基本框架的党内法规制度体系,即在党章之下分为党的组织法规制度、党的领导法规制度、党的自身建设法规制度、党的监督保障法规制度四大板块。当前,我国已经形成了以党章为统率的较为完善的党内法规体系,共计约 6 400 部党内法规。[①] 加强党内法规体系建设,应当健全党的组织法规制度、党的领导法规制度、党的自身建设法规制度、党的监督保障法规制度,推进党内法规制度供给侧结构性改革,实现党内法规体系建设高质量发展。

三、充分认识"共同推进""一体建设"的工作布局

"共同推进""一体建设"是中国共产党基于基本国情与法治规律作出的法治战略规划,其完整表述是"坚持依法治国、依法执政、依法行政共同推进,坚持法治国家、法治政府、法治社会一体建设"[②]。

(一)"坚持依法治国、依法执政、依法行政共同推进"是建设中国特色社会主义法治体系的推进方略,重点回答了"由谁去做"的关键问题

依法治国,是指依据体现人民意志和社会发展规律的法律法规而非个人意志

---

① 数据来源于"北大法宝"数据库,https://www.pkulaw.com［2023－08－07］.
② 中共中央关于全面推进依法治国若干重大问题的决定［N］.人民日报,2014－10－29(1).

进行国家治理。依法治国在我国具体表现为,广大人民群众在中国共产党的领导下,依照宪法和法律,通过各种形式和途径管理国家事务、经济文化事业和社会事务。依法执政,是指拥有执政权的政党依照国家法律进入国家政权并在其中处于主导地位,且依照法律从事管理活动。在我国具体表现为,中国共产党依据宪法和法律进行执政活动。依法执政要求行政机关全面履行管理公共行政事务的职责,健全依法决策机制与执法程序。同时,依法执政还要求党在执政过程中通过法定程序将党的主张上升为国家意志。依法行政,是指行政机关依照法定的权限、程序和规则取得并行使其行政权力,并对其行政行为承担相应的法律责任。依法治国是治国理政的基本方略,而党能否坚持依法执政以及各级政府能否坚持依法行政是依法治国能否得以实现的两个关键支撑点。宪法和法律是依法治国、依法执政、依法行政的共同遵循与实践依据。因此,依法治国、依法执政和依法行政之间是本质相同、目标一致、成效相关的有机整体,三者之间应当整体部署、统筹协调、共同推进。

实现"坚持依法治国、依法执政、依法行政共同推进"应当做到以下三点:

第一,坚持党的集中统一领导。党的领导是依法治国、依法执政和依法行政三者的共同政治前提。只有坚持党的集中统一领导,才能正确把握中国特色社会主义法治建设的前进方向。为了健全党对全面依法治国的领导制度与机制,党中央于2018年组建了中央全面依法治国委员会,对落实全面依法治国基本方略和相关方针政策起到了重要作用。

第二,维护宪法的权威。习近平总书记指出:"依法治国,首先是依宪治国;依法执政,关键是依宪执政。"[①]中国共产党应当带头遵守宪法,在宪法和法律规定的范围内活动,维护宪法权威,贯彻落实国家公职人员宪法宣誓制度。各级政府与领导干部应当尊崇宪法,一切行政行为均不可逾越宪法的规定范围。

第三,坚持严格依法履行职责。立法明确了各法治主体间的职责分工,要求各法治主体在法律规定的范围内行使权力,同时主动承担相应的法律责任。可以说,只有建立在各级政府依法行政这一坚实基础上,依法治国的"万丈高楼"才能

---

① 习近平. 在首都各界纪念现行宪法公布施行30周年大会上的讲话[M].北京:人民出版社,2012:11.

稳如泰山。[①] 因此,全面依法治国要抓住领导干部这个"少数关键"。德才兼备的高素质法治工作队伍是推进全面依法治国的重要力量。

> **知识拓展**

宪法宣誓制度

宪法宣誓制度是国家工作人员就职时依照法律规定公开进行宪法宣誓的制度。2018年3月11日,第十三届全国人民代表大会第一次会议通过的《宪法修正案》将《宪法》第二十七条增加一款,即"国家工作人员就职时应当依照法律规定公开进行宪法宣誓"。据此,各级人民代表大会及县级以上各级人民代表大会常务委员会选举或者决定任命的国家工作人员,以及各级人民政府、监察委员会、人民法院、人民检察院任命的国家工作人员,在就职时应当公开进行宪法宣誓;公务员在就职时也应当公开进行宪法宣誓。宪法宣誓誓词为:

"我宣誓:忠于中华人民共和国宪法,维护宪法权威,履行法定职责,忠于祖国、忠于人民,恪尽职守、廉洁奉公,接受人民监督,为建设富强民主文明和谐美丽的社会主义现代化强国努力奋斗!"

(二)"坚持法治国家、法治政府、法治社会一体建设"是建设中国特色社会主义法治体系的具体目标,重点回答了"做成什么"的关键问题

法治国家,是指确立依法治理、维护法治权威的国家。加强法治国家建设,应当坚持依宪治国、依宪执政,全面推进科学立法、严格执法、公正司法、全民守法。法治政府,是指严格按照法定权限和程序行使行政权力、履行管理职责的政府。加强法治政府建设,应当健全职责明确、依法行政的政府治理体系,完善行政执法体制机制。法治社会,是指社会制度规范健全、社会治理法治化程度高、社会成员合法权益能够得到切实保障、法治观念深入人心的社会。推进法治社会建设,应当坚持依法开展社会治理,完善社会治理体系,建设社会主义法治文化。

坚持法治国家、法治政府、法治社会一体建设,要求明确三者之间的密切关

[①] 江必新,龙峰."依法治国、依法执政、依法行政共同推进"的目标要求与实现路径[J].求索,2022(2):153.

联,发挥其相辅相成、相互支撑、互促共进的作用。三者的关系具体如下：

第一,法治国家是社会主义法治建设的最终目标。《宪法》明确规定："中华人民共和国实行依法治国,建设社会主义法治国家。"法治国家为政府和社会法治化发展提供法律依据、物质基础、纠纷解决机制等支撑条件。政府和人民是国家建设的重要主体,法治国家建设的关键在于政府依法行政,基础在于人民群众能否尊法守法。因此,法治国家建设离不开法治政府与法治社会建设。

第二,法治政府是建设法治国家的主体和重点。政府承担并行使着与人民生活息息相关的社会经济文化事务管理职能。政府是否能够落实依法行政、严格执法是落实全面依法治国的关键。政府是权力广泛的国家机关,也是人民群众接触最密切的职能部门,对法治社会建设起到直接示范作用。政府机关是否执法严明、诚信守法、清正廉洁,直接影响社会层面的法治氛围。

第三,法治社会为法治国家和法治政府建设夯实基础。人民群众是参与国家建设和社会治理的主体力量,公民法治素养是法治国家建设的内在动力。推进法治社会建设,应当加强公民法治宣传教育,健全普法责任制,增强全社会法治观念与法治信仰。同时,市民公约、乡规民约等社会规范是法律规范体系的重要补充,也是实现基层治理现代化的重要保障。健全社会领域的制度规范并完善社会治理体制机制是建设法治社会的应有之义。

第二节　坚持党的领导、人民当家作主、依法治国有机统一

2002年11月8日,在中国共产党第十六次全国代表大会上的报告中首次明确提出发展社会主义民主政治的根本原则,即"坚持党的领导、人民当家作主、依法治国有机统一"[①]。中国特色社会主义进入新时代以来,习近平总书记在党的十八大、十九大和二十大报告以及《中共中央关于全面推进依法治国若干重大问题的决定》中均肯定和重申了这一重要科学论断。在党的十九大报告中,习近平总书记进一步指出了三者之间的重要关系,即"党的领导是人民当家作主和依法

---

① 中共中央文献研究室.十六大以来重要文献选编（上）[M].北京：中央文献出版社,2011：24.

治国的根本保证,人民当家作主是社会主义民主政治的本质特征,依法治国是党领导人民治理国家的基本方式,三者统一于我国社会主义民主政治伟大实践"[①]。与此同时,我国宪法将人民代表大会制度、中国共产党领导的多党合作和政治协商制度、民族区域自治制度以及基层群众自治制度确立为基本政治制度,为党的领导、人民当家作主、依法治国的有机统一提供了制度保障。

一、党的领导是人民当家做主和依法治国的根本保证

党的领导,即中国共产党的领导,是指中国共产党统筹、协调推进中国特色社会主义事业的各个方面,针对中国特色社会主义事业的各项事业发展作出决策部署。党的领导对象具有广泛性,"党政军民学,东西南北中,党是领导一切的"[②]。历史与现实均可证明,是历史和人民选择了中国共产党,且坚持党的领导是我国能保持长期稳定、持续发展的根本原因。因此,全面依法治国的有效推进与社会主义法治国家建设离不开党的领导。

党的领导是人民当家作主的根本保证。回顾百年党史,党的初心和使命就是要实现人民当家做主。《中国共产党章程》明确规定,中国共产党"代表中国最广大人民的根本利益",且必须"全心全意为人民服务"。在不同历史时期,党的领导对促进与保障人民当家做主起到了重要作用。在新民主主义革命时期,中国共产党以"投豆选举""三三制"等形式在解放区开展广泛民主选举。中华人民共和国成立后,"1954年宪法"正式确立了人民代表大会制度并始终坚持、不断完善,支持和保证人民通过人民代表大会行使国家权力。中国特色社会主义进入新时代以来,以习近平同志为核心的党中央明确提出"全过程人民民主"的重大理念,并在实践层面推进全过程人民民主制度化、规范化、程序化发展。

同时,党的领导是依法治国的根本保证,确保了社会主义法治建设的价值立场与正确方向。一方面,党的领导确保了依法治国始终坚持以人民为中心的根本立场。党在领导立法时积极回应人民群众的要求与期待,例如《民法典》对人民群众的各项民事权利予以全方位保障,刑法对人民群众深恶痛绝的各类犯罪予以严

[①] 习近平.习近平谈依法治国:第3卷[M].北京:外文出版社,2020:28—29.
[②] 中共中央宣传部,中央全面依法治国委员会办公室.习近平法治思想学习纲要[M].北京:人民出版社,学习出版社,2021:13.

惩打击,行政诉讼法对"民告官"的实现予以法律支持。党领导执法与司法以"让人民群众在每一个执法决定与司法案件中都感受到公平正义"为目标。例如,将司法公信力是否提高作为检验司法体制改革成效的重要标尺。另一方面,党的领导确保了依法治国始终坚持中国特色社会主义的发展方向。《宪法》"总则"第一条明确规定:"中国共产党领导是中国特色社会主义最本质的特征。"我国《宪法》不仅确认了党领导人民在革命、建设与改革中所取得的根本成就,而且明确了党在国家权力结构及其运行中的核心地位。党的领导与依法治国之间存在内在统一性。社会主义法治离不开党的领导。依法治国不仅是党提出的治国方略,而且是党长期以来带领人民努力推进的具体实践。同时,党的领导需要依靠社会主义法治。只有运用法治思维和方式来巩固党的执政地位、改善党的执政方式、提高党的执政能力,党和国家才能实现良法善治、长治久安。

需要特别指出的是,"党大还是法大"是一个政治陷阱,是一个伪命题。[①] 一方面,我国的一切宪法和法律都是由党领导人民制定与实施的。另一方面,党也必须在宪法和法律规定的范围内活动,任何党组织和领导干部的一切行为都不可违反宪法和法律。人民群众之所以对这个伪命题有困惑,主要是因为在实践中,一些领导干部没有深刻领会党与法的辩证关系,理想信念不坚定,罔顾党纪国法,没有使用好权力这把"双刃剑",错误地以权压法、以权代法、徇私枉法,做出了祸害国家、社会和人民的不良行为。对此,《中共中央关于全面推进依法治国重大问题的决定》特将"依法执政、依宪执政、建设法治政府、提高司法公信力"等作为重点内容予以规范,并要求加强领导干部理想信念教育,推进党的领导制度化、法治化。

二、人民当家做主是社会主义民主政治的本质特征

中国古代诸多思想家、政治家提倡民本思想,如荀子认为:"君者,舟也;庶人者,水也。水则载舟,水则覆舟。"[②]但是,"主权在民"在现代社会才真正实现。同时,每个国家都应当根据时代背景和基本国情,探索、确立属于自己的民主政治模式和道路。基于马克思主义民主政治理论、我国基本国情以及中华优秀传统文化

---

① 中共中央宣传部,中央全面依法治国委员会办公室.习近平法治思想学习纲要[M].北京:人民出版社,学习出版社,2021:15.
② [战国]荀子.荀子·王制[M].方勇,译.北京:商务印书馆,2006.

中的民主政治思想,实现人民当家做主成为我国社会主义民主政治的价值旨归和本质特征。

人民民主专政是我国的国体。所谓国体,就是国家的性质,它所解决的是"社会各阶级在国家中的地位"问题以及国家代表哪个阶级的意志和利益的问题。在把马克思主义普遍原理同中国具体实际、中华优秀传统文化进行有机结合的过程中,中国共产党带领全体中国人民探索形成了人民民主专政的国家制度形式。人民民主专政作为社会主义民主,是新型的民主,是"多数人享有的民主"[1],是以实现人民当家做主为价值旨归的民主。同时,我国的国名与政府机关、司法机关的命名彰显了"人民"在国家政治生活中的重要地位。"中华人民共和国"之中的"人民"二字直接体现了人民在国家中的重要地位,各级政府均采用"人民政府"命名,司法机关也以"人民法院"和"人民检察院"命名。

人民代表大会制度是我国的政体,是实现人民当家做主的根本制度。习近平总书记指出:"发展社会主义民主政治就是要体现人民意志、保障人民权益、激发人民创造活力,用制度体系保障人民当家作主。"[2]全国人民代表大会作为我国的最高国家权力机关,具有修改宪法、监督宪法的实施,制定和修改国家的基本法律,选举、决定、罢免国家机构组成人员,决定国家的重大事项和监督国家机关等主要职权。从制度设计和实践运行上来看,我国的人大代表、常委会组成人员、专门委员会组成人员都是以最广大人民的利益为出发点和落脚点,依法履行职责。在实际的政治生活中,人大代表在人民群众中工作和生活,对基层实际感受直接,了解深入且体会深刻。我国人民代表大会制度以其层级运作,使得人民群众能够把国家和民族的前途命运掌握在自己手中,这也是维护人民群众根本利益的制度保障。

党的二十大报告指出:"全过程人民民主是社会主义民主政治的本质属性,是最广泛、最真实、最管用的社会主义民主。"[3]全过程人民民主意味着所有的重大立法决策都是依照程序、经过民主酝酿,通过科学决策、民主决策产生的。[4]据对发展中国家现代化进程的大量研究表明,现代化在政治领域内常常表现为社会动

---

[1] 王沪宁.政治的逻辑[M].上海:上海人民出版社,2017:125.
[2] 习近平.习近平谈依法治国:第3卷[M].北京:外文出版社,2020:28.
[3] 习近平.高举中国特色社会主义伟大旗帜为全面建设社会主义现代化国家而团结奋斗——在中国共产党第二十次全国代表大会上的报告[M].北京:人民出版社,2022:37.
[4] 习近平.论坚持人民当家作主[M].北京:中央文献出版社,2021:303.

员和政治参与。① 发展全过程人民民主，要求健全人民当家做主的制度体系，将"选举民主"与"协商民主"有效结合，坚持和扩大人民有序政治参与。

人民当家做主可以为党的领导和依法治国提供力量源泉。一方面，党的根基、血脉、力量在人民，人民当家做主实现得越好，党的执政地位和基础也就越牢固；反之，党的领导若脱离了人民当家做主，则如无源之水、无本之木，失去了政治方向和价值遵循，逐渐会被人民和历史所抛弃。另一方面，全面依法治国的实现必须基于广大人民群众的意志。人民群众是国家和社会的主人，是全面依法治国的重要主体和主要力量。全面依法治国的目的在于保障广大人民群众的根本权益，脱离人民当家做主而实现的法治绝非真正意义上的社会主义法治。

三、依法治国是党领导人民治理国家的基本方式

中国特色社会主义进入新时代以来，党更加重视发挥依法治国在治国理政中的重要作用，更加重视通过全面依法治国为党和国家事业发展提供根本性、全局性、长期性的制度保障，专门作出全面推进依法治国的决定，提出并形成以全面建成小康社会、全面深化改革、全面依法治国、全面从严治党为主要内容的"四个全面"战略布局。

中国共产党历来重视法治建设。早在新民主主义革命时期，党就制定了《中华苏维埃共和国宪法大纲》《中国土地法大纲》等法律法令。中华人民共和国成立后，党领导人民在不长时间内就确立了社会主义政治制度、法律制度、立法体制、司法体制和法制原则。改革开放以来，党坚持依法治国，不断推进社会主义法治建设。党的十八届四中全会和中央全面依法治国工作会议专题研究全面依法治国问题，审议通过了《中共中央关于全面推进依法治国若干重大问题的决定》。为了加强对法治中国建设的统一领导，党中央成立了中央全面依法治国领导小组，召开了中央全面依法治国工作会议。党领导健全保证宪法全面实施的体制机制，加快完善以宪法为核心的中国特色社会主义法律体系，提高国家机构依法行政能力与履职能力，深化以司法责任制为重点的司法体制改革，通过开展法治宣传教育增强全社会法治意识。另外，党坚持制度治党、依规治党，以党章为根本，以民

---

① 孙关宏，胡雨春，任军锋．政治学概论［M］．北京：复旦大学出版社，2016：211.

主集中制为核心,完善党内法规制度体系,增强党内法规的权威性和执行力。

推进党的领导制度化、法治化,既是加强党的领导的应有之义,也是法治建设的重要任务。落实党领导全面依法治国的工作机制,坚持"三统一"和"四善于",即"必须坚持党领导立法、保证执法、支持司法、带头守法,把依法治国基本方略同依法执政基本方式统一起来,把党总揽全局、协调各方同人大、政府、政协、审判机关、检察机关依法依章程履行职能、开展工作统一起来,把党领导人民制定和实施宪法法律同党坚持在宪法法律范围内活动统一起来,善于使党的主张通过法定程序成为国家意志,善于使党组织推荐的人选通过法定程序成为国家政权机关的领导人员,善于通过国家政权机关实施党对国家和社会的领导,善于运用民主集中制原则维护中央权威、维护全党全国团结统一"[1]。"三统一"和"四善于"揭示了党的领导制度化、法治化的本质要求,描述了党对依法治国实施全面领导的实践模式,需要国家法律与党内法规的协同发力才能实现。

同时,党领导人民依法治理国家必须为了人民、依靠人民、造福人民、保护人民,要把体现人民利益、反映人民意愿、保障人民权益、增进人民福祉落实到法治建设的全过程各方面,保证人民依法享有广泛的权利和自由、承担应尽的义务。依法治国就是要把权力关进法律和制度的笼子里,让权力在法治轨道上行使。全面依法治国必须依法保障全体公民享有广泛权利,保障公民的自由尊严、人身权、财产权、基本政治权利等各项权利不受侵犯,保证公民的经济、文化、社会等各方面权利得到落实。

第三节　坚持科学立法、严格执法、公正司法、全民守法的动态和谐

"科学立法、严格执法、公正司法、全民守法"是党的十八大针对中国特色社会主义法治建设首次提出的重要科学论断与理论创新。《中共中央关于全面推进依法治国若干重大问题的决定》、党的十九大报告和党的二十大报告中均强调了"科

---

[1] 中共中央文献研究室.十八大以来重要文献选编(中)[M].北京:中央文献出版社,2016:158.

学立法、严格执法、公正司法、全民守法"是实现全面依法治国的重要环节。"坚持科学立法、严格执法、公正司法、全民守法"是习近平法治思想中"十一个坚持"的重要组成部分,要求法治工作各主体、各环节和各项目标间紧密联系、相互贯通、互促共进、动态和谐。

一、坚持科学立法,促进立法提质增效

(一)科学立法的内涵与要求

古希腊哲学家亚里士多德认为法治应包含两重意义:"已成立的法律获得普遍地服从,而大家所服从的法律又应该是本身制定得良好的法律。"[1]立法既是一项重要的决策活动,也是一项难度较大的技术性工作。[2] 科学立法从字面来看主要包含"科学的立法"和"科学地立法"两重含义,强调立法的结果和手段要具备科学性。而在"坚持全面推进科学立法、严格执法、公正司法、全民守法"语境下的"科学立法",更强调立法过程中要尊重和体现社会发展的客观规律,提高立法质量。"科学立法"既包含了立法的程序正义,也要求立法的实质正义,即在立法的指导思想、价值目标和具体内容上进行充分考量,以实现法可以充分反映党和人民的意志,符合法治精神和公序良俗,具有实施的可操作性和解决实际问题的功效。

科学立法是新时代立法工作的新标准。1978 年,党的十一届三中全会确立了"有法可依"的重要方针,我国立法工作由此重新起航并且迅速发展。中国特色社会主义进入新时代以来,立法目标实现了从"有法可依"之"有没有"提高到"科学立法"之"好不好"的重要转变。2023 年 3 月,《立法法》进行了第二次修订,将习近平新时代中国特色社会主义伟大实践中的一些重要经验及时上升为立法内容,并从立法层面对新的改革要求和发展任务予以引领、推动和保障。现行《立法法》第三条至第九条对科学立法提出了明确的要求,是科学立法所必须遵循的基本原则。

---

[1] [古希腊]亚里士多德.政治学[M].吴寿彭,译.北京:商务印书馆,1965:199.
[2] 刘松山.中国立法问题研究[M].北京:知识产权出版社,2016:149.

> **法条参考**
>
> ### 《立法法》对科学立法的要求
>
> 第三条 立法应当坚持中国共产党的领导,坚持以马克思列宁主义、毛泽东思想、邓小平理论、"三个代表"重要思想、科学发展观、习近平新时代中国特色社会主义思想为指导,推进中国特色社会主义法治体系建设,保障在法治轨道上全面建设社会主义现代化国家。
>
> 第四条 立法应当坚持以经济建设为中心,坚持改革开放,贯彻新发展理念,保障以中国式现代化全面推进中华民族伟大复兴。
>
> 第五条 立法应当符合宪法的规定、原则和精神,依照法定的权限和程序,从国家整体利益出发,维护社会主义法制的统一、尊严、权威。
>
> 第六条 立法应当坚持和发展全过程人民民主,尊重和保障人权,保障和促进社会公平正义。
>
> 立法应当体现人民的意志,发扬社会主义民主,坚持立法公开,保障人民通过多种途径参与立法活动。
>
> 第七条 立法应当从实际出发,适应经济社会发展和全面深化改革的要求,科学合理地规定公民、法人和其他组织的权利与义务、国家机关的权力与责任。
>
> 法律规范应当明确、具体,具有针对性和可执行性。
>
> 第八条 立法应当倡导和弘扬社会主义核心价值观,坚持依法治国和以德治国相结合,铸牢中华民族共同体意识,推动社会主义精神文明建设。
>
> 第九条 立法应当适应改革需要,坚持在法治下推进改革和在改革中完善法治相统一,引导、推动、规范、保障相关改革,发挥法治在国家治理体系和治理能力现代化中的重要作用。

(二)科学立法的实现路径

实现科学立法需要在四个方面同时发力:

第一,加强党对立法工作的全面领导。在立法中,要把握好中国特色社会主义的政治方向,有关立法的重大问题必须报由党中央讨论决策。

第二,要从制度层面推进立法机制体制和工作程序的规范化发展,修订与完善《立法法》等立法制度规范,明确立法主体间的职权划分,防止部门利益和地方保护主义法律化。

第三,在立法中应当贯彻落实"全过程人民民主"重大理念,拓宽人民群众参与立法的渠道和途径,建设好基层立法联系点,广泛听取人民群众的建议和意见。

第四,加强重点领域、新兴领域、涉外领域的立法。为了满足党和国家事业发展的现实要求,要积极推进国家安全、科技创新、公共卫生、生物安全、生态文明、防范风险、涉外法治等重要领域的立法。

典型案例

促进科学立法之基层立法联系点

2015年,全国人大常委会法工委在上海市虹桥街道办事处等地设立首批4个基层立法联系点。2019年11月,习近平总书记在这里考察时,首次提出"人民民主是一种全过程的民主"的重要论述。为深入贯彻落实"全过程人民民主",虹桥街道办事处基层立法联系点坚持"重在参与、形式多元、质量第一"的立法意见征询原则,根据不同法律内容,积极探索立法意见征询新形式,丰富民主立法新实践,形成了"民意广覆盖,流程全链条,信息全方位,联动聚合力,征询促法治,宣传接地气"的虹桥经验。

自2015年以来,虹桥街道办事处基层立法联系点所取得的成效是显而易见的。例如,《中华人民共和国国歌法(草案)》在征求意见的过程中,听取了49人的意见,上报了建议8条,被采纳了1条;《中华人民共和国个人所得税法修正案(草案)》在征求意见的过程中,听取了64人的意见,上报了建议25条,被采纳了3条;《中华人民共和国未成年人保护法(修订草案)》在征求意见的过程中,听取了67人的意见,上报了建议50条,被采纳了9条。因此,基层立法联系点不仅有助于提升立法的科学性,而且是开展普法宣传教育、提升公民法治意识的重要平台。

二、坚持严格执法，保证法律严格实施

（一）严格执法的内涵与要求

严格执法，是指执法主体应严格依照国家的宪法和法律法规的程序与实体，依法行使职权，做到"有法必依、执法必严、违法必究"，保障国家宪法和法律的正确实施，以维护国家、集体和个人的合法权益。对于执法人员而言，严格执法应当做到秉公执法、依法执法，坚持以事实为依据，以法律为准绳，严格按照法定的程序执法，严禁态度执法、关系执法、人情执法。执法活动是法律实施的主要环节，涉及衣食住行与生产经营的方方面面，也是人民群众接触国家政府最直接、最常见的活动。因此，严格执法保障的是法治的权威性与生命力。对于中国特色社会主义法治体系建设而言，严格执法是形成高效、高质、高能的法治实施体系的关键环节。

"天下之事，不难于立法，而难于法之必行。"[1]从现实中的执法实践来看，贯彻落实严格执法需要重点解决几个突出问题和关键矛盾：

第一，严格执法要抓住社会主要矛盾，及时解决人民群众强烈反映的突出问题。

第二，严格执法既要着力消除执法不公、执法不严以及执法腐败等乱象，也要大力整治不作为、不担当、乱执法的现象，提高执法人员的职业素养与执法能力。

第三，严格执法还要求依法执法、公正执法、廉洁执法和人性化执法，严禁暴力执法与越权执法。

第四，严格执法要利用互联网数字技术做好信息公开，让"阳光执法"和"智能执法"成为新时代执法的新特点。

（二）严格执法的实施路径

加强严格执法应当从政治建设、理念建设、队伍建设、制度建设四个方面共同发力。

第一，坚持党保证执法。各级党委和政府要对执法机关合法合理的严格执法予以支持和保护。党员干部要将支持和保护严格执法视作职责担当予以

---

[1] 张舜徽.张居正集：第1册[M].北京：人民出版社，1987：131.

落实。

第二,树立以人民为中心的执法理念。严格执法的目的、手段与动力均要具有鲜明的人民性,要展现明确执法的人民立场。

第三,加强德才兼备的高素质执法队伍建设。执法队伍的优劣直接影响执法质量的好坏。加强执法队伍建设,不仅要加强其法律知识与职业技能运用等执法能力建设,而且要加强执法人员的思想政治教育,树立社会主义理想信念,"确保做到忠于党、忠于国家、忠于人民、忠于法律"①。

第四,推进执法制度的健全与执行。加强执法制度建设,需要从改革创新与执行落实两方面抓实。具体而言,要重点推进执法程序的制度建设,健全依法决策机制与多元主体监督机制,依法实行执法公开,严格落实执法责任。2022年,国务院通过了《关于进一步规范行政裁量权基准制定和管理工作的意见》和《关于取消和调整一批罚款事项的决定》,旨在解决行政执法不严格、不规范等问题。

三、坚持公正司法,维护社会公平正义

(一)公正司法的内涵与意义

司法之"公正"蕴含两重意思:一是程序公正,二是实体公正。因此,中国特色社会主义法治理念中的公正司法,是指司法活动必须遵循法定的程序进行,强调"以事实为依据,以法律为准绳",力求做到"受到侵害的权利一定会得到保护和救济,违法犯罪活动一定要受到制裁和惩罚"②。

习近平总书记指出:"公正司法事关人民切身利益,事关社会公平正义,事关全面推进依法治国。"③

第一,坚持公正司法是实现人民群众对美好生活的向往的重要保障。不断实现人民群众对美好生活的向往是中国共产党的奋斗目标。公正司法可以满足人民群众对民主、正义、法治、平等等精神层面的需求,而冤假错案、司法不公和司法腐败会严重损害人民群众的利益,伤害人民群众的感情。因此,坚持依法治国的

---

① 习近平.习近平谈治国理政:第4卷[M].北京:外文出版社,2022:297.
② 习近平.论坚持全面依法治国[M].北京:中央文献出版社,2020:22.
③ 习近平.论坚持全面依法治国[M].北京:中央文献出版社,2020:146.

基本方略,"要顺应人民群众对公共安全、司法公正、权益保障的新期待"①。

第二,坚持公正司法是实现社会公平正义的重要路径。公正司法是维护社会公平正义的最后一道防线。同时,"司法公正对社会公正具有重要引领作用,司法不公对社会公正具有致命破坏作用"②。

(二)公正司法的实现路径

实现公正司法应当从多个路径推进。

第一,坚持党对司法工作的领导是公正司法的政治保证。坚持党的领导是我国社会主义司法制度的根本特征和政治优势。③实现公正司法要把党的领导贯彻落实到人民法院和人民检察院开展司法工作的全过程、各方面,确保人民法院和人民检察院政治方向正确,坚定不移走中国特色社会主义法治道路。同时,应当正确处理坚持党的领导和确保司法机关依法独立公正行使职权的关系,即"党对政法工作的领导是管方向、管政策、管原则、管干部,不是包办具体事务"④。

第二,坚持司法工作的"人民性",努力让人民群众在每一个司法案件中感受到公平正义是公正司法的价值追求。司法机关办案不应当机械、教条地实施法律,而应当将严格司法和柔性司法相结合,将社会主义核心价值观融入司法,满足人民群众对司法公平正义的期待和信任。

第三,深化司法体制改革。习近平总书记指出:"司法不公的深层次原因在于司法体制不完善、司法职权配置和权力运行机制不科学、人权司法保障制度不健全。"⑤因此,要针对这些原因深化司法体制改革,大力弘扬人民司法的优良传统,全面落实司法责任制,着力建设司法人才队伍,如全面落实立案登记制改革、设立最高人民法院巡回法庭、实行办案质量终身负责制等。要将司法工作和现代科技应用结合起来,利用互联网、人工智能、大数据等科技手段来提升司法工作水平,

---

① 习近平.论坚持全面依法治国[M].北京:中央文献出版社,2020:17.
② 中共中央宣传部.习近平新时代中国特色社会主义思想学习纲要[M].北京:学习出版社,人民出版社,2019:104.
③ 习近平.论坚持全面依法治国[M].北京:中央文献出版社,2020:147.
④ 习近平.论坚持全面依法治国[M].北京:中央文献出版社,2020:44.
⑤ 中共中央文献研究室.十八大以来重要文献选编(中)[M].北京:中央文献出版社,2016:151.

如设立互联网法院、深化司法大数据分析应用、促进审判智能化等。

四、坚持全民守法，牢固树立法治信仰

（一）全民守法的内涵与意义

全民守法，就是任何组织或者个人都必须在宪法和法律范围内活动，任何公民、社会组织和国家机关都要以宪法和法律为行为准则，依照宪法和法律行使权利或权力、履行义务或职责。①

"全民守法"具有丰富的内涵：

第一，"全民守法"之"全民"，不仅指的是全体中国公民，即自然人范畴，而且包含一切国家机关和社会组织。

第二，"守法"的基本目标要求法治主体做到以宪法和法律为行为准则，不做出违背法律规范的行为，而高阶目标则追求的是使法治主体在精神层面养成崇尚和捍卫社会主义法治的价值观念，努力使尊法学法守法用法在全社会蔚然成风。正如英国法学家哈特（H. L. A. Hart）所言，"守法需要守法者对法律的'接受'"，即不仅要将法律作为行为准则，而且"心中要认为该服从的行为对他自己或对他人而言是正确的行为"②。

第三，对于公民个人而言，"守法"是依法享有和行使法律权利，"守法"也是依法履行法律义务和承担法律责任。对于国家机关而言，"守法"是依法行使权力和履行职责。

全民守法是法治社会建设的基础，也是建设中国特色社会主义法治体系的根基。人民群众是全面依法治国的实践主体和支持力量。"一切法律中最重要的法律，既不是刻在大理石上，也不是刻在铜表上，而是刻在公民的内心里。"③全民守法的实现程度直接影响国家立法、执法、司法水平和实施效果。"法律必须被信仰，否则形同虚设……正是在受到信任因此而不要求强力制裁的时候，法律才是有效率的。"④只有全体人民成为社会主义法治的忠实崇尚者、自觉遵守者、坚定

---

① 习近平.论坚持全面依法治国[M].北京：中央文献出版社，2020：23—24.
② [英]哈特.法律的概念[M].许家馨，李冠宜，译.北京：法律出版社，2011：104—105.
③ [法]卢梭.社会契约论[M].何兆武，译.北京：商务印书馆，2003：70.
④ [美]伯尔曼.法律与宗教[M].梁治平，译.北京：中国政法大学出版社，2003：17.

捍卫者,全面依法治国才得以真正实现。

(二)全民守法的实现路径

习近平总书记强调:"要坚持把全民普法和守法作为依法治国的长期基础性工作,采取有力措施加强法制宣传教育。"①加强法治宣传教育是实现全民守法的重要路径。

第一,把握法治宣传教育的重点内容。开展法治宣传教育,要以习近平法治思想为引领,深入宣传以宪法为核心的中国特色社会主义法律体系。其中,重点开展《宪法》《民法典》等与经济社会发展、与人民群众利益密切相关的法律法规宣传教育,及时普及新出台或新修订的法律法规知识。

第二,创新法治宣传教育的方法和机制。普法要以人民群众喜闻乐见的方式开展,要讲清楚法律法规的科学内涵与立法由来,增加人民群众对法治的认同感。加快落实法治宣传教育立法,推进法治宣传教育规范化、制度化、法治化。要落实政府机关"谁执法谁普法"的普法责任制,加强以案释法、以案普法,让严格执法成为普法的正面教材。同时,各部门要利用互联网、融媒体等新技术和新手段实现普法智能化发展。

第三,把领导干部和青少年作为法治宣传教育的重点对象。推动领导干部学法常态化、制度化和长效化,加强领导干部对中国特色社会主义法治体系和法治理论的学习和掌握,提高领导干部依法办事的意识、思维和能力,促使各级领导干部成为尊法学法守法用法的带头模范。推进学校青少年法治教育工作,应当根据《青少年法治教育大纲》,推动法治教育纳入国民教育体系,在学校设立法治教育课程,分学段进行统筹安排,层次递进地开展教育活动。

---

① 中共中央文献研究室.习近平关于全面依法治国论述摘编[M].北京:中央文献出版社,2015:91.

> **典型案例**
>
> ### 乡村"法律明白人"[1]
>
> 乡村"法律明白人",是指具有较好法治素养和一定法律知识,积极参与法治实践,能发挥示范带头作用的村民。2021年11月8日,中央宣传部、司法部、民政部、农业农村部、国家乡村振兴局、全国普法办公室联合印发了《乡村"法律明白人"培养工作规范(试行)》,从工作原则、培养目标、基本条件、主要职责、遴选培训、使用管理及保障实施等方面对"法律明白人"培养工作作了规范。乡村"法律明白人"的职责主要有:学习宣传习近平法治思想、宪法、民法典以及与基层群众生产生活密切相关的法律法规,参与乡村法治文化建设,及时收集和反映群众法律需求,引导群众用好公共法律服务资源,积极带动周边群众增强法律意识,参与矛盾纠纷预防、排查、化解工作,推进基层自治、法治、德治融合等。

第四节 坚持依法治国与以德治国相结合的治理策略

在浩瀚的中华文明长河中,"明德慎罚""德主刑辅""隆礼重法""引礼入法"等礼法结合思想是中国古代治国理政的智慧精华。荀子曰:"治之经,礼与刑,君子以修百姓宁。"[2]《唐律疏议》标志着"礼法合治"在国家治理实践中走向成熟。在西方法治思想史上,道德与法律的辩证关系是思想家们长期争辩的经典命题。恭敬尊长、尊重神祇、尽忠报国、孝敬父母、知恩报爱是自然法的主要内容和要求。[3]立足于中国特色社会主义新时代,习近平总书记指出:"在新的历史条件下,我们要把依法治国基本方略、依法执政基本方式落实好,把法治中国建设好,必须坚持依法治国与以德治国相结合,使法治和德治在国家治理中相互补充、相互促进、相

---

[1] 案例来源:郭鹏.村村都有个"法律明白人"[J].民生周刊,2021(25):50—51.
[2] [战国]荀子.荀子·成相[M].方勇,译.北京:商务印书馆,2006.
[3] 谷春德,史彤彪.西方法律思想史[M].北京:中国人民大学出版社,2017:50.

得益彰,推进国家治理体系与治理能力现代化。"①

一、把握法律与道德的互动关系

道德与法律都是反映一定经济基础的上层建筑,也是构成社会调控机制的重要行为规范。一般而言,法律是"由国家制定或认可、有国家强制力保证其实施的、反映着统治阶级(掌握国家政权的阶级)意志的规范系统,并通过规定人们在法律上的权利和义务而确认、保护和发展现有社会关系、社会秩序"②。道德作为一种在世代社会中反思善与恶、正义与非正义、公正与偏私、光荣与耻辱等问题形成的社会精神,积淀于人们内心深处而成为良知信念,流化为社会生活风尚习俗,固化为日常生活行为规范,并成为人们存在意义与行为选择的价值依据。③ 美国法学家庞德(Roscoe Pound)认为:"将法律和道德彻底分开的做法,以及将法律和道德完全等同的做法,都是错误的。"④准确把握法律与道德的互动关系是深入理解"坚持依法治国和以德治国相结合"的重要前提。

(一)道德与法律之间的关联性

第一,在价值导向层面,两者之间价值相通。人的价值取向决定了人们在面对具体事物时会产生不同的行为动机、内心态度与行为选择。为了宣扬代表社会共同利益的价值理念,道德与法律必须发挥价值导向功能,在社会生活中发挥主导作用,以此实现社会和谐安定。社会主义核心价值观是全国各族人民价值观的"最大公约数",不仅在公民道德建设中发挥着价值引领的作用,而且是新时代立法、执法与司法的价值遵循。例如,在道德层面,"爱国守法"是我国公民道德基本规范的主要内容,强调了热爱国家、维护国家尊严、履行法定公民义务等价值导向。同时,"爱国"也是鲜明的立法价值导向,我国《宪法》《民法典》《英雄烈士保护法》《国旗法》《国防教育法》等许多法律明确规定了有关"爱国"的条文。因此,作为上层建筑的道德和法律具有突出的意识形态性和价值导向性,且其价值导向往往是相同相通、相互渗透的。反之,倘若道德和法律的价值导向有所冲突,就会造

---

① 习近平.论坚持全面依法治国[M].北京:中央文献出版社,2020:165.
② 孙国华,朱景文.法理学[M].5版.北京:中国人民大学出版社,2021:31.
③ 高兆明.伦理学理论与方法[M].北京:人民出版社,2013:34.
④ [美]罗斯科·庞德.法律与道德[M].陈林林,译.北京:中国政法大学出版社,2003:106.

成社会秩序的混乱。

第二，在规范内容层面，两者之间相互渗透。道德规范和法律规范在内容层面存在不少重叠之处。当代美国法理学家朗·L. 富勒（Lon L. Fuller）根据道德与个体及社会生活的关系，将道德划分为"义务的道德"与"愿望的道德"①。在我国现行道德规范与法律规范中，不少"义务的道德"也是法律明确规定的内容，其通常以"不得""禁止"等术语出现在具体的法律条文中。例如，在《民法典》"总则"中，要求民事主体从事民事活动时，"应当遵循诚信原则，秉持诚实，恪守承诺""不得违背公序良俗"。再如，国务院颁布的《志愿服务条例》规定："开展志愿服务，应当遵循自愿、无偿、平等、诚信、合法的原则，不得违背社会公德、损害社会公共利益和他人合法权益，不得危害国家安全。"同时，"法律不需要也不应当试图强制实施完美的德性"②。因此，"愿望的道德"往往以"促进条款""鼓励措施"等形式在法律规范中出现并逐渐增多。例如，慈善是基于个人自愿的道德实践，法律对此并不强求，仅呼吁人们将其作为行为准则和道德修养的目标。《中华人民共和国慈善法》设"促进措施"专章，通过各种政策与措施鼓励人们参与慈善。

第三，在生成方式层面，两者之间相互转化。从人类文明发展历程来看，道德的产生要先于法律，但两者均以禁忌、习惯、风俗、礼仪等要素为重要渊源。美国法理学家埃德加·博登海默（Edgar Bodenheimer）曾指出，道德"可能会在某些适当的限制范围内从普通的道德与礼仪的领域转入强制性法律的领域……反过来，某些在过去曾被视为不道德的因而需要用法律加以禁止的行为，则有可能被划出法律领域而被纳入个人道德判断的范围"③。道德与法律之间的相互转化具体表现为道德法律化与法律道德化。道德法律化，即将道德规范和道德原则通过法定的程序使其成为法律文本的条文。例如，"诚实信用原则"成为《民法典》《公司法》《民事诉讼法》等诸多法律的基本原则。法律道德化，即将法律规范变成道德的一部分，让人们发自内心地自觉维护、遵守并服从。若能用法律背后的道德价值说服人心，增强人们的规则意识和羞耻之心，则可以从根本上消除违法动机。因此，

---

① [美]富勒. 法律的道德性[M]. 郑戈, 译. 北京: 商务印书馆, 2005: 8.
② [美]亨利·马瑟. 合同法与道德[M]. 戴孟勇, 贾林娟, 译. 北京: 中国政法大学出版社, 2005: 90.
③ [美]E. 博登海默. 法理学——法哲学及其方法[M]. 邓正来, 译. 北京: 华夏出版社, 1987: 365.

法律道德化是法治建设的理想境界。从实践来看,"守法"成为公民道德基本规范,也是实现良法善治的重要步骤。

(二)道德与法律之间的互补性

道德与法律在治理实践中各有优势和不足。因此,社会治理的现代化需要法律与道德共同发力、互为补充。

第一,在调整范围方面,道德所涉及的范围包含且远大于法律,几乎涉及社会经济生活的方方面面,而法律则仅仅是调整人们的部分行为。因此,失德行为不一定是违法行为。道德与法律在调整范围方面存在不同,主要有两方面的原因。其一,部分社会关系不适宜由法律来调整。人类社会不仅纷繁复杂,而且社会关系的发展与变化可谓日新月异,因此想要制定出一部能规范和调整所有社会关系与社会问题的法律无疑是极为困难的。例如,常言道:"清官难断家务事。"一些家庭矛盾只适用于伦理道德的调整。其二,法律对人们提出的只是基本的"义务的道德",无法强制让所有人践行"愿望的道德"。例如,当老人瘫倒路边时,路人视而不见的道德冷漠行为虽引发万众谴责,但并不属于法律的调整范畴,此类行为无法受到法律的有效规制。因此,道德在治理实践中可以弥补法律所无法涉及的领域。

第二,在调整方式方面,道德是内在的"软约束",而法律是外在的"硬约束"。法律具有国家强制力保证实施,社会成员必须无条件地遵守法律并履行相关法律义务和承担相应的法律责任。德治最为明显的问题在于,道德缺乏国家强制力保证实施,主要依赖舆论环境构成的场域压力。在由血缘、宗族和地域等因素为纽带的"熟人社会"中,人们会因违背道德则而背负巨大压力,甚至付出沉重的代价。然而,随着社会主义市场经济的发展,人员流通频繁和科技革新极大地改变了社会生活方式与社会结构,当今社会已经逐渐走向"陌生人社会",这导致德治在一些自律能力较差的人群中效果不佳。

第三,在调整时效方面,道德侧重事前调整,法律侧重事后调整,正所谓"礼禁未然之前,法施已然之后"[①]。道德可以进行事前调整,通过教化等方式防患于未然。倘若失德行为已然发生,当事人则会受到社会或者身边人的谴责。而法律的

---

① [西汉]司马迁.史记·太史公自序[M].北京:中华书局,2016.

立、改、废、释都有着严格而复杂的程序,这导致法产生了滞后性问题。法律无法第一时间满足当下人类社会的快速发展,很多时候往往是某些社会问题暴露后立法才得以跟上。故而,法律主要是在违法行为发生后采取惩戒与处罚的方式进行事后调整,但法律可起到一定震慑作用,防止违法动机的产生。

第四,在确定性程度方面,法律比道德更加明确与具体。道德的规范标准相对法律而言是模糊的,其主要依靠人的信念、信仰发挥作用。同时,即便是处于同一时期的同一国家,道德的评价标准也会因年龄、性别、民族等差别而各不相同。相较之下,法律则有着明确的具体规范和运行程序,在解决社会纷争时更具有可操作性。

法是准绳,能安天下;德是基石,能润人心。法律的明确性、强制性可以保障其制度规范实施的有效性以维护社会稳定,而道德合乎风俗伦理与社会心理,贴近生活常识与常理,易为人们接受与实践,因而两者相互配合,"软硬皆施",方能实现良法善治。德治与法治就宛如鸟之双翼,两者作用互补、互为成就,应当协同发力,不可分离与偏废。

二、强化道德对法治的支撑作用

无论法律规范多么科学与完善,若没有民众发自内心的尊崇与遵守,法律便会沦为一纸空文或者令人望而生畏的统治工具,无法发挥应有的治理功能。因此,坚持依法治国和以德治国相结合,"必须以道德滋养法治精神,强化道德对法治文化的支撑作用"[①]。

(一)保持道德体系同法律规范相衔接、相协调、相促进

道德体系是社会文明的重要体现,具有民族性、历史性与时代性等特征。中国共产党领导人民在革命、建设和改革历史进程中,坚持马克思主义对人类美好社会的理想,继承发扬中华传统美德,形成了引领中国社会发展进步的社会主义道德体系。我国的道德体系主要涉及政治道德、商业道德、职业道德等,包含由低到高四个层次的道德要求。第一层次是以社会公德与家庭道德为主要内容的社会主义最基本的道德要求,第二层次是以"五爱"(爱祖国、爱人民、爱劳动、爱科

---

① 习近平. 论坚持全面依法治国[M]. 北京:中央文献出版社,2020:110.

学、爱社会主义)为主要内容的社会主义基本道德,第三层次是社会主义职业道德,第四层次是共产主义道德。

在全面推进依法治国过程中,实现以德治国与依法治国相结合最为关键的实践路径便是"使道德体系同社会主义法律规范相衔接、相协调、相促进"①。在推进与完善社会主义道德体系时,应当坚持将法治要求融入其中。《新时代公民道德建设实施纲要》明确将"遵纪守法""明礼遵规"分别列为社会公德和个人品德的主要内容,职业道德中的"办事公道"和家庭美德中的"男女平等"也具有鲜明的法治意蕴。其中,"遵纪守法"要求人们在公共生活中增强法纪观念,遵守公共秩序,自觉以法律规范自我行为,依法行使法律权利、履行法律义务和承担法律责任。"明礼遵规"不仅要求公民遵守市民公约、乡规民约、行业规范、校纪校规等社会规范,而且包含了"全民守法"的基本道德要求。

社会主义核心价值观是中华传统美德的创造性转化与创新性发展,是新时代中国精神的集中体现,是全体人民共同的价值追求。习近平总书记强调:"核心价值观,其实就是一种德,既是个人的德,也是一种大德,就是国家的德、社会的德。"②"法治"是社会主义核心价值观的重要组成。"法治"价值观不仅引领立法的精神和品质,而且可以促进对法律的遵守和适用。因此,在依法治国的全过程、各环节都应当坚持弘扬和践行社会主义核心价值观,彰显社会主义道德与法治精神。

(二)发挥道德的教化作用,为法治营造良好的社会文化环境

"不知耻者,无所不为。"③全民道德素质和社会文明程度的高低会直接影响法律的实施效果。在古代社会,人们敬畏法律主要是因害怕违法后所面临的严厉处罚。然而,在现代社会,人们遵守法律更多是出于对法律所蕴含的公平、正义等价值理念与道德观念的认可与追求。法律要突出其实质正义,就必须基于现实的道德基础和社会道德发展水平,否则就会有损法律的公信力。人们服从法律就是

---

① 习近平.论坚持全面依法治国[M].北京:中央文献出版社,2020:166.
② 习近平.青年要自觉践行社会主义核心价值观——在北京大学师生座谈会上的讲话[M].北京:人民出版社,2014:4.
③ 出自北宋欧阳修的《集古录跋尾·魏公卿上尊号表》。

在服从正义。① 同时,发挥道德教化对法治的积极作用,增强公民的规则意识和公平意识等。

具体而言,要在全面依法治国实践中加强公民道德建设,弘扬社会主义核心价值观与中华传统美德,着力培育社会公德、职业道德、家庭美德、个人品德,提高全民道德素养水平,为全面依法治国营造和谐的文化环境。在开展公民教育时要将道德教育与法治教育融合推进,在道德教育中突出法治内涵,着力培育人们的法治信仰、规则意识、责任意识等。在道德教育中突出法治内涵有助于实现道德养成,为普法宣传提质增效。一方面,明确社会文明所倡导的价值取向,鼓励人们崇德向善,以更高的道德标准要求自己,保障最基本的伦理遵守。另一方面,明确规则意识和底线思维可以起到警示和震慑作用,预防道德失范行为和违法犯罪行为的发生。

与法治宣传教育一样,公民道德教化也要抓住"关键少数"。"在许多情形中,司法行为的方向完全取决于法官个人的正确感和公正感。"②可见,执法人员、司法人员等专门法律人才的素质高低对法治建设有重要影响。倘若执法人员和司法人员拥有高尚的职业道德和个人品德,则可以在工作中受到道德的引导和约束,秉持依法办事、秉公处理的工作态度。尤其是行使可在一定范围内自由裁量的权力时,执法人员和司法人员应当尽可能做到公平公正、合情合理,杜绝徇私舞弊、"打擦边球"行为和对法律的机会主义态度,从而有效保证法治的公正性和公信力。

三、强化法治对道德的保障作用

《新时代公民道德建设实施纲要》将"坚持发挥社会主义法治的促进和保障作用"列为加强公民道德建设的总体要求之一。具体而言,法律在创制过程中彰显道德追求并将道德要求转化为法律规范,在法律实施中宣告道德建设方向并弘扬道德要求,并且对道德建设设置理性边界。③

---

① 谷春德,史彤彪.西方法律思想史[M].北京:中国人民大学出版社,2017:35.
② [美]罗斯科·庞德.法律与道德[M].陈林林,译.北京:商务印书馆,2018:47-48.
③ 陈融.论社会主义法治促进和保障公民道德建设的使命[J].思想理论教育,2020(3):16-20.

（一）在法律的制定环节明确道德导向

法律和道德作为社会规范应当具有明确的价值导向。亚里士多德认为："立法的根本目的也恰恰是要促进正义的实现,要利用法律节制人民、教育人民、培养人民的正义观念和善德观念。"①因此,法律要体现道德精神,要树立鲜明的道德导向,弘扬美德义行。尤其是针对是非、善恶、荣辱、正义与非正义等问题,法律应当给予明确的价值判断标准。即使在道德领域意见普遍一致的时候,法律也可以通过它的制度性资源加强道德。②

在立法环节树立鲜明的道德导向,应当将具有义务性质的道德伦理要求直接写入法律,成为明文规定的法律规范。这些禁止性、义务性的法律规范可以直接、明确地体现道德要求和价值导向,往往是对人们进行社会活动最低限度的道德标准,而基于此的法律被称为"道德的底线"。例如,"爱国"是情感色彩浓厚的伦理道德,同时是国家公民所必须遵守的道德义务。《宪法》规定了有关"爱国"的具体法律义务,即"公民有维护祖国的安全、荣誉和利益的义务,不得有危害祖国的安全、荣誉和利益的行为",使得"爱国"具有道德义务和法律义务的双重属性。同时,将公民或社会成员普遍认同的道德确立为具有法律属性或法律效力的制度规范或法律原则。例如,《中华人民共和国消费者权益保护法》第四条规定："经营者与消费者进行交易,应当遵循自愿、平等、公平、诚实信用的原则。"又如,节约粮食是老少皆知、被普遍认可的中华民族传统美德。2021年,《中华人民共和国反食品浪费法》出台并实行,从法律层面倡导"国家厉行节约,反对浪费"。该法不仅明确规定了食品浪费的标准,从管理制度、食品安全、税收政策等多个层面呼吁并鼓励人们节约粮食、保护环境,而且明确了浪费粮食相关具体情形及相应的法律责任。此外,以法律保障道德行为的实施,免除其法律责任。针对见义勇为、助人为乐却遭受"碰瓷"的问题,《民法典》给出了明确的答案,"因保护他人民事权益使自己受到损害的,由侵权人承担民事责任,受益人可以给予适当补偿。没有侵权人、侵权人逃逸或者无力承担民事责任,受害人请求补偿的,受益人应当给予适当补偿",且"因自愿实施紧急救助行为造成受助人损害的,救助人不承担

---

① 谷春德,史彤彪.西方法律思想史[M].北京:中国人民大学出版社,2017:35.
② [澳]皮特·凯恩.法律与道德中的责任[M].罗李华,译.北京:商务印书馆,2021:24.

民事责任"。

（二）在法律的实施环节突出惩恶扬善

法律实施不仅能定分止争，更能惩恶扬善、引领社会风尚。社会主义核心价值观是巩固全党全国各族人民团结奋斗的共同思想道德基础。推进社会主义核心价值观融入法治，有利于核心价值观的传播和践行，发挥法治对道德建设的保障作用。

在执法层面，执法者应将刚性的法律文本与社会主义核心价值观中的"共同善"理念相互结合，将社会主义核心价值观融入权力清单、裁量基准、执法评估等，进而真正实现社会治理的合法性与合理性。例如，在现实中较为常见的道德纠纷与法律纠纷不少因法律主体的诚信问题而产生。加强诚信的法治保障，不仅要健全全国性的诚信法律规范体系，从法治层面提升守信收益和失信成本，降低相关主体维权成本，而且要加强相关执法工作，利用数字技术打破信息壁垒，建立覆盖全社会的征信系统，完善守信激励和失信惩戒机制。

在司法层面，最高人民法院通过制定司法解释和司法政策、发布典型案例、加强法治宣传等多种形式，积极推进在司法审判中大力弘扬社会主义核心价值观，并先后颁布了《关于在人民法院工作中培育和践行社会主义核心价值观的若干意见》《关于在司法解释中全面贯彻社会主义核心价值观的工作规划2018—2023》《关于深入推进社会主义核心价值观融入裁判文书释法说理的指导意见》等重要文件。彰显公平正义和惩恶扬善的执法案例与司法案例不仅是公民道德建设的"活教材"，而且是生动具体的"法治课"，可以充分发挥指导性案例和典型案例对社会主义核心价值观的促进和引领作用，可以使法治对社会主义道德起到有效的保障效用。

另外，在综合治理层面，需要通过法治的手段来解决出现的突出社会问题，以法律的制裁来加强他律，以维护社会伦理秩序。与此同时，通过对失德行为的依法治理还能起到宣传教育的作用，可以让人民群众更加直观地认识到，何种失范行为是会受到道德谴责和法律惩处的，何种嘉言懿行是受到法律保护的，从而起到弘扬崇德尊法的良好社会风尚的作用。

> **典型案例**
>
> ### 免除乐于助人者的后顾之忧①
>
> 2019年初,徐某与李某在某市第一人民医院骨科陪护各自家人。2019年3月1日晚上8时许,徐某见骨科病房开水房附近走道上有积水,就使用拖把对医院开水房进行清理,又使用该拖把对楼道走廊进行了擦拭,导致所涉地面潮湿。当晚,李某步行至上述位置时,因地面湿滑摔倒在地。在李某摔倒之前一段时间是"非保洁时间",案涉公共区域无人进行卫生保洁。经诊断,李某右锁骨粉碎性骨折,构成十级伤残。李某遂起诉某市第一人民医院和徐某某,要求赔偿包括医疗费在内的各项损失共计12万余元。人民法院认为,李某摔伤的时间段内,某市第一人民医院的骨科开水房及走廊等公共区域处于无人保洁的状态。开水房有积水以及开水房附近的走廊有点状或片状的水渍给行人带来安全隐患。所以,某市第一人民医院存在管理上的疏忽,未对行人尽到安全保障义务,导致他人跌倒受伤,故应承担相应责任。李某行走时疏于注意,应自担部分损失。而徐某出于好意,用保洁人员放在走廊里的拖把清理开水房的积水及附近走廊里的水渍,并无过错,不应承担责任。故判令某市第一人民医院赔偿李某各项损失6万余元。

当前,我国正大力加强对失信被执行人实施联合惩戒,制定颁布了《最高人民法院关于公布失信被执行人名单信息的若干规定》,建立失信被执行人名单制度,实施失信被执行人限制措施,构建起对失信被执行人"一处失信、处处受限"的信用监督、警示和惩戒工作机制。另外,为了破解"执行难"导致的社会治理困境,又要彰显法治的"温度",必须以"德法结合"的价值理念引领治理实践。例如,广州、宁波、无锡等城市在司法中已经开始推行信用分级分类监管,改变以往将被执行人一律纳入失信范畴的做法,同时给"诚实而不幸"的被执行人宽容的执行

---

① 人民政协网.最高法发布大力弘扬社会主义核心价值观典型民事案例[EB/OL].2022-02-23, https://www.rmzxb.com.cn/c.2022-02-23/3055431.shtml.

环境。[1]

> **典型案例**
>
> ### 对"诺而不捐"的失信行为说"不"[2]
>
> 2019年4月,中国矿业大学公开宣布其2008级校友吴幽将捐赠1 100万元人民币给学校,并与吴幽签署了捐赠协议。事后,该捐赠协议迟迟未兑现,中国矿业大学教育发展基金会将吴幽告上了法庭。法院认为,吴幽若已经通过媒体公开承诺捐赠,或者捐赠用于帮助贫困大学生,并且达成了书面协议,就是不得撤销的。2023年1月,吴幽被列为被执行人,执行标的1 100万余元,由江苏省徐州市铜山区人民法院执行。2月,吴幽因有履行能力而拒不履行生效法律文书确定义务被列为失信被执行人。

---

[1] 何玲.激励履行"明码" 彰显司法"温度"[J].中国信用,2022(2):46—47.
[2] 极目新闻.90后校友未履行1 100万元捐赠被列为失信执行人[EB/OL].2023—03—16.https://baijiahao.baidu.com/s?id=1760529095127171378&wfr=spider&for=pc.

第七章　法治中国建设的制度保障

中国共产党第十八届中央委员会第四次全体会议审议通过的《中共中央关于全面推进依法治国若干重大问题的决定》指出:"全面推进依法治国,总目标是建设中国特色社会主义法治体系,建设社会主义法治国家。这就是,在中国共产党领导下,坚持中国特色社会主义制度,贯彻中国特色社会主义法治理论。"[1]由此,中国特色社会主义制度是中国特色社会主义法治体系的根本制度基础,是建设社会主义法治国家的根本制度保障,具体包括了根本制度、基本制度和重要制度。中国特色社会主义根本制度是坚持中国共产党的领导、坚持人民代表大会制度以及坚持马克思主义指导思想。中国特色社会主义基本制度是中国共产党领导的多党合作和政治协商制度、民族区域自治制度以及基层群众自治制度;以公有制为主体、多种所有制经济共同发展,按劳分配为主体、多种分配方式并存的分配制度以及社会主义市场经济体制。中国特色社会主义重要制度涵盖经济体制、政治体制、文化体制、社会体制、生态文明体制、法治体系以及党的建设等领域。中国特色社会主义法律体系、党内法规制度建设以及社会规范体系建设本质上是中国特色社会主义制度在法治领域和社会领域的具体表现,它们共同构成了"中国之制"和"中国之治"的制度基础。

第一节　中国特色社会主义法律体系

法治在国家制度体系和治理体系中起到"固根本"的作用。以宪法为核心的

---

[1]　中共中央关于全面推进依法治国若干重大问题的决定[M].北京:人民出版社,2014:4.

中国特色社会主义法律体系建设确立了一系列根本制度、基本制度和重要制度，支撑国家治理体系和治理能力现代化，搭建治国理政的"四梁八柱"，筑牢党和国家事业发展的根基。

一、中国特色社会主义法律体系的基本内涵

中国特色社会主义法律体系的建立与完善是全面依法治国的前提和基础，是中国特色社会主义建设的法治根基，是创新实践在法治领域的生动体现。

（一）法律体系释义

法律体系一般有广义和狭义之分。狭义的法律体系是指一国全部现行法律规范，根据一定的原则和要求以及法律规范所调整的对象和方法的不同，划分为既相互区别又相互联系的不同法律部门，从而构成一个内在统一的整体。① 广义的法律体系不仅指法律部门，而且包括法律渊源。《中国特色社会主义法律体系》白皮书对"法律体系"的释义，就是做广义理解。所谓法律渊源，是指与法的效力相联系的法的表现形式。② 法律渊源分为正式渊源和非正式渊源两种形式。正式法律渊源主要表现为法律、行政法规、监察法规、自治条例、单行条例、规章、国际条约与国际惯例等形式。非正式法律渊源主要表现为习惯、指导性案例、法理等形式。习惯是指一定社会条件下逐渐形成并被特定群体所遵循的行为规范，如行业惯例、交易习惯或国际惯例等均属于习惯。指导性案例是指最高人民法院或最高人民检察院定期发布的、对全国法院审判与执行工作具有指导性作用的案例。法理是指具有普遍性的正义观念与要求。③ 本书对法律体系的介绍使用狭义的概念。

（二）中国特色社会主义法律体系的形成和发展

中国特色社会主义法律体系是动态、开放和不断发展的。中国共产党第十一届三中全会提出"有法可依、有法必依、执法必严、违法必究"，开启了民主和法制建设之路。中国特色社会主义法律体系建设主要经历了三个阶段：1985年党中

---

① 本书编写组.法理学[M].2版.北京：人民出版社，高等教育出版社，2020：317-318.
② 本书编写组.法理学[M].2版.北京：人民出版社，高等教育出版社，2020：106.
③ 黄茂荣.法学方法与现代民法[M].北京：中国政法大学出版社，2001：4.

央提出力争"七五"期间建立起比较完备的经济法规体系；1992年党和国家提出建立社会主义市场经济法律体系；1997年党的十五大报告提出到2010年形成中国特色社会主义法律体系。2011年时任全国人大常委会委员长的吴邦国宣布中国特色社会主义法律体系形成。

党的十八大以来，以习近平同志为核心的党中央不断发展、丰富和完善中国特色社会主义法律体系的内涵。党的十八届四中全会将"以宪法为统帅的中国特色社会主义法律体系"改为"以宪法为核心的中国特色社会主义法律体系"，提出"完善以宪法为核心的中国特色社会主义法律体系，加强宪法实施；深入推进依法行政，加快建设法治政府"①。党的十九大报告提出进一步完善以宪法为核心的中国特色社会主义法律体系建设。2020年5月28日，《中华人民共和国民法典》通过，这在中国法律史上具有里程碑意义。党的二十大提出"加强重点领域、新兴领域、涉外领域立法，统筹推进国内法治和涉外法治，以良法促进发展、保障善治"②，不断探索法治领域出现的新情况、新问题，推进中国特色社会主义法律体系建设的纵深发展。

（三）中国特色社会主义法律体系的基本框架

中国特色社会主义法律体系根据调整对象和调整方法的不同，可以划分为以宪法为核心，由宪法相关法、民法商法、行政法、经济法、社会法、刑法、诉讼与非诉讼程序法等多个法律部门组成的有机统一整体。③ 所谓调整对象，是指法律规范所调整的社会关系，不同的社会关系由不同的法律规范调整，如民法调整平等主体之间的人身关系和财产关系，行政法调整行政主体与行政相对人之间的行政关系等。所谓调整方法，是指通过不同的法律手段作用于社会关系的方法、方式的总和，如民法运用自治的方式调整，刑法运用刑事制裁的方法调整。截至2024年

---

① 中共中央关于全面推进依法治国若干重大问题的决定[M].北京：人民出版社，2014：47.
② 习近平.高举中国特色社会主义伟大旗帜 为全面建设社会主义现代化国家而团结奋斗[M].北京：人民出版社，2022：41.
③ 关于法律体系的划分，在学术界尚未形成统一的观点，有从2部门说到11部门说，本书仍沿用《中国特色社会主义法律体系》白皮书的7部门划分标准。

4月底,我国现行有效法律有302件、行政法规594部。①

二、宪法

宪法是规范民主施政规则的国家根本法,是调整国家权力及其民主运行规则、国家基本政策以及公民基本权利与义务的法律规范的总称,是阶级力量对比关系及现实社会经济结构的集中反映。② 宪法可以分为实质意义上的宪法和形式意义上的宪法。成文宪法、宪法性法律、宪法判例以及宪法惯例等均属于实质意义上的宪法。形式意义上的宪法是指制定和修改程序严于普通法律,在效力上高于普通法律的成文法典。本书主要讨论形式意义上的宪法,即《中华人民共和国宪法》。

(一)宪法的历史沿革

1949年9月29日,中国人民政治协商会议第一届全体会议通过的《中国人民政治协商会议共同纲领》起到了临时宪法的作用。中华人民共和国成立后制定的第一部宪法是1954年宪法。当时,聘请了周鲠生、钱端升为法律顾问,叶圣陶、吕叔湘为语文顾问,约1.5亿人参与宪法草案的讨论,共征集118万条意见。因此,1954年宪法也被誉为"人民的宪法"。继1954年宪法之后,我国又分别制定了1975年宪法、1978年宪法和1982年宪法。我国现行宪法即1982年宪法,于1982年12月4日第五届全国人民代表大会第五次会议通过。2014年11月1日第十二届全国人大常委会第十一次会议决定将每年的12月4日设立为"国家宪法日"。

1982年宪法已经过5次修订,形成了52条宪法修正案。1988年4月12日第七届全国人民代表大会第一次会议通过《宪法修正案(一)》,共2条。该修正案确立了私营经济的合法地位,并允许土地使用权依法转让。1993年3月29日第八届全国人民代表大会第一次会议通过《宪法修正案(二)》,共9条。该修正案明确了党的基本理论,确定了家庭联产承包责任制,将社会主义市场经济确定为国

---

① 数据来源:司法部. 国家行政法规库[EB/OL]. http://xzfg.moj.gov.cn/search2.html;现行有效法律目录(302件)[EB/OL]. 全国人大网,2024-04-28,http://www.npc.gov.cn/npc/c2/c30834/202404/t20240428_436889.html.
② 王治荃. 宪法学[M]. 郑州:郑州大学出版社,2019:12.

家的基本经济体制。1999年3月15日,第九届全国人民代表大会第二次会议通过了《宪法修正案(三)》,共6条。该修正案明确了我国长期处于社会主义初级阶段,增加了依法治国、建设法治国家内容,确认了非公有制经济是社会主义市场经济的重要组成部分。2004年3月14日第十届全国人民代表大会第二次会议通过《宪法修正案(四)》,共14条。该修正案将"国家尊重和保障人权""公民的合法的私有财产不受侵犯""国家因公共利益征收或征用土地须给予补偿"等有关公民权利保障的内容载入宪法。2018年3月11日第十三届全国人民代表大会第一次会议通过《宪法修正案(五)》,共21条。该修正案将"习近平新时代中国特色社会主义思想""社会主义核心价值观"载入宪法,修改国家主席任职方面的规定,增加监察委员会机构设置,将"法律委员会"更名为"宪法和法律委员会",强调立法过程中遵循合宪性思维。2022年4月,最高人民法院发布《关于修改〈最高人民法院关于审理人身损害赔偿案件适用法律若干问题的解释〉的决定》,明确城乡居民统一损害赔偿标准即为合宪性思维在实践中的具体运用。

热点议题

"生态文明"入宪推进环境立法制度体系的完备

20世纪80年代初,保护环境已列为我国的基本国策。改革开放四十余年,我国在经济领域取得高速增长的同时,环境污染问题却日益突出,在环境保护上存在立法"强势"与执法"弱势"的对立,各类环境污染仍呈高发态势。2005年习近平总书记在考察浙江安吉时提出的"两山论",唤醒了各界对环境保护立法的关注。2013年中国工程院院士王如松等三十多位人大代表提交《关于将生态文明建设和环境权入宪的议案》,建议从宪法高度加强对环境立法的保护。2018年3月,《宪法修正案(五)》将"生态文明"载入宪法序言,意味着生态文明上升为国家根本制度,为我国生态法律体系完善提供了直接的宪法依据。截至目前,我国已制定包括《中华人民共和国长江保护法》《中华人民共和国青藏高原保护法》等法律在内的生态环境保护法律三十余部、行政法规一百多个、地方性法规一千余个,填补了相关领域的立法空白,基本形成了生态环境立法制度体系。

（二）宪法基本原则

我国《宪法》确立了坚持党的领导、人民主权、尊重和保障人权、社会主义法治以及民主集中制五项基本原则。

1. 坚持党的领导原则

我国《宪法》与党章均确立了中国共产党的领导是中国特色社会主义最本质的特征，强调中国共产党的领导是中国特色社会主义制度的最大优势，是最高政治领导力量。

2. 人民主权原则

根据马克思主义的国家学说，主权具有阶级性，人民是政治概念。《宪法》规定了中华人民共和国的一切权力属于人民，人民行使国家权力的机关是全国人民代表大会和地方各级人民代表大会。

3. 尊重和保障人权原则

《宪法》第二章的标题为"公民的基本权利和义务"，位于第三章"国家机构"之前，体现了国家对公民权利的重视，对人权的保障。自2009年以来，中国先后发布了三次国家人权行动计划。《国家人权行动计划（2021—2025年）》从"经济、社会和文化权利""公民权利和政治权利""环境权利""特定群体权益保障""人权教育和研究"等方面阐释了中国人权事业的长足发展。

4. 社会主义法治原则

法治原则的核心是对国家权力的约束和对个人权力的尊重。[①] 法治是治国理政的基本方式，依法治国是党领导人民治理国家的基本方略。

5. 民主集中制原则

民主集中制是民主基础上的集中和集中指导下的民主相结合的制度。

（三）《宪法》的基本结构

《宪法》由序言与正文两部分构成。《宪法》的序言确认了中国共产党的领导地位、指导思想、基本原则、发展道路和奋斗目标等内容。《宪法》的正文分为四章。第一章为"总纲"。法律规定了人民民主专政的国体、人民代表大会制的政体、根本政治制度、基本政治制度以及基本经济制度等内容。第二章为"公民基本

---

① 焦洪昌.宪法学［M］.6版.北京：北京大学出版社，2020：8.

权利和义务"。如《宪法》规定中华人民共和国公民有言论、出版、集会、结社、游行、示威的自由；有受教育的权利和义务；任何公民，非经人民检察院批准或者决定或者人民法院决定，并由公安机关执行，不受逮捕。第三章为"国家机构"。法律规定"全国人民代表大会""中华人民共和国主席""国务院""中央军事委员会""地方各级人民代表大会和地方各级人民政府""民族自治地方的自治机关""监察委员会""人民法院"以及"人民检察院"等机构的设置、权限以及组成人员的任职等内容。第四章为"国旗、国歌、国徽、首都"。

三、宪法相关法

宪法相关法是指与宪法相配套、直接保障宪法实施和国家政权运作等方面的法律规范。[①] 宪法相关法可以划分为四类：(1)有关国家机构的产生、组织、职权和基本工作制度的法律，如《中华人民共和国全国人民代表大会和地方各级人民代表大会选举法》《中华人民共和国地方各级人民代表大会和地方各级人民政府组织法》等；(2)有关民族区域自治制度、特别行政区制度、基层群众自治制度的法律，如《中华人民共和国香港特别行政区基本法》《中华人民共和国居民委员会组织法》等；(3)有关维护国家主权、领土完整和国家安全的法律，如《中华人民共和国领海及毗连区法》《中华人民共和国专属经济区和大陆架法》等；(4)有关保障公民基本政治权利的法律，如《中华人民共和国集会游行示威法》《中华人民共和国国家赔偿法》等。截至2024年4月底，我国已制定宪法相关法方面的法律52件及一系列行政法规、地方性法规。[②]

《立法法》于2000年3月15日通过，2023年最新修订。该法是调整法律、行政法规、地方性法规、自治条例和单行条例制定、修改和废止的法律规范，确立了法律保留原则、法律优先原则、法制统一原则、民主原则和科学合理原则，被誉为"小宪法"，共六章120条。第一章为"总则"。"总则"确定立法应当坚持和发展全过程人民民主，尊重和保障人权，保障和促进社会公平正义。第二章为"法律"。

---

① 中华人民共和国国务院新闻办公室.中国特色社会主义法律体系[M].北京：人民出版社，2011：16.
② 数据来源：现行有效法律目录（302件）[EB/OL].全国人大网，2024－04－28，http://www.npc.gov.cn/npc/c2/c30834/202404/t20240428_436889.html.

《立法法》确立了法律保留原则,即有关国家主权、犯罪和刑罚、民事基本制度、基本经济制度以及诉讼制度和基本仲裁制度等方面只能制定法律。法律规定授权立法期限不超过五年。对于法律案提出的程序,法律规定一个代表团或者三十名以上的代表联名有权向全国人民代表大会提出法律案。第三章为"行政法规"。法律对行政法规制定权限、主体和程序等内容做了规定。第四章为"地方性法规、自治条例、单行条例和规章"。法律扩大地方立法权,规定上海市人民代表大会及其常务委员会有根据授权与有权制定浦东新区法规;海南省人民代表大会及其常务委员会根据法律规定有权制定海南自由贸易港法规。第五章为"适用与备案审查"。法律规定了各类规范之间的效力与位阶,具体为宪法的效力高于法律,法律的效力高于法规,行政法规的效力高于地方性法规、规章,地方性法规的效力高于本级和下级地方政府规章。第六章为"附则"。

四、民法与商法

我国是民商合一的国家。民法是调整平等主体的自然人、法人和非法人组织之间的人身关系和财产关系的法律规范的总和。[①] 商法是民法的特殊部分,调整商事主体在商事行为中所形成的法律关系[②],如《中华人民共和国公司法》《中华人民共和国破产法》《中华人民共和国票据法》等。知识产权法是民法的特别法,调整知识产权在取得、使用、管理和保护过程中所产生的社会关系的法律规范,如《中华人民共和国著作权法》《中华人民共和国专利法》《中华人民共和国商标法》等。截至 2024 年 4 月底,我国已制定民法和商法 24 件,以及一系列行政法规、地方性法规。[③]

(一)民法与商法的区别

尽管我国是民商合一的国家,但民法与商法仍有显著区别。

第一,立法价值不同。民法强调公平原则优先,兼顾效益原则;商法强调效益

---

① 王利明.民法总则[M].北京:中国人民大学出版社,2022:2.
② 商法的概念一直只是法学上的概念而不是法定的概念。 覃有土.商法学[M].北京:高等教育出版社,2017:4.
③ 数据来源:现行有效法律目录(302 件)[EB/OL].全国人大网,2024-04-28,http://www.npc.gov.cn/npc/c2/c30834/202404/t20240428_436889.html.

原则优先,兼顾公平原则。

第二,产生的经济基础不同。民法是商品经济的基本法;商法是市场经济的基本法。

第三,适用主体不同。民法是所有私权主体的基本权利保障,适用范围具有广泛性;商法适用主体一般仅限于商人,且需要商人具有较强的专业知识与技能。

第四,法律规范的侧重点不同。民法规范强调伦理性;商法规范侧重技术性,即不能简单地依据伦理道德意识判断行为效果。[1]

(二)民法

民法作为部门法,最典型的法律规范是《中华人民共和国民法典》(以下简称《民法典》),于 2020 年 5 月 28 日经第十三届全国人民代表大会第三次会议通过,自 2021 年 1 月 1 日起施行,同时废止原来的婚姻法、继承法、民法通则、收养法、担保法、合同法、物权法、侵权责任法、民法总则等单行法律。

民事基本原则主要有:(1)平等原则。民事主体调整平等主体之间的法律关系,各主体合法权益应当受到法律平等保护。(2)意思自治原则。民事主体依据自己的意志产生、变更和消灭民事法律关系。(3)诚实信用原则。民事主体从事民事活动,应当秉持诚实、恪守承诺。(4)合法原则。民事行为不能违反法律强制性规定。(5)公序良俗原则。民事行为不得违反公共秩序和善良风俗原则。(6)绿色原则。民事活动应当遵循节约资源、保护生态环境的原则。(7)公平原则。民事立法、民事行为以及民事司法都应该体现公平、正义的观念。

《民法典》结构上采取七编和附则的形式构成,共 1 260 条。第一编为"总则"。"总则"包括"基本规定""自然人""法人""非法人组织""民事权利""民事法律行为""代理""民事责任""诉讼时效"以及"期间计算"十章内容。"总则"将民事主体分为自然人、法人和非法人组织三元结构,保留胎儿继承权,增加数据、网络虚拟财产等新型权利。第二编为"物权"。"物权"包括"通则""所有权""用益物权""担保物权"和"占有"五分编。物权编专章设定居住权,明确土地承包经营权人有权将土地承包经营权互换、转让。第三编为"合同"。合同编包括"通则""典型合同"和"准合同"三分编,主要规定合同的订立、效力、履行、保全、变更、转让、

---

[1] 覃有土.商法学[M].北京:高等教育出版社,2017:22-23.

十九类典型合同以及无因管理和不当得利等内容。第四编为"人格权"。"人格权"包括"生命权、身体权和健康权""姓名权和名称权""肖像权""名誉权和荣誉权""隐私权和个人信息保护"等内容；特别规定人格权侵害禁令，即民事主体有证据证明行为人正在实施或者即将实施侵害其人格权的违法行为，不及时制止将使其合法权益受到难以弥补的损害的，有权依法向人民法院申请采取责令行为人停止有关行为的措施。第五编为"婚姻家庭"。该部分主要包括"结婚""家庭关系""离婚"以及"收养"等内容。法律新增离婚冷静期，即自婚姻登记机关收到离婚登记申请之日起三十日内，任何一方不愿意离婚的，可以向婚姻登记机关撤回离婚登记申请。第六编为"继承"。"继承"包括"法定继承""遗嘱继承和遗赠"和"遗产处理"等内容。第七编为"侵权责任"。该部分包括"损害赔偿""责任主体的特殊规定""产品责任""机动车交通事故责任""医疗损害责任""饲养动物损害责任"以及"建筑物和物件损害责任"等内容。法律特别强调禁止从建筑物中抛掷物品。总之，《民法典》被誉为"人民权利的宣言书"，处处体现了对人民权利的保障、尊重当事人的意识自治以及维护社会的和谐稳定。

知识链接

民法典的体例创新

近代以来，民法典体例上可分为"罗马式"与"潘德克顿式"，主要以1804年的《法国民法典》和1900年的《德国民法典》为代表。其中《法国民法典》在结构上采用三编制，即由人法、财产及对所有权的各种限制、取得财产的各种方法三编构成，又称"罗马式"编撰体例；《德国民法典》在结构上采用五编制，即由总则、债法、物权、家庭、继承五编构成，又称"潘德克吞式"编撰体例。相对于传统的民法典编撰模式，我国《民法典》在结构上采用七编制，即由总则、物权、合同、人格权、婚姻家庭、继承和侵权责任组成。

我国《民法典》的体系编排有两方面的创新：第一，不单独设立债权编，将债权内容分解到合同编和侵权责任编。因为债分为侵权之债与合同之债。一方面，合同之债与合同法中部分内容重合，如债的履行、效力、担保制度与合同的履行、效力、担保制度重合；另一方面，民法典中的侵权责任编第二章为"损害赔偿"，意味着《民法典》在侵权责任编中强调"损害赔偿债"的履行。单独设立合同编和侵权责任编以优化法律调整范围。第二,"人格权"独立成编。一方面,这是对党的十九大报告提出的"人格权"的回应;另一方面,这样弥补了传统民法典中"重物轻人"的不足,实现了"人物并重"。我国《民法典》的制定体系为世界各国民法典的制定贡献了中国智慧。

(三)商法

商法在体系上由商主体制度和商行为制度构成。商主体是指依照法律规定参与商事法律关系,以自己名义从事商行为,享受权利和承担义务的人,具体分为商个人、商法人和商事合伙制度。[①] 商行为是指商主体所从事的以营利为目的的经营行为。

商法基本原则主要有四项:

1. 促进交易迅捷原则

商事活动营利性的特点决定了其交易的迅捷性。

2. 维护交易公平原则

商法维护交易公平原则主要表现为遵循平等交易、诚实信用以及情势变更原则。

3. 强化商事组织原则

任何商事活动均有赖于商事组织的积极行为,有赖于商事企业的表意行为,商法通过大量强行法规对商事组织加以调整和控制,以强化商事组织各项规则要求。

4. 维护交易安全原则

法律通过商事行为实施上的强制主义、商事活动的公示主义、商事行为效力上的外观主义、商事行为后果承担上的严格责任主义以及排斥交易相对人自由意思的绝对责任主义来维护交易安全。[②]

《公司法》于1993年12月29日通过,2023年最新修订,是调整在中国境内设立的有限责任公司和股份有限公司的法律规范,共13章218条。《公司法》规定公司设立有批准设立和登记设立两种形式,公司营业执照签发日期为公司成立日

[①] 覃有土.商法学[M].7版.北京:中国政法大学出版社,2019:16—20.
[②] 关于商法的基本原则,有"二原则说""三原则说""四原则说""五原则说",本书采用"四原则说"。覃有土.商法学[M].7版.北京:中国政法大学出版社,2019:7—23.

期;公司章程对公司、股东、董事、监事、高级管理人员具有约束力;公司的控股股东、实际控制人、董事、监事、高级管理人员不得利用其关联关系损害公司利益。关于出资形式,有限责任公司可以采用货币出资,也可以用实物、知识产权、土地使用权、股权、债权等可以用货币估价并可以依法转让的非货币财产作价出资;股份有限公司采取发起设立或者募集设立的方式认购股份。关于表决权,有限责任公司和股份有限公司采用加权表决制。新修订的《公司法》在注册资本认缴期限、加强实际控制人的义务和责任、保护中小股东权利、完善公司债券等方面做了进一步完善。

五、经济法

经济法是调整国家从社会整体利益出发,对经济活动实行干预、管理或者调控所产生的社会经济关系的法律规范。[①] 根据政府在市场经济中的作用方式不同,经济法可以分为市场监管法和宏观调控法。市场监管法主要是授权政府对市场主体进行监管,包括国家机关对经营主体市场准入、退出和存续期间活动的监督和管理,如《中华人民共和国反不正当竞争法》《中华人民共和国消费者权益保护法》等;宏观调控法是授权政府运用财政、货币或产业规划等手段对市场进行调控,[②] 如《中华人民共和国税法》《中华人民共和国政府采购法》等。截至 2024 年 4 月底,我国已制定经济法方面的法律 85 件和一系列相关行政法规、地方性法规。[③]

经济法主要确立三项基本原则。(1)社会本位原则。社会本位原则强调经济行为要以公共利益为出发点。(2)兼顾公平与效率原则。经济法是介于公法和私法之间的部门法,既强调经济主体地位的平等性,又强调社会的效益效率性。(3)国家干预原则。为实现秩序、正义、自由和效益等原则,国家运用法律手段引导、限制或禁止自然人、法人和其他社会组织的特定行为。[④]

《中华人民共和国个人所得税法》于 1980 年 9 月 10 日通过,2018 年最新修

---

① 舒国滢.法理学[M].5版.北京:中国人民大学出版社,2019:68.
② 薛克鹏.经济法学[M].北京:中国政法大学出版社,2018:9.
③ 数据来源:现行有效法律目录(302 件)[EB/OL].全国人大网,2024-04-28,http://www.npc.gov.cn/npc/c2/c30834/202404/t20240428_436889.html.
④ 薛克鹏.经济法学[M].北京:中国政法大学,2018:40.

订。该法是调整在中国境内居民纳税人与非居民纳税人纳税行为的法律规范,共22条。它规定了适用范围、应纳税所得额、税率、减免征税、税率计算等内容。除个人所得税外,我国已经在企业所得税、车船税、环境保护税、烟叶税、船舶吨税、车辆购置税、耕地占用税、资源税、城市维护建设税、契税、印花税等12个税种上制定了法律。2023年8月,《中华人民共和国增值税法(草案)》二审稿已提请全国人大常委会审议。

《中华人民共和国反垄断法》于2007年8月30日通过,2022年最新修订。该法是规范垄断、限制竞争和不正当竞争行为的法律规范,共8章69条。法律把经营者明确界定为从事商品生产、经营或者提供服务的自然人、法人和非法人组织,而经营者存在达成垄断协议,滥用市场支配地位以及具有或者可能具有排除、限制竞争效果的集中行为,都被认定为垄断行为。法律禁止具有竞争关系的经营者达成固定或者变更商品价格、限制商品的生产数量或者销售数量等垄断协议;禁止经营者与交易相对人达成固定向第三人转售商品的价格等垄断协议;禁止具有市场支配地位的经营者从事以不公平的高价销售商品或者以不公平的低价购买商品等滥用市场支配地位的行为。

六、行政法

行政法是调整行政关系,规范和控制行政权的法律规范的总称。根据行政法调整对象的不同,行政法可以分为行政管理关系、行政法制监督关系、行政救济关系以及内部行政关系四类。① 行政法部门有《中华人民共和国户口登记条例》《中华人民共和国学位条例》《中华人民共和国兵役法》《中华人民共和国高等教育法》等法律法规,截至2024年4月底,我国已制定行政法方面的法律96部和一系列相关行政法规、地方性法规。②

行政法主要有五项基本原则。(1)依法行政原则。行政机关依照法律规定行使权力,受法律约束。(2)信赖保护原则。行政机关对自己作出的行政行为应信守承诺,不能朝令夕改。(3)比例原则。行政机关作出行政行为时应兼顾行政目

---

① 姜明安.行政法[M].5版.北京:法律出版社,2022:32-39.
② 数据来源:现行有效法律目录(302件)[EB/OL]. 全国人大网,2024-04-28, http://www.npc.gov.cn/npc/c2/c30834/202404/t20240428_436889.html.

标和行政手段之间的关系,保障公共利益行政相对人权益的均衡。(4)正当法律程序原则。行政机关在作出行政行为时应遵守法定程序。(5)行政公开原则。除依法应当保密的情形,行政机关的行政决策、立法、裁决、复议、执法和公共服务行为应一律公开。

《中华人民共和国行政复议法》于1999年4月29日通过,于2023年9月1日最新修订,自2024年1月1日起施行。行政复议法主要是调整公民、法人或者其他组织认为行政机关的行政行为侵犯其合法权益,向行政复议机关提出行政复议申请,行政复议机关办理行政复议案件的法律规范,共7章90条。公民对行政处罚、行政强制、行政许可、征收征用、行政赔偿、工伤认定、行政协议以及政府信息公开等行为不服,可以申请行政复议,由县级以上地方各级人民政府统一行使行政复议权。

七、社会法

社会法是调整劳动关系、社会保障、社会福利和特殊群体权益保障等方面的法律规范。[①] 我国社会法框架体系包含三方面。一是有关劳动和社会保障法,如《中华人民共和国劳动法》《中华人民共和国社会救助法》等;二是有关特殊群体权益保障法,如《中华人民共和国未成年人保护法》《中华人民共和国残疾人保障法》等;三是有关社会组织和公益事业法,如《中华人民共和国慈善法》《中华人民共和国公益事业捐赠法》等。截至2024年4月底,我国已制定社会法方面的法律28件和一系列相关行政法规、地方性法规。[②]

社会法主要确立了基准法原则、国家给付原则、限制所有权原则、向社会弱者倾斜原则以及遵循经济社会发展水平原则。[③] (1)基准法原则。社会法是介于公法和私法之间的法律规范。一方面,明确强势方的基准义务和弱势方的基准权利;另一方面,允许强势方和弱势方在基准法之上平等协商。(2)国家给付原则。

---

① 目前我国学界对社会法尚未形成统一的概念。 本书所用概念参见白皮书:中国特色社会主义法律体系[R/OL].中国人大网,2011-10-27,https://www.gov.cn/jrzg/2011-10/27/content_1979498.html.
② 数据来源:现行有效法律目录(302件)[EB/OL].全国人大网,2024-04-28,http://www.npc.gov.cn/npc/c2/c30834/202404/t20240428_436889.html.
③ 余少祥.社会法总论[M].北京:社会科学文献出版社,2019:138-196.

在一定条件下,政府通过调节收入分配、缩小贫富差距,保障特定弱势群体的基本生活标准。(3)限制所有权原则。国家通过限制所有权,建立社会保障制度,保护弱势群体的生活安全,对所有权进行适当限制。(4)向社会弱者倾斜原则。社会法追求结果和实质意义上的公平,维护社会弱势群体的利益,增进社会福祉。(5)遵循经济社会发展水平原则。社会法通过国家给付和保护社会弱势群体最基本的利益,实现各种利益平衡,促进社会整体利益的实现。

《中华人民共和国劳动法》于1994年7月5日通过,2018年最新修订。该法是调整劳动关系以及与劳动关系密切联系的其他社会关系的法律规范,共13章107条。该法适用于在中华人民共和国境内的企业、个体经济组织和与之形成劳动关系的劳动者。其中规定劳动合同试用期最长不得超过六个月,建立劳动关系应当订立书面劳动合同。劳动合同包括劳动合同期限、工作内容、劳动保护和劳动条件、劳动报酬、劳动纪律、劳动合同终止的条件以及违反劳动合同的责任等必备条款。劳动者存在患职业病或者因工负伤并被确认丧失或者部分丧失劳动能力、患病或者负伤,在规定的医疗期内以及女职工在孕期、产期、哺乳期内等情形,用人单位不得解除劳动合同。劳动仲裁是劳动诉讼的前置程序。

《中华人民共和国无障碍环境建设法》于2023年6月28日通过,自2023年9月1日起施行,共8章72条,主要规定"无障碍设施建设""无障碍信息交流""无障碍社会服务"等内容。该法的实施有利于进一步保障残疾人和老年人平等、充分、便捷地参与和融入社会生活,促进社会全体人员共享经济社会发展成果。

八、刑法

刑法是规范犯罪和刑罚的法律规范的总和。[1] 截至2024年4月底,我国刑事法律由包括4件法律和2件刑法修正案在内的法律、法规共同构成。[2] 刑法具有三项基本原则。(1)罪刑法定原则。法律明文规定为犯罪行为的,依照法律定罪处刑;法律没有明文规定为犯罪行为的,不得定罪处刑。(2)法律面前人人平等原则。任何人犯罪在适用法律上一律平等。(3)罪、责、刑相适应原则。法律规定,

---

[1] 曲新久,陈兴良等.刑法学[M].7版.北京:中国政法大学出版社,2022:1.
[2] 数据来源:现行有效法律目录(302件)[EB/OL].全国人大网,2024-04-28,http://www.npc.gov.cn/npc/c2/c30834/202404/t20240428_436889.html.

刑罚的轻重应当与犯罪分子所犯罪行和承担的刑事责任相适应。

《中华人民共和国刑法》（以下简称《刑法》）于 1997 年 10 月 1 日起实施，2020 年最新修订，共 10 章 452 条 483 项罪名，由两编和附则构成。第一编"总则"共五章，法律规定属地管辖，即犯罪的行为或者结果有一项在中华人民共和国领域内或者在中华人民共和国船舶或者航空器内犯罪的，都适用刑法；属人管辖，即中华人民共和国公民在中华人民共和国领域外犯罪的，也适用《刑法》。第二篇"分则"共 10 章，规定了 10 类罪名，依次为危害国家安全罪、危害公共安全罪、破坏社会主义市场经济秩序罪、侵犯公民人身权利/民主权利罪、侵犯财产罪、妨害社会管理秩序罪、危害国防利益罪、贪污贿赂罪、渎职罪、军人违反职责罪。这 10 类罪名基本按照立法者对刑法保护的客体的价值判断大小排列。"附则"由该法的最后一个条文和两个附件组成，与总则、分则并列，但不另立一编。该法总则指导分则的适用，除非分则有特别规定，其总则的规定适用于其分则。

九、诉讼与非诉讼程序法

诉讼与非诉讼程序法是指调整因诉讼活动和以非诉讼方式解决纠纷活动而产生的社会关系的法律规范的总称。① 截至 2024 年 4 月底，我国已制定诉讼与非诉讼程序法方面的法律 11 部和一系列相关行政法规、地方性法规。②

（一）诉讼法

诉讼法是规范国家司法活动以解决社会纠纷的法律规范，如《中华人民共和国刑事诉讼法》《中华人民共和国民事诉讼法》（以下简称《刑事诉讼法》）《中华人民共和国行政诉讼法》（以下简称《行政诉讼法》）。《中华人民共和国海事诉讼特别程序法》是《民事诉讼法》的补充，《中华人民共和国引渡法》是《刑事诉讼法》的补充。

1.《刑事诉讼法》

《刑事诉讼法》于 1979 年 7 月 1 日通过，于 2018 年最新修订，是规范人民法院、人民检察院和公安机关进行刑事诉讼，当事人和其他诉讼参与人参加刑事诉

---

① 舒国滢. 法理学 [M]. 5 版. 北京：中国人民大学出版社，2019：69.
② 数据来源：现行有效法律目录（302 件）[EB/OL]. 全国人大网，2024－04－28，http://www.npc.gov.cn/npc/c2/c30834/202404/t20240428_436889.html.

讼的法律规范。① 该法以"依法独立行使司法权""专门机关与群众相结合""以事实为依据、以法律为准绳""分工负责、互相配合、互相制约""罪从判定"以及"认罪认罚从宽"等为基本原则。该法在结构上由五编和附则构成,共308条。第一编为"总则"。法律规定基层法院管辖第一审普通刑事案件;中级法院管辖危害国家安全、恐怖活动案件以及可能判处无期徒刑、死刑的案件;刑事证据包括物证、书证、证人证言、被害人陈述等8种形式;被害人因被告人的犯罪行为而遭受物质损失的,有权提起刑事附带民事诉讼。第二篇为"立案、侦查和提起公诉"。法律规定自诉案件由被害人向人民法院直接起诉。第三篇为"审判"。法律规定检察院提起公诉,简易程序、速裁程序的案件由审判员一人独任审判;合议庭由三人到七人组成。第四篇为"执行"。第五编为"特别程序"。"特别程序"部分主要规定未成年人刑事案件,当事人和解的公诉案件以及缺席审判等内容。

2.《行政诉讼法》

《行政诉讼法》于1989年4月4日通过,于2017年最新修订。该法是调整作为行政相对人的公民、法人或者其他组织认为作为行政主体的行政机关或法律、法规、规章授权的组织所实施的行政行为侵犯其合法权益,依法向人民法院起诉,人民法院依法对被诉行政行为的合法性进行审查,并作出裁判的法律规范。② 该法确立了"解纷、救济和监督功能整体发挥""保护行政相对人诉权""行政行为合法性审查"以及"当事人法律地位平等"等基本原则。该法共10章103条,依次为"总则""受案范围""管辖""诉讼参加人""证据""起诉和受理""审理和判决""执行""涉外行政诉讼"以及"附则"。

3.《民事诉讼法》

《民事诉讼法》于1991年4月9日通过,于2023年9月1日最新修订,自2024年1月1日起施行。该法是规范民事诉讼活动并调整民事诉讼法律关系的法律规范的总和。③ 该法确立了当事人诉讼权利平等原则、同等原则与对等原则、辩论原则、处分原则、诚实信用原则、法院调解自愿原则以及检察监督原则等

---

① 陈光中.刑事诉讼法[M].7版.北京:北京大学出版社,高等教育出版社,2021:4.
② 该定义是狭义的行政诉讼,广义的还包括检察院作为原告的公益行政诉讼。 姜明安.行政诉讼法:第4版[M].北京:法律出版社,2021:50—51.
③ 杨秀清.民事诉讼法[M].北京:中国政法大学出版社,2018:3.

基本原则。该法由四编306条组成。第一编为"总则"。法律规定一般公民提起民事诉讼由被告住所地法院、合同履行地法院、侵权行为地法院管辖;因继承遗产纠纷提起的诉讼,由被继承人死亡时住所地或者主要遗产所在地法院专属管辖等。第二编为"审判程序"。法律规定起诉的条件,即原告是与本案有直接利害关系的公民、法人和其他组织,有明确的被告,有具体的诉讼请求和事实及理由,属于人民法院受理民事诉讼的范围。除涉及国家秘密和个人隐私等应当不公开审理以及涉及离婚案件和商业秘密案件可以不公开审理外,其余案件一律公开审理。法院适用普通程序审理的案件,应当在立案之日起六个月内审结;法院适用简易程序审理的案件,应当在立案之日起三个月内审结;法院适用小额诉讼程序审理的案件,应当在立案之日起两个月内审结。第三编为"执行程序"。法律规定了"执行的申请和移送""执行措施"以及"执行中止和终结"等内容。第四编为"涉外民事诉讼程序的特别规定"。法律规定"管辖""送达、调查取证、期间""仲裁""司法协助"等内容。

典型案例

刑事附带民事公益诉讼案[①]

2021年2月19日,被告仇某为获得更多关注,在住处使用其新浪微博账号"辣笔小球"(粉丝数超250万),先后于当日上午10时29分、10时46分发布2条微博,歪曲卫国戍边官兵的英雄事迹,诋毁贬损卫国戍边官兵的英雄精神,侵害英雄烈士名誉、荣誉。微博在网络上迅速扩散,社会影响恶劣。

南京市建邺区人民法院于2021年5月作出刑事附带民事判决。被告人仇某犯侵害英雄烈士名誉、荣誉罪,被判处有期徒刑八个月,并自判决生效之日起十日内通过国内主要门户网站和全国性媒体公开赔礼道歉,消除影响。

---

① 案例来源:仇某某侵害英雄烈士名誉、荣誉刑事附带民事公益诉讼案[EB/OL].(2021)苏0105刑初149号,江苏法院2021年度十大典型案例.江苏省高级人民法院网,2022-01-14,http://www.jsty.gov.cn/article/91585.html.

（二）非诉讼程序法

非诉讼程序法律制度是规范仲裁机构或者人民调解组织解决社会纠纷的法律规范非诉讼程序，如《中华人民共和国仲裁法》《中华人民共和国劳动争议调解仲裁法》《中华人民共和国人民调解法》等。

《中华人民共和国仲裁法》于 1994 年 8 月 31 日通过，于 2017 年最新修订，共 8 章 80 条。该法是调整平等主体的公民、法人和其他组织之间发生的合同纠纷和其他财产权益纠纷产生的商事仲裁关系的法律规范。[①] 该法确立了协议仲裁原则、独立仲裁原则、或裁或审原则、一局终裁的原则、不公开原则以及法院监督的原则。

第二节 党内法规制度体系

根据《中共中央关于全面推进依法治国若干重大问题的决定》，全面推进依法治国的总目标是建设中国特色社会主义法治体系，这就要求"形成完备的法律规范体系、高效的法治实施体系、严密的法治监督体系、有力的法治保障体系，形成完善的党内法规体系"[②]。该重要论断明确了党内法规的"法治"属性及其在社会主义制度体系中的重要地位。经过长期谋划与建设，"党坚持依规治党，严格遵守党章，形成比较完善的党内法规体系，严格制度执行"[③]已成为中国特色社会主义新时代建设伟大成就的重要组成部分。

一、党内法规概念溯源

（一）党内法规概念的演变：从政治概念到法治概念

1921 年 7 月，中国共产党第一次全国代表大会通过的《中国共产党纲领》（俄文译稿）是党的历史上第一部具有党章性质的党内法规。1922 年 7 月经中国共产党第二次全国代表大会通过的《中国共产党章程》，既是中国共产党历史上第一

[①] 李乾贵，胡弘，吕振宝.现代仲裁法学研究[M].北京：中国政法大学出版社，2018：43.
[②] 中共中央关于全面推进依法治国若干重大问题的决定[M].北京：人民出版社，2014：50.
[③] 中共中央关于党的百年奋斗重大成就和历史经验的决议[M].北京：人民出版社，2021：32.

部党章,也是第一部正式党内法规,但此时"党内法规"这一概念尚未形成。

"党内法规"概念被正式提出可追溯至1938年。毛泽东同志在党的第六届六中全会扩大会议上指出,"为使党内关系走上正轨,除了上述四项最重要的纪律外,还须制定一种较详细的党内法规,以统一各级领导机关的行动"①。此后,中国共产党领导人在历次报告中或讲话中,均使用过类似概念,包括"党规党法""党的法规"等。"党内法规"作为专门概念在中共中央文件中的首次使用,见于1981年6月中国共产党第十一届中央委员会第六次全体会议通过的《关于建国以来党的若干历史问题的决议》。该文件提出:"中央和各级纪律检查委员会的建立,《关于党内政治生活的若干准则》和其他有关党内法规的制定,各级党的领导机关和纪律检查机关为纠正不正之风所做的工作,提高了党的战斗力。"②此后,党内法规作为政治概念被长期广泛使用。"党内法规"第一次以规范形式确定下来,见于1990年7月中共中央印发的《中国共产党党内法规制定程序暂行条例》第二条。1992年10月中国共产党第十四次全国代表大会通过的《中国共产党章程(修正案)》第四十四条将"党内法规"作为概念载入党章,实现了"党内法规"概念从中央文件向党内规范性文件的拓展。2014年党的第十八届四中全会通过的《中共中央关于全面推进依法治国若干重大问题的决定》将"形成完善的党内法规体系"作为建设中国特色社会主义法治体系的组成部分之一。至此,明确了党内法规"法治"的属性,实现了"党内法规"从政治概念向法治概念的转变。

(二)党内法规概念探析

2019年修订的《中国共产党党内法规制定条例》第三条规定:"党内法规是党的中央组织,中央纪律检查委员会以及党中央工作机关和省、自治区、直辖市党委制定的体现党的统一意志、规范党的领导和党的建设活动、依靠党的纪律保证实施的专门规章制度。党章是最根本的党内法规,是制定其他党内法规的基础和依据。"准确理解党内法规概念的内涵与外延是理解党内法规制度体系构建的基础,也是理解党内法规与国家法律区别的前提。

1. 党内法规的内涵

---

① 毛泽东选集:第2卷[M].北京:人民出版社,1991:528.
② 中共中央文献研究室.十一届三中全会以来重要文献选读(上册)[M].北京:人民出版社,1987:330.

内涵是指概念所反映事物本质属性的总和。党内法规的内涵体现在以下五方面：

第一，规范本质上，党内法规是党的"公共意志"的集中统一体现，具有明显的政治属性。

第二，制定主体上，党内法规的制定限于党的中央组织、中央纪律检查委员会和党中央工作机关以及省、自治区、直辖市党委，具有较高的层级属性。

第三，规范内容上，党内法规主要规范党的组织、领导、自身建设以及党的监督保障等方面，具有特定的调整范围。

第四，实施方式上，党内法规主要依靠党的纪律保障实施，具有较高的"党德"要求。

第五，规范属性上，党内法规属于专门的规章制度，层级低于宪法、法律，相当于行政规章。

2. 党内法规的外延

外延是指概念所反映事物的对象范围。党内法规的外延体现在以下四个方面：

第一，党内法规属于党的制度体系中的高级规范。[①] 党内制度体系包括党内法规、党的政策、党内制度、党内文件等，党内法规效力位阶高、影响范围广。

第二，党内法规使用专门的名称。党内法规名称有党章、准则、条例、规则、规定、办法、细则等 7 种形式。

第三，党内法规在体例编排上具有特定的格式要求。党内法规采用编、章、节、条、款、项、目等条款形式编排。

第四，党内法规制定机关与发布机关一致。经审议批准的党内法规草案，由负责法规工作的机构核文后按规定程序报请发布。

（三）党内法规与国家法律的区别和联系

1. 党内法规与国家法律的区别

作为中国特色社会主义制度体系中的不同规范类型，党内法规与国家法律之间存在以下区别：

第一，制定主体不同。党内法规的制定主体是省级以上党委，而国家法律的

---

① 宋功德.党规之治［M］.北京：法律出版社，2015：15.

制定主体是县级以上立法机关或行政机关。

第二,调整范围不同。党内法规的调整领域仅限党的领导和党的建设活动,且不能对法律保留事项作出规定;国家法律调整的领域涵盖整个国家主权范围内的自然人、法人和非法人行为,但不能直接设定党组织的产生和运行,不能规定党员的义务和权利以及党组织职权职责。

第三,制定程序不同。党内法规根据《中国共产党党内法规制定条例》规定的程序制定,一般包括规划、计划、起草、审批、发布、备案、清理、评估等程序;国家法律根据《中华人民共和国立法法》的规定和程序制定,一般法律制定程序包括法律案提出、审议、表决、公布等程序。

第四,实施方式不同。中国共产党第十八届四中全会提出"党规党纪严于国家法"[①]的重大论断,决定了党内法规强调较高的"党德",法律强调"道德的底线";前者依靠纪律,后者依靠国家强制力保障实施。

第五,外在表现形式不同。党内法规与国家法律有各自的专属名称,如党内法规以党章、准则等命名;国家法律以法律、规章等命名。

2. 党内法规与国家法律的联系

《宪法》第一条规定,中国共产党领导是中国特色社会主义最本质特征。中国共产党作为领导党和执政党的双重属性、双重使命决定了党内法规与国家法律具有内在统一性。

第一,具有共同的指导思想。党内法规和国家法律均坚持以马克思主义作为意识形态领域的指导。

第二,具有共同的经济基础。《中国共产党章程》和《中华人民共和国宪法》均提出必须坚持和完善以公有制为主体、多种所有制经济共同发展,按劳分配为主体、多种分配方式并存,社会主义市场经济体制以及坚持和完善社会主义市场经济体制。

第三,具有共同的阶级意志。党内法规是由中国共产党制定,国家法律是在中国共产党领导下制定的,二者都是党和人民意志的体现,是中国共产党依法执政的重要手段,是中国特色社会主义法治体系的重要组成部分。

---

① 中共中央关于全面推进依法治国若干重大问题的决定[M].北京:人民出版社,2014:35.

第四,具有共同的价值目标。党内法规和国家法律都秉持"以人民为中心"的法治理念,把实现好、维护好、发展好最广大人民的根本利益作为价值目标。

第五,具有共同的文化倡导。在党章的总纲和国家法律的总则中均以社会主义核心价值观作为主要原则,充分体现了依法治国与以德治国相结合、依规治党与以德治党相结合的理念。

二、党内法规制度体系建设

2016年12月,中共中央印发《关于加强党内法规制度建设的意见》,明确党内法规制度体系是以党章为根本,以民主集中制为核心,以准则、条例等中央党内法规为主干,由各领域各层级党内法规制度组成的有机统一整体,确定了以"1＋4"为基本框架的党内法规制度体系,即在党章之下分为党的组织法规制度、党的领导法规制度、党的自身建设法规制度、党的监督保障法规制度四大板块。[①] 根据中共中央办公厅法规局2021年7月发布的《中国共产党党内法规体系》党内法规统计数量,结合"共产党员网"新增数据,截至2023年8月,全党现行有效党内法规共3 630部。其中,党章1部,准则3部,条例46部,规定855部,办法2 040部,规则76部,细则609部。[②]

(一)党内法规制度体系历史沿革

新民主主义革命时期,中国共产党提出了"党内法规"概念,探索党内法规制度实践,确立了党的民主集中制原则,初步形成了党的组织制度、领导制度、工作制度、党内生活制度等基本制度框架。社会主义革命和建设时期,党领导人民全面探索作为执政党,如何开展党内法规建设。改革开放和社会主义现代化建设新时期,进一步强化党内法规制定工作的制度化、规范化和程序化。

中国特色社会主义新时代是党内法规制度建设快速发展期。2013年5月,中央办公厅印发《2013年中央文件和党内法规制定计划》,是中央第一次编制年

---

① 2018年中共中央颁布的《中央党内法规制定工作五年规划纲要(2018—2022年)》提出确立"1＋1＋4"的体系分类,把党内法规分为党章、准则、党的组织法规、党的领导法规、党的自身建设法规和党的监督保障法规六大类。 本书根据《习近平法治思想》教材,沿用"1＋4"的分类体系。
② 数据来源:中共中央办公厅法规局.中国共产党党内法规体系[EB/OL].中国政府网,2021－08－06, https://www.gov.cn/xinwen/2021－08/06/content_5629962.htm.

度中央文件和党内法规制定计划。从2013年开始,实施党内法规制定五年规划。2013年11月,党内法规制定的第一个五年规划——《中央党内法规制定工作五年规划纲要(2013—2017年)》提出,力争通过5年的努力,基本形成涵盖党的建设和党的工作主要领域、适应管党治党需要的党内法规体系框架。2014年10月,党的十八届四中全会将"形成完善的党内法规体系"纳入全面推进依法治国总目标。2016年12月,党中央召开党的历史上第一次全国党内法规工作会议,明确提出到建党100周年时形成比较完善的党内法规体系,确定了党内法规体系的基本框架。2018年2月,《中央党内法规制定工作第二个五年规划(2018—2022年)》进一步明确党内法规体系建设的任务书、时间表、路线图。2023年4月,《中央党内法规制定工作规划纲要(2023—2027年)》提出,以习近平新时代中国特色社会主义思想为指导,全面贯彻党的二十大精神,强调增强党内法规权威性和执行力,进一步发挥依规治党的政治保障作用。

(二)现行党内法规制度介绍

1. 党章

党章是《中国共产党章程》的简称,是党的总章程,集中体现了党的性质和宗旨、党的理论和方针政策、党的重要主张。党章规定了党的重要制度和体制机制,是全党必须共同遵守的根本行为规范,党章就是党的根本大法。[①] 党章具有政治性、思想性、实践性和时代性的特点。[②]

1920年6月,陈独秀、李汉俊等人组成的中国共产党发起组在上海老渔阳里2号成立,成立之初就起草了具有党纲、党章性质的若干条文。1921年7月,中共"一大"通过的《中国共产党纲领》规定了党的名称、性质和纲领,提出了党的最终奋斗目标。1922年7月,中共"二大"通过的中国共产党历史上第一部党章,共6章29条,党章对党员条件和入党、党的组织原则、组织机构和党的纪律做了规定,初步奠定了后续党章的基本框架结构和体例。从党的"三大"开始,形成了历次党的全国代表大会修改党章的惯例。

1982年9月6日,中国共产党第十二次全国代表大会通过了现行《中国共产

---

① 习近平. 认真学习党章 严格遵守党章[N]. 人民日报, 2012-11-20(1).
② 宋功德, 张文显. 党内法规学[M]. 北京: 高等教育出版社, 2020: 115-118.

党章程》,2022年10月中国共产党第二十次全国代表大会最新修改。党章在结构上分为"总纲和条文"。总纲是党章的前提和基础,共30个自然段,规定了党的最基本政治纲领和组织纲领,确立了党的"两个先锋队"性质,将习近平新时代中国特色社会主义思想作为行动指南。党章正文共11章55条。正文部分主要规定了入党条件——年满十八岁的先进分子,承认党的纲领和章程,愿意参加党的一个组织并在其中积极工作、执行党的决议和按期交纳党费,可以申请加入中国共产党;党员的义务——党员应当坚持党和人民的利益高于一切,个人利益服从党和人民的利益等八项义务;党员的权利——党员享有表决权、选举权和被选举权等八项基本权利;预备党员的权利和义务——预备党员的预备期为一年,除表决权、选举权和被选举权外,预备党员的权利和义务同党员;党的组织体系和组织原则——党组织是由中央组织、地方组织和基层组织共同构成纵向领导体系,实行民主集中制的组织原则等内容。

典型案例

特殊党费[①]

小黄,刚参加工作就向单位党委办公室交纳了1 000元特殊党费。对此,小黄认为,他大三时就成为一名党员,并且在学校期间获得过国家奖学金,向党组织多交1 000元特殊党费是感谢党对他的教育和培养。

以案说法:按期交纳党费,是党员应尽的义务,是对党员党性的检验,也是党员关心党的事业的一种表现。我们党历来都把党员向党组织按期交纳党费作为党员必须具备的条件之一。《中国共产党党费收缴、使用和管理的规定》对党员交纳党费的标准作了具体规定,强调党员在交纳党费时要做到"自觉、按时、足额"这三个基本要求。

党章链接:党章第一条规定,"年满十八岁的中国工人、农民、军人、知识分子

---

① 案例来源:交一笔特殊党费[EB/OL].共产党员网,2016-05-10, https://news.12371.cn/2016/05/10/ARTI1462812591143849.shtml.

和其他社会阶层的先进分子,承认党的纲领和章程,愿意参加党的一个组织并在其中积极工作、执行党的决议和按期交纳党费的,可以申请加入中国共产党。"

第九条规定:"党员如果没有正当理由,连续六个月不参加党的组织生活,或不交纳党费,或不做党所分配的工作,就被认为是自行脱党。支部大会应当决定把这样的党员除名,并报上级党组织批准。"

2. 党的组织法规

党的组织法规侧重从主体上调整党的各级各类组织的设置产生、地位功能、职责职权和运行方式等问题,为党管党治党、执政治国提供组织制度保障。截至2021年7月1日,现行有效的党的组织法规共有153部。其中,中央党内法规15部,部委党内法规1部,地方党内法规137部。①

党的组织法规可以分为四大类。(1)党的组织体系方面的法规,主要是指规范各级各类党组织的设立、地位、领导体制、职权与职责以及运行方式等方面的法规,例如,《中国共产党中央委员会工作条例》《中国共产党农村基层组织工作条例》《中国共产党普通高等学校基层组织工作条例》中的有关规定。(2)党内选举方面的法规,主要是指以民主集中制为原则,规范各级各类党组织代表的选举程序、选举方式、选举内容等方面的法规,例如,《中国共产党全国代表大会和地方各级代表大会代表任期制暂行条例》《中国共产党地方组织选举工作条例》《中国共产党关于共产党基层组织选举工作条例》中的有关规定。(3)党内组织工作方面的法规,主要是指规范各级各类党组织组成、职权职责以及运行等方面的法规,例如,《中国共产党组织工作条例》中的有关规定。(4)党的象征标志方面的法规,主要是指法规对党徽、党旗等制作、使用、管理方面的法规,例如,《中国共产党党徽党旗条例》中的有关规定。

《中国共产党基层组织选举工作条例》于2020年7月13日起实施,共7章41条。该条例规定了适用主体,即企业、农村、机关、学校、科研院所、街道社区、社会

---

① 数据来源:中共中央办公厅法规局.中国共产党党内法规体系[EB/OL].中国政府网,2021-08-06, https://www.gov.cn/xinwen/2021-08/06/content_5629962.htm.

组织和其他基层单位设立的党的委员会、总支部委员会、支部委员会以及党的基层纪律检查委员会基层选举工作；并且确定了代表候选人和委员候选人人数实行差额选，差额不少于应选人数的20%，到会人数不少于应到会人数的4/5，选举会议有效等关于选举的规则。

《中国共产党中央委员会工作条例》自2020年9月30日起施行，是党内法规首次对党中央的领导方式作出集中规定，确保了党中央对党和国家事业集中统一领导，共8章35条。该条例确定了党的全国代表大会和中央委员会是党的最高领导机关；中央委员会、中央政治局、中央政治局常务委员会是党的组织体系的大脑和中枢。并且规定中央委员由全国代表大会选举产生，每届任期五年；中央政治局、中央政治局常务委员会和中央委员会总书记由中央委员会全体会议选举产生等组织内容。

《中国共产党组织工作条例》于2021年5月22日起施行，是党第一部关于组织工作的统领性、综合性的基础主干法规，主要调整党的组织体系建设、领导班子和干部队伍建设、人才队伍建设、党员队伍建设等内容，共七章46条。该条例确定了坚持党的全面领导，坚持德才兼备、以德为先、任人唯贤等党的组织工作基本原则；党中央集中统一领导，各级党委（党组）分级分类领导的领导体制；党的中央委员会等作为党的大脑和中枢，党的地方委员会发挥地区总揽全局、协调地区领导，党的基层组织发挥社区战斗堡垒等组织功能等内容。

3. 党的领导法规

党的领导法规制度侧重从"行为"上解决党的领导和执政活动问题，明确党与人大、政府、政协、监察机关、审判机关、检察机关、武装力量、人民团体、企事业单位、基层群众性自治组织、社会组织等的领导与被领导关系，为党发挥总揽全局、协调各方领导核心作用提供制度保障。截至2021年7月1日，现行有效党的领导法规共772部。其中，中央党内法规44部、部委党内法规29部、地方党内法规699部。① 党的领导法规可以分为六大类：(1)党领导经济建设的法规，如《中共中央、国务院关于构建开放型经济新体制的若干意见》。(2)党领导政治建设的法规，如《中国共产党政治协商工作条例》。(3)党领导文化建设的法规，如《中国共

---

① 数据来源：中共中央办公厅法规局.中国共产党党内法规体系［EB/OL］.中国政府网，2021－08－06，https://www.gov.cn/xinwen/2021－08/06/content_5629962.html.

产党宣传工作条例》。(4)党领导社会建设的法规,如《中国共产党领导国家安全工作条例》。(5)党领导生态建设的法规,如《中央生态环境保护督察工作规定》。(6)党领导国防和军队建设的法规,如《中国人民解放军政治工作条例》。

《中国共产党政治协商工作条例》自2022年6月13日起实施,是专门规范政治协商工作的第一部党内法规,主要规范政治协商工作制度等内容,是政治协商工作的基本遵循,共八章31条。该条例适用于中国共产党同各民主党派和各界代表人士围绕党和国家重大事项开展的协商工作。该条例确定了政党协商和人民政协政治协商两种基本协商方式;强调坚持党的全面领导,以保证政治协商始终坚持正确的政治方向。并且规定了政治协商与政党协商的不同对象,即人民政协政治协商的对象是民主党派、无党派人士、人民团体和其他各界人士代表,政党协商的对象是民主党派和无党派人士等内容。

《信访工作条例》于2022年2月25日由中共中央与国务院联合发布,自2022年5月1日起实施,共6章50条。该条例主要适用于各级党的机关、人大、行政、政协、监察、审判、检察以及群团组织、国有企事业单位等对信访工作的开展,强调中央对地方工作的统一领导。该条例规定公民、法人或者其他组织可以采用信息网络、书信、电话、传真、走访等形式向有关机关和单位提出信访事项;并且强调各机关和单位在处理与信访事项或信访人有直接利害关系事务时,应当回避;同时规定对信访人员作出保护,任何组织和个人不得打击报复信访人员。

4. 党的自身建设法规

党的自身建设法规制度侧重从"行为"上解决党的建设问题,调整和规范党的政治建设、思想建设、组织建设、作风建设、纪律建设等党的自身建设活动的党内法规,为提高党的建设质量、永葆党的先进性和纯洁性提供制度保障。截至2021年7月1日,现行有效党的自身建设法规共1 319部。其中,中央党内法规74部、部委党内法规76部、地方党内法规1 169部。[①]

党的自身建设法规可以分为五大类。(1)党的政治建设法规。党的政治建设法规是对党的各项政治建设活动进行调整的规范,强调党的政治建设的根本性地位,如《中国共产党重大事项请示报告条例》《中共中央政治局关于加强和维护党

---

① 数据来源:中共中央办公厅法规局.中国共产党党内法规体系[EB/OL].中国政府网,2021-08-06, https://www.gov.cn/xinwen/2021-08/06/content_5629962.html.

中央集中统一领导的若干规定》等。(2)党的思想建设法规。党的思想建设法规是对党的思想建设活动进行调整的规范,强调用习近平新时代中国特色社会主义思想武装全党,实现党的思想统一,如《中国共产党党校(行政学院)工作条例》《中国共产党党委(党组)理论学习中心组学习规则》等。(3)党的组织建设法规。党的组织建设法规是对党的各项组织活动进行调整的规范,聚焦党的各级各类队伍建设,夯实党的执政根基,如《党政领导干部选拔任用工作条例》《公务员职务与职级并行规定》等。(4)党的作风建设法规。党的作风建设法规是对党的各项作风建设活动进行调整的规范,加强和改进党的工作作风,密切党与群众的血肉联系。如《党政机关公务用车管理办法》等。(5)党的纪律建设法规。党的纪律建设法规是对党的各项纪律建设活动进行调整的规范,强调严明各种纪律形式,实现纪律管党治党的目标,如《中国共产党廉洁自律准则》《关于对党和国家机关工作人员在国内交往中收受礼品实行登记制度的规定》等。

《中国共产党廉洁自律准则》自2016年1月1日起施行,是正面倡导、面向全体党员规范全党廉洁自律工作的第一部专门党规,共8条、281字。该准则分为"导语""党员廉洁自律规范""党员领导干部廉洁自律规范"三部分。该准则倡导党员坚持公私分明、坚持崇廉拒腐、坚持尚俭戒奢、坚持吃苦在前的廉洁自律规范,提出党员领导干部廉洁从政、廉洁用权、廉洁修身、廉洁齐家的自律规范。

《中国共产党重大事项请示报告条例》自2019年1月31日起施行,共8章48条。该条例适用于下级党组织向上级党组织,以及党员、领导干部向党组织请示报告重大事项相关活动。该条例规定请示报告应当逐级进行;党组织应当根据重大事项类型和缓急程度采用口头、书面方式进行请示报告。并且确定了中央请示报告制度,即对涉及党和国家工作全局的重大方针政策、重大原则和问题以及党中央集中统一管理的事项,必须向党中央请示报告;同时规定党员向所在党组织请示报告重大事项以及领导干部向所属党组织请示报告工作,全面构建从中央到地方的请示报告制度体系。

5. 党的监督保障法规

党的监督保障法规制度侧重从"监督保障"上解决党内监督、激励、惩戒、保障等内容的党内法规,包括党内监督、考察考核、问责追责、表彰奖励、关怀帮助、容错纠错、党员权利保障、制度建设保障、机关运行保障等方面的党内法规。① 截至2021年7月1日,现行有效党的监督保障法规共1 370部。其中,中央党内法规77部、部委党内法规57部、地方党内法规1 236部。②

党的监督保障法规制度可分为三大类。(1)监督方面的法规,主要是以对党员和领导干部的日常监督、精准考核、严格追责为基本框架的监督活动,如《中国共产党党内监督条例》《中国共产党巡视工作条例》等。(2)奖惩方面的法规,主要通过荣誉表彰或惩戒,严肃党的纪律、纯洁党的组织,如《中国共产党党内功勋荣誉表彰条例》《中国共产党问责条例》等。(3)保障方面的法规,主要规范党员权利、制度建设、机关运行建设活动等方面的保障措施,如《中国共产党党员权利保障条例》《中国共产党党内法规制定条例》等。

《中国共产党党内法规制定条例》自2012年5月26日起实施,于2019年8月30日由中共中央政治局会议修订,共7章43条。该条例规定了制定党内法规的保留事项,即凡涉及创设党组织职权职责、党员义务和权利、党的纪律处分和组织处理的,均只能由党内法规作出规定;规定了党内法规的七大名称,即党章、准则、条例、规定、办法、规则、细则;规定了党内法规制定的主体与权限,即一类是党的中央组织,第二类是党的中央纪律检查委员会和党中央工作机关,第三类为省、自治区和直辖市党委;确定了党内法规规划与计划、起草、审批与发布的程序;规定了党内法规位阶依次为党章、中央党内法规、中央纪律检查委员会以及党中央工作机关制定的党内法规、省级党委制定的党内法规。

《中国共产党巡视工作条例》自2015年8月3日起施行,于2017年7月1日修改,共7章42条。该条例规定由党的中央和省、自治区、直辖市委员会实行巡视制度,巡视工作坚持中央统一领导、分级负责的制度。该条例对巡视对象作了明确规定,即各级党委和人大常委会、政府、政协党组领导班子及其成员,各级法院、检察院党组主要负责人;各级部委领导班子及其成员;央企或国企、事业单位党委(党组)领导班子及其成员;巡视组要求的其他单位的党组织领导班子及其成员。该条例对巡视组开展工作的形式也作了明确规定,包括召开座谈会、列席被

---

① 宋功德,张文显.党内法规学[M].北京:高等教育出版社,2020:233.
② 数据来源:中共中央办公厅法规局.中国共产党党内法规体系[EB/OL].中国政府网,2021-08-06,https://www.gov.cn/xinwen/2021-08/06/content_5629962.html.

巡视地区(单位)的有关会议、进行民主测评、问卷调查等 13 种方式;同时确定了对党组织和党员干部的全方位、全覆盖,从而完善了党内监督机制。

《中国共产党党内监督条例》于 2016 年 10 月 27 日由中国共产党第十八届中央委员会第六次全体会议通过,并自发布之日起实施,共 8 章 47 条。该条例规定党内监督的重点对象是党的领导机关和领导干部。党内监督的主要内容包括:遵守党章党规、维护党中央集中统一领导、坚持民主集中制、落实全面从严治党主体责任以及落实中央八项规定等内容。该条例对四类主体监督作出了明确规定,依次为党的中央组织的监督、党委(党组)的监督、党的纪律检查委员会以及党的基层党组织和党员四类主体的监督责任。该条例特别强调党员应坚决反对一切派别活动和小集团活动,同腐败现象作坚决斗争。

《中国共产党纪律处分条例》于 2003 年 12 月由中共中央印发,最新修订版自 2018 年 10 月 1 日起施行,是规范所有党员和党组织行为的基础性法规,分"总则""分则""附则"三编,共 11 章 142 条。其总则适用于违反党纪应当受到党纪责任追究的党组织和党员;党组织和党员违反党章和其他党内法规,违反国家法律法规,违反党和国家政策,违反社会主义道德,危害党、国家和人民利益的行为,依照规定应当给予纪律处理或者处分的,都必须受到追究。该条例确定了对党员适用的五种纪律处分,即警告、严重警告、撤销党内职务、留党察看以及开除党籍;对党组织适用两种纪律处分,即改组和解散。其分则、分章分别对违反政治纪律、组织纪律、廉洁纪律、群众纪律、工作纪律和生活纪律等情形予以规定,为全体党员划出了不可触碰的"红线"和"底线"。

《中国共产党问责条例》于 2019 年 9 月 1 日起施行,共 27 条。该条例规定问责对象是党组织和党的领导干部,问责内容包括弱化党的领导,党的政治、思想、组织、作风、纪律建设,党风廉政建设和反腐败斗争,履行管理、监督职责不力,以及不作为、乱作为等 11 项内容;并且规定对党组织的问责形式为检查、通报和改组,对党的领导干部的问责形式为通报、诫勉、组织调整或组织处理以及纪律处分;还规定了终身问责制、免于问责、减轻问责等内容。该条例的实施有助于进一步对全面从严治党、依规治党在制度上起到保障作用。

三、党内法规制度体系建设对社会主义法治建设的意义

"依法执政,既要求党依据宪法法律治国理政,也要求党依据党内法规管党治党。"[1]"党内法规既是管党治党的重要依据,也是建设社会主义法治国家的有力保障。"[2]党内法规对于社会主义法治建设的意义不仅体现为党内法规与国家法律法规的衔接和协调以及两者的相辅相成、相互促进和相互保障,而且表现为党内法规自身的有效治理功能。

(一)党内法规与国家法律之间的衔接和协调

党的十八届四中全会决定强调,注重党内法规同国家法律的衔接和协调。国家法律和党内法规同属中国特色社会主义法治体系范畴,二者的差异性与统一性共存决定了二者之间的衔接和协调问题。

1."衔接"的内在要求

"衔接"是指党内法规与国家法规两个制度要无缝对接,既不能脱节断档,也不能交叉重复,更不能错位越位。衔接强调对二者之间差异性的无缝对接,让党内法规之"圆"与国家法律之"圆"保持相切。[3]

第一,调整范围上,二者不能错位越位,要有效衔接。党内法规是规范党的活动、组织建设以及党员行为的规范,强调党组织的内部调整;国家法律是规范主权国家、全体公民行为,强调全社会外部行为的调整。二者在调整过程中,不能错位越位。例如,《中国共产党党内法规制定条例》第四条规定,"凡是涉及创设党组织职权职责、党员义务权利、党的纪律处分和组织处理的,都只能由党内法规作出规定",这可视为党内法规的保留条款,国家法律不能涉及。再如,《中华人民共和国立法法》第十一条列举了10项示例条款和1项兜底条款作为法律保留条款,包括民事基本制度、犯罪和刑罚、基本的政治制度、国家主权事项等,只能由法律制定。同样,在制定国家相关法律时,也不宜对党的活动作出具体规定。

第二,调整手段上,二者不能错位越位,要有效衔接。国家法律对公民基本义务提出强制性要求,同时对公民利他善行进行鼓励和倡导。党内法规强调"中国

---

[1] 中共中央关于全面推进依法治国若干重大问题的决定[M].北京:人民出版社,2014:5.
[2] 中共中央关于全面推进依法治国若干重大问题的决定[M].北京:人民出版社,2014:35.
[3] 宋功德,张文显.党内法规学[M].北京:高等教育出版社,2020:62.

共产党党员必须全心全意为人民服务,不惜牺牲个人一切,为实现共产主义奋斗终身"。由此,党内法规更多是从"愿望道德"角度倡议党员的行为,而国家法律则强调对公民违犯法律义务的行为实施国家强制力,更多从"义务道德"强制规定公民的义务、责任。因此,党规和国法在分别行使处罚权时,是存在边界的。党内法规只能实施警告、严重警告、撤销党内职务、留党察看、开除党籍等纪律处分,属于党员的内部处分;一旦涉及违法犯罪,党员就要受到党纪与国法的双重处分,二者必须处理好处罚权的边界问题,即处罚的顺序是先党纪再国法,即"党组织在纪律审查中发现党员严重违纪涉嫌违法犯罪的,原则上先作出党纪处分决定,并按照规定给予政务处分后,再移送有关国家机关依法处理"。

第三,调整内容上,二者不能错位越位,要有效衔接。党内法规重在规范党的各级组织和党员干部在行使领导权和执政权方面的活动,而非为被调整对象设定权利和义务。[①] 如《中国共产党政法工作条例》并非为司法机关设定权利和义务,而是规定党中央对政法工作的绝对领导、地方党委对政法工作的领导、党委政法委员会的领导、政法单位党委(党组)的领导,本质上是规范各级党组织的行为。但是,规定法院、检察院等机关设置和职权,审判组织、人员构成以及职权的保障,则是由《中华人民共和国法院组织法》《中华人民共和国检察院组织法》等国家法律制定。

2."协调"的内在要求

"协调"是指党内法规与国家法律虽然可以针对同一事项做出各有侧重的规定,但党内法规的要求不能与国家法律的规定相左,以免造成规范冲突而令人无法适从。即党内法规之"圆"与国家法律之"圆"部分相交,交集部分属于党内法规与国家法律皆可调整的事项,而这个交集部分就涉及相互之间的协调关系。[②] "协调"侧重解决党内法规与国家法律之间的交叉性问题。

第一,通过资源整合,协调党内法规与国家法律之间的分工与合作。在实践中,出现党的领导与行政职权之间的冲突时,采用联合办公的方式解决。例如,党的十九届三中全会通过的《中共中央关于深化党和国家机构改革的决定》提出,为减少多头管理、职责交叉,坚持一类事项原则上由一个部门统筹、一件事情原则上

---

① 强梅梅.党内法规与国家法律关系的实证分析[J].华东政法大学学报,2022(5):116.
② 宋功德,张文显.党内法规学[M].北京:高等教育出版社,2020:62—63.

由一个部门负责,调整了相关党政机构设置和职能配置,把政府有关机构职能并入党的职能部门或由其统一归口领导,或在党的职能部门加挂牌子,由其承担某个方面的行政职责。

第二,通过修改党内法规,协调党内法规与国家法律之间的规则冲突。例如,2015年修订的《中国共产党纪律处分条例》第二十七条规定,党员违反法律涉嫌犯罪的行为,包括"贪污贿赂、失职渎职";2018年《监察法》第十一条第二项规定,职务违法和职务犯罪包括"贪污贿赂、滥用职权、玩忽职守、权力寻租、利益输送、徇私舞弊以及浪费国家资财"。因此,为适应国家监察体制改革需求,避免语义冲突和规则冲突,2018年《中国共产党纪律处分条例》再次修订,第二十七条吸收《监察法》的有关规定,对党员违反法律涉嫌犯罪的行为由"贪污贿赂、失职渎职"改为"贪污贿赂、滥用职权、玩忽职守、权力寻租、利益输送、徇私舞弊、浪费国家资财"。

第三,通过修改国家法律,协调国家法律与党内法规之间的规则冲突。例如,中国共产党第十九次全国代表大会,增加了"习近平新时代中国特色社会主义思想""中国共产党的领导是中国特色社会主义最本质的特征,是社会主义制度的最大优势。党政军民学,东西南北中,党是领导一切的"。根据党章的修改,2018年《宪法修正案》在序言中增加了"习近平新时代中国特色社会主义思想"指引,在正文第一条增加了"中国共产党领导是中国特色社会主义最本质的特征"。

(二)党内法规与国家法律相辅相成、相互促进、相互保障

2023年8月2日,中央办公厅、国务院办公厅印发的《关于建立领导干部应知应会党内法规和国家法律清单制度的意见》,充分体现了党内法规管党治党和依据宪法法律治国理政的重要性。党内法规侧重从规范党的领导、党的建设和党的监督保障的角度,为党内治理提供规范依据;国家法律侧重在国家治理相关事物上提供依据。在全面推进依法治国的进程中,必须确保党既依据宪法法律治国理政,又依据党内法规管党治党、从严治党。充分发挥依法治国和依规治党的互补性作用,形成国家法律法规和党内法规制度相辅相成、相互促进、相互保障的格局。

1. 国家法律与党内法规功能上的相辅相成

党内法规与国家法律互为前提,相辅相成。例如,《党内法规制定条例》对党内法规的制定权限、制定原则、规划与计划、起草、审批与发布、适用与解释、备案、

清理与评估等作出明确规定,被称为党内"立法法"。《立法法》对立法权限、立法程序、法律适用与备案审查等作出规定,规范立法活动,促进科学立法、民主立法、依法立法,达到保证宪法实施、维护宪法权威和法治统一的目的,被称为"管法的法"①。

2. 国家法律与党内法规交替引领、相互促进

国家法律和党内法规之间交替引领、相互强化主要表现在:国家法律制度推动相关党内法规制度的完善。例如,《中华人民共和国公务员法》确立的公务员分类管理规定,直接推动了《行政执法类公务员管理规定(实行)》《专业技术类公务员管理规定(实行)》等相关党内法规的制定出台;同时,党内法规制度的变革推动了国家法律制度的完善。② 党内法规的政策性较强,根据实际工作需要,先以党内法规形式规范党的主张的形式和表达,待条件成熟后,在党的领导下转化为国家法律制度。例如,2020 年 5 月,中央全面依法治国委员会印发《行政复议体制改革方案》,部署构建统一、科学的行政复议体制。与之相适应,2023 年 9 月 1 日《行政复议法》修订,修订的《行政复议法》强化行政复议吸纳和化解行政争议的能力,坚持复议为民,提高行政复议的公信力,成为化解行政争议的主渠道。

3. 国家法律和党内法规互为依托,相互保障

国家治理是规则之治,必须坚持依法治国、依法执政、依法行政共同推进,而依法执政是对权力的法治限制,将法治思维、法治方式扩展到党的内部治理,为实现依规治党提供有效解决途径。③ 依法执政需要以全面从严治党作为前提条件,以党内法规制衡权力、限制权力、监管权力,把权力关进制度的笼子。

第三节 社会规范体系

2020 年 12 月,中共中央印发的《法治社会建设实施纲要(2020—2025 年)》提

---

① 李永利. 发挥党内法规和国家法律协同共振效用[N]. 学习时报,2023-09-01(1).
② 习近平法治思想概论编写组. 习近平法治思想概论[M]. 北京:高等教育出版社,2021:312.
③ 邓斌,伍倩. 新时代党内法规与国家法律有机衔接机制建构[J]. 西南政法大学学报,2022(5):83.

出:"充分发挥社会规范在协调社会关系、约束社会行为、维护社会秩序等方面的积极作用。加强居民公约、村规民约、行业规章、社会组织章程等社会规范建设,推动社会成员自我约束、自我管理、自我规范。深化行风建设,规范行业行为。加强对社会规范制订和实施情况的监督,制订自律性社会规范的示范文本,使社会规范制订和实施符合法治原则和精神。"[①]同时,党的二十大报告首次将"加快建设法治社会"纳入法治中国建设整体布局,强调"推进多层次多领域依法治理,提升社会治理法治化水平"[②]。法治社会是法治国家建设的基础,法治社会建设是实现国家治理体系和治理能力现代化的重要环节,其建设离不开社会规范的支持与保障。

一、社会规范的内涵探析

(一)社会规范的概念

社会规范有广义和狭义之分。广义的社会规范是指约束和指导人们的行为,调整人们在生产和生活中的相互关系,要求人们普遍遵守的共同价值标准和行为准则,社会规范的本质是对社会关系的反映,也是社会关系具体化的表达,包括习俗、礼仪、道德、制度、法律、宗教等形式。[③] 随着社会的发展,法律逐渐与道德、宗教等分离,成为独立的规范形式。狭义的社会规范不包括法律规范,是指"国家公权力主体以外的社会主体制定、约定或经由长时段的博弈互动和社会交往演化而成并获得公共认可的行为规范的总和,包括但不限于村规民约、社规民约、行业章程、行业行规、风俗惯例等"[④]。本书根据《法治社会建设实施纲要(2020—2025年)》中对社会规范的狭义界定,介绍居民公约、村规民约、行业规章、社会组织章程等社会规范内容。

(二)社会规范与法律规范的区别

法律规范与社会规范在产生方式、调整范围以及保障方式等方面存在差异。

---

① 法治社会建设实施纲要(2020—2025年)[M].北京:法律出版社,2021:8.
② 习近平.高举中国特色社会主义伟大旗帜 为全面建设社会主义现代化国家而团结奋斗[M].北京:人民出版社,2022:42.
③ 夏玉珍.中国社会规范转型及其重建研究[D].武汉:华中师范大学,2004:17.
④ 吴元元.认真对待社会规范——法律社会学的功能分析视角[J].法学,2020(8):59.

第一,产生方式不同。法律是国家机关依据法定的职权和程序制定、修改和废止规范性法律文件的活动;社会规范的产生方式具有多元化特征,有自发产生的,也有协商产生的。例如,习惯、道德源于历史、文化、传统或舆论作用,是人们在长期交往中自发形成的;行业规范、团体规范或企事业单位规范源于社群成员内部合议。

第二,调整范围不同。法律是调整主权国家范围内的自然人、法人和非法人组织结成的各类社会关系;道德调整范围最广,涵盖了行为人的外部行为和内心活动;行业规范、团体规范和自治规范等则是以特定组织、社群内部成员以及利害关系人为调整对象。

第三,保障方式不同。法律由国家强制力保障实施,一般被称为"硬法";社会规范不具有国家强制力,一般被称为"软法"。例如,习俗和道德依靠舆论、信念、自律等方式保证实施;团体规范、行业规范和自治规范是在社群成员相互信任基础上产生的具有共同价值观的自治规范,作为内部成员实现共治和自治的制度载体,自治规范的履行有赖于团队成员的自律性。

第四,效力位阶不同。原则上,社会规范不得与法律规范相抵触;在法律尚未明确规定或社会规范严于法律规范的情形下,除涉及"社会公共利益"或"成员基本权益"等法律保留条款外,社会规范可以优先适用。

二、社会规范的分类

对社会规范依据不同标准进行分类。根据规范的内容不同,可将社会规范分为习俗、道德规范、宗教规范和自制(治)规范等;根据规范表现形式的不同,可将社会规范分为制度性社会规范和非制度性社会规范。需要指出,各种分类标准并非泾渭分明,一定条件下可以重合与转化。

(一)制度性规范

制度性社会规范强调制定主体、实施主体以及适用范围的特定性,即由特定社会主体制定并由特定机构实施的、适用于特定场域或事项的社会规范。制度性规范主要是自制(治)规范,具体包括基层群众自治规范、企业自治规范、行业自治规范、事业单位自治规范和社会团体规范等形式。

1. 基层群众自治规范

《宪法》第一百一十一条第一款规定:"城市和农村按居民居住地区设立的居民委员会或者村民委员会是基层群众性自治组织。"据此,《宪法》确立了城市居民和农村居民分别通过居民委员会和村民委员会管理基层公共事务和公益事业基层群众自治制度。居民委员会和村民委员会分别以居民公约或村规民约以及自治章程为自治依据。居民公约是依照法律法规,适应居民自治要求,由小区居民共同协商制定,在社区这一特定场域中共同遵守的行为规范,是居民进行自我管理、自我服务、自我教育、自我监督的主要手段。村规民约是村民群众根据有关法律、法规、政策,结合本村实际制定的涉及村风民俗、社会公共道德、公共秩序、治安管理等方面的综合性规定,是村民进行自我管理、自我教育、自我约束的行为规范。[1]

随着城市化发展的进程,业主自治也逐渐成为基层民主自治的重要组成部分。《民法典》规定,业主可以设立业主大会,选举业主委员会。业主委员会在制定和修改业主大会议事规则、管理规约、选举业主委员会或者更换业主委员会成员等方面具有自治权。业主大会或者业主委员会的决定,对业主具有法律约束力。

2. 企业自治规范

企业自治规范包括企业内部自治管理规范和企业外部自治管理规范。企业内部自治管理规范主要是关于企业内部组织结构、人事管理和经营模式等的规范,如公司章程、人事制度等自治性文本。企业外部自治管理规范主要指"企业作为交易强势主体,在所涉及的特定营业项目对外交易中,制定的格式条款"[2]。比如,"上海迪士尼乐园游客须知"规定,"游客可携带供本人食用的食品及饮料进入上海迪士尼乐园,但不允许携带需加热、再加热、加工、冷藏或保温的食品(如需加热水食用的方便面及带自热功能的食品等)及带有刺激性气味的食品(如榴莲等)"[3]。这就是属于企业作为交易的强势一方,对另一方制定的格

---

[1] 关于自治区十二届人大代表对我区开展村规民约制定情况的综合调研报告[R/OL].广西人大网,2013-11-28,https://www.gxrd.gov.cn/html/art145254.html.
[2] 张腾.指导性案例中社会自治规范的适用方式与效果提升[J].法理——法哲学、法学方法论与人工智能,2021(2):105.
[3] 上海迪士尼乐园游客须知[EB/OL].迪士尼度假区官网,https://www.shanghaidisneyresort.com/rules/.

式条款。

3. 行业自治规范

行业规范是行业经营的行为准则,是指为维系行业组织的制度运行,规范和协调行业行为,由特定行业制定的行业规约或经营惯例。行业规范可以分为隐性行业交易习惯和显性行业标准。隐性行业交易习惯是指行业内部长期实践并反复确认的惯例性交易规则,如房地产行业"禁止跳单"的行业交易习惯;显性行业标准是指在某些科学、技术或其他经验领域中经批准实施的合理专业标准[①],如企业ISO(国际标准化组织,International Organization for Standardization)标准。

4. 事业单位自治规范

事业单位是指国家为了社会公益目的,由国家机关举办或者其他组织利用国有资产举办的,从事教育、科技、文化、卫生等活动的社会服务组织。高校是事业单位自治的典型代表。高校自治主要以大学章程、学生守则或工作通知等为依据。章程是高等学校依法自主办学、实施管理和履行公共职能的基本准则,在高校管理体系中居于核心地位,一般包括办学宗旨、办学规模、师生的权利和义务及其保障救济机制、章程修改程序等内容。学生行为规则是指学生在日常学习、生活中必须遵守的行为规则。学生行为规则覆盖学生从入学、在校学习以及学生毕业等所有环节的行为规则,如学位管理、学生奖惩、论文抽检等方面。

5. 社会团体规范

社会团体是指一定数量的社会成员(包括自然人、法人)为特定目的所组成的、具备法人资格的社会组织,如人民群众团体、社会公益团体和学术研究团体等。《社会组织蓝皮书:中国社会组织报告(2022)》显示,截至2021年底,我国社会组织数量达901 870个,比2020年增加了7 708个,教育领域和社会服务领域的社会组织数量占了近一半。[②]社会团体规范是指由社会团体制定的章程或守则,如章程、规则、规范、纪律等自治规范。例如,《中国消费者协会章程》规定

[①] 张腾.指导性案例中社会自治规范的适用方式与效果提升[J].法理——法哲学、法学方法论与人工智能,2021(2):107—108.

[②] 张煜.我国社会组织数量超90万个,教育和社会服务领域占近一半[EB/OL].上观新闻,2022—11—14,https://export.shobserver.com/baijiahao/html/550518.html.

了该协会章程与职能、组织机构、资金管理、章程修改终止程序等内容;《中国法学会章程》规定了总则、任务、会员、全国组织、学术委员会、地方组织、经费使用等内容。

（二）非制度性社会规范

非制度性社会规范并非特指某一种规范,一般是指与正式制度规范相对立的制度形式,是对制度规范作出的否定性的表述。非制度性社会规范的形成过程具有历史性、自发性,以不成文形式居多,适用于不特定主体,影响范围比较广,通过舆论、自律等方式实施。非制度性社会规范主要有习惯、道德规范、宗教规范等形式。

第一,习惯。习惯是经过长期的历史积淀而形成的一种为人们自觉遵守的行为模式。[1] 习惯主要在婚丧嫁娶、人际交往等日常生活行为中适用较多。

第二,道德规范。道德主要依靠耻感维持人们的自律行为,通过教育、示范、社会舆论以及群体内心信念形成约束。当前,道德规范有成文化倾向,如职业道德规范。

第三,宗教规范。宗教是自然力量和社会力量在人们思想中的一种反映,是与神圣物相关联的信仰和行为准则,由共同的信仰、礼仪和教团组织等要素构成。[2] 宗教规范包括信仰、戒律、宗教教义和教规等成文宗教仪式以及宗教组织的管理规范。

三、构建社会规范与法律规范同频共振的社会治理格局

社会规范与法律规范相辅相成,相得益彰。一方面,法律注重对外部事务的调整,强调国家治理过程中的权利义务关系;另一方面,社会治理强调社群内部调整,强调社会治理中特定场域内部产生的权利义务关系。社会规范与法律规范同频共振,有效发挥两者在社会治理中的各自优势,实现社会治理能力和治理体系现代化。

---

[1] 刘作翔.习惯与习惯法三题[J].哈尔滨工业大学学报(社会科学版),2012(1):46.
[2] 沈新坤.乡村社会秩序整合中的制度性规范与非制度性规范——改革开放以来乡村社会秩序的实践[D].武汉:华中师范大学,2008:36.

（一）社会规范为法律规范提供制度源泉

社会规范中的一些习俗，如道德、习惯、风俗等，通过国家立法或司法的认可，成为法律规范的制度源泉。

第一，国家立法将某些社会规范确认为现行法律制度。一种是通过立法程序，将道德规范载入法律规范。如社会主义核心价值观、诚实信用原则、公序良俗等属于道德的范畴，被国家通过立法程序确认为法律原则。另一种是通过立法程序，将某些风俗习惯确定为法律。如《民法典》第一千零一十五条关于姓氏权的规定，自然人可以随父姓，也可以随母姓；但少数民族自然人的姓氏可以遵从本民族的文化传统和风俗习惯。该条款源自《"北雁云依"诉济南市公安局历下区分局燕山派出所公安行政登记案》（最高人民法院指导案例89号），该案争议的焦点是子女是否可以取一个既不同父姓，也不同母姓的姓氏。2014年，《全国人民代表大会常务委员会关于〈中华人民共和国民法通则〉第九十九条第一款、〈中华人民共和国婚姻法〉第二十二条的解释》中规定，少数民族自然人的姓氏可以遵从本民族的文化传统和风俗习惯，该解释内容也被《民法典》第一千零一十五条所采纳。

第二，以变通立法形式确认特定习俗的法律效力。变通立法权是我国法律赋予民族自治地方和经济特区特有的权力，只能在特定范围内适用。例如，《民法典》规定结婚最低年龄为男方不早于二十二周岁，女方不早于二十周岁。针对一些少数民族地区结婚年龄低龄化现象，2022年7月，青海省十三届人民代表大会常务委员会第三十四次会议审查批准《海西蒙古族藏族自治州施行〈中华人民共和国民法典〉结婚年龄的变通规定》和《大通回族土族自治县施行〈中华人民共和国民法典〉结婚年龄的变通规定》，该规定降低了本州、本县户籍的少数民族结婚年龄为男不得早于二十周岁，女不得早于十八周岁。青海省人民代表大会根据本地区的民族习惯，通过变通立法的方式，对《民法典》规定的结婚年龄作了变通规定。

第三，立法确认"习惯"具有法律效力。实践中，存在大量的商业惯例和风俗习惯等社会规范且广泛适用，对此，立法以"习惯"作为概括性概念确认其具有法律效力。《民法典》在民法原则、民事行为、相邻关系、合同生效与履行等制度中，有19处出现了"习惯"这一概括性概念。比如，《民法典》规定"沉默只有在有法律规定、当事人约定或者符合当事人之间的交易习惯时，才可以视为意思表示"，但法律并未明确指出当事人具体的交易习惯是什么,因此,对此类"习惯"的运用,必须结合具体的类案具体分析。

第四,通过司法裁判确认某些社会规范具有法律效力。比如,长久以来,关于离婚时一方所收受彩礼是否退还的问题,双方当事人各执一词。2004年,《最高人民法院关于适用〈中华人民共和国婚姻法〉若干问题的解释(二)》发布,规定当事人请求返还按照习俗给付的彩礼的,如果双方未办理结婚登记手续的,法院应当予以支持。实际上,该司法解释从司法实践上确认了彩礼这一普遍存在的习俗具有法律效力。

(二)社会规范为法律规范运行夯实社会基础

法治社会的建设目标是构建信仰法治、公平正义、保障权利、守法诚信、充满活力、和谐有序的社会,要求各个社会主体自觉尊崇法律、遵守法律、服从法律,实现社会关系的法治化。社会规范作为特定场域内社群主体制定的契约性规范,与法律规范在价值上和目标上具有一致性。因此,通过社会规范建设,有助于夯实法律规范运行的社会基础。以下举例说明。

第一,形成以居民公约和村民公约为基础的社区治理环境,夯实国家法律运行的基层社会治理基础。根据《中国人权法治化保障的新进展》白皮书介绍,截至2016年,全国98%的村制定了村规民约或村民自治章程。[①] 当前,村规民约几乎涵盖乡村生活的各个方面,比如,村容村貌、环境保护、乡村治安、纠纷解决、村民品行道德、村风民俗、村民权利和义务、邻里关系、乡村民主建设、婚丧嫁娶、宅基地、经济利益分配、违反乡规民约的责任承担、家庭内部关系等方面。居民公约同样如此。例如,天津市和平区小白楼街道开封道社区制定了"十要十不要"居民公约;江苏省无锡市梁溪区惠山街道蓉湖社区在归纳家风、楼风、社风主体要义的基础上,拟定了居民公约"三字歌"。通过加强居民公约、村规民约的社会规范建设,提升基层社会治理能力,加强基层德治与自治的建设,提升公民的道德素养,有助于维护基层社会秩序、解决基层矛盾纠纷。

---

① 中国人权法治化保障的新进展[EB/OL].国务院新闻办,2017—12—16,http://www.scio.gov.cn/ztk/dtzt/36048/37475/37477/Document/1613559/1613559.html.

典型案例

采摘杨梅致死案①

广东省广州市花都区的红山村景区河道旁种有杨梅树,杨梅树属于梯面镇红山村村民委员会所有,该村民委员会未向村民或游客提供免费采摘杨梅的活动。2014年,红山村制定村规民约,约定"每位村民要自觉维护村集体的各项财产利益,每个村民要督促自己的子女自觉维护村内的各项公共设施和绿化树木,如有村民故意破坏或损坏公共设施,要负责赔偿一切费用"。2017年5月19日,村民吴某私自上树采摘杨梅,不慎从树上跌落受伤,因抢救无效死亡。原告吴某家属以被告红山村村民委员会未尽到安全保障义务为由向法院提起诉讼,并要求被告承担70%的人身损害赔偿责任631 346.31元。一审法院判决被告向原告赔偿45 096.17元。原告和被告均不服,提起上诉,二审维持原判。2019年11月,广东省广州市中级人民法院再审本案,撤销原审判决,驳回原告诉讼请求。

再审法院驳回原告诉讼请求的理由是吴某违反了公序良俗的规定。具言之,"红山村村规民约"是村民行为准则和道德规范的约定,村民要自觉维护村集体的各项财产利益,形成红山村的公序良俗。吴某作为红山村村民,私自爬树采摘杨梅,违反了村规民约和公序良俗,导致了损害后果的发生,该损害后果与红山村村民委员会不具有法律上的因果关系。本案中,如果吴某遵守"红山村村规民约"的规定,加强自身的自律性,也许悲剧就可以避免。

第二,形成以高校自治性规范为基础的良好校园治理环境,夯实国家法律运行的社会基础。高校与其他社会环境存在区别,高校是有目的、有计划地培养德智体美劳全面发展人才的主要场所,旨在为社会输送德法兼备的人才,实行基于学术自治权制定的学术自治规范和校内行为规范。例如,大学制定章程,明确党委政治领导权与校长行政权之间的关系、教师学术权益的保障、师生民主权和监

---

① 案例来源:指导案例140号:李秋月等诉广州市花都区梯面镇红山村村民委员会违反安全保障义务责任纠纷案[EB/OL].(2019)粤01民再273号,最高人民法院网,2020-10-16,https://www.court.gov.cn/shenpan/xiangqing/263571.html.

督权的有效发挥。大学制定学生管理守则,在学生学籍管理、学位授予、奖惩制度、社团管理等方面对学生工作开展具体管理,使学生享有受教育权、参与学校管理权、得到资助权及得到公正评价权等权利,履行遵守校规校纪、服从学校学籍管理和教学管理的义务。① 近年来,因学术自治权而引发的纠纷在高校自治管理中比较常见,如"田永诉北京科技大学案""于艳茹诉北京大学案"等均是由高校自治规范引起的法律纠纷。

典型案例

高校拒绝授予学位案②

何某是华中科技大学武昌分校 2003 级本科毕业生,武昌分校不具备学位授予资格,学位必须由华中科技大学授予。根据《华中科技大学武昌分校授予本科毕业生学士学位实施细则》第二条规定,"凡具有我校学籍的本科毕业生,符合本实施细则中授予条件者,均可向华中科技大学学位评定委员会申请授予学士学位",第三条"……达到下述水平和要求,经学术评定委员会审核通过者,可授予学士学位。……(三)通过全国大学英语四级统考"。2007 年 6 月 30 日,何某毕业,获得武昌分校颁发的普通高等学校毕业证书,但由于其未通过全国英语四级考试,因此华中科技大学不授予何某学位。何某不服,将武汉科技大学告上法庭。本案争议的焦点是通过全国英语四级到底属于强制性规定还是学术自治范畴。根据法院的审理认定,通过全国英语四级考试是学校依法行使教学自主权,自行对其所培养的本科生教育质量和学术水平作出的具体规定和要求,是对授予学士学位的标准的细化,没有违反《中华人民共和国学位条例》第四条和《中华人民共和国学位条例暂行实施办法》第二十五条的原则性规定,遂驳回了何某的诉讼请求。

---

① 李仁燕.高校内部行政法律关系论[D].北京:中国政法大学,2007:64.
② 案例来源:指导案例39号:何小强诉华中科技大学拒绝授予学位案[EB/OL].(2009)武行终字第61号,最高人民法院网,2014-12-25,https://www.court.gov.cn/shenpanxiangqing/13223.html.

第三,形成以行业自治规范为基础的行业自律环境,夯实国家法律运行的社会基础。自由市场交易促成了对行业自治的需求,行业自治规范具有法律规范所无法具备的行业视角和细致程度,可以及时对本行业存在的事实予以更为细致妥善的规制[1],如在经营管理、销售服务等各项活动中统一制定的各种规定、规则、章程、办法、标准、程序等规范性文件。

> **典型案例**
>
> ### 违反行业标准处罚案[2]
>
> 原告盐城市某公司诉称,2012年5月15日,被告盐城市某工商行政管理局作出的"行政处罚决定书",认定原告销售的金龙鱼橄榄原香食用调和油未标明橄榄油含量,违反了《预包装食品标签通则》(GB7718－2004)的规定并处6万元的罚款,属于法律适用错误,《预包装食品标签通则》(GB7718－2004)不是食品安全国家标准,应适用《中华人民共和国食品安全法》相关规定。被告辩称,处罚合理合法。本案争议焦点:原告是否应该遵守《预包装食品标签通则》(GB7718－2004)行业标准?《预包装食品标签通则》(GB7718－2004)作为食品标签强制性标准,在《中华人民共和国食品安全法》生效后,即被视为食品安全标准之一,直至被《预包装食品标签管理通则》(GB7718－2011)替代。因此,被告援引相关行业规则对原告处罚,于法有据,法院最终支持了行政机关的处罚决定。

第四,形成以演艺行业自律规范为基础的社会文化环境,夯实国家法律运行的社会基础。2020年修订的《营业性演出管理条例》第四十二条规定,演出行业协会应当依照章程的规定,制定行业自律规范,指导、监督会员的经营活动,促进公平竞争。2021年2月,中国演出行业协会发布《演出行业演艺人员从业自律管

---

[1] 张腾.指导性案例中社会自治规范的适用方式与效果提升[J].法理——法哲学、法学方法论与人工智能,2021(2):107.
[2] 案例来源:指导案例60号:盐城市奥康食品有限公司东台分公司诉盐城市东台工商行政管理局工商行政处罚案[EB/OL].(2013)盐行终字第0032号,最高人民法院网,2016－06－06,https://www.court.gov.cn/shenpan/xiangqing/27531.html.

理办法(试行)》,其适用人群是指从事音乐、舞蹈、戏剧、戏曲、曲艺等各类型舞台艺术演出的表演者,该办法对演艺人员的从业范围、从业规范、机构设置、自律惩戒措施等作了详细规定。其中,对违反从业规范的演艺人员,协会根据下设的道德建设委员会评议结果,采取批评教育、取消资格(参加行业评比、表彰、奖励、资助等)、联合抵制(1年、3年、5年和永久等不同程度)、跨行业惩戒等措施,协会各会员单位或者个人不得邀请、组织处于联合抵制期内的演艺人员参与演出行业各类活动,也不得为其提供其他宣传、推介等便利。该办法的规定——"劣迹艺人"或将受联合抵制且复出需报批,有利于营造风清气正的文化环境。艺人的良好形象对社会的良性发展起到示范作用,尤其是"饭圈"文化在社会中流行的形势下,青少年是"饭圈"的主体,偶像被粉丝赋魅,演艺人员更应形成表率。2022年,演艺人员杜某某因走私毒品罪被北京市第四中级人民法院依法判处有期徒刑一年。中国演出行业协会依据行业自律规范启动行业道德自律评议程序并作出评议、通报,要求会员单位对其进行从业抵制。①

(三)社会规范为法律规范调整范围提供必要补充

法治社会是在市场经济背景下,"国家-社会"由一体化转型为二元化的产物。法的功能不再由单一的国家制定法承担,建设法治社会,必须发挥来自社会自身以及各种社会组织所产生的社会规范的作用,为法律规范调整范围提供必要的补充。

1. 以非诉讼方式解决社会纠纷

社会规范成为多元化的纠纷解决机制(Alternative Dispute Resolution,ADR)的主要方式,法律允许案件当事人根据自己的现实需要来选择调解、和解、仲裁等不同的解决机制。

第一,多地开展"无讼村"建设,形成以溯源治理为目标的社会治理目标。近年来,为缓解基层司法压力,我国逐渐形成以溯源治理为目标的社会治理模式。从20世纪30年代实施的与群众路线相结合的"马锡武审判方式",到60年代发动和依靠群众,坚持矛盾不上交,就地解决,实现捕人少、治安好的"枫桥经验",再

---

① 中国演出行业协会发布对杜雪儿进行从业抵制的公告[EB/OL].光明网,https://m.gmw.cn/2022-04/26/content_1302919224.html.

到通过村规民约、居民公约的制定、宣传与施行,实现新时代小事不出村、大事不出镇、矛盾不成讼的"无讼村"的社会治理模式的建立。党的十八大以来,全国各地不断探索纠纷源头治理新模式,发挥党建引领统一思想、基层法治力量和人民调解第一道防线的作用,使"无讼"成为促进社会治理创新的方式。如严婆信俗文化是全国唯一由女性号令引教的家风家训,福建省长汀县人民法院河田人民法庭积极参与指导严婆田村重新修订了以"十要十不准"为主要内容的"严婆田村规民约";并联合司法,运用村民规约和严婆文化成功调解夫妻矛盾纠纷,构建和谐家庭。

第二,在诉讼过程中,充分运用社会规范作为和解的重要手段,形成"社会调解优先,法院诉讼断后"的矛盾纠纷解决机制。如福建省长汀县人民法院河田人民法庭在受理一起相邻权纠纷案件中,双方当事人关于相邻关系纠纷无法达成一致,如果强制运用判决,效果肯定不佳,法院就引用传统习俗规约和"六尺巷"等睦邻友好故事开导双方,经过数次调解,最终使双方当事人达成共识。

2. 用社会规范解决不宜用法律规范调整的范围

法律不是万能的,由于其强制性特点,法律并不适用于所有的社会领域。社会规范作为"软法",依靠习俗、道德、舆论、信念方式,有效弥补了不宜适用法律规范调整的范围。比如,摩梭人的走婚制度是摩梭人植根于母系文化的思想观念和伦理道德的反映。走婚制度是继一夫多妻、一妻多夫、一夫一妻之外的第四种婚姻形态,是至今仍保留完整的独一无二的家庭与婚姻"活化石"。走婚制度本身没有夫妻的存在,尽管随着社会的发展,现在也有一部分摩梭人实行一夫一妻制,但法律既未禁止走婚制,也不便于在立法中肯定走婚制,走婚作为摩梭人特有的习俗被保留下来。

第三编

个人法治素养：权利、义务与责任

"权利""义务"与"责任"是法律知识体系的三大关键词。赋予权利、设定义务、施加责任是法律相对于其他社会规范的治理优势。一切权利只有通过相应义务的履行才能实现。侵犯他人权利、行使权利不当、未能完整履行义务，都可能导致法律责任的产生。

"公民基本权利和义务"是《宪法》的重要组成部分，并引领各领域法律对公民的权利和义务作出详细规定。宪法法律确定的公民法律权利蕴含着道德情感，法律义务不排斥对道德责任的考量，法律责任中潜藏着道德理性。关于权利、义务和责任的法律知识既展示了法律的强制性和约束力，又表达了"以人为本"的法治精神、规则意识、诚信观念、契约精神以及公序良俗等道德底蕴。所以，法律知识为道德建设涵养文化基础、提供理性规则。

尊重权利、履行义务和承担责任是公民法治素养的核心内容。

第八章　法律权利及其道德情感

据英国学者麦金泰尔(A. MacIntyre)考证,当今人们所说的"一种权利"(a right)的表述出现于中世纪末,即英语发展史的较晚阶段。[①] 17、18 世纪的资产阶级革命以"天赋人权"(rights-in-born)为口号,认为人权(human rights)是与生俱来、不可转让、不可剥夺的,是上帝赐予人的自然权利(natural rights)。19 世纪中期,美国学者丁韪良(W. A. P. Martin)在翻译亨利·惠顿(Henry Wheaton)的《万国公法》(Elements of International Law)时,将英文的"rights"一词译为"权利",由此将现代法律意义上的权利概念引入中国。[②] 本书将基于中国现行《宪法》的规定介绍公民在政治生活、民事生活以及社会经济生活等领域的权利和自由。

第一节　法律权利的基本理论

法律意义上的权利,指的是"规定或隐含在法律规范中、实现于法律关系中的,主体以相对自由的作为或不作为的方式获得利益的一种手段"[③]。《牛津法律大辞典》将"权利"(right)一词定义为"由特定的法律制度规定的赋予某人的好处或利益",并指出"道德是(法律权利存在的)基础之一"[④]。总之,权利表现为某种

---

① [美] A. 麦金泰尔. 德性之后 [M]. 龚群,等译. 北京:中国社会科学出版社,1995:86—88.
② 陈乔见. 儒学中的权利重构及其意义 [J]. 华东师范大学学报(哲学社会科学版),2019(6).
③ 张文显. 法理学 [M]. 5 版. 北京:高等教育出版社,2021:130—131.
④ [英] 戴维·M. 沃克. 牛津法律大辞典 [M]. 李双元,等译. 北京:法律出版社,2003:969—970.

利益或资格,法律权利以道德正当性为基础,但必须通过制度来确立和保障。

一、法律权利释义

法律权利以现代人权概念为基础。当代学者关于人权的解释是类似的,例如,"(人权是)人仅因为他是一个人而享有的权利"[1],是"一种每个人都平等享有的、极为重要的、普遍的基本道德权利,它是无条件且不可改变的"[2]。人权不仅是一个法律概念,而且是一个政治概念和文化概念,具有一定的阶级性、民族性、地域性、时代性与国际性。我国把尊重和保障人权作为治国理政的一项重要工作,2004年正式将"国家尊重和保障人权"写入《宪法》,首次将"人权"这一概念以宪法形式确定下来。新时代以来,我国始终坚持把人权的普遍性与中国具体实际相结合,走出了一条符合时代潮流、具有中国特色的人权发展道路。

(一)法律权利的概念

1. 西方法学界的权利

关于法律视阈下的权利内涵,西方法学界有以下经典学说[3]:

(1)"利益说",即"权利"就是法律所保障的利益。"利益说"的代表性表述有:"权利之特质在于给所有者以利益"[4]"权利自身不外是一个在法律上受保护的利益"[5]等。"利益说"认为,对权利主体而言,权利一定包含着某种利益,而义务则是一种负担或不利。

(2)"主张说",即将"权利"定义为"法律上有效的、正当的、可强制执行的主张"[6]"拥有某项权利就是针对某人某事提出某种主张"[7]。"主张说"强调权利与义务的相互对应,权利主体提出某项主张,则必然有与之相对应的义务。

(3)"资格说",即"权利"是一种行动、占有或享受的资格,只有具有此种资格

---

[1] [美]卡尔·威尔曼.人权的道德维度[M].肖君拥,译.北京:商务印书馆,2018:9.

[2] J. Feinberg, *Social Philosophy*, Prentice Hall, 1973, pp. 85.

[3] 张文显.马克思主义法理学:理论、方法和前沿[M].北京:高等教育出版社,2003:282—291.

[4] J. Austin, *The Province of Jurisprudence Determined*, Weidenfeld & Nicolson, London, 1954, pp. 140.

[5] [德]耶林.为权利而斗争[M].郑永流,译.北京:商务印书馆,2018:26.

[6] 张文显.马克思主义法理学:理论、方法和前沿[M].北京:高等教育出版社,2003:283.

[7] J. Feinberg, "Duties, Rights and Claims", *American Philosophical Quarterly*, Ⅲ, pp. 137.

的主体才能提出对权利的主张。胡果·格劳秀斯(Hugo de Groot)指出:"由于权利,一个人有资格正当地占有某种东西或正当地做出某种事情。"① 基于对"主张说"的批判,麦克洛斯基(H. J. McCloskey)提出了"权利即是资格",认为权利"是一种去做、去要求、去享受、去成为、去完成的资格",而所谓主张,则仅仅是提出要求,而非拥有、行使或享受。② 英国法学家米尔恩(A. J. Milne)同样认为"权利"的要义是资格:"说你对某物享有权利,是说你有资格享有它,如享有投票、接受养老金、持有个人见解,以及享有家庭隐私的权利。"③

(4)"自由说",即权利是主体意志上和行动上的自由。这种自由是法律允许内的自由,既要受到法律的保护,也要为法律所限制。持"权利自由说"的代表性学者包括霍布斯(Hobbes)、康德(Kant)、黑格尔(Hegel)等。

2. 马克思主义的权利观

区别于西方"天赋人权"的自然权利观,马克思主义的权利观认为权利是历史的、具体的,而非天赋的、抽象的,权利决定于一定的社会经济基础和物质生活条件,是特定社会历史条件下的产物。

首先,马克思主义对资产阶级的权利观进行了批判,认为资产阶级所标榜的平等权利"不承认任何阶级差别,因为每个人都像其他人一样只是劳动者,但是它默认劳动者的不同等的个人天赋,从而不同等的工作能力,是天然特权。所以就它的内容来讲,它像一切权利一样是一种不平等的权利"④。

其次,马克思主义认为权利是历史的、发展的,权利的产生是历史发展的必然结果。权利一方面受制于特定的社会历史条件,另一方面也会随着社会历史的发展而发展。"权利绝不能超出社会的经济结构以及由经济结构制约的社会的文化发展。"⑤

最后,马克思主义认为权利具有社会性。权利的主体是处于一定社会关系中

---

① [荷]格劳秀斯.战争与和平法[M].马呈元,等译.北京:中国政法大学出版社,2015:24.
② H. J. McCloskey, "Rights", *The Philosophical Quarterly*, vol. 15, no. 59, 1965, pp. 115–127.
③ [英]米尔恩.人的权利与人的多样性——人权哲学[M].夏勇,等译.北京:中国大百科全书出版社,1995:111.
④ 马克思恩格斯文集:第3卷[M].北京:人民出版社,2009:435.
⑤ 马克思恩格斯文集:第3卷[M].北京:人民出版社,2009:435.

的人,权利的内容反映了特定的社会现实状况,满足了特定的社会需要。①

(二)法律权利的特点

对于法律权利的特点,不同学者的论述不尽相同。归纳而言,主要有以下四个方面。②

第一,法律权利是一种制度性权利(institutional rights),需要通过一定的制度体系来确立,并通过立法、执法、司法等一系列法律程序来实现。相比之下,道德权利则不需要通过某种制度或程序的确认,其存在基础是道德规范、文化习俗和社会伦理关系。在判例法体系中,公民的一些法律权利以判例的形式被确定下来。例如,2003年美国的格鲁特诉布林格案(Grutter v. Bollinger)③中,联邦最高法院援引了"学术自由第一案"——斯韦泽案(Sweezy Case)的裁判先例,将学术自由权确立为一项宪法权利。法律权利也是一种事实权利,它的存在依赖特定的社会事实,即宪法和法律。一旦实在法做出改变,现有的法律权利就可能会随之而更改,甚至被取缔。而道德权利以正当伦理为基础,"是能够直接诉诸道义评价的权利"④。相对于法律权利的明确性与固定性,道德权利的边界较为模糊,这一方面是由于道德自身的主观性,另一方面则是由于道德标准的多元性。多数权利具有道德权利与法律权利的双重属性,例如民法中所规定的生命权、健康权、平等权等。

第二,法律权利的能动性和可选择性。法律权利的主体能够在法律允许的范围内,自主决定是否行使、让渡、交换或放弃某种法律权利。这是法律权利与法律义务的重要区别。不过,一些权利具有权利和义务相统一的复合属性,不能轻易让渡或放弃,如劳动权、受教育权等。《宪法》第四十二条、第四十六条分别规定了我国公民享有"劳动的权利和义务"以及"受教育的权利和义务"。《中华人民共和国劳动法》要求用人单位应当依法建立和完善规章制度,保障劳动者享有劳动权利和履行劳动义务。

---

① 尹奎杰. 马克思权利观研究[M]. 长春:东北师范大学出版社,2015:223-247.
② 张文显. 法理学[M]. 5版. 北京:高等教育出版社,2021:131-132. 林来梵. 从宪法规范到规范宪法:规范宪法学的一种前言[M]. 北京:商务印书馆,2017:87-91.
③ U. S. Code:539 U. S. 306.
④ 万俊人. 寻求普世伦理[M]. 北京:北京大学出版社,2009:193.

第三,法律权利受到社会历史发展的制约,具有普遍性与特殊性。一方面,各国公民的法律权利具有普遍性,但这种普遍性并不是超文化、超历史的,而是要依托具体的社会历史发展进程,遵循权利发展的客观规律。另一方面,法律权利受社会经济结构和文化发展水平制约。地理环境、社会制度、文化传统、人权观念等因素,都可能导致不同国家、不同民族的法律权利存在差异。同一国家或民族在不同时代对于法律权利的需求也不一样。[①]

第四,法律权利是对道德要求的回应和保障。一方面,法律权利以道德权利为基础,法律必须具有道德导向。"宪法的效力来源于社会普遍道德,社会普遍道德构成宪法的正当性基础。"[②]只有契合全体人民道德意愿、符合社会公序良俗的法律,才能真正为人们所信仰和遵守,实现良法善治。[③]另一方面,道德权利通过法律得以保障。法律法规能够体现鲜明的价值观,直接影响着人们的道德立场。近年来,随着社会主义核心价值观入法入规,一些基本道德要求逐渐上升为法律规范,将道德导向贯彻于立法、执法、司法的全过程,以法治体现道德理念,为道德提供法治保障,不断增强法治的道德底蕴。法律不仅是对社会行为的规范,更是引导公众价值取向、引领良好社会风尚的"指南针"。

(三)法律权利的内容体系

"宪法就是一张写着人民权利的纸。"[④]公民法律权利是各国宪法的重要内容。《宪法》第二章为"公民的基本权利和义务",专门规定了我国公民的各项法律权利,主要包括平等权、政治权利、宗教信仰自由、人身自由、社会经济权利、文化教育权利、监督权与请求权。[⑤]

[①] 以美国的持枪权为例。1791年的美国宪法《第二修正案》(《权利法案》第二条)规定:"纪律优良之民众武装乃自由邦国安全之必需,故人民持有并携带武器之权利不受侵犯。"这一法条使持枪权成为美国公民的一项宪法权利。然而,近年来持枪权却引发了严重的社会危机。美国枪支暴力档案(Gun Violence Archive)显示,仅2023年上半年,美国共发生276起大规模枪击案,因各类涉枪事件死亡的人数高达18 208人(其中771人为未成年人),另有15 199人受伤(其中1 963人为未成年人)。可见,持枪权已成为美国民众生命安全的重大威胁而不是保护,所以要求废除持枪权的民意持续强烈。

[②] 秦小建.宪法的道德使命:宪法如何回应社会道德困境[M].北京:法律出版社,2015:58-62.

[③] 冯玉军.沿着中国特色社会主义法治道路阔步前进[N].人民日报,2018-08-31(7).

[④] 列宁全集:第12卷[M].北京:人民出版社,2017:50.

[⑤] 《宪法学》编写组.宪法学[M].2版.北京:高等教育出版社,2022:199.

1. 平等权

《宪法》第三十三条规定："中华人民共和国公民在法律面前一律平等。"平等权是贯穿于其他法律权利的基础性权利，它既是《宪法》规定的一项公民基本权利，也是法律订立和执行过程中应当遵循的基本原则。平等权既要保证所有公民平等地享有宪法和法律规定的权利，履行相应的义务，承担相应的责任，又要保证所有公民不应因其性别、身份、职业、民族等因素的差异而享有特权或遭受歧视。当公民认为自身受到不平等对待或歧视时，有权向公安机关、人民检察院或人民法院报案或控告，以主张自己的合法权利。

典型案例

闫某某诉某公司平等就业权纠纷案[①]

2019年7月，闫某某通过某招聘平台向某公司投递了求职简历，户籍所在地填写为"××省××市"。该公司在查阅简历后，以"××省人"为由，向闫某某发出了不适合此岗位的通知。闫某某认为该公司存在地域歧视行为，违反了《就业促进法》的相关规定，因此向杭州互联网法院提起诉讼，要求该公司道歉并支付精神抚慰金。2019年11月，人民法院依法做出判决，认为该公司因与岗位无关的地域事由对闫某某进行了差别对待，侵犯了闫某某的平等就业权，损害了其人格尊严。故判令该公司向闫某某支付精神抚慰金以及合理维权费用损失共计10 000元，并以口头及登报形式向闫某某致歉。

"公民在法律面前一律平等"的宪法原则，为各部门法中的平等权相关规定提供指引。例如，《就业促进法》规定："劳动者就业，不因民族、种族、性别、宗教信仰等不同而受歧视。""用人单位招用人员，应当向劳动者提供平等的就业机会和公

[①] 案例来源：闫某某、浙江某度假村有限公司名誉权纠纷一审民事判决书［EB/OL］.（2019）浙0192民初6405号，裁判文书网，https://wenshu.court.gov.cn/website/wenshu/181107ANFZ0BXSK4/index.html? docId=baWF8FM0EmPA3JfpwwrQpbtJWBF6yFXAs/q2y6TRBh+uJlthgzTQDZO3qNaLMqsJTEIeSqK6na7ACHKBoXOd7n5ovQqL/MH06FIzGCs9GivucFd/icSmRQKXyqvm79ZS.

平的就业条件,不得实施就业歧视。"《中华人民共和国民事诉讼法》规定:"民事诉讼当事人有平等的诉讼权利。""对当事人在适用法律上一律平等。"

平等权的适用应当遵循以下准则:首先,"法律面前一律平等"指的是公民法律地位的平等,而不是社会生活条件的平等。法律地位的平等,包括适用法律的平等、法律保护的平等、权利和义务的对等。即便人们在社会背景、生活环境、文化水平等客观事实上存在差异,在法律面前也应当被平等地对待,任何组织或者个人都不得有超越宪法和法律的特权。其次,"法律面前一律平等"不是行为能力上的机械等同。无民事行为能力人或限制民事行为能力人不能或不能完全行使民事权利、承担民事义务。最后,"法律面前一律平等"既包括实质上的平等,也包括形式上的平等。例如,诉讼程序应当对所有公民保持一致,保证公正性与中立性。

平等权的适用也应当允许一定范围内的合理差别对待。一般认为合理差别有以下五种情况[①]:一是基于年龄因素的区别对待,例如年满十八岁的公民才享有选举权与被选举权。二是基于生理因素的区别对待,例如对妇女在生理上的特殊情况予以特殊照顾。三是基于民族差异的区别对待,例如对少数民族的各项优惠措施。四是基于经济能力的区别对待,例如实行超额累进税率,以减轻低收入者的纳税负担。五是对从事特定职业的权利主体进行特定的权利限制或特殊义务加重,例如国家公务人员应当接受公民的批评、建议和监督。

2. 政治权利

《宪法》保障公民享有广泛的政治权利,主要包括选举权与被选举权,言论、出版、集会、结社、游行、示威的权利,以及对国家机关及其工作人员的监督权。详见本章第二节。

3. 宗教信仰自由

《宪法》规定,中华人民共和国公民有宗教信仰自由,主要包括:任何国家机关、社会团体和个人不得强制公民信仰宗教或者不信仰宗教,不得歧视信仰宗教的公民和不信仰宗教的公民;国家保护正常的宗教活动,任何人不得利用宗教进行破坏社会秩序、损害公民身体健康、妨碍国家教育制度的活动。宗教团体和宗

---

① 林来梵.从宪法规范到规范宪法:规范宪法学的一种前言[M].北京:商务印书馆,2017:126-127.

教事务不受外国势力的支配。公民宗教信仰自由权由相关法律法规予以进一步落实和规范。

> **法条参考**
>
> 《中华人民共和国教育法》第八条规定:"教育活动必须符合国家和社会公共利益。国家实行教育与宗教相分离。任何组织和个人不得利用宗教进行妨碍国家教育制度的活动。"
>
> 《普通高等学校学生管理规定》第四十三条规定:"任何组织和个人不得在学校进行宗教活动。"
>
> 《宗教事务条例》第四条规定:"宗教团体、宗教院校、宗教活动场所和信教公民应当遵守宪法、法律、法规和规章,践行社会主义核心价值观,维护国家统一、民族团结、宗教和睦与社会稳定。"第四十四条规定:"禁止在宗教院校以外的学校及其他教育机构传教、举行宗教活动、成立宗教组织、设立宗教活动场所。"

4. 人身自由

《宪法》保障公民的人身不受侵犯,其中包括对公民生命权、人身自由、人格尊严,以及通信自由与秘密的保障。2021年1月1日起施行的《民法典》将人身自由包含在人格权中。人格权单独成编是《民法典》的一大亮点,彰显了我国民事立法以人为本的基本理念。关于人身自由权,详见本章第三节。

5. 社会经济和文化教育权利

《宪法》规定我国公民享有广泛的社会经济文化权利,包括私有财产权、劳动权、休息权、物质帮助权、社会保障权、受教育权等。关于社会经济和文化教育权利,详见本章第四节。

6. 监督权与请求权

根据《宪法》,我国公民有权向国家机关及其工作人员提出批评建议,有权对其违法失职行为进行检举或控告,有权对因其造成的损失请求国家赔偿。一些学者将监督权与请求权归为公民的政治权利。① 详见本章第二节。

此外,《宪法》和我国其他部门法还对特定主体的权利作出了规定,例如妇女、儿童、老人、华侨与侨眷等。

二、法律权利的行使原则

权利是神圣的,公民个人权利既受到法律的保障,也依法受到限制。权利的行使不能违背公序良俗、不能侵犯他人的权利,或者损害国家和社会的公共利益。《宪法》规定:"中华人民共和国公民在行使自由和权利的时候,不得损害国家的、社会的、集体的利益和其他公民的合法的自由和权利。"公民行使法律权利时,不仅应当保证行使目的的正当性、行使方式的法定性以及行使程序的正当性,而且应当符合权利行使的必要限度。

(一)行使法律权利的正当性要求

第一,行使法律权利的目的正当性。公民对法律权利的行使应当符合立法的原则和精神。法律权利行使的目的必须是正当的、合法的,不得以损害他人或社会的利益为初衷。例如,不得以宗教信仰自由权为借口,传播邪教或封建迷信思想。同时,出于正当目的而采取的正当防卫、紧急避险等行为,也应当受到法律的保护。《中华人民共和国刑法》规定:"为了使国家、公共利益、本人或者他人的人身、财产和其他权利免受正在进行的不法侵害,而采取的制止不法侵害的行为,对不法侵害人造成损害的,属于正当防卫,不负刑事责任。"

第二,行使法律权利方式的法定性。法律权利的行使方式,一般可分为口头方式和书面方式两种类型。口头方式是指通过语言成立意思表示的法律行为形式,包括当面交谈,电话交谈和录音对话等。书面方式是指通过文字或书面材料成立意思表示的法律行为形式,包括法律文件、信函、电函和其他书面材料。② 书面方式和口头方式有时可以兼用,例如《中华人民共和国反家庭暴力法》规定,因遭受家庭暴力或者面临家庭暴力的现实危险而向人民法院申请人身安全保护令的,应当以书面方式提出;书面申请确有困难的,可以口头申请,由人民法院记入

---

① 林来梵.从宪法规范到规范宪法:规范宪法学的一种前言[M].北京:商务印书馆,2017:126-127.
② 邹瑜,顾明.法学大辞典[M].北京:中国政法大学出版社,1991:66,292,561.

笔录。

第三,行使法律权利的程序正当性。程序正当是法治思维的重要内容。通常情况下,权利行使的程序由法律所规定。例如,《中华人民共和国选举法》对选举的具体程序作出了规定,包括划分选区、设立选举机构、确定选举名额、选民登记、选举投票、公布当选人名单等。另外,当公民的权利遭受侵害时,应当按照法定程序维护自身权益。维护自身合法权利,可以通过协商、调解、仲裁、诉讼等方式进行。维权应当以法律为准绳,如果因维权的方式不当而损害他人的人身或财产安全,就可能承担相应的法律责任。

典型案例

不当维权反成被告[①]

2019年8月23日,彭某让朱某为其代购口红和化妆品,并以微信向朱某付款176元。8月28日,朱某发现自己错发了两瓶护肤品给彭某,于是通过微信及电话与彭某联系,却没有得到彭某的回复,还被彭某删除了好友。于是,朱某在微信朋友圈发布对彭某进行"有偿人肉"的动态,并公布了彭某的电话号码。此后,因彭某已经将错发的护肤品开封使用,且二人在补差价等问题上存在分歧,于是朱某又在微博"×大学超话"中发帖,导致彭某的姓名、身份、社交账号等个人信息被曝光。彭某遂向法院提出起诉。法院认为,此事件中双方均有过错,但朱某对彭某进行"人肉"的行为超出了正常维权的合理限度,故判决朱某向彭某公开赔礼道歉,并赔偿彭某的精神损失。

(二)行使法律权利的必要限度

任何权利的行使都是有限度的。对公民法律权利的限制,主要包括内在限制与外在限制两种类型。[②] 内在限制是指基于权利自身性质的限制,法律权利本身

[①] 案例来源:与买家未达成一致意见 代购发起"人肉搜索"[N].民主与法制时报,2021-09-17(4).

[②] 《宪法学》编写组.宪法学[M].2版.北京:高等教育出版社,2022:197-198.

的平等性决定了权利行使不能以损害他人或公共利益为代价,不能导致权利冲突。例如,公民在行使言论自由权时,不能侵犯他人的隐私权、名誉权等法律权利,也不能违背社会公共道德。外在限制是指从外部施加的、为宪法的价值目标本身所容许的限制。例如,《宪法》规定,国家为了公共利益的需要,可以依照法律规定对公民的私有财产实行征收或者征用并给予相应补偿。又如,《宪法》保障公民的通信自由和通信秘密权、个人信息权等隐私权利,但当上述权利与社会公共利益相冲突时,国家机关有权依法对公民的个人信息进行检查。

当然,对法律权利的限制必须谨慎实施。首先,对公民法律权利进行的限制必须是正当且合宪的,必须采取适当、合法的限制手段。其次,对公民法律权利的限制应当遵循"比例原则"。比例原则包括适当性原则、必要性原则和狭义比例原则,是指在符合《宪法》的前提下,公权力应当选择对公民权益侵害最小的手段来实现目的。[1] 当公民的法律权利与国家公权力发生冲突时,应当审查公权力对公民权利的干预是否适度。也就是说,对权利的限制本身也应当受宪法精神的限制,即"限制的限制"[2]。

第二节　政治权利及其行使

保障公民的政治权利是社会主义民主政治制度的根本宗旨和必要前提,也是实现全过程人民民主的必然要求。我国法律致力于保证人民依法享有广泛的政治权利与自由,保障人民有序地进行政治参与。

一、政治权利的概念与范围

政治权利是"公民依法参与国家政治生活的权利和自由的统称"[3]。狭义上的政治权利仅仅是指选举权与被选举权。广义而言,公民的政治权利有三种表现形式:一是公民参与社会管理和公共事务,主要表现为选举权与被选举权;二是公

---

[1] 姜昕.比例原则研究:一个宪政的视角[M].北京:法律出版社,2008:16.
[2] 朱应平.宪法学基础[M].2版.北京:北京大学出版社,2021:71.
[3] 《宪法学》编写组.宪法学[M].2版.北京:高等教育出版社,2022:200.

民通过各种语言形式来表达意见和见解,主要表现为言论、出版、集会、结社、游行、示威的自由;三是公民对国家权力进行监督,主要表现为对国家机关和国家工作人员的批评、建议、申诉、控告和检举。[1]

我国法律还对特定主体的政治权利作出了专门规定。例如,《宪法》第四十八条规定:"中华人民共和国妇女在政治的、经济的、文化的、社会的和家庭的生活等各方面享有同男子平等的权利。"以《宪法》为依据,《中华人民共和国妇女权益保障法》进一步规定了妇女享有的政治权利,包括平等的选举权和被选举权,依法参与管理国家和社会事务、管理经济和文化事业,依法担任干部,借助妇女联合会参与民主协商、民主决策、民主管理和民主监督,以及对妇女权益保障工作提出批评或者合理可行的建议等。

热点议题

我国女性参政议政程度逐步提高

历年"两会"期间,女性人大代表积极行使政治权利,为推进和保障女性合法权益建言献策。1954年,第一届全国人大代表申纪兰提出的"男女同工同酬"倡议被写入了《宪法》。2007年3月8日,第十届全国人民代表大会第五次会议出台《关于第十一届全国人民代表大会代表名额和选举问题的决定(草案)》,规定妇女代表的比例不得低于22%。这是我国首次对女性占全国人大代表的比例作出明确规定。2014年,全国人大代表徐晓针对女大学生就业难的问题,在"两会"上提交了"消除女大学生就业歧视"的建议,指出就业中的性别偏见,建议政府为女大学生创业和就业提供更务实可行的政策。2023年,全国人大代表董月琳呼吁放宽女性科技工作者申报项目及课题的年龄限制,增加各类学术组织、科技团体、学术委员会中的女性比例,推动女性科技工作者在科研创新中发挥更大的作用。2023年第十四届全国人大代表中妇女代表占总数的26.54%,创历史新高。[2] 可见,近年来人大代表和政协委员中女性的占比稳中有升,女性参政的环境不断改善、水平不断提高,妇女权利得到了更好的保障。

---

[1] 朱应平.宪法学基础[M].2版.北京:北京大学出版社,2021:83—84.
[2] 王春霞.十四届全国人大妇女代表所占比重为历届最高[N].中国妇女报,2023—02—27(1).

《宪法》同样保障未成年人拥有一定的政治权利。除《宪法》第三十四条明确将"选举权与被选举权"的主体限制在"年满十八周岁的公民"外,第三十五条关于公民言论、出版、集会、结社、游行和示威权利的规定,以及第四十一条关于公民提出批评、建议、申诉、控告或检举权利的规定,都并未施加任何年龄限制。值得注意的是,公民的政治权利可能存在被依法剥夺的情形。[①]

二、选举权利

选举权利是公民最基本的政治权利,行使这一权利是公民参与管理国家和社会事务的基础和标志。

(一)选举权利的内涵

选举权利包括选举权与被选举权两个方面。广义的选举权利,指的是公民依法享有选举和被选举为国家权力机关和国家公职人员的权利。狭义的选举权利,则仅指公民依法享有选举或被选举为国家权力机关代表即人大代表的权利。我国《选举法》对"选举权与被选举权"采取狭义界定,主要规定了公民选举或被选举为人大代表的权利。

我国《宪法》规定国家的一切权力属于人民,但这并不意味着每个人都能直接地行使国家权力。[②] 广大人民行使国家权利的方式是间接的,即通过民主选举选出各级人大代表,并由各级人大代表组成全国人民代表大会和地方各级人民代表大会,代表人民统一行使国家权力。根据《宪法》,全国人民代表大会和地方各级人民代表大会由民主选举产生,对人民负责,受人民监督。

(二)行使选举权利的基本原则

我国《宪法》和法律对公民选举权利的规定遵循以下基本原则。

第一,行使主体的普遍性。我国法律致力于在最大范围内保证公民依法享有选举权与被选举权。1979年,第五届全国人民代表大会对《选举法》进行了修订,将直接选举的范围从乡(镇)一级扩大到了乡(镇)和县两级,2010年修改的《选举法》更是强调了基层代表、妇女代表的适当数量。

---

① 详见第三编第十章第四节。
② 韩大元,李元起.宪法[M].8版.北京:中国人民大学出版社,2021:128.

第二，平等性。平等性原则主要体现为主体资格平等，即一人一票，投票权相等。《选举法》第五条规定："每一选民在一次选举中只有一个投票权。"自1953年我国第一部《选举法》出台起，一人一票原则就以法律形式得以明确规定。选举权的平等性还体现为票值平等，即一票一值，票票等值。这一原则在我国经历了一个逐步发展的过程，最终形成了代表性平等和票票等值兼顾的选举制度。[①]

> **知识拓展**
>
> **在法治建设中逐步实现选举权平等**[②]
>
> 为实现公民选举权的平等，我国经历了一个长期的法治建设进程。1953年，我国第一部《选举法》规定了农村与城市、汉族与少数民族之间选举人大代表的不同比例，即县一级为4∶1，省一级为5∶1，全国为8∶1，全国少数民族代表定为150人。1979年修订的《选举法》将这一比例统一修改为4∶1，并规定每个少数民族至少应有一名代表参加全国人民代表大会。2010年3月14日，十一届全国人大三次会议对《选举法》进行了修改，确立了"城乡按相同人口比例选举人大代表"的原则，这是我国首次实现城乡选举"同票同权"，为公民享有平等的选举权提供了法律保障。

《宪法》规定："中华人民共和国年满十八周岁的公民，不分民族、种族、性别、职业、家庭出身、宗教信仰、教育程度、财产状况、居住期限，都有选举权和被选举权；但是依照法律被剥夺政治权利的人除外。"这一规定有以下含义：第一，明确了选举权与被选举权的行使主体，即年满十八岁且享有政治权利的中国公民。第二，体现了行使选举权与被选举权应当遵循的平等性原则，即保证公民的该项权利不因民族、种族、性别、职业、家庭出身、宗教信仰、教育程度、财产状况、居住期限等客观条件而遭受区别对待。

三、政治自由

政治自由，是指公民在政治生活中自由发表意见、见解和愿望的自由。[③]《宪

---

① 朱应平.宪法学基础[M].2版.北京：北京大学出版社，2021：88.
② 数据来源：全国人大常委会法制工作委员会研究室.我国改革开放40年立法成就概述[M].北京：法律出版社，2019：98-99.
③ 朱应平.宪法学基础[M].2版.北京：北京大学出版社，2021：104.

法》第三十五条规定："中华人民共和国公民有言论、出版、集会、结社、游行、示威的自由。"《宪法》对上述六种自由的规定并不单指政治性权利，同样适用于社会生活的其他层面。

（一）言论自由

言论自由，是指公民通过各种语言形式来表达和传播自身思想和观点的权利。[①] 言论自由有狭义和广义两种概念。狭义的言论自由仅指政治言论自由，即公民自由发表政治观点、表达政治见解的权利。广义的言论自由则包含政治言论自由、学术言论自由、艺术言论自由和宗教言论自由等各方面。[②] 言论自由有多种表现形式，狭义的形式是指口头形式，而广义的言论自由形式则随着社会的发展而不断丰富，包括文字、媒体、网络、教学与学术、艺术表达等。公民的表达权要在法律允许的范围内行使，不能与他人权利（尤其是名誉权）相冲突，不能违反国家和社会的公共利益。

网络空间中的言论自由也要受到法律的规范和限制。《中华人民共和国网络安全法》《互联网用户账号信息管理规定》《网络信息内容生态治理规定》等法律法规共同建立起了明确的网络言行追责机制。网络不是法外之地，在网络平台发表意见时应当保持理性，为自己的发言负责。

（二）出版自由

出版自由，是指公民依照宪法和法律规定，以出版物的形式表达其思想和见解的权利。[③] 出版物主要包括图书、报纸、期刊、音像制品、电子出版物和互联网出版物等。"没有新闻出版自由，其他一切自由都会成为泡影。"[④]公民的出版自由受到宪法和法律保障，《出版管理条例》第二十三条规定："公民可以依照本条例规定，在出版物上自由表达自己对国家事务、经济和文化事业、社会事务的见解和意愿，自由发表自己从事科学研究、文学艺术创作和其他文化活动的成果。"同样，《出版管理条例》第四条规定："从事出版活动，应当将社会效益放在首位，实现社会效益与经济效益相结合。"党和国家始终坚持"百花齐放、百家争

[①] 《宪法学》编写组.宪法学[M].2版.北京：高等教育出版社，2022：201.
[②] 朱应平.宪法学基础[M].2版.北京：北京大学出版社，2021：105.
[③] 韩大元，李元起.宪法[M].8版.北京：中国人民大学出版社，2021：129.
[④] 马克思恩格斯全集：第1卷[M].北京：人民出版社，1995：201.

鸣"的方针政策,大力支持出版有较高思想性、艺术性、可读性的优秀出版产品,并要求"一部好的作品,应该是经得起人民评价、专家评价、市场检验的作品"①。

出版自由同样受到法律的限制。我国法律在出版内容、出版方式、出版物的载体、出版单位的设立等方面对公民的出版自由进行了限制。如果出版物的内容、形式等违反了法律规定,情节恶劣,造成严重后果的,相关责任者还应当依法承担刑事责任。《出版管理条例》第五条第二款规定:"公民在行使出版自由的权利的时候,必须遵守宪法和法律,不得反对宪法确定的基本原则,不得损害国家的、社会的、集体的利益和其他公民的合法的自由和权利。"

热点议题

查处编校质量不合格图书②

2023 年 3 月 31 日,国家新闻出版署发布了《关于图书"质量管理 2022"编校质量不合格图书的通报》,报告称对 2021 年以来出版的社科、文艺、少儿、教辅和科普类图书进行了编校质量审查,并列出了编校质量不合格的图书名单。这一举措有利于推动图书出版行业的规范发展,提高出版物的质量,为人民群众提供优质的精神食粮。

(三)结社自由

结社自由是指公民为了实现一定的目标,依据法律规定的程序组织某种社会团体的权利。③ 我国《宪法》所规定的结社自由,是指不以营利为目的的结社,主要是成立社会团体。根据《社会团体登记管理条例》的规定,"社会团体"是指由公民自愿组成,为实现会员共同意愿,按照其章程开展活动的非营利性社会组织。在我国,公民依法享有组织社会团体的自由,这种自由既包括结成社团、加入社团

---

① 习近平.在文艺工作座谈会上的讲话[N].人民日报,2015-10-15(2).
② 资料来源:国家新闻出版署.国家新闻出版署关于图书"质量管理 2022"编校质量不合格图书的通报[EB/OL].2023-04-13,https://www.nppa.gov.cn/xxfb/tzgs/202304/t20230418_712823.html.
③ 《宪法学》编写组.宪法学[M].2版.北京:高等教育出版社,2022:203.

和自主管理社团的自由,也包括退出或脱离社团的自由。国家保护社会团体依照法律法规及相关章程开展活动,任何组织或个人不得非法干涉。

公民依法行使结社权,必须自觉履行依法登记等法律义务。截至 2021 年 11 月,各级民政部门共登记社会组织超 90 万个,其中全国性社会组织 2 284 个。[1] 各类社会组织和社会团体普遍将坚持党的领导和社会主义核心价值观纳入了章程,在表达人民群众正当诉求、积极参与社会事务中发挥积极作用。

法条参考

《社会团体登记管理条例》第三条规定:"成立社会团体,应当经其业务主管单位审查同意,并依照本条例的规定进行登记。"第四条规定:"社会团体必须遵守宪法、法律、法规和国家政策,不得反对宪法确定的基本原则,不得危害国家的统一、安全和民族的团结,不得损害国家利益、社会公共利益以及其他组织和公民的合法权益,不得违背社会道德风尚。社会团体不得从事营利性经营活动。"

(四)集会、游行、示威自由

根据《中华人民共和国集会游行示威法》,集会是指聚集于露天公共场所,发表意见、表达意愿的活动;游行是指在公共道路、露天公共场所列队行进、表达共同意愿的活动;示威是指在露天公共场所或者公共道路上以集会、游行、静坐等方式表达要求、抗议或者支持、声援等共同意愿的活动。集会、游行和示威是言论自由的延伸,其表达方式更加激烈,具有更大的社会影响力。集会、游行和示威是公民表达自身思想、愿望、利益诉求的一种具体形式,是维护公民权利和社会稳定、促进民主政治发展的重要条件。[2] 集会和游行可能是示威性的,也可能是非示威性的,一般的文娱、体育、庆典、民俗活动、正常的宗教活动、国家组织的纪念活动

---

[1] 数据来源:最广泛、最真实、最管用的民主——习近平总书记引领发展全过程人民民主[N]. 人民日报,2023-03-03(1).
[2] 《宪法学》编写组.宪法学[M].2 版.北京:高等教育出版社,2022:204.

等,不属于集会或游行的范畴。

公民依法行使集会、游行、示威权,应当遵循以下准则:其一,公民在行使集会、游行、示威的权利的时候,必须遵守宪法和法律,不得反对宪法所确定的基本原则,不得损害国家的、社会的、集体的利益和其他公民合法的自由和权利。其二,集会、游行、示威应当和平地进行,不得携带武器、管制刀具和爆炸物,不得使用暴力或者煽动使用暴力。其三,必须依法向主管机关提出申请并获得许可。其四,不得扰乱社会公共秩序,不得违反治安管理法规,不得进行犯罪活动或者煽动犯罪。

法条参考

《中华人民共和国集会游行示威法》第十二条规定:"申请举行的集会、游行、示威,有下列情形之一的,不予许可:(一)反对宪法所确定的基本原则的;(二)危害国家统一、主权和领土完整的;(三)煽动民族分裂的;(四)有充分根据认定申请举行的集会、游行、示威将直接危害公共安全或者严重破坏社会秩序的。"

四、监督权

(一)监督权的含义

监督权是指公民依法监督国家机关及其工作人员的权利。[①]《宪法》规定,公民的监督权包含以下两个方面:一是对国家机关及其工作人员提出批评和建议的权利。批评权是指公民对国家机关及其工作人员在工作中存在的缺点、错误提出批评意见的权利,建议权是指公民对国家机关及其工作人员的工作提出建设性意见的权利。公民积极行使批评权和建议权,有利于推动国家机关及其工作人员加强廉洁建设,依法严格办事,提高决策的民主性和科学性。二是对国家机关及其工作人员提出申诉、控告或检举的权利。我国公民有权对国家机关作出的处理决

---

① 许崇德,胡锦光.宪法[M].7版.北京:中国人民大学出版社,2021:172—173.

定表示不服,提出申诉;有权对侵犯自身权益的国家机关及其工作人员进行控告;有权对国家机关及其工作人员的违法失职行为进行揭发和指控,并请求依法处理。《宪法》第四十一条第二款明确规定:"对于公民的申诉、控告或者检举,有关国家机关必须查清事实,负责处理。任何人不得压制和打击报复。"

此外,我国公民还拥有对国家赔偿的请求权。《宪法》第四十一条第三款规定:"由于国家机关和国家工作人员侵犯公民权利而受到损失的人,有依照法律规定取得赔偿的权利。"2014年,最高人民法院、司法部联合出台了《关于加强国家赔偿法律援助工作的意见》,切实保障公民依法行使国家赔偿请求权。《中华人民共和国国家赔偿法》第二条规定:"国家机关和国家机关工作人员行使职权,有本法规定的侵犯公民、法人和其他组织合法权益的情形,造成损害的,受害人有依照本法取得国家赔偿的权利。"

(二) 监督权的行使

公民行使监督权主要有以下途径:

第一,信访举报。公民个人或群体有权通过走访、书信、电话等形式,向国家机关及其工作人员反映情况,吁请解决问题。信访制度源于我国古代的"直诉"制度,是中国特色社会主义民主制度的重要表现形式。2017年,十二届全国人大常委会通过了《全国人大机关信访工作办法》,明确要加快建设"全国人大机关网上信访信息化系统",拓宽民意诉求的表达渠道。2020年1月,全国人大机关网上信访平台正式开通,为人民群众提供了更加便捷、高效、低成本的信访渠道。

第二,人大代表联系群众。人大代表由人民选举产生,代表着人民的利益和意志,应当对人民负责,保持与人民群众的密切联系。人大代表在任期间,应当广泛联系群众,就群众普遍关心的"热点"和"难点"问题展开调研,听取和反映群众的意见和建议。

第三,舆论监督。社会公众有权通过新闻媒体等传播渠道,对政府机关及其工作人员进行监督。舆论监督具有公开性、广泛性、及时性等特点,对全社会产生的影响力大,监督的时效性强,在加强党风廉政建设、维护社会稳定和谐等方面发挥着重要作用。此外,公民还可以通过其他方式行使监督权,如监督听证会、民主评议会、网上评议等。值得注意的是,公民行使监督权也要遵循法律规定,不得捏造或者歪曲事实进行诬告陷害。

第三节 民事权利及其行使

《民法典》自 2021 年 1 月 1 日起正式实施,标志着我国民事权利保护进入了法典化时代。《民法典》是中华人民共和国成立以来第一部以法典命名的法律,它反映了人民的意愿,凝聚着中华民族的道德共识和价值观念,深刻影响着每个公民社会生活的方方面面,对保护我国公民合法权益、调整民事关系和维护社会秩序具有重大意义。

一、民事权利释义

民法是由国家强制力保证实施的社会生活规范,主要调整的是社会关系中"平等主体之间的财产关系和人身关系"[1]。民法是权利之法,民法规范绝大多数为授权规范,而非刑法、行政法等法律中的禁止性规范。[2]

(一)民事权利的概念

作为民法的核心概念,民事权利是指民事主体实现其特定利益的法律手段。《民法典》对《宪法》规定的平等权、人身自由权、社会与经济权力予以落实,具体表现为人格权、财产权、物权、债权等民事法律权利。《民法典》第五章为"民事权利"专章,将公民的各项民事权利以实在法的形式确立下来。这种将民事权利单独汇编成章的编撰体例在世界各国民法典中尚属首次[3],体现了我国法律以权利保障为核心的价值取向。

---

[1] 陈华彬.民法总论[M].北京:中国法制出版社,2011:3.
[2] 陈华彬.民法总论[M].北京:中国法制出版社,2011:33.
[3] 何松威.《民法典》"民事权利"章的理论阐释[J].法制与社会发展,2022(6).

> **法条参考**
>
> 《民法典》第一百一十条规定:"自然人享有生命权、身体权、健康权、姓名权、肖像权、名誉权、荣誉权、隐私权、婚姻自主权等权利。"第一百一十一条还规定:"自然人的个人信息受法律保护。"第一百一十二条规定:"自然人因婚姻家庭关系等产生的人身权利受法律保护。"第一百一十八条规定:"自然人依法享有继承权。"
>
> 此外,《民法典》还规定了民事主体依法享有财产权、物权、债权、知识产权、股权和其他投资性权利。

民事权利的主体是能够享受民事权利、承担民事义务的个体或组织,包括自然人、法人和非法人主体。本书主要探讨自然人的民事权利。

(二)民事权利能力和民事行为能力

我国法律规定,自然人从出生时起到死亡时止都具有民事权利能力。因此,自然人的民事权利能力是与生俱来的,具有普遍性和平等性,不可剥夺或转让。根据《民法典》,自然人的民事权利能力一律平等。甚至未出生的胎儿在涉及遗产继承、接受赠与等胎儿利益保护时,也视为具有民事权利能力。

民事权利能力是民事行为能力的前提和基础,民事行为能力直接影响民事行为的法律效力。与民事权利能力不同,公民的民事行为能力可能因年龄、智力、精神状况等因素而受到限制。《民法典》规定,已满十八周岁的成年人,或者十六周岁以上且以自己的劳动收入为主要生活来源的未成年人,均视为完全民事行为能力人。此外,《民法典》也明确了限制民事行为能力人和无民事行为能力人的范围,规定八周岁以上的未成年人为限制民事行为能力人,实施民事法律行为由其法定代理人代理或者经其法定代理人同意、追认;不满八周岁的未成年人为无民事行为能力人,由其法定代理人代理实施民事法律行为。

> **典型案例**
>
> **未成年人大额游戏充值纠纷案**[①]
>
> 2022年4月19日,小学五年级学生张小某在其父母不知情的情况下,使用母亲张某某的手机在某直播平台向"某点卡专营店"支付5 949.87元,用于购买游戏充值点卡。张小某的母亲张某某发现后,向法院上诉,请求"某点卡专营店"的经营者某数码科技有限公司返还充值款。经查证后,人民法院认为张小某系限制民事行为能力人,购买5 949.87元游戏点卡的行为已经明显超出其年龄和智力水平,且其母张某某对这一行为不予追认,故判定被告应向原告返还该款项。

二、人格权

人格权是指民事主体所享有的、以人格利益为客体的、为维护民事主体的独立人格所必备的固有民事权利。[②]《民法典》规定,人格权是民事主体享有的生命权、身体权、健康权、姓名权、名称权、肖像权、名誉权、荣誉权、隐私权等权利,以及基于人身自由和人格尊严产生的其他人格权益。人格权是人与生俱来的基本权利,具有固有性和专属性,不得放弃、转让或继承,任何组织或个人都不得侵害他人的人格权。

(一)生命权、身体权和健康权

生命权、身体权和健康权是人赖以生存的最基本权利。保护公民的生命权、身体权和健康权不受非法侵害,是我国宪法和法律的首要任务。

1. 生命权

生命是自然人存在的基础,是自然人作为民事主体行使权利、履行义务的必要条件。生命权的基本内容是维持人生命活动的延续、保护人的生命不因遭受外来侵害而丧失。基于生命权的内涵,《民法典》规定:"自然人的生命安全和生命尊严受法律保护,任何组织或者个人都不得侵害他人的生命权。"一方面,自然人有

---

① 案例来源:中华人民共和国最高人民法院.网络消费典型案例[EB/OL].2023-03-15, https://www.court.gov.cn/zixun-xiangqing-393481.html.
② 杨立新.中华人民共和国民法典释义与案例评注·人格权编[M].北京:中国法制出版社,2020:1.

权依法享有自己的生命,维持自身生命活动的延续。当公民的生命权遭受不法侵害时,有权依法实施正当防卫和紧急避险。另一方面,自然人有权就自己的生命安全请求法律保护,请求国家机关消除对自身生命安全的威胁。当自然人的生命权受到侵害或处于危难情形时,负有法定救助义务的组织和个人应当及时施救。

2. 身体权

身体权,是自然人享有的维护其身体完整并支配其肢体、器官和身体组织的权利。[1] 身体权的内容主要包括两个方面:一是维护身体的完整性,二是在不妨碍生命和健康的前提下支配自己身体的组成部分,如肢体、器官和身体其他部位。[2]《民法典》规定,自然人的身体完整和行动自由受法律保护,任何组织或者个人都不得侵害他人的身体权。身体权包含了人身自由权,《宪法》第三十七条规定:"中华人民共和国公民的人身自由不受侵犯。"据此,任何人以欺诈、强迫、威胁等方式侵害他人人身自由的,都应当承担相应的法律责任。法律对身体权的保护,宣告了校园暴力、家庭暴力、性骚扰等行为的违法性。

典型案例

校园暴力引发身体权纠纷案[3]

2021年12月5日,某中学九年级学生李某怀疑自己手机被没收是由于被同校八年级学生温某举报所致,因此在学校对温某进行多次殴打,致使温某受伤而住院17天。温某及其家人事后向法院提起诉讼,要求李某及其监护人、某中学赔偿医药费和营养费等损失。经审理,法院认为李某的行为严重侵犯了温某的身体权,由于李某系限制行为能力人,故判处李某的监护人承担85%的赔偿责任,某中学因安全保障方面存在不足,承担15%的赔偿责任。

---

[1] 韩松,等.民法分论[M].3版.北京:中国政法大学出版社,2014:639.
[2] 杨立新.中华人民共和国民法典释义与案例评注·人格权编[M].北京:中国法制出版社,2020:81—82.
[3] 案例来源:江西法院网.江西法院发布弘扬社会主义核心价值观典型案例[EB/OL].2022—11—30, http://jxgy.jxfy.gov.cn/article/detail/2022/11/id/7042345.shtml.

3. 健康权

《民法典》规定,自然人的身心健康受法律保护,任何组织或者个人都不得侵害他人的健康权。健康权是指自然人保持身体机能正常运作和功能正常发挥的权利。[①] 法律所保护的健康,不仅是指身体免于疾病和衰弱,而且包括精神和心智上的成熟稳定以及良好的社会适应能力。健康权主要表现为健康维护权和劳动能力保持权。[②] 健康维护权,是指自然人使自己的健康状况保持完好状态的权利。每个人都有权通过各种体育活动、心理调适或医疗手段来维持身心健康,不受他人或其他任何外部条件的限制。劳动能力保持权,是指自然人有权保有、利用和发展自身的劳动能力。劳动能力是自然人从事物质财富和精神财富创造所需的脑力和体力的总和,当自然人的劳动能力受到侵害时,有权请求司法保护。环境污染、劣质产品、不安全的工作环境以及暴力行为等,都可能造成对公民健康权的侵害。

> **典型案例**
>
> **减肥食品添加违禁成分引发生命权、身体权、健康权纠纷案**[③]
>
> 2021年11月,王某经庄某推荐购买了一款减肥压片糖果。按照庄某提供的方法服用后,王某出现了心慌、气短、头痛、失眠等症状。此后,庄某将购物款退还给王某,并将王某微信拉黑。2022年3月15日,王某将该减肥糖果送检,结果表明该产品含有国家禁用成分"西布曲明",可能对服用者的消化系统、神经系统和心血管系统产生影响。王某向庄某维权无果,遂诉至法院。经取证审理,人民法院认定庄某销售不符合食品安全标准的食品,损害了他人的身体健康,故依法对其处以销售额十倍的惩罚赔偿金。

[①] 韩松,等.民法分论[M].3版.北京:中国政法大学出版社,2014:637.
[②] 韩松,等.民法分论[M].3版.北京:中国政法大学出版社,2014:637—638.
[③] 案例来源:江苏法院网.2021年度江苏省消费者权益保护十大典型案例[EB/OL].2022—03—15, http://www.jsfy.gov.cn/article/91660.html.

> **法条参考**
>
> 《中华人民共和国食品安全法》第一百四十八条："消费者因不符合食品安全标准的食品受到损害的，可以向经营者要求赔偿损失，也可以向生产者要求赔偿损失。接到消费者赔偿要求的生产经营者，应当实行首负责任制，先行赔付，不得推诿。生产不符合食品安全标准的食品或者经营明知是不符合食品安全标准的食品，消费者除要求赔偿损失外，还可以向生产者或者经营者要求支付价款十倍或者损失三倍的赔偿金；增加赔偿的金额不足一千元的，为一千元。"

（二）姓名权

自然人依法享有决定、使用、改变自己姓名，并排除他人干涉、盗用、假冒的权利。[①]《民法典》规定我国公民依法享有姓名权，主要包括姓名决定权、姓名变更权和姓名使用权。

第一，姓名决定权。自然人有权依法决定、使用、变更或者许可他人使用自己的姓名，但是不得违背公序良俗。完全行为能力人有权自行决定其姓名，未成年人的姓名则由其监护人决定。

第二，姓名变更权。在不违背法律强制规定和公序良俗的前提下，自然人有权依法变更自己的姓名。不过，变更姓名应当履行相应的法定程序，依法向有关机关办理登记手续。

第三，姓名使用权。自然人有权依照自身意愿，依法使用自己的姓名从事法律行为和社会活动，或将自己的姓名用于商业性用途。姓名的使用具有专属性和排他性，任何组织或者个人都不得以干涉、盗用、假冒等方式侵害他人的姓名权或者名称权。

---

① 陈华彬.民法总论[M].北京：中国法制出版社，2011：279.

> **典型案例**
>
> **冒名顶替上学案**[①]
>
> 2020年5月21日,山东冠县的"农家女"陈某秀在参加成人高考后,于学信网查询学籍信息时,竟意外发现自己早已于2007年从山东某大学毕业,而学籍照片中的"陈某秀"竟与自己没有半点相像。由此,陈某秀怀疑自己当年高考时被人冒名顶替,开始多方求证。5月26日,经山东某大学招生处工作人员证实,陈某秀的学籍确为冒名顶替而来,顶替者为同县考生陈某某。6月29日,山东省纪委监委发布了关于此事的详细通报,认定陈某某的冒名顶替系违法行为,对其学籍予以注销,解除聘用合同,并依法对有关违法人员进行了处理。

> **法条参考**
>
> 《刑法》第二百八十条:"盗用、冒用他人身份,顶替他人取得的高等学历教育入学资格、公务员录用资格、就业安置待遇的,处三年以下有期徒刑、拘役或者管制,并处罚金。"
>
> 《民法典》第一千零一十七条:"具有一定社会知名度,被他人使用足以造成公众混淆的笔名、艺名、网名、译名、字号、姓名和名称的简称等,参照适用姓名权和名称权保护的有关规定。"

(三)肖像权

肖像是通过影像、雕塑、绘画等方式在一定载体上所反映的特定自然人可以被识别的外部形象[②],是民事主体固有的人格特征。肖像权,是指自然人通过造

---

① 案例来源:顶替者,陈某某[N].中国青年报,2020-06-17(6).
② 韩松,等.民法分论[M].3版.北京:中国政法大学出版社,2014:649.

型、艺术或其他形式,在客观上再现自己形象的权利。[1] 肖像权包括肖像保有权、肖像专用权、肖像支配权、肖像维护权。[2]

肖像保有权,是指公民有权保持和维护自身肖像的人格特征,并借此与其他民事主体相区分。肖像保有权包括两个方面:一方面是精神层面的保有,即确保自身肖像不受侵害,从而保持自己的人格尊严;另一方面是物质层面的保有,即有权享有自身肖像开发和利用所带来的物质利益。肖像专用权,是指公民对自己的肖像享有的排他性的专有使用权。未经允许,任何人不得擅自使用他人的肖像。这里的使用既包括带有商业性的利用,也包括其他一切陈列、复制、销售他人肖像的行为。肖像支配权,是指公民有权决定是否对自己的肖像进行公开、怎样进行公开,有权依照自己的意愿制作、使用自己的肖像。同时,公民有权将部分肖像权转让出去,准许他人使用和支配自己的肖像,并获得商业报酬。肖像维护权,是指公民维护自身肖像完整且不受他人侵犯的权利。一方面是维护肖像权中的精神利益不受侵犯,即任何人不得对他人的肖像进行亵渎、丑化、恶意损毁;另一方面是维护肖像权中的物质利益不受侵犯,即任何人不得在未经允许的情况下,对他人的肖像进行商业开发或使用。

典型案例

"AI换脸"侵权案[3]

随着人工智能技术的不断发展,"AI换脸"技术成为备受年轻人追捧的新时尚,许多"一键换脸"的小程序和App应运而生。然而,这种技术在给人们带来了

---

[1] 韩松,等.民法分论[M].3版.北京:中国政法大学出版社,2014:649.
[2] 杨立新.中华人民共和国民法典释义与案例评注·人格权编[M].北京:中国法制出版社,2020:154—155.
[3] 彭某某与上海鱼腥草信息科技有限公司肖像权纠纷一审民事判决书[EB/OL].(2022)沪0116民初10304号,裁判文书网,https://wenshu.court.gov.cn/website/wenshu/181107ANFZ0BXSK4/index.html?docId=OZTPCtKNQuGrzBlHCHG1hfFoYaiFFTGLn8gqZquOznvfTJFOIAyEH5O3qNaLMqsJTEIeSqK6na7ACHKBoXOd7n5ovQqL/MH06FIzGCs9GiuqaoB09q7mR/SOOVQQLnPT.

新兴娱乐方式的同时,暗藏着巨大的法律隐患。2022年,古风汉服"网红"彭某某发现,上海某科技公司运营的某"AI换脸"App盗用了自己发布在某短视频平台的古风造型视频,并将其做成了"AI换脸"模板,供用户付费下载。彭某某认为该公司侵犯了自己的肖像权,故诉至人民法院。经审理后,法院认为该公司侵害了彭某某的肖像权,判处其向彭某某公开赔礼道歉,并赔偿损失5 600元。

法条参考

《民法典》第一千零一十八条规定:"自然人享有肖像权,有权依法制作、使用、公开或者许可他人使用自己的肖像。"

第一千零一十九条第一款规定:"任何组织或者个人不得以丑化、污损,或者利用信息技术手段伪造等方式侵害他人的肖像权。未经肖像权人同意,不得制作、使用、公开肖像权人的肖像,但是法律另有规定的除外。"第二款规定:"未经肖像权人同意,肖像作品权利人不得以发表、复制、发行、出租、展览等方式使用或者公开肖像权人的肖像。"

(四)名誉权

名誉是对民事主体的品德、声望、才能、信用等属性的社会评价,具有社会性、客观性、特定性、观念性和时代性。[1] 名誉权是指民事主体就其自身属性和价值所获得的社会评价而享有的保有和维护的权利,其基本内容包括名誉保有权、名誉利益支配权和名誉维护权。[2]

1. 名誉保有权

名誉保有权,是指民事主体对自身名誉享有保有的权利。由于名誉具有客观

---

[1] 杨立新.中华人民共和国民法典释义与案例评注·人格权编[M].北京:中国法制出版社,2020:182-184.

[2] 杨立新.中华人民共和国民法典释义与案例评注·人格权编[M].北京:中国法制出版社,2020:182-184.

性,因此,权利主体无法对自身的名誉进行主观上的改变,只能保有已获得的名誉。名誉保有权主要表现为两个方面:一是保持自己的名誉不降低或丧失;二是当自身名誉不佳时,通过自己的行为、业绩、创造性成果等实际行动予以改进。

2. 名誉利益支配权

名誉利益支配权,是指名誉权的主体有权利用自己良好的名誉,在政治、经济、文化等领域与他人进行广泛的交往,使自己获得更好的社会效益和财产效益。[1] 名誉权不能抛弃、转让或继承。

3. 名誉维护权

名誉维护权,是指民事主体有权依法维护自身名誉。名誉维护权主要包含以下内容:一是有权请求他人停止侮辱、诽谤等侵害名誉权的行为,履行不予侵害的义务;二是在自身名誉权已经遭到侵害的情况下,有权寻求司法保护。侵犯名誉权的行为,主要体现为对他人名誉的侮辱和诽谤。《民法典》规定,民事主体依法享有名誉权,任何组织或个人都不得以侮辱、诽谤等方式侵害他人的名誉权。《刑法》也对侮辱罪和诽谤罪进行了规定:"以暴力或者其他方法公然侮辱他人或者捏造事实诽谤他人,情节严重的,处三年以下有期徒刑、拘役、管制或者剥夺政治权利。"

典型案例

女子取快递遭诽谤案[2]

2020年7月,谷女士在取快递时,被附近便利店店主郎某偷拍了一段视频。随后,郎某与朋友何某"开玩笑",编造了"女子出轨快递小哥"等聊天内容,并将视频和伪造的聊天记录发至微信群。该谣言迅速在互联网发酵,不仅使谷女士的人格严重受损,而且导致谷女士被单位辞退,找新工作时也屡屡碰壁。10月26日,谷女士向人民法院提起自诉。不久后,检察机关认为,由于相关视频材料

---

[1] 韩松,等.民法分论[M].3版.北京:中国政法大学出版社,2014:653.
[2] 案例来源:中华人民共和国最高人民检察院.2020年度十大法律监督案例之四:同网络诽谤"较真",你不是单打独斗![EB/OL].2021-02-04,https://www.spp.gov.cn/spp/zdgz/202102/t20210204_508457.shtml.

在网上迅速传播，严重扰乱了网络社会公共秩序，给广大公众造成了不安全感，因此将本案由自诉转为公诉，由公安机关予以立案侦查。经审理，法院认为被告郎某、何某的行为构成诽谤罪，分别判处两人有期徒刑一年、缓刑二年。

（五）隐私权和个人信息保护

隐私权，是指自然人享有的对与公共利益无关的私人空间、私人活动、私人信息等私生活安全利益自主进行支配和控制，且不受他人侵害的权利。[①]《民法典》规定："自然人享有隐私权。任何组织或者个人不得以刺探、侵扰、泄露、公开等方式侵害他人的隐私权。"

《民法典》明确了公民隐私的内容，即私密空间、私密活动和私密信息。私密空间又称私人领域，包括人身体的隐私部位、个人居所、旅客行李、衣物口袋等，以及思想上的私密空间，如日记等。[②] 私密活动，是指一切与公共利益无关的个人活动，如日常生活、社会交往、夫妻生活等。私密信息，是指一切与个人情况有关的资料，如身高、体重、病史、家庭状况、财产状况、生活经历、学习成绩、宗教信仰、兴趣爱好，以及网络个人资料等。对于侵犯他人隐私权的行为，《民法典》也进行了列举，包括："（一）以电话、短信、即时通讯工具、电子邮件、传单等方式侵扰他人的私人生活安宁；（二）进入、拍摄、窥视他人的住宅、宾馆房间等私密空间；（三）拍摄、窥视、窃听、公开他人的私密活动；（四）拍摄、窥视他人身体的私密部位；（五）处理他人的私密信息；（六）以其他方式侵害他人的隐私权。"

2022年11月1日，我国首部《个人信息保护法》正式施行，其中明确了公民个人信息的定义："以电子或者其他方式记录的与已识别或者可识别的自然人有关的各种信息，不包括匿名化处理后的信息。"任何组织、个人均不得非法收集、使用、加工、传输他人个人信息，不得非法买卖、提供或者公开他人个人信息；不得从事危害国家安全、公共利益的个人信息处理活动。当然，隐私权和个人信息的保

[①] 杨立新.中华人民共和国民法典释义与案例评注·人格权编[M].北京：中国法制出版社，2020：229.

[②] 杨立新.中华人民共和国民法典释义与案例评注·人格权编[M].北京：中国法制出版社，2020：220.

护不得与公共利益或他人合法权益相冲突。《公安机关执法公开规定》规定:"对涉及公共利益、公众普遍关注、需要社会知晓的执法信息,应当主动向社会公开。"

三、婚姻家庭与继承权

《民法典》第五编为"婚姻家庭",专门调整因婚姻家庭产生的民事关系。《民法典》倡导婚姻自由、一夫一妻、男女平等的婚姻制度,注重倡导优良家风,弘扬家庭美德。《民法典》第六编"继承编"对原《继承法》的相应制度予以修改和完善,积极回应了社会现实需求。

(一)婚姻自由权

婚姻自由是婚姻家庭法的基本原则之一,指的是"自然人依照法律规定行使结婚或离婚不受拘束、不受控制、不受非法干预的权利",包括结婚的自由和离婚的自由。① 《民法典》禁止包办、买卖婚姻和其他干涉婚姻自由的行为,禁止借婚姻索取财物,禁止家庭暴力,禁止家庭成员间的虐待和遗弃,禁止任何一方对另一方加以强迫,禁止任何组织或者个人加以干涉。总之,结婚应当基于男女双方的真实意愿,夫妻双方在婚姻家庭中地位平等,都拥有使用自己姓名的权利,参加生产、工作、学习和社会活动的自由,且不受另一方的限制或干涉。

典型案例

能否索要恋爱分手费
——张某某与闫某某人格权纠纷上诉案②

2013年正月,张某某与闫某某经他人介绍相识并恋爱。恋爱期间,闫某某外

---

① 杨立新.中华人民共和国民法典释义与案例评注·婚姻家庭编[M].北京:中国法制出版社,2020:5.
② 张传粉、闫忠明一般人格权纠纷二审民事判决书[EB/OL].(2017)鄂06民终2382号,裁判文书网, https://wenshu.court.gov.cn/website/wenshu/181107ANFZ0BXSK4/index.html?docId=939AmlYaUQ+uZsKPwAgJS0XqDXLEk68HmIUHpHBbUwLev+q+yKqI45O3qNaLMqsJTEIeSqK6na7ACHKBoXOd7n5ovQqL/MH06FIzGCs9GivHQgjywleKMus6rLfiNEzH.

出打工,要求张某某等他回家结婚。因闫某某家人干涉等因素,双方于 2016 年 5 月结束恋爱关系。张某某认为,自己在等待结婚期间无法到沿海城市打工,而老家工资较低,导致了经济损失。为此,张某某上诉至人民法院,要求闫某某赔偿其误工费、青春损失费、欺骗费、精神损失费等共 22 500 元。法院认为,恋爱是男女双方了解彼此人生观、价值观的过程,其间投入的时间、精力、金钱以及等待均属自愿行为,恋爱关系不能作为强制结婚的理由,原告张某某的主张侵犯了闫某某的婚姻自由权,故驳回其诉讼请求。

婚姻关系以诚信为基础,我国法律保障婚姻当事人的知情权。《民法典》规定,婚姻当事人一方患有重大疾病的,应当在结婚登记前如实告知另一方;不如实告知的,另一方可以向人民法院请求撤销婚姻。婚姻无效或者被撤销的,无过错方有权请求损害赔偿。

(二)继承权

《宪法》规定:"国家依照法律规定保护公民的私有财产权和继承权。"继承,是指"继承人对死者生前的财产权利和义务的承受",即将自然人死亡时遗留的个人合法财产转移给他人。① 公民遗产的传承方式包括法定继承、遗嘱继承和遗赠。

法定继承,是指"依照法律直接规定的继承人范围、顺序、份额等要素,将遗产转归继承人的一种继承方式"②。《民法典》规定的第一顺序继承人为配偶、子女、父母,第二顺序继承人为兄弟姐妹、祖父母、外祖父母。继承开始后,由第一顺序继承人继承,没有第一顺序继承人继承的,由第二顺序继承人继承。

遗嘱继承,是指法定继承人按照被继承人合法有效的遗嘱来继承其遗产的一种继承方式,被继承人可以在遗嘱中指定具体的继承人、继承顺序、继承份额和遗嘱执行人等。③ 遗嘱可以表现为自书遗嘱、代书遗嘱、打印遗嘱、口头遗嘱、录音录像遗

---

① 杨立新.中华人民共和国民法典释义与案例评注·继承编[M].北京:中国法制出版社,2020:1.
② 杨立新.中华人民共和国民法典释义与案例评注·继承编[M].北京:中国法制出版社,2020:28.
③ 杨立新.中华人民共和国民法典释义与案例评注·继承编[M].北京:中国法制出版社,2020:30.

嘱、公证遗嘱等形式，若立有数份遗嘱且内容相抵触的，以最后的遗嘱为准。遗嘱继承直接体现被继承人的个人意愿，与法定继承相比，遗嘱具有效力上的优先性。

自然人也可以通过遗嘱方式，将个人财产赠与国家、集体或者法定继承人以外的组织或个人。《民法典》规定，自然人可以与继承人以外的组织或者个人签订遗赠扶养协议，该组织或者个人按照协议承担该自然人生养死葬的义务，并享有受遗赠的权利。

典型案例

独居老人将房产赠与水果摊主[①]

上海88岁独居老人马某将300万元房产赠与楼下水果摊主，引发社会热议。自马某的妻子和儿子去世后，数年来，楼下水果摊主游某一直在马某身边陪伴、照料。2019年8月，马某和游某于上海普陀区公证处办理了意定监护，并签订了遗赠扶养协议，马某自愿在自己去世后将名下的300万元房产和积蓄赠与游某。马某没有选择将遗产留给未尽照料责任的亲属，而是留给了没有血缘关系的游某，不仅是对游某多年精心照料的回报，而且符合"好人有好报"的朴素价值观，彰显了尊老敬老的中华传统美德。

法条参考

《民法典》第一千一百二十三条规定："继承开始后，按照法定继承办理；有遗嘱的，按照遗嘱继承或者遗赠办理；有遗赠扶养协议的，按照协议办理。"

第一千一百四十四条规定："遗嘱继承或者遗赠附有义务的，继承人或者受遗赠人应当履行义务。没有正当理由不履行义务的，经利害关系人或者有关组织请求，人民法院可以取消其接受附义务部分遗产的权利。"

---

① 李菁.上海老人300万房产赠水果摊主案二审宣判：维持原判[N/OL].澎湃新闻.2024-05-17. https://www.thepaper.cn/newsDetail_forward_27412851? comnTag=true.

继承法律对遗产的分配遵循平等原则、养老育幼原则、权利义务相统一原则、互谅互让等原则[1],鼓励家庭成员、社会成员间的友善互助。例如,《民法典》规定,丧偶儿媳对公婆,丧偶女婿对岳父母,尽了主要赡养义务的,应当作为第一顺序继承人。对生活有特殊困难又缺乏劳动能力的继承人,分配遗产时,应当予以照顾。对被继承人尽了主要扶养义务或者与被继承人共同生活的继承人,分配遗产时,可以多分。有扶养能力和有扶养条件的继承人,不尽扶养义务的,分配遗产时,应当不分或者少分。遗赠扶养协议更是以法律形式鼓励了人与人之间的互助友爱,体现了权利与义务相统一的原则。

第四节　社会经济文化权利及其行使

社会经济文化权利主要包括社会经济权利和文化教育权利,是一个国家经济、社会和文化发展状况的反映。我国宪法和法律保障公民享有广泛的社会经济文化权利。

一、社会经济权利

社会经济权利是公民依法享有物质利益和社会保障的权利,是实现其他基本权利的物质基础。[2] 我国宪法和法律规定公民享有广泛的社会经济权利,主要包括财产权、劳动权、休息权、社会保障权和物质帮助权等。社会经济权利的实现,需要国家公权力的积极介入和适度干预。作为社会经济权利的义务主体,国家应当为公民行使权利创造条件,加强教育、就业创业、社会保险、医疗卫生、住房保障等方面的公共服务,特别是对社会弱势群体给予相应的特殊保护。

保障经济、社会和文化权利,特别是工作权利、社会保障权利、受教育权利、文化权利、环境权利等,关系到每个人的生存和发展。[3] 我国始终贯彻以人民为中

---

[1] 韩松,等.民法分论[M].3版.北京:中国政法大学出版社,2014:582—585.
[2] 韩大元,李元起.宪法[M].8版.北京:中国人民大学出版社,2021:136.
[3] 中华人民共和国国务院新闻办公室.中国共产党尊重和保障人权的伟大实践[M].北京:人民出版社,2021:16.

心的发展思想,切实保障和改善民生,着力提升公共服务水平,不断增进民生福祉,以一系列重大政策举措惠民生、纾民困、解民忧,为公民社会经济权利的实现提供有力保障。在党的领导和全国各族人民的不懈努力下,我国统筹推进教育扶贫、健康扶贫、电商扶贫等多项政策,实现了贫困人口生活水平显著提升,贫困地区的落后面貌发生了根本改变,贫困地区基层治理能力有了显著提升。在脱贫攻坚战中,9 899万农村贫困人口全部脱贫,832个贫困县全部摘帽,2 000万以上的贫困患者得到分类救治,新改建农村公路110万公里[1],力求让全体人民共享发展成果。

(一)财产权

财产权是社会经济权利的核心,是指"公民个人通过劳动或其他合法方式取得、占有、使用、处分财产的权利",是公民在社会生活中实现经济利益的必要途径。[2]《宪法》规定:"公民的合法的私有财产不受侵犯。国家依照法律规定保护公民的私有财产权和继承权。""私人的合法财产受法律保护,禁止任何组织或者个人侵占、哄抢、破坏。"

法律规定的公民财产,包括公民的生活资料、生产资料和财产以外的物权、债权、知识产权等。[3] 财产权主要表现为公民财产的不可侵犯性,以及国家对公民财产的保护义务。《宪法》对财产权的规定主要调整的是公民私有财产与国家公权力的关系,保证公民合法的私有财产不受国家侵犯。《民法典》对财产权的规定,调整的是社会生活中平等主体之间的财产关系,保证公民合法的私有财产不受其他民事主体的侵犯。公民合法财产的不可侵犯性要求国家承担对公民合法财产的保护义务。我国已基本形成了归属清晰、权责明确、保护严格、流转顺畅的现代产权制度和产权保护法律框架[4],依法有效保护各种所有制经济和公民的财产权,不断增强人民群众的财产安全感。

知识产权是财产权的重要形态。"知识产权"是"基于创造成果和商业标记依

---

[1] 数据来源:国务院新闻办公室.人类减贫的中国实践[M].北京:人民出版社,2021:13;习近平.在全国脱贫攻坚总结表彰大会上的讲话[M].北京:人民出版社,2021:5—6.
[2] 《宪法学》编写组.宪法学[M].2版.北京:高等教育出版社,2022:213.
[3] 朱应平.宪法学基础[M].2版.北京:北京大学出版社,2021:142.
[4] 《中共中央 国务院关于完善产权保护制度依法保护产权的意见》及最高人民法院关于加强产权司法保护的两个意见[M].北京:人民出版社,2016:1.

法产生的权利的统称",主要包括专利、商标和著作权等。[①] 著作权是指作者对其创作的文学、艺术和科学作品依法享有的专有权利。[②] 根据《中华人民共和国著作权法》,侵犯知识产权涉及以下情形:(1)未经著作权人许可,发表其作品的;(2)未经合作作者许可,将与他人合作创作的作品当作自己单独创作的作品发表的;(3)没有参加创作,为谋取个人名利,在他人作品上署名的;(4)歪曲、篡改他人作品的;(5)剽窃他人作品的;等等。

(二) 劳动权

劳动权是指公民获得劳动机会、保持适当劳动条件并取得相应的劳动报酬的权利,它是公民赖以生存的基础,也是行使其他权利的物质前提。[③] 根据《中华人民共和国劳动法》的规定,我国公民的劳动权主要包括平等就业和自主择业权、取得劳动报酬和福利权、劳动保护权、职业技能培训权等内容。

1. 平等就业和自主择业权

一方面,劳动者享有平等获得劳动机会的权利,不因民族、种族、性别、宗教信仰不同而受歧视。另一方面,劳动者拥有自由选择劳动机会的权利,可以自主选择从事何种劳动。平等就业权允许对某些公民群体予以特殊照顾,如残疾人、少数民族劳动者、退役军人等。

2. 取得劳动报酬和福利权

一方面,对劳动者的工资分配应当遵循按劳分配原则,实行同工同酬。另一方面,劳动者的工资支付应当遵循最低工资保障制度,不得低于当地最低工资标准。此外,劳动者有权享受社会保险和福利待遇,国家应当积极发展社会福利事业,对劳动者的福利权予以保障。

3. 劳动保护权

劳动保护权是指劳动者享有在劳动中获得安全和健康保护的权利。一方面,根据《中华人民共和国劳动法》的规定,用人单位必须严格执行国家劳动安全卫生规程和标准,建立健全劳动安全卫生制度,并对劳动者进行安全卫生教育,以保障

---

① 刘春田.知识产权法学[M].北京:高等教育出版社,2022:2-3.
② 冯晓青.著作权法[M].北京:法律出版社,2022:1.
③ 许崇德,胡锦光.宪法[M].7版.北京:中国人民大学出版社,2021:183.

劳动者的生命安全和身体健康。另一方面,劳动者有权对危害自身安全和健康的劳动行为提出批评、检举和控告。

4. 职业技能培训权

职业技能培训权,是指公民享有在劳动过程中获得职业培训、提升专业知识和操作技能的权利。国家应当对就业前的公民进行必要的劳动就业训练,发展职业培训事业,提高劳动者素质,增强劳动者的就业能力和工作能力。用人单位应当建立职业培训制度,有计划地对劳动者进行职业培训。

典型案例

在校大学生与用人单位是否成立劳动关系
——广州某信息科技有限公司诉范某某劳动争议案①

范某某是某大学 2012 级本科生,自 2016 年 1 月 14 日起在广州某信息科技公司工作,双方签订了"普通高等学校毕业生、毕业研究生就业协议书"。范某某于 2016 年 6 月 28 日毕业后,继续在该公司任职,但没有订立书面劳动合同。7 月 31 日,范某某从该公司离职,随后因工资等争议向法院提起诉讼。人民法院经审理后认为,《中华人民共和国劳动法》并未排除在校学生的就业资格,尽管范某某在进入该公司工作时仍未大学毕业,但仍然可以作为劳动主体,有权与用人单位形成劳动合同关系。由于范某某是以就业为目的在该公司从事全职工作,因此这既不属于勤工助学,也不属于实习,而是已经形成了劳动关系,故判决该公司向范某某支付未依法签署书面劳动合同的双倍工资及相关赔偿金。

---

① 案例来源:广州某信息科技有限公司、范某某劳动合同纠纷二审民事判决书[EB/OL].(2017)粤 01 民终 23684 号,裁判文书网,https://wenshu.court.gov.cn/website/wenshu/181107ANFZ0BXSK4/index.html? docId=rnZKb0y5gfx/5BXXOzlTXKF0iCJyr2GtjbkV0PN4O3CdHBLsyDWxTZO3qNaLMqsJTEIeSqK6na7ACHKBoXOd7n5ovQqL/MH0b3/5AokZJ3K5RWV4NWVQkjc2E1g9eYrb.

劳动既是公民的一项基本权利，也是一项基本义务，是一切有劳动能力的公民的光荣职责。劳动是创造物质财富和精神财富的基本路径，新时代青年应当树立正确的劳动观，自觉维护劳动权利，履行劳动义务，在劳动中实现人生价值。

法条参考

《劳动合同法》第十条规定："建立劳动关系，应当订立书面劳动合同。已建立劳动关系，未同时订立书面劳动合同的，应当自用工之日起一个月内订立书面劳动合同。"

第八十二条规定："用人单位自用工之日起超过一个月不满一年未与劳动者订立书面劳动合同的，应当向劳动者每月支付二倍的工资。"

第三十七条规定："劳动者提前三十日以书面形式通知用人单位，可以解除劳动合同。劳动者在试用期内提前三日通知用人单位，可以解除劳动合同。"

第三十八条规定："用人单位有下列情形之一的，劳动者可以解除劳动合同：（一）未按照劳动合同约定提供劳动保护或者劳动条件的；（二）未及时足额支付劳动报酬的；（三）未依法为劳动者缴纳社会保险费的；（四）用人单位的规章制度违反法律、法规的规定，损害劳动者权益的……"

（三）休息权

休息权是指劳动者依法享有的休息和休养的权利，与劳动权具有内在的关联性。[①] 我国不断发展劳动者休息和休养的设施，规定职工的工作时间和休假制度，保障劳动者依法享受休息权。根据《中华人民共和国劳动法》，国家实行劳动者每日工作时间不超过八小时、平均每周工作时间不超过四十四小时的工时制度，用人单位应当保证劳动者每周至少休息一日，应当在元旦、春节、国际劳动节、

---

① 许崇德，胡锦光.宪法[M].7版.北京：中国人民大学出版社，2021：184.

国庆节等节日期间依法安排劳动者休假。

休息权是劳动权存在的基础和前提,是劳动者实现自我发展的重要途径。劳动者在进行体力或脑力劳动后,需要通过一定时间的休息来消除疲劳,恢复体力和劳动能力,从而提高后续的劳动生产效率。同时,休息权也为劳动者提供了参与社会生活和各项文体活动、丰富自身知识和技能的机会,有利于促进劳动者的身心健康,提高公民整体素质。

休息权是劳动者不可剥夺的合法权利,如有特殊情形需要延长工作时间的,用人单位应当依法向劳动者支付高于正常工作时间工资的劳动报酬。保障劳动者的劳动尊严和生活质量,在劳动效率与社会公平之间达成平衡,既是构建和谐劳动关系的现实要求,也是实现人的自由全面发展的重要环节,需要国家、社会、企业和劳动者的共同努力。

典型案例

最高人民法院认定"996"工作制属违法行为[①]

吴某于 2019 年 12 月入职某医药公司。该公司加班制度规定,加班需向公司提交申请,未经审批的不认定为加班,不支付加班费。入职后,吴某按照该公司安排,每天实际执行"996"工作制,按照公司规定提交加班申请后却从未得到审批。2020 年 11 月,吴某与该公司协商后解除劳动合同,因要求公司支付加班费未果,遂向人民法院提起上诉。人民法院认为该公司的行为违反了《中华人民共和国劳动法》,故判定其向吴某支付加班费 50 000 元。

[①] 案例来源:中华人民共和国最高人民法院. 劳动人事争议典型案例(第二批)[EB/OL]. 2021-08-26, https://www.court.gov.cn/zixun-xiangqing-319151.html.

> **法条参考**
>
> 《劳动合同法》第三十一条规定:"用人单位应当严格执行劳动定额标准,不得强迫或者变相强迫劳动者加班。用人单位安排加班的,应当按照国家有关规定向劳动者支付加班费。"
>
> 《中华人民共和国劳动法》第四十四条规定:"有下列情形之一的,用人单位应当按照下列标准支付高于劳动者正常工作时间工资的工资报酬:(一)安排劳动者延长工作时间的,支付不低于工资的百分之一百五十的工资报酬;(二)休息日安排劳动者工作又不能安排补休的,支付不低于工资的百分之二百的工资报酬;(三)法定休假日安排劳动者工作的,支付不低于工资的百分之三百的工资报酬。"

(四)社会保障权和物质帮助权

社会保障权,是指公民依法享有的在年老、疾病、伤残、失业、生育、死亡、遭遇灾害、面临生活困难等时,从国家和社会获得物质或服务帮助的权利,主要包括社会保险权、社会救助权、社会福利权、社会优抚权等。[1] 社会保障权主要有以下特点:[2]第一,社会保障权是公民过上有尊严生活的重要手段,体现了法律对人格尊严的尊重和保护。第二,社会保障权是国家必须承担的义务,需要通过国家的积极作为来实现。第三,社会保障权的实现受到一定社会经济文化条件的制约。物质帮助权,是指公民在年老、患有疾病或者丧失劳动能力的情况下,有权从国家和社会获得物质帮助。[3] 尽管物质帮助权与社会保障权在内容上存在一定的交叉重叠,但二者仍存在较大的差异[4]:第一,物质帮助权的权利主体是年老、患有疾病或丧失劳动能力的特定公民,而非全体社会成员。第二,物质帮助权的权利主

---

[1] 《劳动与社会保障法学》编写组.劳动与社会保障法学[M].2版.高等教育出版社,2018:202.
[2] 朱应平.宪法学基础[M].2版.北京:北京大学出版社,2021:151—152.
[3] 韩大元,李元起.宪法[M].北京:中国人民大学出版社,2021:138.
[4] 童之伟,殷啸虎.宪法学[M].上海,北京:上海人民出版社,北京大学出版社,2010:215—216.

体获得的仅仅是物质帮助，而非生活保障。第三，物质帮助权的义务主体是国家和社会，而社会保障权的义务主体还可以包括用人单位等。物质帮助权的权利主体包括残疾人、老年人、收入低于当地城市最低生活保障标准的城市居民、烈士和军人家属等。

当前我国已形成健全的社会保障法律体系，相关立法包括《社会保险法》《老年人权益保障法》《城市居民最低生活保障条例》等，社会保障工作也取得历史性成就。医疗卫生方面，截至 2020 年末，全国基本医疗保险（含职工基本医疗保险、城乡居民基本医疗保险）的人数已达 13.61 亿人，参保率稳定在 95% 以上。① 养老保险方面，截至 2023 年 3 月底，全国社会保障卡持卡人数达 13.71 亿人②，电子社保卡实现地市全覆盖③。当前，我国已经建成世界上规模最大、符合现阶段中国社会实际的教育体系、社会保障体系、医疗卫生体系，覆盖了养老、医疗保障、社会救助等人民生活的方方面面，最大限度地保障人民劳有所得、病有所医、老有所养、住有所居、弱有所扶。④

二、文化教育权利

文化教育权利是指公民按照宪法和法律的规定，在文化与教育领域享有的基本权利。⑤ 从主体视角来看，文化教育权有个人与集体之分，前者作为受教育权的主体，主要包括个人参与文化教育活动、分享科学进步等权利；后者是指集体的文化认同权，主要体现为少数群体的文化认同等。⑥ 文化教育权既是宪法保障的公民基本权利，也是人与生俱来的道德权利，是公民自由全面发展的必要条件。

---

① 数据来源：国家医疗保障局发布的 2021 年全国医疗保障事业发展统计公报［R/OL］.2022－06－08，http://www.nhsa.gov.cn/art/2022/6/8/art_7_8276.html.
② 中华人民共和国人力资源和社会保障部.社会保障卡持卡人数（2023 年 3 月）［R/OL］.2023－04－28，http://www.mohrss.gov.cn/xxgk2020/fdzdgknr/zhgl/rlzyshbzxxh/202305/t20230505_499504.html.
③ 中华人民共和国人力资源和社会保障部.签发超过两亿张，覆盖全国所有地市——电子社保卡百姓便利多［2020－09－18］［EB/OL］.http://www.mohrss.gov.cn/SYrlzyhshbzb/dongtaixinwen/buneiyaowen/202009/t20200918_386377.html.
④ 习近平.高举中国特色社会主义伟大旗帜 为全面建设社会主义现代化国家而团结奋斗［N］.人民日报，2022－10－26（1）.
⑤ 《宪法学》编写组.宪法学［M］.2 版.北京：高等教育出版社，2022：216.
⑥ 杨春福.经济、社会和文化权利的法理学研究［M］.北京：法律出版社，2014：93.

一方面,接受教育、传承文化是人的社会化的基本途径,也是社会历史发展的必然要求。另一方面,获得精神文化滋养是人生存与发展的客观需要。随着社会物质文明的进步,人民群众对精神文化的需求日益增长,文化教育日益成为提高个人知识文化素养和全民族道德素质的重要手段。

(一)受教育权

受教育权,是指"公民接受文化、科学等方面训练的权利",既包括每个人按照其能力平等地接受教育的权利,也包括要求国家和社会提供教育机会的请求权。[①]

一方面,公民享有平等教育权。我国宪法和法律保障公民在入学、升学、就业等方面享有平等权利,主要表现为教育机会的平等。党的十八大以来,我国着力促进教育公平,与时俱进地借助"慕课"等线上平台,推动优质教育资源共建共享,拓宽了传统教育的边界,为实现教育平等提供了新的抓手。

另一方面,国家有义务为公民平等接受教育创造必要的机会和条件。随着社会的快速发展,受教育权的内涵逐渐从"有学上"到"上好学"转变,这就要求国家的保障政策从"提供教育机会"转向"提供优质教育",更加重视教育质量,提高教育现代化水平。在《宪法》相关规定的统率下,《教育法》《义务教育法》《未成年人保护法》《职业教育法》《家庭教育促进法》等法律法规对公民的受教育权予以系统保护。

受教育权具有权利与义务的统一性,它既是公民依法享有的基本权利,也是公民必须履行的一项法定义务。教育不仅是个人发展的重要途径,更是社会进步和国家繁荣的基石。为此,每个公民都应当接受科学、文化、品德、法治等方面的教育,掌握一定的知识和技能,养成良好的思想品德和行为习惯,充分发挥在社会主义现代化建设中的积极作用。

党和国家高度重视对家庭经济困难学生的资助工作。当前,我国已经建立以国家奖助学金、国家助学贷款、勤工助学、校内奖助学金、困难补助、伙食补贴、学费减免、入学"绿色通道"、师范生免费教育等多种方式并举的学生资助体系,做到了"三个全覆盖"(各个教育阶段全覆盖、公办民办学校全覆盖、家庭经济困难学生

[①] 《宪法学》编写组.宪法学[M].2版.北京:高等教育出版社,2022:216.

全覆盖),基本实现了"不让一个学生因家庭经济困难而失学"的目标。① 除国家政策帮扶之外,家庭、社会组织、先进个人等社会主体也积极为公民的受教育权提供机会和条件,汇聚成了一股强大的社会力量。

热点议题

张桂梅:让教育之光照亮贫困山区②

1983 年,26 岁的张桂梅在云南省迪庆藏族自治州任教期间,发现当地的女生入学率低、退学率高,于是萌发了用教育来阻断贫困代际传递的想法。2007 年,在各级党委、政府的关心和支持下,张桂梅创办了全国第一所公办免费女子高中——丽江华坪女子高中。此后的十余年,张桂梅校长拖着病体忘我工作,家访超过 1 600 户,行程超 11 万公里,帮助多位大山女孩重返校园,保障了她们的受教育权。在她的不断努力下,华坪女高的一本上线率常年保持在 40% 以上,高考成绩综合排名常年位居丽江市第一。自建校以来,华坪女高将近 2 000 名大山女孩送进大学,使她们获得了接受高等教育的机会。

(二) 文化权利

《宪法》第四十七条规定:"中华人民共和国公民有进行科学研究、文学艺术创作和其他文化活动的自由。国家对于从事教育、科学、技术、文学、艺术和其他文化事业的公民的有益于人民的创造性工作,给以鼓励和帮助。"除《宪法》相关规定外,《高等教育法》《公共文化服务保障法》《公共图书馆法》等法律法规也对我国公民的文化权利予以规定。

根据上述法律法规,文化权利主要包括以下内容:第一,科学研究的自由。公民有权在法律允许的范围内,自由地进行自然科学和哲学社会科学研究,不受任

---

① 财政部.教育部.确保每一个学生顺利入学完成学业[N].北京:人民日报,2022-06-29(16),第 16 版;中华人民共和国教育部.国家学生资助政策体系有关情况介绍[EB/OL].2018-09-06, http://www.moe.gov.cn/jyb_xwfb/xw_fbh/moe_2069/xwfbh_2018n/xwfb_20180906/sfcl/201809/t20180906_347463.html.
② 让教育之光照亮贫困山区[N].人民日报,2021-02-22(10).
照亮大山女孩的梦想[N].人民日报,2021-07-17(4).

何机关、团体或个人的非法干涉;有权通过各种形式发表自己的研究成果;国家有义务提供必要的物质条件与具体设施,积极创造条件以鼓励和奖励科研人员,保护科研成果。① 第二,文艺创作的自由。公民有权自由选择相关题材、主题和表现方式,创作各种表达思想、情感和见解的文学艺术作品,并将其发表和传播。② 法律允许公民自由选择创作的内容、形式、风格和流派,包括图书、戏剧、舞蹈、乐曲、图画、摄影作品等。第三,从事其他文化活动的自由。除科学研究和文艺创作外,我国法律还保障公民享有参与其他多种文化活动的自由,如欣赏文艺作品,利用图书馆、文化馆、出版社从事文化娱乐活动等。③

法律法规也明确了国家有义务对公民依法行使文化权利予以鼓励和帮助。"鼓励"包括物质上的鼓励和精神上的鼓励。物质上的鼓励主要是资金和实物,精神上的鼓励包括表彰、颁发奖章、授予荣誉称号或各种职称等。④ "帮助",是指国家和社会应当为公民文化权利的实现创造条件,如提供经费、设备、机会等。我国积极推动文化立法工作进程,健全现代公共文化服务体系,大力发展公共文化事业,创新实施文化惠民工程,不断推出人民群众喜闻乐见的各类文化产品,逐步建立起覆盖城乡的公共文化体系,丰富了人民群众的精神文化生活,切实保障了人民群众的文化权益。

法条参考

《宪法》第二十二条　国家发展为人民服务、为社会主义服务的文学艺术事业、新闻广播电视事业、出版发行事业、图书馆博物馆文化馆和其他文化事业,开展群众性的文化活动。

《公共文化服务保障法》第三条　公共文化服务应当坚持社会主义先进文化前进方向,坚持以人民为中心,坚持以社会主义核心价值观为引领。

---

① 《宪法学》编写组.宪法学[M].2版.北京:高等教育出版社,2022:217.
② 朱应平.宪法学基础[M].2版.北京:北京大学出版社,2021:165.
③ 《宪法学》编写组.宪法学[M].2版.北京:高等教育出版社,2022:217.
④ 朱应平.宪法学基础[M].2版.北京:北京大学出版社,2021:163.

第二十七条　各级人民政府应当充分利用公共文化设施,促进优秀公共文化产品的提供和传播,支持开展全民阅读、全民普法、全民健身、全民科普和艺术普及、优秀传统文化传承活动。

第三十五条　国家重点增加农村地区图书、报刊、戏曲、电影、广播电视节目、网络信息内容、节庆活动、体育健身活动等公共文化产品供给,促进城乡公共文化服务均等化。

第九章 法律义务及其道德基础

古罗马法学家马尔库斯·图利乌斯·西塞罗（Marcus Tullius Cicero）指出："生活中没有哪一个方面，无论是公共生活还是私人生活，无论是生意上还是家务上，无论是人们在做只跟自己有关的事还是和别人打交道，无一不存在义务问题。生活中凡是道德上正确的都是因为履行了义务，凡是道德上错误的都是因为忽视了义务问题。"[①] 义务的普遍性与现实性使得义务与人们的日常生活联系紧密，义务是否履行往往伴随着道德评价的生成，也体现了道德与法治的互动关系。法律义务将道德的内在要求转化为外在的强制性规范，道德义务外化为社会秩序的过程需要法律的确认和肯定。本书将基于中国现行《宪法》的规定介绍公民基本义务。

第一节 法律义务的基本理论

"义务"的含义从古至今经历了漫长的演变过程，现已逐渐发展成一个包含伦理学、法学、政治学等多方面内涵的重要概念。现代意义上的法律义务是根据法律规定，要求义务主体必须以相对抑制的作为或不作为的方式来保障权益主体获益的约束手段，义务主体不履行或者不完全履行法律义务，将导致法律责任。

一、"义务"的词源考察

在中国古代文献中，"义"和"务"常常是分开使用的。"义"字始见甲骨文，"字

[①] [古罗马]西塞罗.论义务[M].张竹明,龙莉,译.南京:译林出版社,2015:3.

形如锯齿状长柄兵器"①,或因此种兵器常施于礼典,故引申出威仪之义。《说文》:"义,己之威儀也。"段注云:"古者威仪,字作义,今仁义字用之……故许各仍古训,而训仪为度。"②除"威仪"外,考《康熙字典》,"义"还引申出以下几项含义:第一,法度。《释名》:"义,宜也。"《乾卦》:"利物足以和义。"第二,正道。义师、义战。第三,公众的。义田、义学。第四,过人的。义士、义侠。第五,自外入而非正者。义父、义子、义服、义领。第六,通人性的。义犬、义鸟。第七,姓氏。《前汉·酷吏传》:"义纵,河东人。"第八,合适的。《韵补》引《周官》:"凡杀人而义者。"第九,友谊。《前汉·董仲舒传》:"摩民以谊。"③

"务"字始见战国文,较"义"字晚出。"秦国文,务字为手拿武器之形。"④本义为迅速,后引申为促进。《说文》:"趣也。"段注:"趣者,疾走也,务者,言其促疾于事也。"⑤考《康熙字典》,除"促进"之外,"务"还有以下几项含义:第一,姓。《广韵》引《列仙传》:"务光"。第二,地名。务娄。第三,前高后低。读作"毛"。第四,黄昏。读作"茂"。第五,侮辱。《诗小雅》:"兄弟阋于墙,外御其务。"第六,不一样。读作"谋"。刘桢《瓜赋》:"丰细异形,圆方殊务。"⑥"务"字的字音字义发生了较多的变化,其中不乏假借、讹误、俗写等现象,其常用义"促成"则较为稳定。其中,古代"义"所包含法度的含义和"务"包含"促成"的含义已经初步具有"促使人们去遵守某些规矩或某些行为准则"的意思表达。

"日文法学的文献资料表明,近现代中文法学的'義務'一词源于和制汉语,最先由日本学者加藤弘之以在汉字'義'之后加汉字'務'的方式创造。"⑦加藤弘之在其《真政大意》中频繁地使用了"义务",他认为人在拥有权利的同时也负有义务。随着近代以来的"西学东渐",中国从日本引进了"义务"一词,意指个人对国家和集体所负有的责任。清代外交官黄遵宪是中国第一个把'义务'合并使用的思想家,他在《日本国志》一书介绍日本的法律制度时就提到了证人的作证义务。

---

① 李学勤.字源[M].天津:天津古籍出版社,2013:1172.
② [清]段玉裁.说文解字注[M].北京:中华书局,2013:639.
③ [清]张玉书,等.康熙字典[M].王引之,等,校订.上海:上海古籍出版社,1996:978.
④ 魏励.甲金篆隶字典[M].北京:商务印书馆,2013:963.
⑤ [清]段玉裁.说文解字注[M].北京:中华书局,2013:706.
⑥ [清]张玉书,等.康熙字典[M].王引之,等,校订.上海:上海古籍出版社,1996:86.
⑦ 童之伟.中文法学之"义务"源流考论[J].政治与法律,2022(4).

类似的用法还有康有为在其《大同书》提及的:"若夫应兵点籍,则凡有国之世,视为义务。"①康有为之后,梁启超、严复等思想家都开始认可"义务"的含义并把其作为一个完整的词汇使用。

在《现代汉语词典》中,"义务"一词有以下释义:第一,公民或法人按照法律规定应尽的责任,如服兵役。第二,道德上应尽的责任,例如,我们有义务帮助学习差的同学。第三,不要报酬的,如义务演出、义务劳动。② 从以上三个词义来看,"义务"不仅是一个法律用语,而且属于道德的范畴。

"义务"在西语中同样源远流长。"就词源而言,西方最早的义务概念来源于古希腊语'kathekonta',它的原义是'担负'。善不应不为、恶不应不除的责任是人所应该担负的。后来'kathekonta'所具有的'应当'之义与此相契。"③但这里的"应当"只具有伦理学的意蕴,即要求人们的思想言行符合某些标准或原则。随后"义务"的概念进入罗马法律,古罗马人开始在法律文本中频繁使用"义务"一词,并对后世产生了深远的影响。在记录古罗马法的拉丁语中,表示"义务"的有两个词,分别是 debitum 和 obligatio。Debitum 主要指与债权人权利相对应的债务人的债务义务。英语词汇"debt"就是从 debitum 演化而来。Obligatio 指的是保障履行义务的一种法律约束。英语词汇"obligation"("义务""责任")显然以拉丁语"obligatio"为基础。英语中表达"义务"的词还有"duty"。一般来说,duty 倾向于从伦理道德方面表达内在的道德自觉,而 obligation 则更偏向于外在的承诺、契约和法律规范。相比 duty,obligation 的产生受外在强制力的约束,是一种强制性义务。

二、法律义务的概念分析

"义务"一词历史悠久,内涵丰富。除了现代意义上的法律义务,还有道德义务、宗教义务、习惯义务等存在形式。其中,法律义务和道德义务是最为常见的两种范畴。

(一)法律义务的内涵

法律权利和法律义务是法学的基本概念且相互依存。"在现代法学概念体系

---

① [清]康有为.大同书[M].上海:上海古籍出版社,2014:29.
② 中国社会科学院语言研究所词典编辑室.现代汉语词典[M].北京:商务印书馆,2016:1 550—1 551.
③ 叶蓬,江雪莲.中西义务观比较[J].学术研究,1993(3).

中,法律义务的存在附着于法律权利的存在,其无独立的地位和价值。"①法学史上关于法律义务的重要学说有:资格说、主张说、自由说、利益说、法力说、可能说、规范说、选择说、优势说等。② 这些见解从不同的角度对法律义务的内涵做了解释和说明,都具有一定的合理性。目前通说认为:法律义务是"设定或隐含在法律规范中、实现于法律关系中的,主体以相对抑制的作为或不作为的方式保障权利主体获得利益的一种约束手段"③。相较而言,"道德义务就是人们在道义上所应负的责任,其具体内容就是一定的道德原则和规范向人们提出的要求"④。

正确理解法律义务的内涵需把握以下两点:第一,义务的履行不必然是负担或不利。尽管行为人履行义务需要奉献、付出甚至牺牲某些利益,但是实践中行为人反而可以通过履行义务获益。例如,公民有接受教育的义务,而公民通过学习获得的知识反过来促进了公民自身发展和物质生活及精神生活的提升。第二,法律义务的履行受国家强制力的约束。如果义务主体不履行或者不完全履行义务,就会导致法律责任,但"责任是在不履行义务之后的法律后果,而并非义务本身"⑤。

(二) 法律义务的特点

1. 法律义务具有历史性

马克思、恩格斯认为:"法律和宗教一样,并没有本身固有的历史。"⑥这深刻揭示了法的本质,即"法是统治阶级意志的体现,法的本质是由特定社会的物质生活条件决定的"⑦。法律义务的内容、范围和方式,都受到物质生活条件的制约,并且跟随时代的变化而变化,具有鲜明的历史性。

中国的"义务教育"就是法律义务具有历史性的典型例证。中华人民共和国

---

① 钱大军.法律义务研究论纲[M].北京:科学出版社,2008:22.
② 资格说认为拥有某项权利代表有行动、占有或享受的资格,意味着"可以",义务意味着"不可以"。 主张说的观点把权利理解为具有正当性、合法性、可强制性的主张,要求对某物的占有,或要求返还某物,或要求承认某事实(某种行为)的法律效果;而义务就是被主张的对象或内容,即义务主体适应权利主体要求的作为与不作为。 自由说认为权利是法律允许的自由,包含意志自由和行动自由;而义务则意味着主体的不自由,包括意志的不自由和行动的不自由。 利益说倾向于权利是法律承认和保障的利益,而义务则是负担或是不利。
③ 张文显.法理学[M].5版.北京:高等教育出版社,2018:131.
④ 魏英敏.新伦理学教程[M].北京:北京大学出版社,1993:30.
⑤ 吕忠梅.法学通识九讲[M].北京:北京大学出版社,2011:118.
⑥ 马克思,恩格斯.德意志意识形态[M].郭沫若,译.上海:言行出版社,1938:142.
⑦ 张文显.法理学[M].5版.北京:高等教育出版社,2018:69-71.

成立之初,全国的文盲率为 80%[①],学龄儿童入学率仅有 20% 左右[②]。随着社会主义建设的推进,1986 年出台的《中华人民共和国义务教育法》将"义务教育"确定为公民的法律权利和法律义务。至 2020 年,我国文盲率下降到了 2.67%[③]。截至 2022 年,我国九年义务教育巩固率为 95.5%[④]。

2. 法律义务具有法定性

法律义务是由法律规范明文规定的,或包含在法律规范逻辑中的,或至少可以从法律精神和法律原则中推定出来的要求。这种要求包括了积极义务和消极义务。例如,《宪法》第五十六条规定,"中华人民共和国公民有依照法律纳税的义务",属于积极义务。《中华人民共和国道路安全法实施条例》第三十八条第三款规定,"机动车信号灯和非机动车信号灯在红灯亮时,禁止车辆通行",属于消极义务。

法律义务的法定性表现在两个层面。第一,法律义务的范围是法律明确规定的。义务主体只承担法定的或约定范围内的义务,要求义务主体作出超出其义务范围的行为,是法律所禁止的。第二,义务承担的主体是法定的。法律规定某种义务时会明确指出具体的义务承担主体,且此主体不能随意扩大或变更。法定的义务承担主体不得随意摆脱或转移其法定义务。例如,演艺明星与传媒公司签订了演艺合同,明星有义务按照合同亲自完成表演,不可将这一义务转移给他人。相比较而言,道德义务若没有经过法律认定则不具备法定性,并且道德义务对人的行为提出了更高的道德要求,其范围较法律义务更广。

3. 法律义务具有强制性

英国法学家奥斯丁认为:"法律,是强制约束一个人或一些人的命令。"[⑤]以国

---

① 《中国教育年鉴》编辑部. 中国教育年鉴(1949—1981)[M]. 北京:中国大百科全书出版社,1984:86.
② 《中国教育年鉴》编辑部. 中国教育年鉴(1949—1981)[M]. 北京:,中国大百科全书出版社,1984:125.
③ 数据来源:国务院第七次全国人口普查领导小组办公室. 2020 年第七次全国人口普查主要数据[M]. 北京:中国统计出版社,2021:12.
④ 数据来源:国家统计局. 中华人民共和国 2022 年国民经济和社会发展统计公报[R/OL]. 索引号:410A04—0402—202302—0006,2023—02—28,http://www.stats.gov.cn/xxgk/sjfb/zxfb2020/202302/t20230228_1919001.html.
⑤ [英]约翰·奥斯丁. 法理学的范围[M]. 2 版. [英]罗伯特·坎贝尔,修订编辑,刘星,译. 北京:北京大学出版社,2013:33.

家强制力保障其实施是法律区别于其他社会规范的突出特点。法律义务的强制性表现为义务不能由义务主体自行转让、减少甚至放弃,当义务主体不履行或者不完全履行义务时,会产生相应的法律责任,要求义务主体承担民事责任、行政责任和刑事责任等。例如,《民法典》婚姻家庭编规定了成年子女对父母有赡养义务。《刑法》规定对于拒绝赡养的成年子女,特别是情节恶劣构成遗弃罪的,会依法追究其刑事责任。

相比之下,道德义务不具备外在的强制力,主要依靠行为主体内在自律得以实现。"违反道德义务者通常会受到社会舆论的轻蔑、谴责,如果他是一个组织的成员,还可能受到其所属组织(如政党、工会、妇联)的处分。每一个社会成员都可以对违反道德者实施道德制裁,不需要经过特定的程序,也不一定借助系统的国家强制力。"①

三、法律对义务的规定方式

古罗马法学家西塞罗曾言:"只有在履行自己的义务中寻求快乐的人,才是自由地生活的人。"②真正的自由一定是受到正当的约束和限制的,没有约束的自由必然导致对他人权利的侵害,最终扰乱社会秩序。法律义务可分为积极性作为义务和消极性不作为义务。不过,法律条文对义务的规定有三种形式,其中积极作为与消极性不作为是义务主体对义务的主要履行方式。

(一)积极性作为义务

积极性作为义务,是法律要求义务主体通过实施某种行为来履行的义务。在法律条文中往往有以下几种表达方式:

第一,要求公民"应当"为一定行为。例如,《中华人民共和国国旗法》第四条规定:"中华人民共和国国旗是中华人民共和国的象征和标志,每个公民和组织都应当尊重和爱护国旗。"

第二,要求公民"必须"为一定行为。例如,《宪法》第五条第四款规定:"一切国家机关和武装力量、各政党和各社会团体、各企业事业组织都必须遵守宪法和

---

① 张文显.法理学[M].5版.北京:高等教育出版社,2018:74—75.
② [古罗马]西塞罗.论义务[M].张竹明,龙莉,译.南京:译林出版社,2015:249.

法律,一切违反宪法和法律的行为,必须予以追究。"

第三,规定公民"有……的义务"。例如,《民法典》第二十六条规定:"父母对未成年子女负有抚养、教育和保护的义务,成年子女对父母负有赡养、扶助和保护的义务。"

(二)消极性不作为义务

消极性不作为,是指法律通过要求义务主体克制或限制某种行为来履行义务。消极性不作为义务剥夺了义务主体的主观选择自由,是法律义务强制性的鲜明体现。法律条文中常以"禁止""不得"为表现形式,故而也被称为禁止性规范,即命令当事人不得为一定行为的法律规定。第一,"禁止"某种行为。例如,《中华人民共和国英雄烈士保护法》第二十二条规定:"禁止歪曲、丑化、亵渎、否定英雄烈士事迹和精神。"第二,"不得"为某种行为。例如,《民法典》第一千零三十二条规定:"自然人享有隐私权,任何组织或者个人不得以刺探、侵扰、泄露、公开等方式侵害他人的隐私权。"

"对社会生活最重要的禁令,就是禁止杀人或造成身体伤害的暴力使用。"[①]可见消极性不作为义务保护的是个体与社会的基本法益,是对义务主体提出的基本要求,也是义务主体的基本道德准则。刑事法律是保障消极性义务实现的典型代表,其条文中蕴含着大量的禁止性规范。英国法哲学家赫伯特·莱昂内尔·阿道弗斯·哈特(H. L. A. Hart)也认为:"设定和界定在刑法适用范围内的人们,必须去避免或者必须去做的某些行为的类型,不管他们的愿望为何都要遵守。"[②]例如,《刑法》第二百三十二条规定:"故意杀人的,处死刑、无期徒刑或者十年以上有期徒刑。"该条文要求行为人禁止实施剥夺他人生命的行为。

(三)倡导性义务

富勒在《法律的道德性》中认为,"道德问题存在某种刻度或者标尺,在这一标尺上有一个看不见的指针"[③]。指针之下是"义务的道德",义务的道德为人的行为设定了底线,其"最低起点是社会生活的最明显要求"[④],表现为人们为维护社

---

① [英]哈特.法律的概念[M].3版.许家馨,李冠宜,译.北京:法律出版社,2018:261.
② [英]哈特.法律的概念[M].3版.许家馨,李冠宜,译.北京:法律出版社,2018:79.
③ [美]富勒.法律的道德性[M].郑戈,译.北京:商务印书馆,2005:12.
④ [美]富勒.法律的道德性[M].郑戈,译.北京:商务印书馆,2005:12.

会正常秩序必须遵守的社会基本规范。指针向上是"逐渐延伸到人类愿望能企及的最高境界"[1]即"愿望的道德",表现为人们所追求的善、卓越等更高的目标。法律与"义务的道德"最为相似,法律将"义务的道德"所确立的道德义务上升为公民的法定义务,确保公民遵守基本道德规范,以此达到维护社会秩序的目的。倘若公民拒不履行这些义务,则会被法律施加惩罚。对于那些超越社会基本道德规范的道德义务,法律并不能规定每个人必须去履行,但法律可以期待人们去追求更高的道德境界,并且通过倡导、鼓励等形式激发人们自觉地践行这些崇高的道德规范。由此,还有一种倡导性法律规范可以弥补义务性规范的局限和不足,充分发挥法律的引导和鼓励功能。这类规范提出的义务就属于倡导性义务。也就是说,法律在一定条件下,鼓励、提倡某些机构或者个人实施一些非行为主体必须履行的作为或不作为。这类规范往往包含"鼓励""提倡""支持""应当"等术语。例如,《宪法》第十九条第三款规定:"国家鼓励自学成才。"《中华人民共和国献血法》第二条第二款规定:"国家提倡十八周岁至五十五周岁的健康公民自愿献血。"《中华人民共和国劳动法》第十条第三款规定:"国家支持劳动者自愿组织起来就业和从事个体经营实现就业。"《中华人民共和国反食品浪费法》第十四条规定:"个人应当树立文明、健康、理性、绿色的消费理念。"

在法律条文中,"倡导性义务"和"积极性作为义务"都包含"应当"的表达方式,但二者具有鲜明的区别。第一,二者的目的不同。强制性是法律义务的永恒属性[2],积极性作为义务通过法律强制要求义务主体必须实施某种行为来履行义务。但我们不能忽略法的非强制性的一面。倡导性法律规范代表了立法者的价值导向,即鼓励某种自愿行为,但不能强迫所有人达到统一要求。第二,二者的法律后果不同。"当人们模范地和成绩显著地遵守了一种提倡性规范,即可获得奖励这种肯定性法律后果"[3],对于人们不履行提倡性规范的行为法律后果不需要认定,也不需要承担责任。积极性义务的完成不会产生奖励,但义务主体拒绝履行积极性义务,必须承担相应的法律后果。

---

[1] [美]富勒.法律的道德性[M].郑戈,译.北京:商务印书馆,2005:12.
[2] 吴玉章.法律义务亦行为理由论[J].法学,2022(8).
[3] 漆多俊.经济法学[M].2版.上海:复旦大学出版社,2015:79.

第二节　我国公民的基本义务

基本义务是指"宪法规定的公民必须履行的责任"[1]。因此，公民的法律义务不是都能称为公民的基本义务，"只有经宪法规定且只有那些为构建作为共同体的国家并维系其存续而要求公民必须履行的责任才能匹配该称谓"[2]。

公民的基本义务进入宪法文本经历了漫长的过程。法国在1795年制定的"共和三年宪法"最早规定了公民的义务，包括"服从义务""财产牺牲义务""纳税义务"及"服兵役义务"。这个时期公民的基本义务直接关乎国家利益的维护。1919年德国的"魏玛宪法"进一步扩大了公民基本义务的范围，新增了受教育义务、劳动义务等内容。"魏玛宪法对基本义务的规定标志着基本义务的价值通过宪法规范得到具体化。"[3]1949年后，我国在借鉴苏联1936年宪法、越南1946年宪法、朝鲜1948年宪法等社会主义国家宪法的基础上，结合中国社会发展的实际情况，在1954年宪法中规定了公民的基本权利和基本义务。

一、宪法规定的公民基本义务

我国《宪法》在第五十二条至五十六条，规定了公民的基本义务，也称公民宪法义务[4]。具体内容如表9—1所示。

---

[1] 胡锦光，韩大元.中国宪法[M].4版.北京：法律出版社，2018：297.
[2] 姜秉曦.论公民基本义务对于集体法益的证立与界限——以《刑法》第299条为例[J].西部法学评论，2020（6）.
[3] 胡锦光，韩大元.中国宪法[M].4版.北京：法律出版社，2018：297.
[4] 林来梵教授认为宪法义务包括两种不同类型：第一种是一般人在宪法上所应承担的义务，即宪法文件和理论中所言的公民的基本义务；第二种则是特定的主体，主要是国家机关或公共权利主体以及实际的权利持有者（国家公务人员）在宪法上所承担的义务。第一种类型尤为我国宪法学所重视，基于我国宪法的问题和状况，本书所讨论的"宪法义务"基本上侧重第一种类型。参见：林来梵.从宪法规范到规范宪法：规范宪法学的一种前言[M].北京：法律出版社，2001：235.

表 9—1　　　　　　　　　《宪法》中的公民基本义务条款

条款	义务内容
第五十二条	中华人民共和国公民有维护国家统一和全国各民族团结的义务
第五十三条	中华人民共和国公民必须遵守宪法和法律,保守国家秘密,爱护公共财产,遵守劳动纪律,遵守公共秩序,尊重社会公德
第五十四条	中华人民共和国公民有维护祖国的安全、荣誉和利益的义务,不得有危害祖国的安全、荣誉和利益的行为
第五十五条	保卫祖国、抵抗侵略是中华人民共和国每一个公民的神圣职责。依照法律服兵役和参加民兵组织是中华人民共和国公民的光荣义务。
第五十六条	中华人民共和国公民有依照法律纳税的义务

需要注意的是,公民基本权利和义务并不等于公民权利和义务。以《宪法》相关规定为基础和指导,各部门法将公民的权利和义务予以落实。所以,公民基本义务和公民的其他法律义务共同构成了公民义务的完整体系。公民必须在遵守《宪法》的基础上,进一步遵守相关法律法规,完整履行自身法定义务。

二、公民基本义务的特点

(一)宪法关于公民基本义务的规范为部门法规定法律义务提供依据和指引

宪法是国家一切法律法规的总依据,其内容具有高度概括性。"我国宪法规定了国家根本制度和根本任务、公民的基本权利与义务以及国家生活中最重要的原则,具有最高的权威和根本的法律效力,在法律体系中居核心地位。"[1]宪法规范的原则性和抽象性使得公民基本义务的内容具有高度概括性进而需要各种形式的部门法予以落实。例如,依法纳税义务在宪法中"只是一项基本原则,还没有变为现实的义务。该义务的具体化与现实化通过国家立法才能变成现实的义务"[2]。《个人所得税法》《税收征收管理法》等税收专门法对公民纳税义务的内容和履行提供了具体规范。同时,《刑法》第二百零一条还规定了税务方面的多种犯罪,通过刑罚的威慑功能促使公民切实履行义务,对拒不履行纳税义务的公民施加相应的刑事责任。

---

[1]　宪法学编写组.宪法学[M].2版.北京:高等教育出版社,2020:10.
[2]　胡锦光,韩大元.中国宪法[M].4版.北京:法律出版社,2018:298.

（二）公民基本义务强调公民对国家的忠诚义务

德国法学家塞缪尔·普芬道夫（Samuel Pufendorf）就曾将"'国家的安全和稳定''与同胞和平友好地相处''为国家增添荣耀和财富、为国家安全奉献所有'等视作公民对国家的自然法义务中的普遍义务"[①]。世界上许多国家把公民对国家的忠诚义务写入宪法。例如，《德意志联邦共和国基本法》第十二条第一款规定："男性自满十八岁起，有在军队、联邦边境防卫队或民防组织服勤务之义务。"第五部《越南社会主义共和国宪法》第七十六条规定："公民必须忠诚于祖国，背叛祖国是最大的犯罪。"

我国《宪法》第五十二条、第五十四条、第五十五条涵盖了维护国家统一、民族团结、保卫祖国、依法服兵役等义务，这些义务直接关乎国家安全与利益，对于国家的存续和发展至关重要。所以，公民基本义务的履行直观反映了公民对国家的效忠义务，公民只有对国家绝对忠诚才能实现对国家法益的保护。《宪法》第五十三条规定："中华人民共和国公民必须遵守宪法和法律。"该条款表达了公民对宪法的服从义务。总之，"国家效忠义务直接来自公民服从法律的义务，服从义务是所有基本义务中最基础的义务"[②]。

（三）公民基本义务兼具道义性与规范性

《宪法》第五十二条至五十六条中，公民的基本义务呈现"道义性义务与规范性义务"[③]相结合的特点。《宪法》第二十四条第二款明文规定："国家倡导社会主义核心价值观，提倡爱祖国、爱人民、爱劳动、爱科学、爱社会主义的公德。"该条款体现了社会主义道德的要求，从宪法总纲的高度强调发挥社会主义核心价值观的道德引领作用，倡导美德义行。《宪法》第五十三条要求公民"尊重社会公德"便是对第二十四条有关道德的概括性规定的具体体现。《宪法》第五十二条、第五十三条中的"遵守宪法和法律"、第五十四条中的"维护祖国安全、荣誉和利益"、第五十

[①] ［德］塞缪尔·普芬道夫.人和公民的义务［M］.张淑芳，译.西安：陕西出版集团，陕西人民出版社，2009：130.
[②] 董茂云.香港特别行政区居民及其公职人员的国家效忠义务［J］.法治研究，2019（6）.
[③] 林来梵教授将公民宪法义务划分为一般主体的义务和特定主体的义务，前者又划分为道义性义务和规范性义务。 参见：林来梵.从宪法规范到规范宪法：规范宪法学的一种前言［M］.北京：法律出版社，2001：242.

五条第一款中的"保卫祖国、抵抗侵略"均没有出现"道德"的字眼,但其内容在一定程度上遵循了中国古代"引礼入法"的传统,呈现明显的道义性特点,体现了《宪法》对于强烈的价值判断的内在取向和公民道德的隐性倡导[1],彰显了我国依法治国与以德治国相结合的治理方略。《宪法》第五十五条第二款规定的依法服兵役义务、第五十六条规定的依法纳税义务对国家存续和发展起着首要且必不可少的作用,尽管这两项义务被《宪法》赋予了一定的道义内涵,但从法律意义上二者的规范要素更为显著,属于规范性义务。

综上所述,宪法规范的抽象性、原则性,使得公民基本义务的内容也呈现高度概括性、政治性与道义性。同时,法律义务的主体范围广泛,包括公民、法人等其他社会组织。本书重点分析《宪法》规定的公民基本义务及其在部门法中的具体实现。

第三节 公民基本义务的主要内容

法律义务的内容广泛多样,且在公民生活中存在显著的交叉性。基于《宪法》第五十二条至五十六条,本书对公民法律义务的内容进行分类和列举。这种分类和列举不是明确划分界限,而是以《宪法》规定的公民基本义务为基础,增加一些对法律义务的理解维度。这有利于加深公民对义务的认识,提高公民履行义务的能力,发挥《宪法》基本义务条款的价值和指导作用,真正把维护《宪法》权威落到实处。

一、公民维护祖国安全和利益的法律义务

(一)公民维护国家安全的义务

"国家安全是指国家的领土完整和主权不受侵犯,国家政权不受威胁。"[2]《宪法》第五十二条至五十六条中规定了公民的基本义务,其中很多内容是维护国家安全的直接需要。例如,依法服兵役、保守国家秘密等义务。当前,"国际形势复杂多变,我们面对的改革发展稳定任务之重前所未有、面对的矛盾风险挑战之多

---

[1] 林来梵.从宪法规范到规范宪法:规范宪法学的一种前言[M].北京:法律出版社,2001:242.
[2] 《宪法学》编写组.宪法学[M].2版.北京:高等教育出版社,2020:222.

前所未有"①，公民自觉维护国家安全对于国家繁荣发展尤为重要。我国多部法律法规涉及国家安全问题，内容涵盖国家安全各个领域。主要有《宪法》《国家安全法》《国防法》《保守国家秘密法》《反分裂国家法》《核安全法》《刑法》《刑事诉讼法》等。这些法律法规中不乏以公民为主体直接规定其维护国家安全义务的内容。例如，《国家安全法》第十四条规定："每年4月15日为全民国家安全教育日。"第七十七条直接对公民履行国家安全的义务作出明确规定。《刑法》第二编第一章首先对"危害国家安全罪"②作了规定，其中包括背叛国家罪、分裂国家罪、间谍罪、叛逃罪等多个罪名。同时，维护国家安全不仅是公民的基本法律义务，而且是我国爱国主义美德的制度要求。习近平总书记曾言："爱国，是人世间最深沉、最持久的情感，是一个人立德之源、立功之本。"③爱国主义价值追求为公民维护国家安全义务的实现提供了强大的精神动力，并且增进了国民凝聚力和国家荣誉感。

根据宪法和法律，公民应当履行维护国家安全的义务主要有：维护国家统一、维护民族团结；依法服兵役；及时报告危害国家安全活动的线索；为国家安全工作提供便利条件或者其他协助；保守国家秘密；尊重和爱护国旗、国歌、国徽等国家象征和标志。

中国人民在近代所遭受的屈辱和磨难表明，国家没有主权独立和领土完整，人民的权利和自由就无法实现。只有国家繁荣富强，人民才能安居乐业。因此，国家利益和国家安全与每个公民息息相关。"一个好公民的国家义务就是可以为了国家的安全慷慨地献出自己的生命和财富。"④国家为公民的生存和发展提供了有力保障，公民也必须承担相应的国家义务。其中，依法服兵役是公民落实国家义务、维护国家安全的重要方式之一。《宪法》《中华人民共和国兵役法》（以下简称《兵役法》）等对依法服兵役义务进行了具体的规定。例如，《宪法》第五十五条规定："中华人民共和国公民不分民族、种族、职业、家庭出身、宗教信仰和教育程度，都有义务依法服兵役。"《兵役法》第十五条规定："每年十二月三十一日以前

---

① 中共中央关于全面推进依法治国若干重大问题的决定［M］.北京：人民出版社，2014：2.
② 危害国家安全罪，是指故意危害中华人民共和国的主权、领土完整与安全，颠覆国家政权，推翻社会主义制度的行为。 参见：张明楷.刑法学（下）［M］.6版.北京：法律出版社，2021：869.
③ 习近平.在北京大学师生座谈会上的讲话［M］.北京：人民出版社，2018：11.
④ ［德］塞缪尔·普芬道夫.人和公民的义务［M］.张淑芳，译.西安：陕西出版集团，陕西人民出版社，2009：130.

年满十八周岁的男性公民,都应当按照兵役机关的安排在当年进行初次兵役登记。"《兵役法》第五十七条规定:"对于应征公民拒绝、逃避征集服现役,拒不改正的,不得录用为公务员或者参照《中华人民共和国公务员法》管理的工作人员,不得招录、聘用为国有企业和事业单位工作人员,两年内不准出境或者升学复学,纳入履行国防义务严重失信主体名单实施联合惩戒。"

基于我国人口众多,兵员储备相对充足的国情,实际履行服兵役义务的只是一小部分公民。但是,公民特别是青年大学生一旦入伍参军,就要受到服兵役义务的强制约束,自觉承担起保家卫国的光荣使命。拒服兵役[1]的义务主体会受到相应的处罚,情节严重的,还会被追究刑事责任。

典型案例

大学生拒服兵役被施以 9 项处罚[2]

大专生张某于 2022 年秋季自愿应征入伍,但因无法忍受严苛的训练模式,多次提出终止服役申请,后经部队领导和家长多次劝说,仍拒绝继续履行服兵役义务,其所在部队依据《中国人民解放军纪律条令(试行)》对其给予除名处理并退回原籍。沙洋县人民政府依据《兵役法》《征兵工作条例》等相关法律规定,撤销张某义务兵的优待,并对其进行 34 584 元的罚款。同时,张某被施以终身不得考公考编、不能发展为中共党员、两年内不能申请贷款、不得出国、户籍备注"拒服兵役"等共 9 项处罚。

(二)公民维护国家利益的义务

"国家利益通常分为对内和对外两个方面,对外主要是民族的政治、经济、文

---

[1] 《兵役法》第五十七条第一款规定了拒服兵役的三种行为:第一,拒绝、逃避兵役登记的;第二,应征公民拒绝、逃避征集服现役的;第三,预备役人员拒绝、逃避参加军事训练、担负战备勤务、执行非战争军事行动任务和征召的。
[2] 案例来源:沙洋县人民政府.沙洋县人民政府关于对拒服兵役青年张佳豪实施处罚的通报[EB/OL].2023-02-08, http://www.shayang.gov.cn/art/2023/2/8/art_5449_955537.html.

化等方面的权利和利益,对内主要是指公共利益。"①《中国的和平发展》明确指出,"中国的核心利益包括:国家主权,国家安全,领土完整,国家统一,中国宪法确立的国家政治制度和社会大局稳定,经济社会可持续发展的基本保障"②。由此可见,我国国家利益包含了国家经济利益、政治利益、安全利益和文化利益等多个方面。《宪法》中对公民基本义务的相关条文反映了国家利益的核心内容。例如,《宪法》第五十三条要求公民爱护公共财产和遵守社会秩序等。第五十四条要求公民不得有危害祖国的安全、荣誉和利益的行为。国家利益与个人利益唇齿相依,公民权利与义务的实现离不开对国家利益的维护。公民维护国家政治利益的义务有:自觉维护国家领土的完整和主权的统一,维护各民族之间团结互助和谐的关系等。公民维护国家经济利益的义务有:遵守国家经济法律法规,维护社会主义市场经济制度,保护公共财产,禁止不正当竞争,保护知识产权,依法纳税等。公民维护国家文化利益的义务有:遵守国家关于文化产业、文化市场秩序方面的法律法规;弘扬社会主义核心价值观;保护文化遗产;等等。

依法纳税义务是公民维护国家经济利益的重要手段,也是《宪法》第五十六条规定的公民基本义务之一,是指"纳税义务人依法向税收部门按一定比例缴纳税款的义务"③。税收具有强制性、无偿性和固定性的特征。税收的强制性是指任何单位或个人都必须依法履行纳税义务,否则就会受到法律的制裁。例如,对于那些实施了虚假申报、拒不申报税款以及少缴纳甚至不缴纳税款等偷税行为的纳税人,税务机关有权采取各种措施强制纳税人缴纳税收,包括冻结银行账户、扣押财产等。对于拒不缴税的纳税人,税务部门可以采取行政处罚,情节严重者,还要追究纳税人的刑事责任。税收的无偿性则是指纳税行为是无偿的,是国家单方面向纳税义务人征收的,无须返还。税收的固定性是指国家征税之前预先规定了统一的征税标准,包括纳税人、课税对象、税率、纳税期限、纳税地点等。这些标准一经确定,在一定时间内就是相对稳定的。

我国纳税义务主体包括法人和自然人。法人包括机关法人、企事业法人等社

---

① 《宪法学》编写组.宪法学[M].2版.北京:高等教育出版社,2020:223.
② 中华人民共和国国务院新闻办公室.中国的和平发展(白皮书)[R].北京:人民出版社,2011:18.
③ 胡锦光,韩大元.中国宪法[M].4版.北京:法律出版社,2018:304.

会组织。自然人包括我国公民、外国人、无国籍人等。本书仅讨论我国公民的纳税义务。个人所得税是与公民有关的常见税种,是对个人(自然人)取得的各项应税所得征收的一种税,属于现代国家税收体系的重要组成部分。个人所得税的缴纳是纳税人的基本义务,公民需要向税务机关按时、如实办理纳税申报,积极配合税务机关依法进行税务检查,及时向税务机关提供信息,并按时缴纳税款。

典型案例

演员邓某偷税漏税案[①]

2019 年至 2020 年,演员邓某通过虚构业务转换收入性质进行虚假申报,偷逃个人所得税 4 765.82 万元,其他少缴个人所得税 1 399.32 万元。2022 年 3 月,上海市税务局按照法律法规相关规定,向邓某追缴税款、加收滞纳金并处罚款,共计 1.06 亿元。

知识拓展

个人所得税应纳税额=应纳税所得额×适用税率-速算扣除数。 应纳税所得额是指纳税人在一定时期内取得的各项收入减去税法规定的各项扣除后的余额。 税率根据不同的所得项目和金额大小有所不同,一般采用超额累进税率或比例税率。 在计算个人所得税时,还需要考虑一些税收优惠。 这些优惠包括扣除项、免税收入和税收抵免等。 扣除项包括《个人所得税法》规定的各项扣除,如子女教育、房贷利息、赡养老人等。 免税收入包括一些特定的收入,如国债利息、省级政府奖金等。 税收抵免是指纳税人在计算应纳税额时,可以将其已缴纳的税款抵扣应纳税额。

---

① 案例来源:国家税务总局. 税案通报 [EB/OL]. 国家税务局网,2022-03-15,http://www.chinatax.gov.cn/chinatax/n810219/c102025/c5173581/content.html.

二、遵守公共秩序与尊重社会公德的义务

公共秩序是为维护社会公共生活所必需的秩序。"只有在公共生活的行动中,我们才能实现个性的自由而成为超越动物的人的存在。"①所以,稳定的公共秩序是个人实现自由全面发展目标的基石。公共秩序通过法律,行政法规,国家机关、企业事业单位和社会团体的规章制度等所确定,因此,遵守公共秩序也是公民履行法定义务的体现。尊重社会公德则是人们在遵守公共秩序层面的道德要求,也是《宪法》第五十三条明确规定的公民义务。《新时代公民道德建设实施纲要》也"鼓励人们通过践行文明礼貌、助人为乐、爱护公物、保护环境、遵纪守法的社会公德成为一个社会上的好公民"②。

本书立足于宪法和法律,选取公民遵守公共秩序与尊重公共道德的重要法律义务进行介绍,主要有维护公共安全的义务、不得侵犯他人合法权益的义务、诚信消费义务、受教育的义务、保护环境的义务等。

(一) 维护公共安全的义务

"不特定或者多数人的生命、健康等安全以及公众生活的平稳与安宁,就是公共安全。"③公共安全是社会正常运转的基础,是人民群众日常生活安全感、获得感和幸福感的来源。尽管"政府和国家公职人员都对公共安全负有保护义务"④,但是"人作为主体对于其社会职责和社会义务的懈怠,本身就值得谴责"⑤。所以,普通公民都应当树立公共安全意识,履行维护公共安全的义务。

《宪法》第五十三条要求公民遵守公共秩序,换言之,公民应当约束自己的言行举止,避免因为自己的不当行为造成公共利益的受损。《刑法》和《治安管理处罚条例》等法律法规对各类危害社会秩序的行为规定了处罚方式。危害公共安全的行为,轻则会受到治安管理处罚,重则会触犯《刑法》。《刑法》中的危害公共安

---

① 孙秋玉、葛先园.论公民体面公共生活的实现[J].南京师大学报(社会科学版),2023(1).
② 新时代公民道德建设实施纲要[M].北京:人民出版社,2019:6.
③ 张明楷.刑法学(下册)[M].6版.北京:法律出版社,2021:882.
④ 刘军.公共安全治理中监管过失行为的刑法规制[J].法学,2023(5).
⑤ 当然这种谴责可以是行政的、民事的或是道德层面的谴责,并非一定是刑法上的谴责。一体化构建的责任追究体系,将有助于行为人形成统一的违法性意识,养成良好的规则意识。

全的常见犯罪有放火罪与投放危险物质罪。放火罪就是通过故意焚烧或放火引起火灾,危害公共安全的行为。放火行为对于人的生命安全及公共安全的威胁极大,因此放火罪是保留极刑的罪行之一。《中华人民共和国森林法》和《中华人民共和国消防法》(以下简称《消防法》)等法律法规对于防范火灾也有相应的规定。为防止火灾的发生,公民主要有以下法律义务:遇到火灾火情要及时拨打119,不得谎报火警。禁止在具有火灾、爆炸危险的场所吸烟、使用明火。例如,在加油站、森林等地点随意吸烟,或者在野外随意用火烧烤等。生活中公民不得把生活杂物堆积在疏散通道、安全出口、消防车通道,以免影响消防救援。禁止乘坐公共交通工具时携带烟花爆竹等。

典型案例

男子加油站内任性吸烟被拘留[①]

2022年11月4日,在北京市大兴区某加油站内,男子王某因工作不顺、感情受挫,在离加油机不足五米的地方任性吸烟。其间,加油站内工作人员对其抽烟行为进行多次劝阻,但王某仍不收敛,其行为已给加油站带来安全威胁。民警依据《消防法》的相关规定,将王某传唤至派出所。在派出所内,王某拒不配合,还殴打辅警,存在阻碍执行职务行为。最终,王某因涉嫌妨碍公务,被大兴警方刑事拘留。另其在具有火灾、爆炸危险的场所吸烟、使用明火等行为违反了《消防法》相关规定,被警方行政拘留。

[①] 案例来源:加油站内任性吸烟,一男子被大兴警方拘留[N/OL].新京报,2022—11—04,https://www.bjnews.com.cn/detail/1667543174168070.html.

法条参考

《消防法》第二十一条第一款　禁止在具有火灾、爆炸危险的场所吸烟、使用明火。

第六十三条　违反本法规定,有下列行为之一的,处警告或者五百元以下罚款;情节严重的,处五日以下拘留:

(一)违反消防安全规定进入生产、储存易燃易爆危险品场所的;

(二)违反规定使用明火作业或者在具有火灾、爆炸危险的场所吸烟、使用明火的。

《刑法》中的投放危险物质罪,是指故意投放毒害性、放射性、传染病病原体等物质,危害公共安全的行为。"毒害性物质是指基于化学作用,能够致有机体死亡或者伤害的有机物或者无机物的总称。如砒霜、氰化钾、剧毒农药等有毒的物质。放射性物质,是指能发出射线的物质,人在受大剂量照射后,引起放射性损伤甚至死亡的物质。传染病病原体,是指能够引起疾病的微生物和寄生虫的统称。"[①]公民在生活中接触有毒物质时需要注意的法律义务包括:不得生产、经营、使用国家禁止生产、经营、使用的危险化学品;有从事化学实验工作的公民不得使用国家有限制性使用规定的危险化学品;不得购买剧毒化学品(属于剧毒化学品的农药除外)和易制爆危险化学品。

---

① 高铭暄,马克昌.刑法学[M].10版.北京:北京大学出版社,2022:337.

典型案例

幼儿园员工向儿童餐食投毒案[①]

幼儿园后勤工作人员王某某因薪资问题对园方不满而蓄意报复。2019年7月8日，王某某利用给儿童单独做饭的机会，把提前备好的亚硝酸盐放入烹制的餐食中。当日中午11时左右，该园4名儿童用餐后出现晕倒、呕吐、嘴唇发紫等症状。受害儿童立刻被送往医院救治。经检测，王某某烹制的饭菜中亚硝酸盐含量超出了《食品安全国家标准》中最高限量标准。值得庆幸的是，4名儿童因送医及时、救治得当，相继康复出院，并未造成严重后果。法院以王某某犯投放危险物质罪，判其有期徒刑八年，并禁止其在刑罚执行完毕或者假释之日起五年内从事食品加工、制售等相关活动及从事教育、看护、保育等与未成年人相关的职业。

法条参考

《刑法》第一百一十四条　放火、决水、爆炸以及投放毒害性、放射性、传染病病原体等物质或者以其他危险方法危害公共安全，尚未造成严重后果的，处三年以上十年以下有期徒刑。

知识拓展

2013年，上海某高校研究生林某因为生活琐事与室友黄某不和，决定用投毒的方法加害黄某。3月31日，林某以"愚人节整蛊"为由，盗取实验室的剧毒化学品，并将其投入自己宿舍的饮水机内，想给室友黄某一点"颜色"。4月1日，黄某从宿舍饮水机

[①] 案例来源：安徽省未成年人检察工作白皮书第四部分典型案例.王某某投放危险物质案[EB/OL].安徽省人民检察院，2020－05－27，http://www.ah.jcy.gov.cn/jctt/202005/t20200527_2842135.shtml.

中接取并喝下被投毒的饮用水，出现严重中毒症状。在黄某住院治疗期间，林某不仅多次前去探望，还负责了部分检验工作，却始终未透露黄某的真实病因。4月16日，黄某因抢救无效死亡。林某以故意杀人罪被判处死刑，并被剥夺政治权利终身。①

本案中的林某跟上述案例中的王某某均通过投毒的方式实施犯罪，但林某并没有被判处"投放危险物质罪"，因为"投放危险物质罪的成立必须危及公共安全，而非个体安全"②，侵害的对象是不特定或者多数人的人身。如果用投放危险物质的方法杀害特定的个人并不危及公共安全的，则属于故意杀人罪。③ 林某的行为故意剥夺了特定个人的生命，所以构成故意杀人罪。

（二）不得侵犯他人合法权益的义务

这里主要强调公民人身权益不得受到伤害。法学家塞缪尔·普芬道夫（Samuel Pufendorf）认为："人与人之间的首要义务是不得伤害他人。"④《宪法》第五十三条倡导公民要"尊重社会公德"。社会公德"是人们在社会交往和公共生活中应当遵守的道德标准和行为准则，其核心内容是爱祖国、爱人民、爱劳动、爱科学、爱社会主义"⑤。因此，关心和爱护他人应当是《宪法》中公民基本义务的伦理基础。面对公共生活中的挑战和风险，人与人之间相互关爱有助于实现公共利益和个人利益的最大化，促进整个社会和谐有序地发展。不伤害他人的义务以维护他人生命权利的义务和维护他人名誉权的义务最为典型。

"生命权是宪法规定人身自由的首要前提，同时'国家尊重和保障人权'的宪

---

① 案例来源：林森浩故意杀人二审刑事裁定书[EB/OL]，（2014）沪高刑终字第31号，裁判文书网，2015-12-14，https://wenshu.court.gov.cn/website/wenshu/181107ANFZ0BXSK4/index.html?docId=1ezqk3F+LTOY3DuHTOtUH5gi7M9b7FCUN/8l3ZQZaYNUIP1IqEbVep/dgBYosE2g5jpF2jo9N7eVUtoVNbAhrX5ovQqL/MH07k6ZWyRg9iLBuW+jf0uKQtWdUM4XGA7V.
② 罗翔. 刑法学讲义 [M]. 昆明：云南出版集团，2020：156.
③ 还有一说，张明楷在发表于《中国法学》1999年第6期中的《论以危险方法杀人案件的性质》一文中提出："凡是以杀人故意实施了足以剥夺他人生命的杀人行为的，除刑法有明文规定的以外，应当以故意杀人罪论处。联系本书所讨论的问题来说，只要行为人主观上具有杀人的故意，不管行为人是否采用放火、爆炸、投毒等危险行为，也不问该行为是否危害公共安全，都应当认定为故意杀人罪。"但本书采取通说的观点，对二者进行了简单的区分。
④ [德]塞缪尔·普芬道夫. 人和公民的义务 [M]. 张淑芳，译. 西安：陕西出版集团，陕西人民出版社，2009：30.
⑤ 宪法学编写组. 宪法学 [M]. 2版. 北京：高等教育出版社，2020：222.

法规范中也包含着对生命权保障的义务。"①"道德本于生命,在一定意义上又高于生命"②,对生命的尊重和维护是人类道德之起源。中国古代也有"杀人偿命"的说法,这种朴素的正义观念也体现出人们对于生命权的重视。从法益角度出发,生命权是公民行使一切权利的基础,"享有生命才可能进一步享有其他法益,丧失生命就意味着丧失了其他一切法益"③。所以刑法对故意杀人的刑罚首选刑是死刑,"故意杀人的行为在所有国家中都是最严重的罪行,其法定刑通常是该国刑法规定的最高刑罚"④。法律上分列禁止性义务来体现彼此尊重生命的人伦道德,主要有:禁止故意杀人、故意伤害他人;不得以任何形式买卖人体器官;不得从事与买卖人体器官有关的活动;不得强迫、欺骗或者利诱他人捐献人体器官;禁止非法拘禁和以其他方法非法剥夺或者限制他人的人身自由;禁止非法搜查他人的身体;等等。

典型案例

张某某为母复仇案⑤

1996 年,陕西汉中王大的小儿子王三(案发时 17 岁)因邻里矛盾故意伤害邻居张某某之母汪某并致其死亡。同年 12 月 5 日,王三被判处有期徒刑 7 年。张某某对王三的杀母之仇一直怀恨在心,伺机报复王家。2018 年 2 月 15 日,张某某尾随上山祭祖的王三和其兄王一,向二人连捅数刀,致二人死亡。随后,张某某前往王家,持刀向王大胸部、颈部捅刺数刀,致其死亡。张某某还点燃了王一的轿车,致该车辆严重受损。2019 年 1 月,法院一审以故意杀人罪和故意损坏财物罪数罪并罚判处张某某死刑。

---

① 宪法学编写组.宪法学[M].2 版.北京:高等教育出版社,2020:207.
② 张岱年.生命与道德[J].北京大学学报(哲学社会科学版),1995(5).
③ 罗翔.刑法学讲义[M].昆明:云南人民出版社,2020:218.
④ 罗翔.刑法学讲义[M].昆明:云南人民出版社,2020:218.
⑤ 案例来源:张扣扣故意杀人案[EB/OL],中国法院网,2020 − 01 − 12, https://www.chinacourt.org/article/detail/2020/01/id/4769097.shtml.

案例分析

张某某杀害王家父子三人,手段残忍、情节恶劣、主观恶意强,是对生命权的极大亵渎。为母复仇不能构成侵犯他人生命权的理由,血腥复仇的野蛮做派与现代社会的治理模式背道而驰,践行传统孝道不能超越法律的边界。

法条参考

《刑法》第二百三十二条 故意杀人的,处死刑、无期徒刑或者十年以上有期徒刑;情节较轻的,处三年以上十年以下有期徒刑。

第二百七十五条 故意毁坏公私财物,数额较大或者有其他严重情节的,处三年以下有期徒刑、拘役或者罚金;数额巨大或者有其他特别严重情节的,处三年以上七年以下有期徒刑。

除了伤害他人生命,侵犯他人名誉权也会对他人造成伤害,包括侮辱、诽谤、诈骗、寻衅滋事等。当然,随着信息技术的不断发展,这些犯罪形态也越来越多地从现实生活向网络空间延伸。网络空间具有虚拟性、无形性和开放性,但本质上是对现实空间的真实反映。最高人民法院、最高人民检察院就《关于办理利用信息网络实施诽谤等刑事案件适用法律若干问题的解释》答记者问时指出:"网络空间属于公共空间,网络秩序也是社会公共秩序的重要组成部分。"《宪法》第五十三条规定,"公民有遵守公共秩序的义务",网络空间公共秩序的维护也需要公民履行相应的义务①。《宪法》第三十五条规定:"公民享有言论自由的权利。"网络言论自由作为传统言论自由在虚拟世界的拓展和延续自然也包含在内。"根据国家互联网信息办公室的统计,目前专门针对网络空间的国家级法律文件至少包括法律7项、行政法规9项、部门规章9项以及司法解释6项。典型的法律文件包括《网络安全法》《数据安全法》《儿童个人信息网络保护规定》《互联网跟帖评论服务管理规定》《最高人民法院最高人民检察院关于办理利用信息网络实施诽谤等刑事案件适用法律若干问题的解释》等。"②通过以上法律法规可以更好地解决网络行为失范的问题,明确公民在网络空间中的权利、义务与责任。

网络的普及虽然对人们的学习与生活带来了极大的便利,但网络空间不是法外之地,网络用户也必须履行相应的义务,构建健康、文明的网络空间,维护稳定的公共生活秩序。以网络空间中常见的侮辱、诽谤行为为例,公民在网络空间中维护他人名誉权的义务有:禁止以暴力或其他方法,公然侮辱他人;禁止利用信息网络辱骂恐吓他人;公民在点击、浏览、转发信息时,有核查信息来源的义务;禁止捏造事实诽谤他人;禁止将捏造、篡改的损害他人名誉的信息在网络上散布。

典型案例

秦某某利用互联网造谣传谣被判刑③

2013年,秦某某在互联网上使用一系列带有"秦火火"字样的网络账号,对多位公民如张海迪、杨澜等进行诽谤,并且在信息网络上散布对国家机关产生不良影响的虚假信息,引起了一些民众的恐慌,其行为严重扰乱了公共秩序。北京市朝阳区人民法院以诽谤罪和寻衅滋事罪判处秦某某有期徒刑三年。

---

① 对于网络空间是否属于公共场所在刑法学界有肯定说与否定说。 本书采取肯定说,即公共场所分为网络空间的公共场所和不包含网络空间的公共场所。 那些不需要身体实际进入但能与现实社会发生解除的网络空间可以认为是公共场所。 参见:曲新久.一个较为科学合理的刑法解释[N].法制日报,2013-09-12(7).卢勤忠,钟菁.网络公共场所的教义学分析[J].法学,2018(12).
② 陈融,杨露.法治社会建设视域下网络空间道德建设路径[J].思想理论教育,2023(2).
③ 案例来源:中华人民共和国最高人民法院第一、二、三、四、五庭.刑事审判参考:第2集(总共97集)[M].法律出版社,2014:57-65.

> **法条参考**
>
> 《刑法》第二百四十六条第一款　以暴力或者其他方法公然侮辱他人或者捏造事实诽谤他人,情节严重的,处三年以下有期徒刑、拘役、管制或者剥夺政治权利。
>
> 《最高人民法院、最高人民检察院关于办理利用信息网络实施诽谤等刑事案件适用法律若干问题的解释》
>
> 第一条第一款　具有下列情形之一的,应当认定为《刑法》第二百四十六条第一款规定的"捏造事实诽谤他人":
>
> 捏造损害他人名誉的事实,在信息网络上散布,或者组织、指使人员在信息网络上散布的;
>
> ……
>
> 第二条　利用信息网络诽谤他人,具有下列情形之一的,应当认定为《刑法》第二百四十六条第一款规定的"情节严重":
>
> (一)同一诽谤信息实际被点击、浏览次数达到五千次以上,或者被转发次数达到五百次以上的;
>
> (二)造成被害人或者其近亲属精神失常、自残、自杀等严重后果的;
>
> (三)二年内曾因诽谤受过行政处罚,又诽谤他人的;
>
> (四)其他情节严重的情形。

(三)诚信消费义务

消费行为是公民参与公共生活的重要环节,消费行为的合理与否直接影响着市场经济秩序的稳定。然而,由于消费产品信息不对称等因素,消费者在消费行为中往往处于弱势地位,因此我国通过《消费者权益保护法》《民法典》《产品质量法》等相关法律法规的立法来保护消费者的权益,维护社会经济秩序。但"贯彻弱者保护法的目的宗旨并不意味着法律鼓励受保护者的怠惰无为甚至肆意妄为"[①]。我们一味强调消费者权利的同时,也不能忽略消费者的义务。《宪法》第十五条第三款规定

---

① 李楠.论消费者受教育义务的误读与澄清——《消费者权益保护法》第13条第2款之解释与适用[J].经济法论丛,2022(9).

的"国家依法禁止任何组织或者个人扰乱社会经济秩序",为消费者履行义务提供了根本依据。《消费者权益保护法》第十三条第二款也规定,"消费者应当努力掌握所需商品或者服务的知识和使用技能,正确使用商品,提高自我保护意识"。此外,公民消费行为属于民事活动的范畴,理应遵循《民法典》规定的诚信原则、公序良俗原则、禁止权利滥用原则等。

消费行为具有持续性,是购买、使用和废弃一系列行为的总和。三个行为阶段的不同特性导致消费者的义务既包括倡导性义务,又包括强制性义务。一般来说,在购买和使用阶段,消费者义务多为倡导性义务。例如,在购买产品之前,消费者为规避风险,对购买产品有谨慎义务、检查义务等。购买商品时,消费者应当诚实守信,善意行使权利。上述义务都属于倡导性义务,是对消费者行为的一种引导和鼓励,本身并不具备强制性。到产品废弃的第三阶段,消费者义务多表现为强制性义务,消费者需要履行保护生态环境、禁止权利滥用等义务。例如,《上海市生活垃圾管理条例》要求个人进行垃圾分类,对拒不履行者施以行政处罚。

典型案例

恶意买家滥用网购退货权[①]

2018年8月,小江通过网络购物平台下单购买某高端正品运动鞋后,利用购物平台"七天无理由退货"的规则提出退货申请。接着将自己从其他网络平台购买的高仿鞋以假充真寄回给正品鞋店,骗取商家退款。经过调查,小江通过此方法共骗取8双高端正品运动鞋的退款总计人民币11 192元。2018年11月,小江投案自首,法院判决小江犯诈骗罪,判处有期徒刑六个月,缓刑一年,罚金人民币2 000元,所获赃款退还正品鞋所属有限公司。

---

① 案例来源: 蒋某某诈骗一审刑事判决书[EB/OL].(2019)沪0110刑初604号,裁判文书网,2019-09-05. https://wenshu.court.gov.cn/website/wenshu/181107ANFZ0BXSK4/index.html?docId=6X8yG55tLKJp7kpnZm0IeemWN7UwNRyt4aFsB1M9G9C4b745hl1cQ5/dgBYosE2g5jpF2jo9N7eVUtoVNbAhrX5ovQqL/MH07k6ZWyRg9iKeMnn3Xdq1dY57JPY0T3Mc.

法条参考

《刑法》第二百二十六条 诈骗公私财物,数额较大的,处三年以下有期徒刑、拘役或者管制,并处或者单处罚金;数额巨大或者有其他严重情节的,处三年以上十年以下有期徒刑,并处罚金;数额特别巨大或者有其他特别严重情节的,处十年以上有期徒刑或者无期徒刑,并处罚金或者没收财产。本法另有规定的,依照规定。

《消费者权益保护法》第二十五条第一款 除特殊商品外,经营者采用网络、电视、电话、邮购等方式销售商品,消费者有权自收到商品之日起七日内退货,且无须说明理由。

(四)受教育的义务

受教育权是公民的基本权利,也是公民的一项义务。《宪法》第四十六条中明确规定:"中华人民共和国公民有受教育的权利和义务。"虽然《宪法》规定的公民基本义务中没有明确提到受教育的义务,但是受教育权具有的权利义务复合属性,使得受教育义务的内容基本体现在公民的基本权利中。而且,受教育权具有"不同阶段和不同形式得到实现"[1]的特点,《中华人民共和国义务教育法》《中华人民共和国教育法》《中华人民共和国高等教育法》《中华人民共和国职业教育法》等法律法规都把受教育作为一项公民的法律义务贯彻。例如,《中华人民共和国义务教育法》第四条规定:"凡具有中华人民共和国国籍的适龄儿童、少年,不分性别、民族、种族、家庭财产状况、宗教信仰等,依法享有平等接受义务教育的权利,并履行接受义务教育的义务。"第五条第二款规定:"适龄儿童、少年的父母或者其他法定监护人应当依法保证其按时入学并完成义务教育。"如果父母不履行让子女接受义务教育的义务,则会受到强制措施,这就使得受教育权具备了法律义务的强制属性。

"教育是国之大计、党之大计。"[2]公民履行受教育的义务,不仅是为了满足自身个性发展的需要,而且是国家培养人才、完善国家治理体系的需要。"公民若不接受

---

[1] 胡锦光,韩大元.中国宪法[M].4版.北京:法律出版社,2018:278.
[2] 习近平.习近平谈治国理政:第4卷[M].北京:外文出版社,2022:339.

一定程度的教育,会直接影响其他权利和义务的实现。"①公民受教育的义务主要有:按时入学接受义务教育,不中途辍学;在校生应当努力学习,完成规定的学习任务;遵守所在学校或者其他教育机构的管理制度;遵守学生行为规范,尊敬师长,养成良好的思想品德和行为习惯;不得利用宗教进行妨碍国家教育制度的活动;等等。

典型案例

大学生期末考试相互替考被开除学籍②

小茂和小空是某大学2019级学生。2021年5月23日,小茂因在驾校学习,让小空代替他考完"形势与政策"课程的期末考试。一周后,小茂又代替小空完成了同课程期末考试。后学校接到实名举报,调查核实了二人相互替考的事实,并对小茂和小空作出了开除学籍处分的决定。二人不服,向学校提出申诉,学校作出复查决定后维持原处理,二人随即向其所在区人民法院提起行政诉讼。法院经审理后认为,原告请求撤销开除学籍处分决定和复查决定的理由不能成立,依法予以驳回。

法条参考

《普通高等学校学生管理规定》第五十二条第四款规定学生有下列情形之一的,学校可以给予开除学籍处分:代替他人或者让他人代替自己参加考试、组织作弊、使用通讯设备或其他器材作弊、向他人出售考试试题或答案牟取利益,以及其他严重作弊或扰乱考试秩序行为的。

---

① 申素平,陈梓健.权利还是义务:义务教育阶段受教育权性质的再解读[J].北京大学教育评论,2018(2).
② 案例来源:相互替考被开除,大学生不服处分决定起诉高校,法院判了![N/OL].昆明日报,2022-08-19,http://yn.people.com.cn/n2/2022/0819/c372456-40086993.html.

(五)保护环境的义务

绿水青山就是金山银山,把祖国建设成经济繁荣、环境优美、生态良好的美丽家园,既是建设美丽中国的根本要求,也是亿万人民的共同愿望,更是每一个公民义不容辞的责任。《宪法》对保护生态环境作了原则性的规定,《宪法》第二十六条规定:"国家保护和改善生活环境和生态环境,防治污染和其他公害。"此条款充分表明了国家对于环境保护的高度重视。《宪法》第九条第二款规定:"禁止任何组织或者个人用任何手段侵占或者破坏自然资源。"这一禁止性规范直接"确认了公民对包括自然资源在内的环境的不得破坏义务"[①]。《宪法》第五十三条规定的"公民尊重社会公德的义务"也隐性地包含公民的环境保护义务。作为一种社会公德,保护环境义务的道德底蕴在于《宪法》倡导的社会主义核心价值观对于环境的友善,公民只有像保护眼睛一样保护自然和生态环境,才能实现环境、经济、社会的可持续发展。根据《宪法》《民法典》《环境保护法》等相关部门法把公民保护环境的义务作了具体化规定。例如,《民法典》第九条规定:"民事主体从事民事活动,应当有利于节约资源、保护生态环境。"该条款也被称为绿色原则,是《民法典》从私法的领域对公民环境美德的呼吁。《环境保护法》第六条更是直接规定"一切单位和个人都有保护环境的义务",从而为公民保护环境提供了行为准则。

我国环境保护坚持"保护优先、预防为主、综合治理的原则"[②]。《环境保护法》第二条规定:"本法所称环境,是指影响人类生存和发展的各种天然的和经过人工改造的自然因素的总体,包括大气、水、海洋、土地、矿藏、森林、草原、湿地、野生生物、自然遗迹、人文遗迹、自然保护区、风景名胜区、城市和乡村等。"这表明保护环境具有阶段性和复杂性,不同时期不同对象的环境保护会有所不同。同时,环境美德也是《新时代公民道德实施纲要》中倡导的五种社会公德之一,这就使保护环境义务兼具倡导性和强制性。在前期保护预防阶段,立法者对于公民保护环境有一定的道德期待,环境保护多以倡导性义务为主且不具备强制性。例如,《环境保护法》规定:"公民应当采取低碳、节俭的生活方式。"《中华人民共和国森林法》规定:"植树造林、保护森林是公民应尽的义务。"《中华人民共和国水污染防治法》规定:"任何单位和个人都有义务保护水环境。"

在后期污染治理阶段,环境保护义务以强制性义务为主。以《刑法》规定的禁止性规定最为常见,包括:禁止违反国家规定,排放、倾倒、处置污染物;禁止禁渔

---

① 张震.公民环境义务的宪法表达[J].求是学刊,2018(6).
② 韩德培.环境保护法教程[M].8版.北京:法律出版社,2018:58.

区、禁渔期内使用禁止工具非法捕捞水产品;禁止非法捕猎、杀害国家重点保护的珍贵、濒危野生动物,或者非法收购、运输、出售国家重点保护的珍贵、濒危野生动物及其制品;禁止非法狩猎;禁止盗伐、滥伐林木;禁止破坏自然保护区、风景名胜区、森林公园、地质公园、湿地等特殊自然区域。

日常生活中,公民会面临各类涉及环境保护的情形。例如,在旅游过程中,公民在休闲放松的同时有作为旅游者的环境保护义务。旅游者进入风景名胜区后,不得在景物、设施上随意涂刻、乱写乱画,更不得随意破坏和更改景观和自然环境,否则会根据《中华人民共和国治安管理处罚法》受到处罚,构成犯罪的,还要被依法追究刑事责任。

典型案例

驴友爬山损毁山体被判刑①

2017年4月,张三、李四和王五三名"驴友"相约攀爬位于国家风景名胜区内的巨蟒峰。为方便攀爬,三人在巨蟒峰山体打入26根岩钉,导致山体不可逆损毁,对社会公共利益和自然环境造成严重损害。2019年12月,涉案三人分别被上饶市人民法院以故意损毁名胜古迹罪判处有期徒刑六个月到一年不等,并处罚金共15万元。同时,三人还连带赔偿环境资源损失600万元。

三、婚姻家庭关系中的公民法律义务

家庭关系是家庭成员之间的人际关系,是连接家庭成员的纽带。从道德层面来说,维系良好的家庭关系是一种美德要求。"家庭是社会的细胞,是道德养成的起点。"②家庭关系直接影响着个人的成长与社会的和谐。因此,推崇家庭美德、加强家风建设是和谐家庭关系的道德基础,为家庭成员履行家庭义务提供了内在

---

① 案例来源:张永明、毛伟明故意损毁名胜古迹一审刑事判决书[EB/OL].裁判文书网.(2018)赣11刑初34号.2020-09-25,https://wenshu.court.gov.cn/website/wenshu/181107ANFZOBXSK4/index.html? docId=uABmGITV+LCWFBVQunpqxsCxH/61zgJH96EOeysXs+cqvLeW4HGqgZo3qNaLMqsJ4xyDwBxrQvaVUtoVNbAhrX5ovQqL/MH0b3/5AokZJ3LIEcBpTkqgHrTbPqQ48w9F.

② 新时代公民道德建设实施纲要[M].北京:人民出版社,2019:10.

动力。《新时代公民道德建设实施纲要》也要求公民"弘扬中华民族传统家庭美德,倡导现代家庭文明观念,用良好家教家风涵育道德品行"①。从法律层面来讲,公民在家庭关系中也应当履行相应的法律义务。《宪法》及相关法律也明确规定了公民在家庭关系中的权利和义务。例如,《宪法》第四十九条专门规定了家庭关系中公民的法律义务,《民法典》在婚姻家庭编将抚养、赡养、扶养等义务予以规范,"精神赡养"被写入《中华人民共和国老年人权益保障法》等。这些法律法规对于营造优良家风、弘扬家庭美德、维护社会稳定、细化和落实《宪法》中有关家庭关系的公民法律义务有积极意义。

（一）婚恋伴侣间的公民法律义务

婚恋是重要的人生课题,恋爱是青年成长过程中的必经阶段,婚恋问题关乎青年的人格完善、成长成才。广大青年应当理解婚姻是男女双方自愿结合、相互尊重、相互扶持、彼此平等的关系,而不是简单的物质交换或者社会压力的产物,更不应该接受或者容忍任何形式的暴力行为。树立正确的婚恋观,对青年顺利步入婚姻殿堂以及构建和谐婚姻家庭有着重要的现实意义。

人的偶然状态中由较早人类法令规定下来的第一个状态就是婚姻。② 一个家庭最核心的关系是以婚姻为基础的夫妻关系。稳固的夫妻关系,是家庭和谐的基石。夫妻之间相互履行的义务有:夫妻双方要互相忠诚、相互扶助扶养,禁止各种形式的家庭暴力,禁止重婚等。

典型案例

恋爱同居中的暴力也是家暴③

2022年3月,杨某与男友甘某因感情纠纷,在二人同居的家中发生肢体冲突。甘某挥拳殴打杨某,造成其多处受伤。杨某随即报案、验伤,经鉴定构成一处轻伤二级、一处轻微伤。甘某因犯故意伤害罪被法院判处拘役五个月,缓刑五个月。

---

① 新时代公民道德建设实施纲要[M].北京:人民出版社,2019:10.
② [德]塞缪尔·普芬道夫.人和公民的义务[M].张淑芳,译.西安:陕西出版集团,陕西人民出版社,2009:78.
③ 案例来源:恋爱中的暴力也是家暴,必须"零容忍"[N/OL].齐鲁晚报,2023-02-06,https://epaper.qlwb.com.cn/qlwb/content/20230206/PageArticleIndexLB.htm.

> **法条参考**
>
> 《反家庭暴力法》第二条 家庭暴力,是指家庭成员之间以殴打、捆绑、残害、限制人身自由以及经常性谩骂、恐吓等方式实施的身体、精神等侵害行为。
>
> 《反家庭暴力法》第三十七条 家庭成员以外共同生活的人之间实施的暴力行为,参照本法规定执行。

知识拓展

《最高人民法院关于办理人身安全保护令案件适用法律若干问题的规定》第四条规定:"《反家庭暴力法》第三十七条规定的'家庭成员以外共同生活的人'一般包括共同生活的儿媳、女婿、公婆、岳父母以及其他有监护、扶养、寄养等关系的人"。而且,该规定第三条对家庭暴力行为种类作了列举式扩充,明确冻饿以及经常性侮辱、诽谤、威胁、跟踪、骚扰等均属于家庭暴力。因此,同居男女朋友之间若存在家庭暴力情形,适用《反家庭暴力法》第三十七条的规定。

(二) 父母子女间的法律义务

父母子女关系间的法律义务融合了法治精神与传统美德,彰显了我国依法治国与以德治国相结合的治理特色。一方面,抚养义务和赡养义务相辅相成,体现了权利与义务相统一原则。未成年子女享有被父母养育的权利,父母负有抚养义务。等子女长大成人,父母有被子女奉养的权利,子女必须履行赡养老人的义务。另一方面,尊老爱幼是中华传统美德法律化的具体体现。尊老爱幼是中华民族的传统美德,"也是当今中国社会应该大力倡导的家庭美德"[①]。当前我国愈发重视人民日益增长的美好生活需要,未成年人和老年人的美好生活也应该是社会发展的应有之义。《老年人权益保障法》第十八条被亲切地称为"常回家看看"条款,该

---

① 《伦理学》编写组.伦理学[M].2版.北京:高等教育出版社,2021:273.

条文要求家庭成员关心老年人的精神需求,不得忽视、冷落老年人。立法者通过立法程序把家庭美德上升为法律义务,体现了我国"以法治孝"的决心,有助于建设和谐文明的家庭关系。

根据《宪法》《民法典》《未成年人保护法》《老年人权益保障法》等法律法规,父母子女之间涉及以下法律义务:父母对未成年子女或者不能独立生活的成年子女有抚养义务、保护义务、教育义务;子女对父母有赡养扶助的义务;不得遗弃对其负有扶养义务的年老、年幼、患病或者其他没有独立生活能力的家庭成员。

第十章　法律责任及其道德理性

法律责任是法律强制力的直接体现，"没有强制力的法律规则是一把不燃烧的火，一缕不发亮的光"①。相比其他社会控制手段，法律不仅确定和分配义务，而且对违反义务的行为加以权威性的宣判、制裁，以惩戒违法犯罪者、补偿损害后果。法律责任即实现法律目标与功能的最终保障，是与法律权利、义务相对应的重要概念，具有明确行为后果、弘扬公平正义、恢复社会秩序等价值意蕴。

第一节　法律责任的基本理论

"责任"是一个兼具积极和消极含义的道德范畴。一方面，责任指向应当做的分内之事；另一方面，责任指向行为人对不利后果的承担。责任的道德性为法律责任提供了价值基础。然而，法律责任与道德责任之间也存在着严格的界限。

一、法律责任的释义

法律责任是责任价值理念与法律规则属性的统一。按照学界通说，法律责任是由于责任主体违反法定或约定义务，或者因为法律的特殊规定而必须承担的具有直接强制性的特定义务。②

（一）"责任"的词源与词义

东汉许慎在《说文解字》中道："责，求也。"③"责"即"要求"之意。在此含义基

---

① ［美］E.摩登海默.法理学：法律哲学与法律方法［M］.邓正来，译.北京：中国政法大学出版社，2017：123.
② 《法理学》编写组.法理学［M］.2 版.北京：人民出版社，2021：160.
③ ［汉］许慎.说文解字［M］.影印版.北京：中华书局，1963：130.

础上,清代段玉裁注解道:"责"引申义为"惩罚""责任",也有"债"的含义,即欠别人的财物。① 当代《辞海》将"责"解释为"责任""职责""责备"以及"责罚"。

在英文中,obligation、liability、duty、responsibility、accountability 均与责任紧密相关,但是不同的词源决定了各个词汇各有侧重。归纳起来,前述关于"责任"的词汇表达了几层含义:第一,达到某种被动的、外来的要求;第二,归还所欠的财物;第三,兑现许下的承诺;第四,对情况做出解释。

上述含义可大致分为"预期"和"过去"两个维度。"预期责任"指促进或预防一种尚未形成的结果,例如,对工作负责、避免出错以期实现良好的工作效果,要求主体"做好分内之事";"过去责任",指的是对已发生的事情负责,主体将承担行为的不利后果,为"没有做好分内之事"而被追究责任。②

从发生领域来看,责任可以有社会责任、政治责任、法律责任、职位责任等多种表现视域。无论何种责任,都蕴含着"应当"和"不应当"的价值判断。因此,责任在道德体系中占据重要地位,"一种行动之所以被称为道德行为,那是因为这种行为服从责任的法则"③。此外,责任并非仅限于"被动地承担义务,而是强调要积极地突破分内分外的界限为他人、为社会勇敢地担当责任"④。

(二)法律责任的特点

"责任"最早的价值,在于满足个体在相互依存的社会关系中谋求生存和发展的需要。⑤ 法律责任的产生恰恰是对共同体成员的诉求的回应,"要么消除被冒犯尊严而意欲报复的某主体的怒火,要么与其达成和解"。"以惩罚不法行为的名义赔付一定数量的金钱,就是责任的历史起点。"⑥随着社会文明的进步,责任的中心地位逐步被权利和义务取代,责任成为法律体系中的权利保障机制。因此,法律责任的认定反映了共同体成员间的权利救济从感性复仇走向理性归责。

为了实现保障权利和解决纠纷,法律责任的突出特点是法定性和强制性。第一,法律责任具有法定性,责任主体、承担方式以及减免条件必须于法有据。责任

---

① [汉]许慎.说文解字注[M].影印版.[清]段玉裁,注.杭州:浙江古籍出版社,2002:281.
② [澳]皮特·凯恩.法律与道德中的责任[M].罗李华,译.北京:商务印书馆,2021:48—53.
③ [德]康德.法的形而上学原理[M].沈叔平,译.北京:商务印书馆,1991:26.
④ 吴先伍.超越义务:儒家责任伦理辨析[J].道德与文明,2018(3).
⑤ 况志华.西方学界关于责任起源的三种构想及其比较[J].教育研究与实验,2007(4).
⑥ [美]庞德.法哲学导论[M].于柏华,译.北京:商务印书馆,2020:67.

主体法定,能够有效保证受损权益得到补偿,让违法者受到相应的惩罚;责任实现方式法定,使得法律责任将依法得到追究或减免。责任法定决定了行为人将预知行为的法律后果,从而预防违法犯罪、督促责任主体主动承担责任。第二,法律责任的强制性是指法律责任由国家强制力保证实施。与道德责任相比,法律责任由国家强制力作为保障,是追究和实现责任的有效途径。与法律义务相比,法律责任"带有制裁和惩罚的性质"[1]。如果说行为人是否履行法律义务受到主观意志的影响,那么是否承担法律责任则是法律裁判的结果。因此,法律责任能够对道德责任和法律义务进行有效的补益,这种补益即体现为强制执行。

(三)法律责任的本质

法律责任的本质即法律责任各组成部分的内在联系,反映了法律责任存在的价值根据。关于法律责任的本质,学界主要存在以下几种学说。

1. 道义责任论

道义责任论者认为,如果行为人在能够预料到行为后果时,选择了放任后果的发生,那么行为人应当承担行为所造成的他人或社会公共利益的损害等消极后果。据此,法律责任的本质即国家法律对违法犯罪者的道义责难。这一观点对应过错责任原则[2]。但是,道义责任论无法解释非自愿行为的法律责任、无过错行为的法律责任以及过错行为无法律责任的情形。

2. 社会责任论

社会责任论的理论起点是一切事物都受到客观规律的制约,人的主观意志并不自由,违法犯罪行为是客观条件的产物。因此,法律责任来源于行为对社会安全利益的损害。社会责任论认为,法律责任本质是"对受到侵害的权利的补救"[3]。该观点对应公平责任、无过错责任原则[4],但"忽略行为的内在动机、目的、认知能力"[5],难以解释法律对道德错误行为的惩罚功能。

---

[1] 张文显.法哲学范畴研究[M].北京:中国政法大学出版社,2001:142.
[2] 过错责任原则,是指"以行为人主观上的过错为承担法律责任的基本条件"的原则。
[3] 张文显.法哲学范畴研究[M].北京:中国政法大学出版社,2001:125.
[4] 公平责任原则,是指在法律没有明确规定的情况下,由法官根据立法精神、依照公平合理原则将民事责任作出划分,作出公正裁决;无过错责任原则,也称严格责任原则,不要求行为人一定有过错性、以实际损害结果为要件的一种归责原则。
[5] 张文显.法哲学范畴研究[M].北京:中国政法大学出版社,2001:125.

3. 规范责任论

规范责任论认为,法律责任是对违法犯罪行为的否定性评价,起到指引行为的作用。"如果一个人只对自己的正当性行为享有利益,而不对自己的非正当性行为承担后果,就不会有社会正当性的行为规则与行为秩序,就不符合社会的正义性。"[①]法律责任的本质在于对"行为的规范评价"[②]。

以上三种学说分别从主观条件、客观条件和规范评价的角度揭示法律责任的本质,说明法律责任的必为性和当为性,贯穿其中的是主观意志与客观现实的关系问题。对此,马克思主义主张以辩证唯物主义来认识,即"客观必然性是第一性的,意志自由是第二性的,客观必然性决定意志自由,意志自由又反作用于客观必然性"[③]。由此,只有将主观过错、客观后果与道德规范相结合,才能正确理解法律责任的本质。

二、法律责任的归结和承担

责任问题"在道德领域里通常可以悬而未决",但"在法律里必须得到解决"[④]。"归责"即法律解决责任问题的关键环节,又称法律责任的归结,是指"国家机关或其他社会组织根据法律规定并依照法定程序判断、认定、归结和执行法律责任的活动"[⑤]。依法归责是严格执法、公正司法的前提条件。法律按照一定原则来规定法律责任的构成要件和实现方式,以确保判断严谨和方式得当。

(一)法律责任的归责原则

法律责任的归责原则确保法律责任符合科学性、公正性、规范性,使国家强制力获得人们内心的服从。法律责任的归责原则即认定和归结法律责任的基本依据和准则,主要包括责任法定、因果联系、责任自负和责任适当等原则。

责任法定原则,即事先用成文的法律形式明确地规定法律责任,并且按照事

---

① 王利民.民法道德论:市民社会的秩序构造[M].北京:法律出版社,2019:555.
② 张文显.法理学[M].5版.北京:高等教育出版社,2018:166.
③ 李光灿.马克思恩格斯法律思想史[M].北京:法律出版社,1991:618.
④ [澳]皮特·凯恩.法律与道德中的责任[M].罗李华,译.北京:商务印书馆,2021:171.
⑤ 张文显.法理学[M].北京:高等教育出版社,2018:173.

先规定的性质、范围、程度、期限、方式来追究责任。责任法定原则将责任的认定和追究规范在法律程序中,确保法律责任不至于被任意裁断和追溯。

因果联系原则,即"确认违法行为与违约行为与其所引起的损害结果或危害结果之间具有内在的、直接的、逻辑的联系"[1]。因果联系是以证据形式呈现的违法或违约行为与损害后果之间的相关性。

责任自负原则,即实施违法犯罪行为的人对自己的行为负责。法律责任具有对违法犯罪行为的道德谴责功能,因此一般情况下责任须由过错行为人来承担。但在特殊情况下,为了满足保护社会利益的需要,法律责任须依法转移承担,例如,监护人为被监护人的民事违法行为后果承担赔偿责任。

责任适当原则,即"法律责任的大小、处罚的轻重应与违法行为或违约行为的轻重相适应"[2]。法律责任与过错或损害后果不相称、不得当,便会有损法律的公正与权威。而要实现责任与行为程度相当,则要求法律责任的性质、种类、轻重与人的主观恶性相统一,这是法律责任合理性的重要基础。

(二)法律责任的构成要件

上述归责原则引导法律责任构成要件的组成。法律责任的构成要件,指认定法律责任时所必须考虑的条件和因素,包括责任主体、违法或违约行为、主观过错、损害结果和因果关系几大要素。

1. 责任主体

责任主体是指法律责任的承担者。根据责任自负原则,违法或违约行为人应当对行为的后果负责,但是,法律责任的承担还要求主体具备责任能力,因而某些情况下,违法主体不一定构成责任主体。

2. 违法或违约行为

违法或违约行为,指违反法律规定或违反合同约定的行为,是判断责任成立与否和程度轻重的核心要素。违法或违约行为一方面指行为人做了法律禁止和合同所不允许的事,另一方面指行为人在能够履行义务的条件下未履行法定义务。

---

[1] 张文显.法理学[M].5版.北京:高等教育出版社,2018:174.
[2] 张文显.法理学[M].5版.北京:高等教育出版社,2018:174.

3. 主观过错

主观过错，指行为人在实施违法行为时的主观心理状态。主观过错的形式包括故意和过失。故意，是指行为人"明知行为会发生危害社会、损害他人的结果，却希望或放任其发生"；过失，是指行为人"应当预见自己的行为可能会危害社会、损害他人，却因为疏忽大意而没有预见或轻信能够避免以致发生"。

4. 损害结果

损害结果，指违法或违约行为所造成的对他人合法权益或社会利益的损失和损害。损害结果可以是对人身、财产、精神及其他方面的损害，并且应当是客观上能够认定的侵害事实，例如受损的健康权。

5. 因果关系

因果关系，指上述四种构成要素之间具有因果关系，主要是指"违法行为或违约行为与损害结果之间的必然联系"[1]"行为人的心理活动和外在行为之间的因果关系"[2]。而在行为与结果之间，存在着一因多果、一果多因、多因多果等情形，"法律只考虑其中与法律责任认定有关的因素"[3]。

由于责任性质和目的不同，各类法律责任的构成要件也不尽相同，例如，在适用无过错责任原则的情形下，民事责任的认定并不要求行为人的主观过错。

（三）法律责任的实现方式

法律责任被予以认定后，将按照法定方式来实现。基于法律规定，法律责任的实现方式包括承担和减免。

1. 法律责任的承担

法律责任的承担方式包括惩罚、补偿和强制。[4] 惩罚，即剥夺或限制违法犯罪者的人身自由、财产利益和其他利益；补偿，即弥补或赔偿损失，对被侵害的合法权利进行救济。如果责任主体不能自觉承担法律责任，就会由国家行政机关、司法机关等予以强制执行。强制执行的对象主要涉及人身和财产，如强制拍卖财产、强制医疗、强制戒毒等。

---

[1] 高其才. 法理学［M］. 4 版. 北京：清华大学出版社，2021：150.
[2] 《法理学》编写组. 法理学［M］. 2 版. 北京：人民出版社，2021：163.
[3] 高其才. 法理学［M］. 4 版. 北京：清华大学出版社，2021：150.
[4] 张文显. 法理学［M］. 5 版. 北京：高等教育出版社，2018：175.

2. 法律责任的减免

法律责任的减轻和免除,指已经成立的法律责任根据法律规定可以不承担或不全部承担的情况。法律责任的减免条件由法律规定,主要涉及以下几种情形:第一,时效免责,即违法行为发生的时间超过法定期限;第二,不诉免责,即受害人或利害关系人未提起诉讼;第三,行为人在违法之后有自动投案或有立功表现;第四,行为人实施违法行为后采取了补救措施;第五,民事责任可以由加害者和受害者协商免责,即"和解";第六,法律规定的自助行为引起法律责任;第七,人道主义免责,即出于人道主义的考量,考虑责任主体财产状况等因素而进行部分或全部免责。

三、法律责任的类型

按照责任认定的法律依据,可以将法律责任分为民事责任、行政责任、刑事责任与违宪责任。其中,违宪责任是指"行为人因违反宪法的原则及其规范而应当承担的宪法意义上的法律责任"[1]。宪法在所有法律中具有最高的法律地位和法律效力,各级法律法规和行为都不得同宪法相抵触,否则相关责任主体将承担违宪责任。行政主体即有可能因违反宪法的行政行为而承担违宪责任,承担责任的方式可以是罢免负责人、撤销行为、宣告行为无效等。例如,《中华人民共和国地方各级人民代表大会和地方各级人民政府组织法》规定,县级以上的地方各级人民代表大会常务委员会,可以撤销本级人民政府不适当的决定和命令。

在上述各类法律责任中,两种或两种以上的法律责任同时存在并相互冲突的情况,即法律责任的竞合。一个行为可能触犯不同的法律规范、面临数种法律责任[2],例如违约责任与侵权责任的竞合。法律责任竞合的解决方式有"按责重者处之、禁止竞合、允许或限制竞合、赋予当事人选择请求权等"[3]。

---

[1] 卓泽渊.法理学[M].2版.北京:法律出版社,2016:280.
[2] 高其才.法理学[M].4版.北京:清华大学出版社,2021:156.
[3] 高其才.法理学[M].4版.北京:清华大学出版社,2021:156.

第二节　民事责任

民事责任是公民日常生活中常见的法律责任,指"民事主体违反民事义务应当承担的民事法律后果"[1]。依据《民法典》,民事主体享有平等的权利、地位,民事责任的产生、认定与实现都体现了民法的平等原则。本书主要讲述民事责任的主体资格、类型及其承担方式等内容。

一、民事责任能力

民事法律关系中,依法应当承担责任的民事主体即民事法律责任主体,包括因侵权、违约或法律规定而应当承担民事责任的自然人、法人。作为拟制人的法人,依法独立享有民事权利和承担民事义务,也独立承担法律责任。本书主要讲述自然人承担民事责任的情形。自然人的民事责任需根据民事责任能力而定,民事责任能力与民事行为能力密切相关。

(一) 自然人的民事行为能力

自然人的民事行为能力是指"自然人能以自己的行为享有民事权利、承担民事义务的资格"[2]。意思自治能力是民事行为能力的基础,即自然人可以判断自己行为的法律后果的能力。依据《民法典》,民事行为能力分为完全民事行为能力、限制民事行为能力和无民事行为能力。

1. 完全民事行为能力

《民法典》第十七条和第十八条规定,完全民事行为能力人包括"十八周岁以上的自然人(成年人)"以及"十六周岁以上、以自己劳动收入为主要生活来源的未成年人"。完全民事行为能力人可以独立实施法律行为,也独立承担因侵权或违约产生的民事法律责任。

2. 限制民事行为能力

限制民事行为能力是指"自然人部分独立地,或者说在一定范围内具有民事行

---

[1] 魏振瀛.民法[M].8版.北京:北京大学出版社,2021:41.
[2] 梁慧星.民法总论[M].6版.北京:法律出版社,2021:70.

为能力"①。依据《民法典》,限制民事行为能力人包括"八周岁以上的未成年人"以及"不能完全辨认自己行为的成年人"。限制民事行为能力人实施民事法律行为,由其法定代理人代理或者经其法定代理人同意、追认,但是,可以独立实施纯获利益的民事法律行为或者与其年龄、智力和精神健康状况相适应的民事法律行为。

3. 无民事行为能力

无民事行为能力是指"自然人无独立从事民事活动的资格"②。无民事行为能力人包括"不满八周岁的未成年人"和"八周岁以上不能辨认自己行为的成年人",后者包括完全不能辨认自己行为的精神病人。无民事行为能力人由其法定代理人代理实施民事法律行为。

法律对自然人的民事行为能力的规定,有助于保护无民事行为能力人和限制民事行为能力人的利益,确保民事主体在法定秩序下从事民事活动。

典型案例

谁为学生自杀担责[③]

某大学一年级学生小闫于军训期间在校外一家宾馆的七楼坠亡。坠楼当天,小闫以身体不适为由向辅导员请假后独自出校,到达宾馆并特意选择了位于高层的房间。她在朋友圈里发了一条内容为"想去很远的地方静一静"的信息,随后从窗户跳下。事后,小闫父母要追究学校、宾馆的法律责任。法院审理认为,学校按规定批准请假,宾馆办理入住时并无异常情况,学校与宾馆并未违反法律义务。作为完全民事行为能力人的小闫,具有辨别行为后果的能力。法院未支持小闫父母的赔偿要求。

---

① 王利明,等.民法学[M].6版.北京:法律出版社,2020:68.
② 王利明,等.民法学[M].6版.北京:法律出版社,2020:69.
③ 案例来源:高莹等与首都经济贸易大学等生命权、健康权、身体权纠纷二审民事判决书[EB/OL].(2018)京0106民初3402号,裁判文书网. https://wenshu.court.gov.cn/website/wenshu/181107ANFZ0BXSK4/index.html?docId=BPnDf6f76e4q0La5Df03JcshOgUD39NLZtEE0naCc7e4Ja8YUkd7n5O3qNaLMqsJ4xyDwBxrQvaVUtoVNbAhrX5ovQqL/MH0okTUvn3kUV39gT3Nr8uu7cy5OSb16IMw.

（二）自然人民事责任能力认定准则

自然人民事责任能力的判断主要以意思能力和财产能力为标准。与民事行为能力相同，民事责任能力也要求意思能力，但为了对受害人遭受的损害予以充分救济，因此财产能力也是民事责任能力的重要考量因素。

1. 自然人侵权责任能力

首先，侵权责任能力要求相应的意思能力，用来判断完全行为能力人是否具备侵权责任能力。具备意思能力，意味着行为人能够认识行为的法律后果，因此能够判定具备意思能力的自然人在实施侵权行为或放任侵权行为发生时存在过错。依据《民法典》，完全民事行为能力人具有独立承担法律责任的能力。此外，完全民事行为能力人对自己的行为暂时没有意识或者失去控制造成他人损害有过错的，因醉酒、滥用麻醉药品或者精神药品对自己的行为暂时没有意识或者失去控制造成他人损害的，根据《民法典》第一千一百九十条，应当承担侵权责任；行为人没有过错的，根据行为人的经济状况对受害人适当补偿。

其次，侵权责任能力还要求财产能力，以判断无民事行为能力人、限制民事行为能力人是否具有侵权责任能力。根据《民法典》第一千一百六十五条、第一千一百八十八条的规定，有财产的无民事行为能力人、限制民事行为能力人造成他人损害的，从本人财产中支付赔偿费用，不足部分则由监护人赔偿。

2. 自然人合同责任能力

合同责任能力主要指违约责任能力。违约责任能力的认定标准与违约行为人的年龄、认知能力和辨识能力有关，也与法定代理人的代理权、监护职责等因素有关。违约责任能力主要分以下情形：第一，完全民事行为能力人能够独立承担违约责任，具有完全的违约责任能力；第二，限制民事行为能力人在重大或复杂的民事法律行为中缺乏判断能力和自我保护能力，具有不完全的民事责任能力，由本人及其法定代理人对其违约行为承担责任；第三，对于无民事行为能力人，如不满八周岁的未成年人以及不能辨认自己行为的精神病人，《民法典》规定"无民事行为能力人实施的民事法律行为无效"，因此，无民事行为能力人因订立的合同无效而不存在承担违约责任的情形。

二、民事责任类型及承担方式

民事责任有多种分类标准,包括合同责任与非合同责任、双方责任与单方责任、共同责任与单独责任、财产责任与非财产责任。本书依据责任的产生基础将民事责任分为合同类责任与非合同责任,主要讲述违约责任与侵权责任。

(一)违约责任

违约责任,是指"合同当事人不履行合同义务时,依法产生的法律责任"[①]。违约责任旨在补偿当事人因合同不履行而受的损失,因此主要是财产性的责任。

1. **违约责任的构成要件**

违约责任的构成要件一般是违约行为。违约行为是指"合同当事人无正当理由违反合同债务的行为",也常被称为"不履行合同债务的行为"[②]。违约行为通常表现为拒绝履行、不履行、延迟履行或不当履行等形式。违约行为发生后,如不存在法定或约定的免责事由,行为人就应当承担违约责任。[③]

2. **违约责任的归责原则**

违约责任主要遵循无过错责任原则,即违约责任的归责不要求违约人具有过错,主要考量对债权人的补偿。同时,违约责任兼具对行为的道德正当性的考量。《民法典》对违约责任也规定了一定的过错责任,例如,承租人对未能妥善保管租赁物而造成租赁物损毁、灭失的,承租人应当承担赔偿责任。

3. **违约责任的免责事由**

在合同履行的过程中,若出现法定或合同约定的免责事由所涉及的情形,则违约方将因此免于承担违约责任。其中,法定免责事由主要指不可抗力、货物本身的自然性质、货物的合理损耗和债权人的过错等。[④] 约定免责事由即由合同双方通过合同条款明确约定的免责条件。作为契约自由原则的重要体现,违约责任的重要特征是可以由当事人约定。"当事人可以在法律规定的范围内,对一方的

[①] 魏振瀛.民法[M].8版.北京:北京大学出版社,2021:464.
[②] 王利明.违约责任论[M].北京:中国政法大学出版社,1996:101.
[③] 王利明,等.民法学[M].6版.北京:法律出版社,2020:740.
[④] 依据《民法典》第一百八十条的规定,不可抗力即自然灾害等不能预见、不能避免且不能克服的情况。

违约责任作出事先的安排"①,具体约定合理的违约金数额或损害赔偿额的计算方法,也可以设定免责条款,以及时解决合同纠纷。

(二)侵权责任

侵权责任是民事责任的另一重要类型,指"行为人因其侵权行为而依法承担的民事法律责任"②。

1. 侵权责任的构成要件

侵权责任的构成要件包括侵权行为、损害事实、因果联系和过错。侵权行为,指行为人违反法定义务、由于过错侵害他人民事权益或依法应当承担侵权责任的行为。③ 侵权行为可以表现为行为人的作为或者不作为,例如,家门口安装摄像头侵犯邻居家的隐私权,道路施工未安放提醒标识而导致路人摔伤。损害后果(损害事实),指"他人人身或财产权益所遭受的不利影响,包括财产损害、非财产损害,非财产损害又包括人身损害、精神损害"④。损害后果必须是侵害合法权益的结果,并且是达到一定严重程度的确定性的事实。因果关系,指"作为原因的侵权行为"和"作为结果的损害事实"之间,存在引起与被引起的关系。过错,指侵权行为人的故意或过失的主观心理状态。侵权人的过错通过行为来体现。

2. 侵权责任的归责原则

我国侵权法的归责原则主要包括过错责任原则和无过错责任原则。第一,过错责任原则是侵权行为的一般归责原则,在法律没有特殊规定的情况下基本适用。根据《民法典》第一千一百六十五条,行为人因过错侵害他人民事权益造成损害的,应当承担侵权责任。在过错责任原则下,行为人的过错是侵权责任的构成要件,也是确定责任形式、责任范围的依据。第二,无过错责任原则。《民法典》第一千一百六十六条规定,行为人造成他人民事权益损害,不论行为人有无过错,法律规定应当承担侵权责任的,依照其规定。侵权行为的无过错责任原则的适用须由法律明确规定,例如产品缺陷致害责任、高度危险致害责任、环境污染致害责任、工伤保险赔偿责任等情形。

---

① 王利明.违约责任论[M].北京:中国政法大学出版社,1996:25.
② 魏振瀛.民法[M].8版.北京:北京大学出版社,2021:782.
③ 魏振瀛.民法[M].8版.北京:北京大学出版社,2021:780.
④ 魏振瀛.民法[M].8版.北京:北京大学出版社,2021:789.

3. 侵权责任的免责事由

侵权责任的免责条件包括正当理由和外来原因。基于正当理由而免除侵权责任的情形较为普遍，例如，侵权行为是特殊情况下的紧急避险及正当防卫行为，或是受害人的自甘风险行为等。《民法典》第七编"侵权责任编"在原《侵权责任法》的基础上新增了"自甘风险"原则，将"自甘风险"行为列入减轻责任或免除责任的法定理由。"自甘风险"行为，即受害人明知某些行为将会引发某些风险，仍然自愿参与的行为。这有助于减少人们在具有一定危险的文体活动中关于责任风险的后顾之忧，从而鼓励人们积极参与文体活动。此外，侵权责任的免责还包括基于外来原因而减免责任的情况，例如自然灾难或社会重大事件等因不可抗力和意外发生的事件，又如受害人或有第三人在侵权行为中存在过错等。

> **典型案例**
>
> **比赛中的飞来"横祸"**[①]
>
> 在校大学生张某和韦某参加学校组织的篮球比赛，两人分属于两队，一人上篮、一人防守，结果在空中相撞，张某被撞倒受伤，韦某被判犯规。张某经医院诊断为左肩外伤，向法院请求判韦某赔偿医疗费六万余元。法院最终判决，韦某主观上并不存在故意或重大过失，无须承担侵权责任。

[①] 案例来源：周一叶与徐协生命权、身体权、健康权纠纷民事二审案件民事判决书［EB/OL］.（2021），沪 02 民终 9028 号，裁决文书网，https://wenshu.court.gov.cn/website/wenshu/181107ANFZ0BXSK4/index.html?docId=EeOUo0kvtCIzYh4BZ6bx2zv+loux+jysoznpzZ4eAzW1tldFwjF3CJO3qNaLMqsJ4xyDwBxrQvaVUtoVNbAhrX5ovQqL/MH0okTUvn3kUV0P293+d3VBg5GRrdY0Cgei.

> **法条参考**
>
> 《民法典》第一千一百七十六条　自愿参加具有一定风险的文体活动,因其他参加者的行为受到损害的,受害人不得请求其他参加者承担侵权责任;但是,其他参加者对损害的发生有故意或者重大过失的除外。

(三)承担民事责任的方式

民事责任的承担方式是由权利人请求承担、由责任主体自觉承担或国家强制承担的具体责任方式,其形式包括财产性责任和恢复人格权益的非财产性责任。

1. 强制履行

强制履行又称继续履行,指违约方不履行合同时,由法院强制违约方继续履行合同债务的违约责任方式。例如,强制违约方交付金钱、财物、票证、房屋、土地等。强制履行既可以是宽限期限,也可以是采取修理、重作和更换等补救措施。若出现不能履行合同的情形,则不适用强制履行这一承担方式。

修理、更换或重作,是《民法典》第五百七十七条中"采取补救措施"的内容。修理,指"交付的合同标的物不合格,有修理可能并为债权人所需要时,债务人消除标的物的缺陷";更换,指"交付的合同标的物不合格,无修理可能,或者修理所需要的费用过高、时间过长,则债务人交付同种类同质量同数量的标的物";重作,即"在承揽、建设工程合同中,债务人交付的工作成果不合格,不能修理或修理所需成本过高时,由债务人重新制作工作成果"[①]。

2. 停止侵害

停止侵害的民事责任承担方式适用于正在进行和继续进行的民事侵权行为,其主要目的在于及时制止侵害后果的产生和防止侵害后果扩大。有些情况下,侵权人还需要进一步采取措施来消除继续侵权的可能性。

3. 排除妨碍

排除妨碍的民事责任承担方式,是指在侵权行为妨碍他人行使民事权利或者

---

① 魏振瀛.民法[M].8版.北京:北京大学出版社,2021:468.

享有民事权益的情况下,被侵权人可以请求侵权人排除妨碍。这里的"妨碍"是指"没有法律根据,也没有合同约定的"不正当妨碍他人合法权益的状态,导致妨碍的因素可能是人或环境,超过合理的限度的妨碍须由责任人进行排除。

4. 消除危险

消除危险是指及时消除可能造成他人人身或财产损害危险的因素。一般情况下,"危险"可以根据人们的一般观念来确定,有些情况下则需技术鉴定。消除危险责任须造成危险的人来承担,包括直接实施危险行为的人和危险物的管理人。

5. 返还财产

返还财产的承担方式,指侵权人"以侵占或其他不合法方式占有他人的物,原物还存在的情况下,需要返还原物"[①]。返还原物所指"原物"是原有的、具体特定的物,若原物遭到损坏,则物权人可要求非法占有者承担赔偿损失的责任。

6. 恢复原状

恢复原状的承担方式是指,侵权人损坏他人动产或者不动产的,被侵权人有权请求其将被损坏的物恢复到侵权之前的状态。恢复原状责任适用于有可能和有必要恢复原状的情况,需结合成本因素来考量,例如,受损物对本人具有重要的情感意义。但若恢复原状成本过高或缺乏必要性,则不再适用该责任方式。

7. 赔偿损失

"赔偿损失,是指行为人因违反合同或侵权行为而给他人造成损害的,应以其财产赔偿受害人所受的损害的一种责任形式。"[②]赔偿损失侧重补偿性,违约人或侵权人应当赔偿权利人实际遭受的全部损害。损失形态包括财产性损失和财产外所受的损失,赔偿损失包括财产损害赔偿和精神损害赔偿。

就财产损害赔偿而言,违约责任中赔偿的数额应当与违约造成的损失相当。在当事人一方违约后,对方应当及时采取措施以防止损害扩大,例如停止工作、替代安排、变更合同或继续履行,否则不能就扩大的损失要求赔偿。侵权责任中的损失,既包括受害人的直接损失,又包括间接损失。当人身权益受到侵害产生财

---

① 魏振瀛.民法[M].8版.北京:北京大学出版社,2021:812.
② 王利明,等.民法学[M].6版.北京:法律出版社,2020:272.

产损失时,则根据受害人的损失或侵权人获得的利益来衡量。

精神损害赔偿"是对构成精神损害的人格利益的合理救济"[①]。违约责任和侵权责任均可能产生精神损害赔偿。违约责任中,依据《民法典》第九百九十六条,当事人一方由于对方违约而受到严重精神损害,可以请求违约一方同时承担违约责任和精神损害赔偿。侵权责任中的精神损害赔偿,"指人身权或某些财产权受到不法侵害,致使其人身利益或者财产利益受到损害并遭受精神痛苦时,受害人本人、本人死亡后其近亲属有权要求侵权人给予损害赔偿的民事法律制度"[②]。

赔偿损失责任以补偿性责任为主,但在补偿性赔偿之外,《民法典》第一百七十九条第二款也规定了惩罚性赔偿。惩罚性赔偿"是指法院作出决定的赔偿数额超出实际损害数额的赔偿"[③]。例如,根据《民法典》第一千一百八十五条,故意侵害他人知识产权,情节严重的,被侵权人有权请求相应的惩罚性赔偿。

8. 支付违约金

违约金责任,指有效合同关系建立之后,发生了当事人约定或法律规定的违约行为,由违约当事人向另一方当事人支付一定的金钱或其他形态给付。违约金的实质是以合同为基础的主债务未能实现而产生的从债务,是对缔约人守约的一种保证。违约金既具有对违约行为的惩罚性,也具有对利益损失方的补偿性。例如,高校毕业生与意向工作单位签订的"三方协议"中,就可能包含违约金条款。

9. 消除影响、恢复名誉

消除影响、恢复名誉,指侵权人应当消除给他人造成的不良影响,贬损他人名誉的侵权人应为被侵权人恢复名誉。消除影响也可以起到恢复名誉的作用,两者对于保护人格权益乃至相关财产利益具有重要意义。

10. 赔礼道歉

赔礼道歉是指侵权人向被侵权人承认错误、表示道德上的歉意,以此体现对被侵权人的尊重,具有精神抚慰、教育改造、弘扬正确道德价值观等功能,是物质

---

① 王利民.民法道德论:市民社会的秩序构造[M].北京:法律出版社,2019:422.
② 魏振瀛.民法[M].8版.北京:北京大学出版社,2021:820.
③ 王利明,等.民法学[M].6版.北京:法律出版社,2020:273.

赔偿责任方式的重要补充。赔礼道歉的具体方式多样，例如在报刊、网络或公告栏等显要之处刊登道歉声明等。中华文化历来推崇尊重、恭敬等美德，鼓励个人提升文化涵养，对赔礼道歉的继承和发展是构建和谐社会的必然要求。

上述承担方式，可以根据具体情况单独适用或合并适用。依据私法自治原则，受害人可以在合乎诚实守信和公序良俗原则的基础上，"选择以何种方式向行为人提出请求"，法官在受害人提出请求的范围内确定民事责任的承担方式，尊重当事人是否提出或放弃请求的选择。[①] 同时，受害人的停止侵害、排除妨碍、消除危险、消除影响、恢复名誉、赔礼道歉请求权，不适用《民法典》关于民事诉讼时效为三年的规定，从而在极大限度上保护公民的人格权益。

相比其他法律责任，民事责任具有优先适用的特征。《民法典》第一百八十七条规定："民事主体因同一行为应当承担民事责任、行政责任和刑事责任的，承担行政责任或者刑事责任不影响承担民事责任；民事主体的财产不足以支付的，优先用于承担民事责任。"民事责任的优先适用旨在实现对受害人的及时救济。

综合来看，民事责任的认定和实现是保障公民财产和人格权益、解决利益纠纷的有效途径，因而对于推动平等、和谐社会秩序的构建具有重要意义。

第三节 行政责任

行政，是"国家权力分立的产物，指除立法、司法外的管理国家事务的行为"[②]，现代行政包含行政主体与行政相对人双向互动，离不开公民的积极参与。行政责任包含政治、法律等多维度的含义，法律意义上的行政责任指行政法律关系的主体依照行政法规定而应当承担的责任。作为公法责任的重要组成部分，行政法律责任有助于促使行政主体谨慎、依法行政，为行政相对人提供法律救济，具有维持行政法治秩序的重要意义。

---

① 王利明，等.民法学[M].6版.北京：法律出版社，2020：273.
② 何勤华.法律名词的起源[M].北京：北京大学出版社，2009：302.

一、行政责任能力

行政责任能力是指行政法律关系的主体承担责任的能力或资格。承担法律责任的行政法律关系主体包括行政主体与行政相对人,其行政责任能力根据行政法规定和行政法律关系主体的性质而定。

(一)行政主体及其行政责任能力

行政主体是指能以自己的名义行使国家行政权,并对自己的行为效果承担责任的组织。[1] 因此,行政主体必然具有行政责任能力。

1. 行政机关及其行政责任能力

行政机关是最主要的行政主体,指依法成立并享有行政权的国家机关。[2] 我国行政机关由全国或地方各级人民代表大会选举或任命而产生,由中央行政机关、一般地方行政机关、民族自治地方与特别行政区行政机关组成,基本职能是执行最高国家权力机关制定的法律和各级国家权力机关作出的决议、决定。[3] 中央行政机关即中央人民政府(国务院),《宪法》第八十九条规定,国务院行使的职权包括:依法规定行政措施,制定行政法规,发布决定和命令,提出议案等;地方各级人民政府包括省、直辖市、县、市、市辖区、乡、民族乡、镇设立的人民政府,管理本行政区域内的行政工作,对上一级国家行政机关负责。

行政机关公务员也是重要的行政责任主体。行政主体一般是组织形态,具体行政行为需由公务员来实施。依照《中华人民共和国公务员法》,公务员是指依法履行公职、纳入国家行政编制、由国家财政负担工资福利的工作人员。公务员以所属行政主体的名义实施行政管理,由所属行政主体承担其行政行为的后果,但行政主体可以依法对其所属的公务员进行监督和奖惩。行政机关或组织通过内部管理对违法行政的公务员追究责任,即公务员承担行政法律责任的表现。

2. 其他行政主体及其行政责任能力

除行政机关以外,行政主体还包括行使一定行政职能的法律法规授权组织和

---

[1] 温晋锋,等.行政法学[M].4版.北京:科学出版社,2020:41.
[2] 吴鹏.行政法学[M].北京:高等教育出版社,2019:21.
[3] 姜明安.行政法与行政诉讼法[M].7版.北京:北京大学出版社,2019:94.

其他社会公权力组织。

第一，获得法律法规、规章授权和行政机关委托的民间组织可以行使一定范围内的行政职权。被授权组织可以是行政机构、企业组织、事业组织、社会团体和基层群众性自治组织，例如学校、医院等事业组织。依据《中华人民共和国教育法》第二十九条，学校及其他教育机构行使"对受教育者进行学籍管理，实施奖励或者处分""聘任教师及其他职工，实施奖励或者处分"等权利，学校及其他教育机构的合法权益不受侵犯。

第二，未经法律法规授权情况下的社会公权力组织也可以成为行政主体。例如没有法律法规授权的行业协会、基层群众自治组织、工青妇一类社会团体，这些组织依照组织章程而行使某些行政性职能。

（二）行政相对人及其行政责任能力

行政相对人，指行政管理法律关系中与行政主体相对应的另一方当事人，包括行政主体行政行为影响其权益的个人、组织。[①] 个人相对人主要指公民，也包含非执行公务时的公务员和处于中国境内的外国人。组织形态的行政相对人主要指各种具有法人地位的企业组织，以及经有关主管部门认可而被准许成立和进行某种业务活动的事业组织、社会团体、外国组织等。[②]

自然人的行政责任能力主要受法定年龄、心智状态、生理功能等因素的影响。《中华人民共和国行政处罚法》（简称《行政处罚法》）和《中华人民共和国治安管理处罚法》（简称《治安管理处罚法》）对不同年龄、心智状态等因素影响下的行政责任能力规定如下：

第一，年龄。《行政处罚法》第三十条规定，"不满十四周岁的未成年人有违法行为的，不予行政处罚，责令监护人加以管教""已满十四周岁不满十八周岁的未成年人有违法行为的，应当从轻或者减轻行政处罚"。

第二，心智状态。《行政处罚法》第三十一条规定，精神病人、智力残疾人在不能辨认或者不能控制自己行为时有违法行为的，不予行政处罚，但应当责令其监护人严加看管和治疗。间歇性精神病人在精神正常时有违法行为的，应当给予行

---

① 姜明安.行政法与行政诉讼法[M].7版.北京：北京大学出版社，2019：131.
② 姜明安.行政法与行政诉讼法[M].7版.北京：北京大学出版社，2019：133.

政处罚。尚未完全丧失辨认或者控制自己行为能力的精神病人、智力残疾人有违法行为的,可以从轻或者减轻行政处罚。

第三,生理功能健全程度。《治安管理处罚法》第十四条规定了生理功能部分缺失的公民的行政责任能力:"盲人或者又聋又哑的人违反治安管理的,可以从轻、减轻或者不予处罚。"

第四,生理性醉酒。《治安管理处罚法》第十五条规定,"醉酒的人违反治安管理的,应当给予处罚",在醉酒状态中对本人或对他人的人身、财产或者公共安全有威胁的人,应当对其采取保护性措施约束至酒醒。

行政主体与行政相对人的角色并非固定。概言之,享有且正在实施行政职权的一方处于行政主体的角色,而不具有或不行使行政职权的一方处于行政相对人的角色。[①] 在行政主体与行政相对人的关系中,行政相对人服从行政主体的管理,但同时享有法律规定的权利,如申请权、参与权、知情权、申请复议权、提起行政诉讼权等。行政主体依法行政是对相对人权利的基本尊重,当具体行政行为出现瑕疵和错误时,则需由行政主体及时补正或更正。行政主体和行政相对人均可成为行政法律责任主体,但具体承担的行政法律责任的方式有所不同(如图10—1所示)。

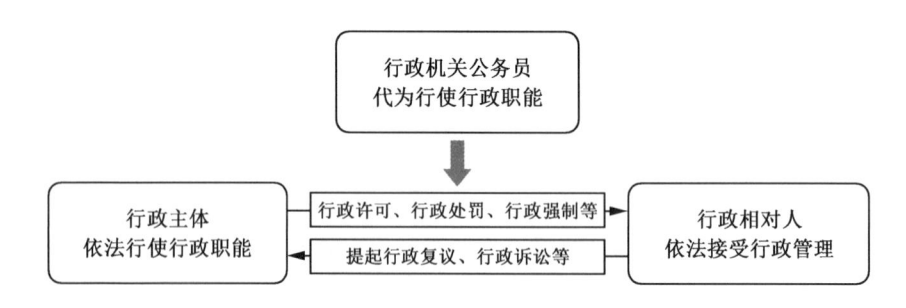

图10—1　行政主体、行政相对人、行政机关公务员之间的关系

[①] 温晋锋,等.行政法学[M].4版.北京:科学出版社,2020:63.

> **典型案例**
>
> **挽回被"遗漏"的前程**[①]
>
> ——田某诉学校不授予学位案
>
> 大学生田某在课程考试时携带写有公式的纸条,被监考老师发现而遭退学,学校未向他送达退学处理决定。田某一直以该校大学生身份参与学习和学校组织的活动,缴纳教育费用,并以优异成绩通过了各培养环节。但在毕业授予学位的环节,学校有关部门以田某已被退学为由,拒绝颁发毕业证书。田某向人民法院提起行政诉讼。本案中,学校未及时送达退学处理决定的"疏忽",对田某接受教育、求职等权利的影响是难以计量的。法院根据《普通高等学校学生管理规定》和《中华人民共和国教育法》的相关规定,判令学校向田某颁发毕业证书,审核田某的学士学位资格,向教育部门上报其毕业派遣的有关手续。

二、行政责任的类型及其承担方式

行政法律责任可依据不同标准来分类。根据责任性质,分为惩罚性责任、强制性责任与补偿性责任;根据责任方式,分为财产性责任与非财产性责任;根据引起责任行为的性质,分为违法行政行为的法律责任与合法行政行为的法律责任;根据责任主体,分为行政主体、行政机关公务员和行政相对人承担的法律责任。本书按照承担主体来分类介绍行政主体与行政相对人承担行政责任的方式。

(一)行政主体承担责任的方式

依据现行立法,行政主体主要通过以下方式承担法律责任:第一,通报批评;第二,赔礼道歉;第三,承认错误;第四,恢复名誉、消除影响;第五,返还权益;第六,恢复原状;第七,停止违法的行政行为;第八,履行法定职责;第九,撤销违法行政行为;第十,行政赔偿。这里主要讲述后三种方式。

[①] 案例来源:田永与北京科技大学其他二审行政判决书[EB/OL].(1999).一中行终字第73号,裁判文书网,https://wenshu.court.gov.cn/website/wenshu/181107ANFZ0BXSK4/index.html?docId=jE7iRRnAuVjEio1Wd3wtu9OjiYZqvBTqqfB43om8Hn6ThtwkCS4jSZO3qNaLMqsJ4xyDwBxrQvaVUtoVNbAhrX5ovQqL/MH06FIzGCs9GiurOoe1xOLATJaItegiXojQ.

1. 履行法定职责

行政机关对国家、集体和公民个人权益造成侵犯的常见情形是"怠于履职",即公职人员拖延履行或敷衍搪塞,消极对待法定职责。《行政诉讼法》第七十二条规定:"人民法院经过审理,查明被告不履行法定职责的,判决被告在一定期限内履行。"

2. 撤销违法行政行为

当行政行为对相对人权利造成损害时,相对人可以通过行政诉讼途径寻求救济,由法院判定行政机关撤销行政行为。《行政诉讼法》第七十条规定,行政行为有"主要证据不足、适用法律法规错误、违反法定程序、超越职权、滥用职权、明显不当"等情形的,人民法院判决撤销或者部分撤销并可以判决被告重新作出行政行为。但是,依法不适用撤销行政行为的情形除外。

3. 行政赔偿

行政赔偿,指国家行政机关及其工作人员在行使职权的过程中侵犯公民、法人或其他组织的合法权益并造成损害,由国家承担赔偿责任的制度。[1] 行政机关及其工作人员是代表国家、以国家名义实施行政管理,因此,行政赔偿的责任主体为国家,具体的赔偿事务则由行政赔偿义务机关来完成。

典型案例

违法拆迁致"补偿"变"赔偿"[2]

某镇政府在实施拆迁时未经同意便拆除了居民自建房屋,造成房主的巨大损失。因此房主向法院起诉请求镇政府赔偿损失。镇政府称此房屋为违章建筑,不同意作出赔偿。法院判定,镇政府私拆房屋造成损失的行政行为侵害相对人合法权益,应按照高于当地拆迁补偿安置方案所确定的金额进行赔偿。最终,

---

[1] 姜明安. 行政法与行政诉讼法 [M]. 7 版. 北京: 北京大学出版社, 2019: 555.
[2] 案例来源: 俞怀芳与扬州市邗江区西湖镇人民政府不服行政侵权赔偿决定一审行政判决书 [EB/OL]. (2020). 苏 1012 行赔初 1 号, 裁判文书网, https://wenshu.court.gov.cn/website/wenshu/181107ANFZ0BXSK4/index.html? docId=f6sKbpPLSgRy3Ho7PnTMU3qHBqQegDJDRZupWWEzYgVh29oYsRyJwpO3qNaLMqsJ4xyDwBxrQvaVUtoVNbAhrX5ovQqL/MH0okTUvn3kUV1//ODkd5f/YQv9wHhsqvYw.

> 镇政府赔偿该房主98万元。程序合法是行政执法的基本要求，方式得当则是行政道德的内在要求。严格规定行政执法程序，引导行政执法人员树立正确执法理念，有助于提升行政执法的规范化程度，增强人民群众在社会生活中的获得感、安全感。

知识拓展

行政赔偿与行政补偿的区别

行政赔偿是因"违法行政行为"而产生的法律赔偿责任，旨在将相对人的权益恢复到合法行政行为所应有的状态。行政补偿是因"合法行政行为"对行政相对人合法权益造成损害而由国家进行补偿的责任，旨在对相对人因公共利益而遭受的损失加以一定的补救。土地、房屋征收补偿即具有代表性的行政补偿。

作为行政行为的具体实施者，行政机关公务员承担行政责任的主要方式如下：第一，通报批评；第二，接受行政处分；第三，承担赔偿损失的责任，即国家赔偿后由赔偿义务机关向公务人员追偿。本书主要讲述公务员接受行政处分的行政责任。行政处分是针对公务员的内部惩戒措施，指有权作出行政处分的单位，依法对违法工作人员进行惩戒或处分。适用行政处分的条件，即公务员实施了《公务员法》规定的散布有损政府声誉的言论、组织或参加罢工、拒绝执行上级依法作出的决定和命令、滥用职权等违法行为。此外，公务员在执行上级命令的过程中，可以及时向上级提出改正或者撤销错误决定或者命令的意见，若执行明显违法的决定或者命令的，则也应当依法承担相应的责任。

知识拓展

行政处分与政务处分、党纪处分的区别

行政处分是由公务员的上级主管部门作出的内部惩戒，其法律依据包括《公务

法》《行政机关公务员处分条例》等,本质上是行政机关对其工作人员的内部管理行为;政务处分是《中华人民共和国公职人员政务处分法》规定的处分方式,是监察机关对行政机关工作人员进行外部监督和惩戒的重要形式。行政机关的内部处分与监察机关实施的外部处分各自独立并相互补充,既有力遏制公务员违法违纪等行政乱象,又尊重行政机关的自主管理权。此外,具有共产党员身份的公职人员违反党的纪律的,还将依照《中国共产党纪律处分条例》,受党内警告、撤销党内职务、留党察看或开除党籍等党纪处分。

行政处分的种类包括警告、记过、记大过、降级、撤职、开除。公务员所受处分的类型依据法律规定及过错程度来界定。例如,在当地发生特大安全事故后,未履职或未按照规定履职的政府主要负责人将被追究行政责任,受到降级或者撤职的行政处分;部门或者机构的正职负责人,将根据情节轻重而受到撤职或者开除公职的行政处分。又如,根据《中华人民共和国环境保护法》,环境保护主管部门和其他负有环境保护监督管理职责的部门有法律规定的违法行政行为的,该部门直接负责的主管人员和其他直接责任人员受记过、记大过或者降级处分;若造成严重后果,则受撤职或者开除处分,其主要负责人应当引咎辞职。

(二)行政相对人承担行政责任的方式

行政相对人通过以下方式承担行政责任:第一,承认错误,赔礼道歉;第二,接受行政处罚;第三,履行规定义务;第四,恢复原状;第五,赔偿损失;第六,返还财产。针对相对人的行政责任还有限期离境、驱逐出境、禁止离境等。本书重点讲述行政处罚方式。

行政处罚是行政机关作出的具体行政行为,是由行政相对人所承担的行政法律责任。《行政处罚法》第二条规定,行政处罚是指行政机关依法对违反行政管理秩序的公民、法人或者其他组织,以减损权益或者增加义务的方式予以惩戒的行为。《行政处罚法》第九条列举并明确了以下处罚种类:第一,警告、通报批评;第二,罚款、没收违法所得、没收非法财物;第三,暂扣许可证件、降低资质等级、吊销许可证件;第四,限制开展生产经营活动、责令停产停业、责令关闭、限制从业;第五,行政拘留;第六,法律、行政法规规定的其他行政处罚。概括起来,上述方式分为人身罚、财产罚、行为罚和申诫罚。

1. 人身罚

人身罚,指限制或者剥夺违法者的人身自由,包括对违反行政管理秩序的人实施行政拘留,和对违反我国行政管理秩序的外国人、无国籍人实施驱逐出境、禁止入境或者出境、限期出境。

> **典型案例**
>
> **散布网络谣言受行政处罚案**[①]
>
> 陈某因求职未被录用而心生不满,利用图像处理软件虚拟公司员工姓名、头像,捏造制作了多张"怒怼领导、发泄情绪"的微信群聊天记录截图,发布在网络社交平台。图片引发网络平台公众热议,造成恶劣影响。陈某故意散布谣言的违法行为严重扰乱网络公共秩序,公安局依法作出行政拘留处罚。

> **法条参考**
>
> 根据《中华人民共和国治安管理处罚法》第四十二条第二款的规定,公然侮辱他人或者捏造事实诽谤他人的,处五日以下拘留或者五百元以下罚款;情节较重的,处五日以上十日以下拘留,可以并处五百元以下罚款。

2. 财产罚

财产罚,指特定的行政机关或者法律法规授权的组织强迫违法者缴纳一定数额的金钱或者一定数量的物品,或者限制、剥夺其某种财产权,主要形式有罚款和没收。财产罚既具有惩戒性——剥夺行为人从违法行为中获取的利益,也具有补

[①] 案例来源:警方通报网传中电科加班事件调查结果[EB/OL].新华网,(2023-04-07),http://www.news.cn/2023-04/07/c_1129503339.html.

偿性——以此补偿公共秩序的损失。

3. 行为罚

行为罚，指限制或剥夺行政违法者某些特定行为能力和资格，主要形式有：限制开展生产经营活动、责令停产停业、责令关闭、限制从业，或者暂扣许可证件、降低资质等级、吊销许可证件。

4. 申诫罚

申诫罚是行政机关向违法者发出警戒，申明违法者具有违法行为，对其名誉、荣誉、信誉等施加影响。申诫罚的形式包括警告和通报批评，前者是指对较轻的违法行为予以谴责和告诫，后者是以书面形式将对违法者的批评公布于众，以此起到惩戒和教育作用。

总之，行政处罚广泛适用于破坏治安秩序、市场秩序、生态环境、违法从事生产等破坏行政管理秩序的情形，旨在恢复被破坏的社会秩序并促进公民守法。行政主体具有依法审慎行使处罚权的义务，避免权力滥用有损公民权益。对此，行政执法部门在实践中持续推进制度创新，兼顾执法的严格、公平与人性化。

知识拓展

"首违不罚"与"一事不再罚"

"首违不罚"：依据 2021 年修订通过的《行政处罚法》第三十三条第一款，初次违法且危害后果轻微并及时改正的，可以不予行政处罚。

"一事不再罚"：依据我国《行政处罚法》，对当事人的同一个违法行为，不得给予两次以上罚款的行政处罚。同一个违法行为违反多个法律规范应当给予罚款处罚的，按照罚款数额高的规定处罚。该处罚原则既能发挥行政处罚的教育功能，也能"防止重复处罚和滥施处罚，保护行政相对人的合法权益"[1]。

---

[1] 寇秉辉，陈海霞."一事不再罚"原则的理解与适用[J].人民司法，2020(20).

第四节 刑事责任

"刑事责任是刑事法律规定的,因实施犯罪行为而产生,由司法机关强制犯罪者承受的刑事惩罚或单纯否定性法律评价的负担"[1],是最具严厉性的法律责任。刑事责任涉及责任主体、发展、实现、地位和功能等内容,本章主要讲述刑事责任主体资格、刑事责任的实现方式以及我国的刑罚体系。

一、刑事责任能力

犯罪主体即刑法所规定的责难对象,《刑法》规定的犯罪主体有自然人和单位。近代以来,"罪责自负的刑事责任原则得到确立",刑事责任主体与犯罪主体重合。[2] 刑事责任主体必须具备刑事责任能力,否则"不能对其进行法的非难"[3]。刑事责任能力是指"构成犯罪和承担刑事责任所必需的,行为人具备的刑法意义上辨认和控制自己行为的能力"[4],本质是行为人具备相对的自由意志能力。根据《刑法》,刑事责任主体包括自然人和单位。本章主要讲述自然人刑事责任能力的程度及其考量因素。

(一)刑事责任能力的程度

受到辨认能力和控制能力的影响,刑事责任能力的程度分四种情况,即完全刑事责任能力、完全无刑事责任能力、相对无刑事责任能力和限定刑事责任能力。

1. 完全刑事责任能力

完全刑事责任能力,指行为人因实施犯罪行为而应当依法负全部刑事责任。根据《刑法》第十七条,年满十六周岁的人犯罪应当负刑事责任,但不满十八周岁的人应当从轻或者减轻处罚。除年龄因素,完全刑事责任能力还要求行为人的辨认能力与控制能力正常。因此,从完全刑事责任能力人所涉及的范围来看,"依据

---

[1] 高铭暄,马克昌.刑法学[M].10版.北京:北京大学出版社,2022:200.
[2] 李晓明,等.中国刑法基本原理[M].4版.北京:法律出版社,2013:548.
[3] 张明楷.刑法学[M].北京:法律出版社,2021:396.
[4] 高铭暄,马克昌.刑法学[M].10版.北京:北京大学出版社,2022:81.

我国刑法,凡年满十八周岁、精神和生理功能健全而智识发展正常的人,都是完全刑事责任能力人"①。

2. 完全无刑事责任能力

完全无刑事责任能力,指行为人没有《刑法》意义上的辨认或者控制自己行为的能力,不负刑事责任。依据《刑法》,完全无刑事责任能力人包括不满十二周岁的人和因精神疾病而不能辨认或者不能控制自己行为的人。

3. 相对无刑事责任能力

相对无刑事责任能力,指行为人仅限于对《刑法》所明确限定的某些严重犯罪具有刑事责任能力,而对未明确限定的其他犯罪行为无刑事责任能力的情况。② 相对无刑事责任能力人对应的范围,是"已超过完全无刑事责任能力的年龄(十二周岁)但又未达到成年年龄的一定年龄段的未成年人"③。例如,《刑法》第十七条第二、三款规定的已满十二周岁不满十六周岁的人。

4. 限定刑事责任能力

限定刑事责任能力,又称"减轻刑事责任能力",其对应的程度介于"完全刑事责任能力"与"完全无刑事责任能力"之间,指行为人具有责任能力,但因年龄、精神状态、生理功能缺陷等因素而导致辨认或者控制自己行为的能力较完全责任能力有一定程度减弱、降低。属于或可能属于限定刑事责任能力的人包括以下几类:第一,已满十二周岁不满十八周岁的未成年人;第二,又聋又哑的人;第三,盲人;第四,尚未完全丧失辨认或控制自己行为能力的精神病人。

(二) 刑事责任能力考量

根据《刑法》,上述刑事责任能力程度的划分主要考量年龄、精神障碍、生理功能丧失、生理性醉酒等因素。

1. 年龄

"法定年龄是责任要素。"④《刑法》第十七条对刑事责任年龄的规定如下:"已满十六周岁的人犯罪,应当负刑事责任。已满十四周岁不满十六周岁的人,犯故意杀人、故意伤害致人重伤或者死亡、强奸、抢劫、贩卖毒品、放火、爆炸、投放危险

---

① 高铭暄,马克昌.刑法学[M].10版.北京:北京大学出版社,2022:82.
② 高铭暄,马克昌.刑法学[M].10版.北京:北京大学出版社,2022:83.
③ 高铭暄,马克昌.刑法学[M].10版.北京:北京大学出版社,2022:83.
④ 张明楷.刑法学[M].6版.北京:法律出版社,2021:328.

物质罪的,应当负刑事责任。已满十二周岁不满十四周岁的人,犯故意杀人、故意伤害罪,致人死亡或者以特别残忍手段致人重伤造成严重残疾,情节恶劣,经最高人民检察院核准追诉的,应当负刑事责任。"

2. 精神障碍

精神障碍必然影响人的辨认和控制能力。精神障碍患者不能控制自己的意志,因而影响法律责任能力。精神障碍人的刑事责任能力分为以下情况:第一,完全精神障碍,即经法定程序鉴定为不能辨认或不能控制自己行为的精神病人,不负刑事责任,但在必要时由政府实施强制医疗措施;第二,限制精神障碍,指尚未完全丧失辨认或控制自己行为能力的精神病人,应当负刑事责任,但是可以从轻或者减轻处罚;第三,完全无精神障碍,指精神正常时期的"间歇性精神病人"和大多数非精神病性精神障碍人,实施犯罪行为后应负刑事责任。

3. 生理功能丧失

听觉、视觉或语言能力等生理功能的丧失,会影响学习知识和开发智力的教育活动,导致辨认或控制行为能力不足,从而间接影响人的刑事责任能力。《刑法》规定,又聋又哑的人或者盲人犯罪,可以从轻、减轻或者免除处罚。

4. 生理性醉酒

生理性醉酒即普通醉酒,指一次性大量饮酒以后精神过度兴奋甚至神志不清的状况,在生理性醉酒的兴奋期和身体控制失调期,醉酒者有可能实施危害行为。但是,生理性醉酒状况不是免除行为人刑事责任的理由。《刑法》第十八条规定:"醉酒的人犯罪,应当负刑事责任。"

二、刑事责任的实现方式与刑罚体系

刑事责任自行为人实施犯罪行为时产生,经过侦查、起诉和审判环节得到确认,最终由人民法院作出有罪判决,并由司法行政机关执行刑事制裁或被赦免。因此,刑事责任的实现方式可以分为刑罚和非刑罚方式,其中刑罚是主要的实现方式,即对犯罪人施加刑罚。刑罚体系即各种刑罚方式所构成的体系。

(一)刑事责任的实现方式

刑事责任的实现方式不仅包括常见的刑罚,而且包括非刑罚的处理方式。依据《刑法》规定,刑事责任的具体实现方式包括定罪判刑、定罪免刑、消灭处理和转移处理几大类别。其中,定罪判刑是刑事责任最基本的实现方式。

1. 定罪判刑

定罪判刑,即"法院作出有罪判决的同时宣告适用相应的刑罚"。法院以犯罪事实和《刑法》规定的犯罪构成为依据,根据犯罪行为的性质、情节和社会危害程度来依法定罪并施加相应刑罚。

典型案例

考试"替身"的罪与罚[①]

郭某是一家艺术培训学校的副校长。郭某与三名家长约定,帮他们的孩子高分通过次年省艺考。在分别收取三人10万~15万元之后,郭某安排了两位培训机构老师和一名在校大学生替考。考试过程中,考务人员发现三人替考并报警,公安机关赶到现场将三人抓获。法院判决:郭某犯组织考试作弊罪,判处有期徒刑一年零三个月,替考的三人分别被判处罚金1万元,涉案三十九万余元赃款被依法没收。

法条参考

《刑法》第二百八十四条 【组织考试作弊罪】在法律规定的国家考试中,组织作弊的,处三年以下有期徒刑或者拘役,并处或者单处罚金;情节严重的,处三年以上七年以下有期徒刑,并处罚金。为他人实施前款犯罪提供作弊器材或者其他帮助的,依照前款的规定处罚。【代替考试罪】代替他人或者让他人代替自己参加第一款规定的考试的,处拘役或者管制,并处或者单处罚金。

[①] 最高人民法院中国应用法学研究所.人民法院案例选分类重排本 2016—2020(刑事卷)[M].北京:人民法院出版社,2022:1197.

2. 定罪免刑

定罪免刑是实现刑事责任的辅助和次要方式,"即法院对于犯罪人认定有罪作出定罪判决而免除刑罚"①,通过宣告有罪来表示对犯罪行为的否定和对犯罪人的谴责。定罪免刑主要适用于犯罪情节轻微、行为人的正当防卫等情形。

典型案例

昆山"8·27"正当防卫案②

一天傍晚,下班回家的于某骑自行车与突然闯入非机动车道的一辆宝马车险些发生碰擦。宝马车驾驶人下车后对于某拳打脚踢。于某看到对方处于醉酒状态,满身刺青、嚣张跋扈,连忙抵挡。驾驶人刘某回车上抽出一把砍刀,用刀背对着于某连砍几下。情急之下,于某抢先捡起掉落在地上的砍刀,砍中刘某腹部,又追着砍下5刀。刘某身受重伤,当日死亡。公安局查明事实后,认定于某的行为系正当防卫,于某对刘某的死亡不负刑事责任。

---

3. 消灭处理

消灭处理是解决刑事责任的补充方式,指对于已构成犯罪、应负刑事责任的行为,由于法律规定的阻却刑事责任事由而使刑事责任归于消灭的情况。③ 例如,犯罪已经超过追溯时效期限、犯罪人死亡或经过特赦等。刑事责任的消灭意味着"刑事责任不复存在","是刑事责任存在和发展进程的最终结束"④。

---

① 高铭暄,马克昌.刑法学[M].10版.北京:北京大学出版社,2022:215.
② 案例来源:为什么认定于某某的行为属于正当防卫? ——关于昆山"8·27"案件的分析意见[EB/OL].最高人民检察院网,2018-09-01,https://www.spp.gov.cn/spp/zdgz/201809/t20180901_390617.shtml.
③ 高铭暄,马克昌.刑法学[M].10版.北京:北京大学出版社,2022:215.
④ 李晓明,等.中国刑法基本原理[M].4版.北京:法律出版社,2013:559.

4. 转移处理

转移处理是一种极为特殊的解决方式,指行为人的刑事责任不由我国司法机关解决,而通过外交途径解决。[1] 这一方式根据国际惯例和国家之间的平等原则来采用,主要适用享有外交特权和豁免权的外国人。

(二)我国刑罚体系

刑罚具有相当的严厉性和威慑力,是"刑法规定的由国家审判机关依法对犯罪人适用的限制或剥夺其某种权益的最严厉的强制性制裁方法"[2],彰示"善"与"恶"的较量。我国刑法中的刑罚体系由主刑和附加刑构成,全部刑罚方式又可以根据责难内容分为资格刑、财产刑、自由刑和生命刑。

1. 主刑

主刑,是对犯罪适用的主要刑罚方法。主刑包括管制、拘役、有期徒刑、无期徒刑和死刑。对于一个罪,只能适用一种而不能同时适用两种以上的主刑。

管制,指在各有关部门配合下对犯罪人依法实行社区矫正。管制刑罚对犯罪行为人不予关押,即并非剥夺而是限制其一定期限内的自由。

拘役,指"短期剥夺犯罪分子的自由,就近执行并实行劳动改造"[3]。拘役刑期介于管制和有期徒刑之间,期限为一个月以上、六个月以下,数罪并罚时最长不超过一年,服刑人员享受每月回家一两天和参加劳动获取报酬的待遇。

有期徒刑,指"剥夺犯罪分子一定期限的人身自由,强迫其劳动并接受教育和改造的刑罚方法"[4],旨在帮助犯罪行为人改造成为守法新人。有期徒刑主要在监狱中执行,最低期限为六个月,最高期限为十五年。数罪并罚时,总和刑期不满三十五年的最高不能超过二十年,总和刑期在三十五年以上的最高不能超过二十五年。

---

[1] 高铭暄,马克昌.刑法学[M].10版.北京:北京大学出版社,2022:215.
[2] 高铭暄,马克昌.刑法学[M].10版.北京:北京大学出版社,2022:216.
[3] 高铭暄,马克昌.刑法学[M].10版.北京:北京大学出版社,2022:232.
[4] 高铭暄,马克昌.刑法学[M].10版.北京:北京大学出版社,2022:233.

> **典型案例**
>
> ### 大学生利用化学知识制毒贩毒案[①]
>
> 大学生陈某利用所学的专业化学知识制毒贩毒,购买原料并加工成含有合成大麻素类物质成分的烟油,用喷雾瓶将毒品喷在"烟丝"上,将"烟丝"伪装成装饰画,通过网络销售给吸毒人员。陈某的父母也参与了该过程,三人贩卖烟丝295 克,赚得人民币 4 900 元。法院判定三人行为构成贩卖毒品罪,依法判处有期徒刑一年三个月至三年三个月不等,并处罚金 2 万元至 4 万元不等。

无期徒刑,指"剥夺犯罪分子的终身自由,强制其接受劳动并接受教育和改造"[②]的刑罚方法。无期徒刑的严厉程度仅次于死刑,必须附加剥夺政治权利终身,适用于"罪行严重但不必判处死刑又需要与社会永久隔绝的犯罪分子"[③]。服刑人员在服刑期间的表现符合法定条件的可以适用减刑或者假释。

死刑,指"剥夺犯罪分子生命的刑罚方法"[④],包括死刑立即执行和死刑缓期两年执行。生命一旦被剥夺就不可恢复,因而死刑是最为严厉的刑罚。我国坚持限制死刑的政策,将适用死刑的范围限制在罪行极其严重的犯罪行为人,适当减少经济性非暴力犯罪的死刑,并且从程序上要求必须由最高人民法院核准。此外,我国独创死刑缓期两年执行的死缓制度,从执行角度限制死刑的适用。

---

① 案例来源:心疼女儿制毒"辛苦",父母帮忙一起干……一家三口被判了![EB/OL].新华网,2023 — 05 — 15, https://mp.weixin.qq.com/s?__biz=MzA4MjQxNjQzMA==&mid=2768836863&idx=1&sn=20316a674371d9f67c467e51e459c2bb&chksm=bf7bbebe880c37a828e1c1f866a031ae4ae798d009472385790c79c33dd0e7a85424566e1582♯rd.
② 高铭暄,马克昌.刑法学[M].10 版.北京:北京大学出版社,2022:233.
③ 高铭暄,马克昌.刑法学[M].10 版.北京:北京大学出版社,2022:234.
④ 高铭暄,马克昌.刑法学[M].10 版.北京:北京大学出版社,2022:235.

典型案例

大学生"弑母"案[①]

大学生吴某少年丧父,在成长过程中产生厌世心理,意图杀害母亲。某天,吴某趁母亲进门换鞋低头之际,手持哑铃杠将其敲击致死,随后将尸体层层覆盖并放置除味剂加以掩盖。他假借留学的理由,对亲友瞒天过海。由于处理周密,吴某杀害母亲的行为一直未被发觉。直至半年多以后,家中亲戚才在警察帮助下发现吴某母亲的尸体,嫌疑人吴某不知所终。历时三年有余的逃亡路上,吴某将借来的一百四十四万元巨款挥霍一空,兼职谋生,伪造十多张身份证件用来躲避警方追查。被逮捕后,法院判决吴某犯故意杀人罪、诈骗罪、买卖身份证件罪,数罪并罚,对其执行死刑,剥夺政治权利终身,并处罚金人民币十万三千元。

法条参考

《刑法》第四十九条规定了关于死刑适用对象的限制条件:"犯罪的时候不满十八周岁的人和审判的时候怀孕的妇女,不适用死刑。审判的时候已满七十五周岁的人,不适用死刑,但以特别残忍手段致人死亡的除外。"

2. 附加刑

附加刑是补充主刑适用的刑罚方法,包括罚金、剥夺政治权利、没收财产和驱逐出境。附加刑既可以附加主刑适用,也可以独立适用。

罚金,指"人民法院判处犯罪分子向国家缴纳一定数额的金钱"[②]的刑罚方法,属于刑罚中的财产刑。罚金主要适用于与财产有关的犯罪以及少数妨害社会

[①] 案例来源:死刑! 吴谢宇弑母案宣判[EB/OL].中华人民共和国最高人民检察院.2021-08-26, https://www.spp.gov.cn/zdgz/202108/t20210826_527748.shtml.

[②] 高铭暄,马克昌.刑法学[M].10版.北京:北京大学出版社,2022:238.

管理秩序的犯罪。单独适用的罚金,不剥夺犯罪人的人身自由,但在经济上给予打击,剥夺其继续犯罪的资本,起到惩罚、教育的作用。①

> **典型案例**
>
> **大学生犯"帮助信息网络犯罪活动罪"**②
>
> 两名大学生收购大量实名制电话卡,出售给他人输送至境外诈骗团伙,致多名受害人被骗二百万余元。法院审理后认为,二人行为构成帮助信息网络犯罪活动罪。两名大学生分别被判处有期徒刑二年二个月,并处罚金八万元,扣押违法所得人民币十二万五千元,予以追缴,上缴国库。

剥夺政治权利,指"剥夺犯罪分子参加国家管理和政治活动权利的刑罚方法"③。剥夺政治权利的刑罚方式,一般适用于"利用政治权利危害国家安全的犯罪分子"与"判处死刑、无期徒刑的犯罪分子"。根据《刑法》第五十四条,犯罪分子被剥夺的政治权利具体指以下权利:选举权和被选举权,言论、出版、集会、结社、游行、示威自由的权利,担任国家机关职务的权利,担任国有公司、企业、事业单位和人民团体领导职务的权利。

没收财产,指"将犯罪分子个人所有财产的一部分或全部强制无偿地收归国有"④。财产的形态不仅包括金钱,而且包括其他形式的财物。

驱逐出境,指"强迫犯罪的外国人离开中国(边)境的刑罚方法"⑤。外国人在我国境内犯罪,除享有外交特权和外交豁免权的人可以通过外交途径解决,一般

---

① 李晓明,等.中国刑法基本原理[M].4版.北京:法律出版社,2013:588.
② 案例来源:尤某、周某帮助信息网络犯罪活动罪一审刑事判决书[EB/OL].(2020)浙0110刑初770号,裁判文书网,https://wenshu.court.gov.cn/website/wenshu/181107ANFZ0BXSK4/index.html?docId=hVmS6czW3wYYI2i/N00mmlBFQFO2ioOyKcddJuNxDtQfDQK+jigrtpO3qNaLMqsJ4xyDwBxrQvaVUtoVNbAhrX5ovQqL/MH0okTUvn3kUV3heoCIUwwVa+L9kY8Qiq+Q.
③ 高铭暄,马克昌.刑法学[M].10版.北京:北京大学出版社,2022:241.
④ 高铭暄,马克昌.刑法学[M].10版.北京:北京大学出版社,2022:244.
⑤ 高铭暄,马克昌.刑法学[M].10版.北京:北京大学出版社,2022:244.

情况下一律适用《刑法》。

刑罚体系的设计旨在有效发挥刑罚功能。"犯罪对公共利益的危害越大,促使人们犯罪的力量越强,制止人们犯罪的手段就应该越强有力。"[1]恰当的刑罚既有助于惩治和改造犯罪行为人、遏制和预防犯罪,也有助于安抚和教育公众。

3. 非刑罚处理方式

随着社会文明程度的提升,刑罚不再是刑事责任的唯一承担方式。在刑罚以外,人民法院还对犯罪行为人适用一些不具有刑罚性质但也具有打击犯罪、提升司法效率功能的非刑罚处理方法,包括赔偿、教育、职业禁止等方法。第一,赔偿方法,即判处犯罪分子对被害人给予经济赔偿;第二,教育方法,即训诫、责令具结悔过和责令赔礼道歉,由犯罪分子的主管部门作出行政处罚或行政处分,此类处理方法适用犯罪情节轻微的行为;第三,职业禁止,指"利用职业便利实施犯罪"或者"实施违背职业要求的特定义务"而被处以刑罚的犯罪行为人,自刑罚执行完毕之日或者假释之日起三到五年内禁止从事相关职业。非刑罚方式的适用,体现了刑法的人道主义立场与发展进步。

典型案例

大学生精神虐待获刑案[2]

大学同学牟某与陈某恋爱同居。其间,牟某因对女友的感情经历不满而对其持续辱骂,还要求女友"打胎"以换自己心理平衡。女友陈某原本性格活泼外向,但在恋人不断的人格贬低下逐渐丧失自我意识,甚至实施割腕、吞食药物等自伤行为,几度生命垂危。由于长期的压抑,女友陈某在一次争吵后独自在外服药自杀,不幸死亡。事后,女友陈某的母亲在其手机聊天记录中发现大量信息,证明牟某对陈某施加精神控制。法院经审理认为,牟某的行为构成虐待罪,判处有期徒刑三年二个月,赔偿附带民事诉讼原告人陈某母亲经济损失七十三万余元。

---

[1] [意]切萨雷·贝卡里亚. 论犯罪与刑罚[M]. 黄风,译. 北京:商务印书馆,2018:67.
[2] 案例来源:黄洁. 主审法官回应牟林翰虐待案五大焦点[N]. 法治日报,2023-06-16(4).

总之,侵犯他人权利、滥用自身权利或者不履行自身义务都是导致法律责任的直接原因。同时,法律责任并不仅是对条文的刻板遵守,而且受道德理性的支撑。第二次世界大战期间,纳粹德国军官阿道夫·艾希曼(Adolf Eichmann)主要负责计划并组织将欧洲犹太人运送到灭绝营,建设规划"灭绝营"和开发毒气室,为骇人听闻的犹太人大屠杀行动助纣为虐。第二次世界大战后,艾希曼被判为二级战犯,潜逃至异国他乡,后被抓捕至以色列接受公开审判。这场审判中,艾希曼的辩词引发了关于道德与法律的众多反思。其辩词表示,参与大屠杀只是"奉命行事",服从上级命令是他作为下级的责任。但是,社会公众普遍认为,从道德上讲,杀人乃至于大屠杀毋庸置疑是一种极大的罪恶。那么艾希曼应当受到法律制裁吗?经过审判,艾希曼最终被执行死刑。对于艾希曼的自我辩护所体现的"对恶的不加思考的服从",哲学家汉娜·阿伦特(Hannah Arendt)将其称为"平庸之恶"。新时代大学生应当养成尊法学法守法用法的自觉性和主动性,掌握必备法律知识及其道德内蕴,提升法治素养、道德水准、文明素养及社会实践能力,成为法治社会中"能够理解和遵循规则,并且能够为自己的过错负责"[①]的理性主体,最终成就精彩而有意义的人生。

---

① [美]富勒.法律的道德性[M].郑戈,译.北京:商务印书馆,2005:188.

参考文献

著作类：

[1][周]周公旦.周礼·秋官司寇[M].郑玄,注.徐正英,常佩雨,译.北京:中华书局,2023.

[2][春秋]管仲.管子·七法[M].李山,轩新丽,译.北京:中华书局,2019.

[3][春秋]左丘明.左传·昭公六年[M].郭丹,程小青,李彬源,译.北京:中华书局,2016.

[4][春秋]孔子弟子,等.论语[M].陈晓芬,译.北京:商务印书馆,2022.

[5][战国]荀子.荀子·成相[M].方勇,译.北京:商务印书馆,2006.

[6][战国]荀子.荀子·王制[M].方勇,译.北京:商务印书馆,2006.

[7][战国]韩非.韩非子·难三[M].张觉,译.上海:上海古籍出版社,2012.

[8][战国]韩非.韩非子·定法[M].张觉,译.上海:上海古籍出版社,2012.

[9][战国]韩非.韩非子·六反[M].张觉,译.上海:上海古籍出版社,2012.

[10][战国]韩非.韩非子·有度[M].张觉,译.上海:上海古籍出版社,2012.

[11][战国]韩非.韩非子·心度[M].张觉,译.上海:上海古籍出版社,2012.

[12][战国]吕不韦.吕氏春秋[M].张双棣,张万彬,殷国光,译.北京:中华书局,2022.

[13][先秦]商鞅.商君书·赏罚[M].石磊,译.北京:中华书局,2022.

[14][先秦]商鞅.商君书·开塞[M].石磊,译.北京:中华书局,2022.

[15][先秦]商鞅.商君书·君臣[M].石磊,译.北京:中华书局,2022.

[16][先秦]商鞅.商君书·定分[M].石磊,译.北京:中华书局,2022.

[17][汉]许慎.说文解字[M].影印版.北京:中华书局,1963.

[18][汉]许慎.说文解字注[M].影印版.[清]段玉裁,注.杭州:浙江古籍出

版社,2002.

[19] [西汉]司马迁. 史记·太史公自序[M]. 北京:中华书局,2016.

[20] [隋唐]魏徵. 隋书·高祖纪[M]. 北京:中华书局,1973.

[21] [唐]令狐德棻. 周书[M]. 北京:中华书局,2022.

[22] [唐]刘禹锡. 砥石赋[M]. 刘禹锡集. 上海:上海人民出版社,1975.

[23] [宋]欧阳修. 欧阳修全集[M]. 李逸安,点校. 北京:中华书局,2001.

[24] [明]张居正. 张文忠公全集·论时政疏[M]. 南京:凤凰出版社,2019.

[25] [清]段玉裁. 说文解字注[M]. 北京:中华书局,2013.

[26] [清]张玉书等. 康熙字典[M]. 王引之. 等,校订. 上海:上海古籍出版社,1996.

[27] [清]康有为. 大同书[M]. 上海:上海古籍出版社,2014.

[28] [清]魏源. 默觚·治篇三[M]. 陆学艺,王处辉. 中国社会思想史资料选辑·晚清卷. 南宁:广西人民出版社,2007.

[29] [清]沈家本. 历代刑法考[M]. 邓经元,骈宇骞,点校. 北京:中华书局,1985.

[30] 程树德. 说文稽古篇[M]. 北京:商务印书馆,1957.

[31] 魏励. 甲金篆隶字典[M]. 北京:商务印书馆,2013.

[32] 李学勤. 字源[M]. 天津:天津古籍出版社,2013.

[33] 中国社会科学院语言研究所词典编辑室. 现代汉语词典[M]. 北京:商务印书馆,2016.

[34] 南炳文,汤纲. 明史[M]. 上海:上海人民出版社,2021.

[35] 邓长春. 汉书·刑法志[M]. 上海:上海古籍出版社,2023.

[36] 周东平. 晋书·刑法志[M]. 北京:人民出版社,2017.

[37] 孙国华,朱景文. 法理学[M]. 第4版. 北京:中国人民大学出版社,2015.

[38] [古希腊]亚里士多德. 政治学[M]. 北京:商务印书馆,1996.

[39] [古希腊]柏拉图. 法律篇[M]. 张智仁,何勤华,译. 北京:商务印书馆,2001.

[40] [古罗马]西塞罗. 论义务[M]. 张竹明,龙莉,译. 南京:译林出版社,2015.

[41][古罗马]奥古斯丁.忏悔录[M].北京:商务印书馆,1981.

[42][法]卢梭.社会契约论[M].北京:商务印书馆,1980.

[43][意]托马斯·阿奎纳.阿奎那政治著作选[M].马清槐,译.北京:商务印书馆,1963.

[44][德]耶林.为权利而斗争[M].郑永流,译.北京:商务印书馆,2018.

[45][德]康德.法的形而上学原理[M].北京:商务印书馆,1991.

[46][德]黑格尔.法哲学原理[M].北京:商务印书馆,1982.

[47][德]拉德布鲁赫.法学导论[M].米健,译.北京:商务印书馆,2013.

[48][德]塞缪尔·普芬道夫.人和公民的义务[M].张淑芳,译.西安:陕西出版集团、陕西人民出版社,2009.

[49][英]培根.培根论说文集[M].水天同,译.北京:商务印书馆,1996.

[50][英]梅因.古代法[M].沈景一,译.北京:商务印书馆,1996.

[51][英]边沁.道德与立法原理导论[M].时殷弘,译.北京:商务印书馆,2000.

[52][英]约翰·奥斯丁.法理学的范围[M].2版.[M]罗伯特·坎贝尔,修订编辑,刘星,译.北京:北京大学出版社,2013.

[53][英]哈特.法律的概念[M].3版.许家馨,李冠宜,译.北京:法律出版社,2018.

[54][英]戴维·M.沃克.牛津法律大辞典[M].李双元等译.北京:法律出版社,2003.

[55][英]米尔恩.人的权利与人的多样性——人权哲学[M].夏勇,译.北京:中国大百科全书出版社,1995.

[56][美]伯尔曼.法律与宗教[M].梁治平,译.北京:中国政法大学出版社,2003.

[57][美]罗斯科·庞德.法律与道德[M].陈林林,译.北京:中国政法大学出版社,2003.

[58][美]富勒.法律的道德性[M].郑戈,译.北京:商务印书馆,2005.

[59][美]亨利·马瑟.合同法与道德[M].戴孟勇,贾林娟,译.北京:中国政法大学出版社,2005.

[60][美]E.博登海默.法理学——法哲学及其方法[M].邓正来,译.北京:华夏出版社,1987.

[61][美]泰格,利维.法律与资本主义兴起[M].纪琨,译.上海:上海学林出版社,1996.

[62][美]R.M.昂格尔.现代社会中的法律[M].吴玉章,周汉华,译.南京:译林出版社,2001.

[63][美]哈珀·李.杀死一只知更鸟[M].高红海,译.南京:译林出版社,2012.

[64][美]E.摩登海默.法理学:法律哲学与法律方法[M].邓正来,译.北京:中国政法大学出版社,2017.

[65][美]庞德著.法哲学导论[M].于柏华,译.北京:商务印书馆,2020.

[66][美]A.麦金泰尔.德性之后[M].龚群等译.北京:中国社会科学出版社,1995.

[67][美]卡尔·威尔曼.人权的道德维度[M].肖君拥,译.北京:商务印书馆,2018.

[68][荷]格劳秀斯.战争与和平法[M].马呈元,译.北京:中国政法大学出版社,2015.

[69][法]卢梭.社会契约论[M].何兆武,译.北京:商务印书馆,2003.

[70][意]切萨雷·贝卡里亚.论犯罪与刑罚[M].黄风,译.北京:商务印书馆,2018.

[71][澳]皮特·凯恩.法律与道德中的责任[M].罗李华,译.北京:商务印书馆,2021.

[72]李光灿,吕世伦.马克思恩格斯法律思想史[M].修订版.哈尔滨:黑龙江美术出版社,2018.

[73]中国法学会研究部.马克思恩格斯论法[M].北京:法律出版社,2010.

[74][德]马克思,恩格斯.马克思恩格斯全集:第1卷[M].北京:人民出版社,1995.

[75][德]马克思,恩格斯.马克思恩格斯全集:第2卷[M].北京:人民出版社,1957.

[76] [德]马克思,恩格斯. 马克思恩格斯全集:第 3 卷[M]. 北京:人民出版社,1960.

[77] [德]马克思,恩格斯. 马克思恩格斯全集:第 4 卷[M]. 北京:人民出版社,1958.

[78] [德]马克思,恩格斯. 马克思恩格斯全集:第 13 卷[M]. 北京:人民出版社,2006.

[79] [德]马克思,恩格斯. 马克思恩格斯全集:第 25 卷[M]. 北京:人民出版社,1974.

[80] [德]马克思,恩格斯. 马克思恩格斯选集:第 3 卷[M]. 北京:人民出版社,2012.

[81] [德]马克思,恩格斯. 马克思恩格斯文集:第 3 卷[M]. 北京:人民出版社,2009.

[82] [德]马克思,恩格斯. 德意志意识形态[M]. 郭沫若,译. 上海:言行出版社,1938.

[83] 中国法学会研究部. 马克思恩格斯论法[M]. 北京:法律出版社,2010.

[84] [俄]列宁. 列宁全集:第 12 卷[M]. 北京:人民出版社,2017.

[85] 毛泽东. 毛泽东选集:第 2 卷[M]. 北京:人民出版社,1991.

[86] 毛泽东. 毛泽东文集:第 6 卷[M]. 北京:人民出版社,1999.

[87] 邓小平. 邓小平文选:第 3 卷[M]. 北京:人民出版社,1993.

[88] 江泽民. 江泽民文选:第 1 卷[M]. 北京:人民出版社,2006.

[89] 习近平. 习近平谈治国理政[M]. 北京:外文出版社,2018.

[90] 习近平. 论坚持人民当家作主[M]. 北京:中央文献出版社,2021.

[91] 习近平. 论全面坚持依法治国[M]. 北京:中央文献出版社,2020.

[92] 习近平. 论坚持全面依法治国[M]. 北京:中央文献出版社,2020.

[93] 习近平. 习近平谈治国理政:第 4 卷[M]. 北京:外文出版社,2022.(是否需要冒号)

[94] 习近平. 在北京大学师生座谈会上的讲话[M]. 北京:人民出版社,2018.

[95] 习近平法治思想概论编写组. 习近平法治思想概论[M]. 北京:高等教育出版社,2021.

[96]习近平.论坚持全面依法治国[M].北京:中央文献出版社,2020.

[97]习近平.高举中国特色社会主义伟大旗帜 为全面建设社会主义现代化国家而团结奋斗——在中国共产党第二十次全国代表大会上的报告[M].北京:人民出版社,2022.

[98]习近平.青年要自觉践行社会主义核心价值观——在北京大学师生座谈会上的讲话[M].北京:人民出版社,2014.

[99]习近平.决胜全面建成小康社会 夺取新时代中国特色社会主义伟大胜利——在中国共产党第十九次全国代表大会上的报告[M].北京:人民出版社,2017.

[100]习近平.在首都各界纪念现行宪法公布施行30周年大会上的讲话[M].北京:人民出版社,2012.

[101]习近平.高举中国特色社会主义伟大旗帜 为全面建设社会主义现代化国家而团结奋斗[M].北京:人民出版社,2022.

[102]中共中央文献研究室.习近平关于全面依法治国论述摘编[M].北京:中央文献出版社,2015.

[103]中共中央文献研究室,中央档案馆.建党以来重要文献选编(1921—1949):第25册[M].北京:中央文献出版社,2011.

[104]中央档案馆,中共中央文献研究室.中共中央文件选集:第3册[M].北京:人民出版社,2013.

[105]中共中央文献研究室,中央档案馆.建党以来重要文献选编(1921—1949):第26册[M].北京:中央文献出版社,2011.

[106]中共中央党史和文献研究院.十九大以来重要文献选编(上)[M].北京:中央文献出版社,2019.

[107]中共中央文献研究室编.习近平关于全面依法治国论述摘编[M].北京:中央文献出版社,2015.

[108]中共中央宣传部.习近平总书记系列讲话重要读本[M].北京:人民出版社,2016.

[109]中国共产党第十一届中央委员会第三次全体会议公报[M].北京:人民出版社,1978.

[110] 中央全面依法治国委员会办公室. 中国共产党百年法治大事记(1921年7月—2021年7月)[M]. 北京:人民出版社,法律出版社,2022.

[111] 中共中央文献研究室. 十一届三中全会以来重要文献选读(上册)[M]. 北京:人民出版社,1987.

[112] 中共中央文献研究室. 十二大以来重要文献选编(上)[M]. 北京:人民出版社,1986.

[113] 中共中央文献研究室. 十四大以来重要文献选编[M]. 北京:中央文献出版社,2011.

[114] 中共中央文献研究室. 十五大以来重要文献选编(中)[M]. 北京:人民出版社,2001.

[115] 中共中央文献研究室. 十六大以来重要文献选编(上)[M]. 北京:中央文献出版社,2005.

[116] 中共中央文献研究室. 十八大以来重要文献选编(中)[M]. 北京:中央文献出版社,2016.

[117] 中共中央文献研究室. 邓小平思想年谱(1975—1997)[M]. 北京:中央文献出版社,1998.

[118] 中共中央关于加强党的执政能力建设的决定[M]. 北京:人民出版社,2004.

[119] 中国共产党第十一届中央委员会第三次全体会议公报[M]. 北京:人民出版社,1978.

[120] 中华人民共和国第五届全国人民代表大会第五次会议文件[M]. 北京:人民出版社,1983.

[121] 中华人民共和国国务院新闻办公室. 中国特色社会主义法律体系[M]. 北京:人民出版社,2011.

[122] 中共中央关于全面深化改革若干重大问题的决定[M]. 北京:人民出版社,2013.

[123] 中共中央文献研究室. 习近平关于全面从严治党论述摘编[M]. 北京:中央文献出版社,2016.

[124] 中共中央关于全面推进依法治国若干重大问题的决定[M]. 北京:人民

出版社,2014.

[125]中共中央文献研究室.习近平关于全面依法治国论述摘编[M].北京:中央文献出版社,2015.

[126]法治社会建设实施纲要(2020—2025年)[M].北京:法律出版社,2021.

[127]习近平.在庆祝中国共产党成立100周年大会上的讲话[M].北京:人民出版社,2021.

[128]中共中央宣传部,中央全面依法治国委员会办公室.习近平法治思想学习纲要[M].北京:人民出版社、学习出版社,2021.

[129]习近平.高举中国特色社会主义伟大旗帜 为全面建设社会主义现代化国家团结奋斗——在中国共产党第二十次全国代表大会上的报告[M].北京:人民出版社,2022.

[130]习近平.习近平谈依法治国:第3卷[M].北京:外文出版社,2020.

[131]习近平.在全国脱贫攻坚总结表彰大会上的讲话[M].北京:人民出版社,2021.

[132]中共中央宣传部.习近平新时代中国特色社会主义思想学习纲要[M].北京:学习出版社、人民出版社,2019.

[133]中共中央文献研究室.习近平关于全面依法治国论述摘编[M].北京:中央文献出版社,2015.

[134]中共中央关于党的百年奋斗重大成就和历史经验的决议[M].北京:人民出版社,2021.

[135]王沪宁.政治的逻辑[M].上海:上海人民出版社,2017.

[136]谷春德,史彤彪.西方法律思想史[M].北京:中国人民大学出版社,2017.

[137]陆学艺,王处辉.中国社会思想史资料选辑·晚清卷[M].南宁:广西人民出版社,2007.

[138]新时代公民道德建设实施纲要[M].北京:人民出版社,2019.

[139]关于加强和改进乡村治理的指导意见[M].北京:法律出版社,2019.

[140]张秋芝.中国文化概论[M].北京:中国广播电视出版社,2014.

[141] 由嵘. 外国法制史[M]. 北京：北京大学出版社，2003.

[142] 刘克希. 当代中国的立法发展[M]. 北京：法律出版社，2017.

[143] 孙国华，朱景文. 法理学[M]. 北京：中国人民大学出版社，2015.

[144] 姜明安. 行政法与行政诉讼法[M]. 7版. 北京：北京大学出版社，2022.

[145] 中国法学会研究部. 马克思恩格斯论法[M]. 北京：法律出版社，2010.

[146] 张洪林. 中国传统法律文化[M]. 广州：华南理工大学出版社，2018.

[147] 朱勇. 中国法律史[M]. 北京：法律出版社，2021.

[148] 武树臣. 中国法律思想史[M]. 2版. 北京：法律出版社，2017.

[149] 马作武. 中国法制史[M]. 4版. 北京：中国人民大学出版社，2016.

[150] 叶孝信，郭建. 中国法制史[M]. 3版. 北京：复旦大学出版社，2017.

[151] 王琦，李岭梅. 中国法制史[M]. 北京：中国检察出版社，2016.

[152] 蒋传光. 新中国法治建设70年[M]. 北京：中国法制出版社，2019.

[153] 陈鉴波. 中华民国春秋[M]. 中国台北：三民书局，1984.

[154] 姜士林. 世界宪法全书[M]. 青岛：青岛出版社，1997.

[155] 徐慧婷. 中国法制史[M]. 厦门：厦门大学出版社，2007.

[156] 中央档案馆. 中共中央文件选集：第18册[M]. 北京：中共中央党校出版社，1992.

[157] 唐元平，钟珺. 中国法制史[M]. 广州：华南理工大学出版社，2007.

[158] 董必武. 董必武选集[M]. 北京：人民出版社，1985.

[159] 彭真传编写组. 彭真年谱（1949—1954）：第2卷[M]. 北京：中央文献出版社，2012.

[160] 钟文. 开国总理[M]. 北京：人民出版社，2009.

[161] 公丕祥. 当代中国的法律革命[M]. 北京：法律出版社，1999.

[162] 俞敏声. 中国法制化的历史进程[M]. 合肥：安徽人民出版社，1997.

[163] 蒋传光. 新中国法治建设70年[M]. 北京：中国法制出版社，2019.

[164] 高培勇. 新中国法治建设70年[M]. 北京：中国社会科学出版社，2019.

[165] 宋婷. 回溯与反思 新中国成立以来高校法制教育历程研究[M]. 天津：南开大学出版社，2014.

[166] 张友渔. 中国法学四十年 1949—1989[M]. 上海：上海人民出版社，

1989.

[167]刘克希.当代中国的立法发展[M].北京:法律出版社,2017.

[168]李婧.中国特色社会主义法治道路探索的历程与经验研究[M].北京:人民出版社,2021.

[169]张金才.中国法治建设40年(1978—2018)[M].北京:人民出版社,2019.

[170]张文显.法理学[M].5版.北京:高等教育出版社,2018.

[171]张文显.马克思主义法理学:理论、方法和前沿[M].北京:高等教育出版社,2003.

[172]张文显.法哲学范畴研究[M].北京:中国政法大学出版社,2001.

[173]刘松山.中国立法问题研究[M].北京:知识产权出版社,2016.

[174]张舜徽.张居正集:第1册[M].北京:人民出版社,1987.

[175]谷春德,史彤彪.西方法律思想史[M].北京:中国人民大学出版社,2017.

[176]孙国华,朱景文.法理学[M].5版.北京:中国人民大学出版社,2021.

[177]高兆明.伦理学理论与方法[M].北京:人民出版社,2013.

[178]中华人民共和国最高人民法院.中国法院的互联网司法[M].北京:人民法院出版社,2019.

[179]法理学编写组.法理学[M].2版.北京:人民出版社、高等教育出版社,2020.

[180]黄茂荣.法学方法与现代民法[M].北京:中国政法大学出版社,2001.

[181]焦洪昌.宪法学[M].6版.北京:北京大学出版社,2020.

[182]孙关宏,胡雨春,任军锋.政治学概论[M].上海:复旦大学出版社,2016.

[183]李晓明,等.中国刑法基本原理[M].4版.北京:法律出版社,2013.

[184]覃有土.商法学[M].北京:高等教育出版社,2017.

[185]覃有土.商法学[M].7版.北京:中国政法大学出版社,2019.

[186]舒国滢.法理学[M].5版.北京:中国人民大学出版社,2019.

[187]薛克鹏.经济法学[M].北京:中国政法大学,2018.

[188] 姜明安. 行政法[M]. 5版. 北京：法律出版社，2022.

[189] 余少祥. 社会法总论[M]. 北京：社会科学文献出版社，2019.

[190] 曲新久，陈兴良. 刑法学[M]. 7版. 北京：中国政法大学出版社，2022.

[191] 陈光中. 刑事诉讼法[M]. 7版. 北京：北京大学出版社、高等教育出版社，2021.

[192] 杨秀清. 民事诉讼法[M]. 北京：中国政法大学出版社，2018.

[193] 李乾贵，胡弘，吕振宝. 现代仲裁法学研究[M]. 北京：中国政法大学出版社，2018.

[194] 宋功德. 党规之治[M]. 北京：法律出版社，2015.

[195] 宋功德，张文显. 党内法规学[M]. 北京：高等教育出版社，2020.

[196] 尹奎杰. 马克思权利观研究[M]. 长春：东北师范大学出版社，2015.

[197] 林来梵. 从宪法规范到规范宪法：规范宪法学的一种前言[M]. 北京：法律出版社，2001.

[198] 万俊人. 寻求普世伦理[M]. 北京：北京大学出版社，2009.

[199] 秦小建. 宪法的道德使命：宪法如何回应社会道德困境[M]. 北京：法律出版社，2015.

[200] 邹瑜，顾明. 法学大辞典[M]. 北京：中国政法大学出版社，1991.

[201] 许崇德，胡锦光. 宪法[M]. 7版. 北京：中国人民大学出版社，2021.

[202] 陈华彬. 民法总论[M]. 北京：中国法制出版社，2011.

[203] 韩松. 民法分论[M]. 3版. 北京：中国政法大学出版社，2014.

[204] 姜昕. 比例原则研究：一个宪政的视角[M]. 北京：法律出版社，2008.

[205] 朱应平. 宪法学基础[M]. 2版. 北京：北京大学出版社，2021.

[206] 韩大元，李元起. 宪法[M]. 8版. 北京：中国人民大学出版社，2021.

[207] 陈华彬. 民法总论[M]. 北京：中国法制出版社，2011.

[208] 杨立新. 中华人民共和国民法典释义与案例评注·人格权编[M]. 北京：中国法制出版社，2020.

[209] 杨立新. 中华人民共和国民法典释义与案例评注·婚姻家庭编[M]. 北京：中国法制出版社，2020.

[210] 杨立新. 中华人民共和国民法典释义与案例评注·继承编[M]. 北京：

中国法制出版社,2020.

[211] 中华人民共和国国务院新闻办公室.中国共产党尊重和保障人权的伟大实践[M].北京:人民出版社,2021.

[212] 国务院新闻办公室.人类减贫的中国实践[M].北京:人民出版社,2021.

[213] 杨春福.经济、社会和文化权利的法理学研究[M].北京:法律出版社,2014.

[214] 刘春田.知识产权法学[M].北京:高等教育出版社,2022.

[215] 冯晓青.著作权法[M].北京:法律出版社,2022.

[216] 童之伟,殷啸虎.宪法学[M].2版.上海:上海人民出版社、北京大学出版社,2010.

[217] 钱大军.法律义务研究论纲[M].北京:科学出版社,2008.

[218] 魏英敏.新伦理学教程[M].北京:北京大学出版社,1993.

[219] 吕忠梅.法学通识九讲[M].北京:北京大学出版社,2011.

[220] 漆多俊.经济法学[M].2版.上海:复旦大学出版社,2015.

[221] 胡锦光,韩大元.中国宪法[M].4版.北京:法律出版社,2018.

[222] 宪法学编写组.宪法学[M].2版.高等教育出版社,2020.

[223] 全国人大常委会法制工作委员会研究室.我国改革开放40年立法成就概述[M].北京:法律出版社,2019.

[224] 张明楷.刑法学(下册)[M].6版.北京:法律出版社,2021.

[225] 罗翔.刑法学讲义[M].昆明:云南出版集团,2020.

[226] 韩德培.环境保护法教程[M].8版.北京:法律出版社,2018.

[227] 李光灿.马克思恩格斯法律思想史[M].北京:法律出版社,1991.

[228] 高其才.法理学[M].4版.北京:清华大学出版社,2021.

[229] 卓泽渊.法理学[M].2版.北京:法律出版社,2016.

[230] 魏振瀛.民法[M].8版.北京:北京大学出版社,2021.

[231] 梁慧星.民法总论[M].6版.北京:法律出版社,2021.

[232] 王利明.民法总则[M].北京:中国人民大学出版社,2022.

[233] 王利明,等.民法学[M].6版.北京:法律出版社,2020.

[234] 王利明. 违约责任论[M]. 北京:中国政法大学出版社,1996.

[235] 王利民. 民法道德论:市民社会的秩序构造[M]. 北京:法律出版社,2019.

[236] 王治荃. 宪法学[M]. 郑州:郑州大学出版社,2019.

[237] 姜明安. 行政诉讼法:第4版[M]. 北京:法律出版社,2021.

[238] 何勤华. 法律名词的起源[M]. 北京:北京大学出版社,2009.

[239] 温晋锋,等. 行政法学[M]. 4版. 北京:科学出版社,2020.

[240] 姜明安. 行政法与行政诉讼法[M]. 7版. 北京:北京大学出版社,2019.

[241] 吴鹏. 行政法学[M]. 北京:高等教育出版社,2019.

[242] 法理学编写组. 法理学[M]. 2版. 北京:人民出版社,2021.

[243] 中国教育年鉴编辑部. 中国教育年鉴(1949—1981)[M]. 中国大百科全书出版社,1984.

[244] 伦理学编写组. 伦理学[M]. 2版. 北京:高等教育出版社,2021.

[245] 全国人大常委会法制工作委员会研究室. 我国改革开放40年立法成就概述[M]. 北京:法律出版社,2019.

[246] 《中共中央国务院关于完善产权保护制度依法保护产权的意见》及最高人民法院关于加强产权司法保护的两个意见[M]. 北京:人民出版社,2016.

[247] 高铭暄,马克昌. 刑法学[M]. 10版. 北京:北京大学出版社,2022.

[248] 劳动与社会保障法学编写组. 劳动与社会保障法学[M]. 2版. 北京:高等教育出版社,2018.

[249] 国务院第七次全国人口普查领导小组办公室. 2020年第七次全国人口普查主要数据[M]. 北京:中国统计出版社,2021.

[250] 最高人民法院中国应用法学研究所. 人民法院案例选分类重排本2016—2020刑事卷[M]. 北京:人民法院出版社,2022.

[251] 中华人民共和国最高人民法院第一、二、三、四、五庭. 刑事审判参考:第2集(总共97集)[M]. 法律出版社,2014.

期刊类:

[1] 习近平. 加快建设社会主义法治国家[J]. 求是,2015(1).

[2]习近平.坚定不移走中国特色社会主义法治道路 为全面建设社会主义现代化国家提供有力法治保障[J].求是,2021(5).

[3]吴先伍.超越义务:儒家责任伦理辨析[J].道德与文明,2018(3).

[4]况志华.西方学界关于责任起源的三种构想及其比较[J].教育研究与实验,2007(4).

[5]童之伟.中文法学之"义务"源流考论[J].政治与法律,2022(4).

[6]强梅梅.党内法规与国家法律关系的实证分析[J].华东政法大学学报,2022,25(5):115-116.

[7]邓斌,伍倩.新时代党内法规与国家法律有机衔接机制建构[J].西南政法大学学报,2022,24(4).

[8]吴元元.认真对待社会规范——法律社会学的功能分析视角[J].法学,2020(8):58-59.

[9]张腾.指导性案例中社会自治规范的适用方式与效果提升[J].法理——法哲学、法学方法论与人工智能,2021(2).

[10]刘作翔.习惯与习惯法三题[J].哈尔滨工业大学学报(社会科学版),2012(1).

[11]陈乔见.儒学中的权利重构及其意义[J].华东师范大学学报(哲学社会科学版),2019(6).

[12]郭鹏.村村都要有个"法律明白人"[J].民生周刊,2021(25).

[13]张文显.中国法治40年:历程、轨迹和经验[J].人民法治,2018(21).

[14]何松威.民法典"民事权利"章的理论阐释[J].法制与社会发展,2022(6).

[15]张岱年.生命与道德[J].北京大学学报(哲学社会科学版),1995(5).

[16]公丕祥.中国式法治现代化新道路的演进历程[J].学术界,2022(4).

[17]叶蓬,江雪莲.中西义务观比较[J].学术研究,1993(3).

[18]吴玉章.法律义务亦行为理由论[J].法学,2022(8).

[19]姜秉曦.论公民基本义务对于集体法益的证立与界限——以《刑法》第299条为例[J].西部法学评论,2020(6).

[20]董茂云.香港特别行政区居民及其公职人员的国家效忠义务[J].法治研

究,2019(6).

[21]孙秋玉,葛先园.论公民体面公共生活的实现[J].南京师大学报(社会科学版),2023(1).

[22]刘军.公共安全治理中监管过失行为的刑法规制[J].法学,2023(5).

[23]卢勤忠,钟菁.网络公共场所的教义学分析[J].法学,2018(12).

[24]陈融,杨露.法治社会建设视域下网络空间道德建设路径[J].思想理论教育,2023(2).

[25]李楠.论消费者受教育义务的误读与澄清——《消费者权益保护法》第13条第2款之解释与适用[J].经济法论丛,2022(9).

[26]申素平,陈梓健.权利还是义务:义务教育阶段受教育权性质的再解读[J].北京大学教育评论,2018(2).

[27]张震.公民环境义务的宪法表达[J].求是学刊,2018(6).

[28]寇秉辉,陈海霞."一事不再罚"原则的理解与适用[J].人民司法,2020(20).

[29]公丕祥.中国特色社会主义法治道路的时代进程[J].中国法学,2015(5).

[30]莫纪宏.党的二十大报告中的"法"字及其价值特征[J].西北大学学报(哲学社会科学版),2023(2).

[31]公丕祥.党的十八大以来全面依法治国的历史性成就和主要经验[J].南京师大学报(社会科学版),2022(4).

[32]梁平.语义与实践:中国特色法治文化及其建设进路探究[J].法学杂志,2013(3).

[33]张定安,彭云,武俊伟.深化行政审批制度改革 推进政府治理现代化[J].中国行政管理,2022(7).

[34]王辉,张继容.政府权责清单制度的历史变迁与完善策略[J].改革,2022(1).

[35]张金才.中共十八大以来法治政府建设的进展及成效[J].当代中国史研究,2017(3).

[36]方腾高,何健勇,钟丽丹.重大行政决策合法性审查进展、问题及对

策——以浙江省为例[J].中国司法,2021(7).

[37]陈国权,谷志军.非竞选政治中的决策问责:意义、困境与对策[J].经济社会体制比较,2014(2).

[38]后向东.论政府信息公开处理决定类型化[J].行政法学研究,2019(4).

[39]周佑勇.中国行政基本法典的精神气质[J].政法论坛,2022(3).

[40]周佑勇.健全行政裁量基准的新使命新任务[J].行政法学研究,2023(1).

[41]赵柯,薛岩.西方国家开放政府数据运动研究[J].当代世界社会主义,2020(3).

[42]黄文艺.论习近平法治思想中的司法改革理论[J].比较法研究,2021(2).

[43]付子堂,朱林方.中国特色社会主义法治理论的基本构成[J].法制与社会发展,2015(2).

[44]张晓燕.公民法治观念的理论内涵及其培育路径——基于对《思想道德修养与法律基础》教材的分析[J].思想理论教育,2020(11).

[45]张文显.深刻把握习近平法治思想的原创性理论贡献[J].法制与社会发展,2022(4).

[46]徐显明.论坚持建设中国特色社会主义法治体系[J].中国法律评论,2021(2).

[47]江必新,龙峰."依法治国、依法执政、依法行政共同推进"的目标要求与实现路径[J].求索,2022(2).

[48]陈融.论社会主义法治促进和保障公民道德建设的使命[J].思想理论教育,2020(3).

[49]何玲.激励履行"明码"彰显司法"温度"[J].中国信用,2022(2):46-47.

[50]黄文艺,赵世奇.论中华法治文明新形态[J].吉林大学社会科学学报,2023(1).

[51]张晋藩.弘扬中华法文化,构建新时代的中华法系[J].当代法学,2020(3).

[52]夏锦文.中华法系的深厚底蕴及其创造性转化[J].江海学刊,2023(1).

[53]陈兴良.司法解释功过之议[J].法学,2003(8).

[54]公丕祥,夏锦文.历史与现实:中国法制现代化及其意义[J].法学家,1997(4).

[55]杨春福,缪听雨.百年法治建设中的立法历程与宝贵经验[J].法治现代化研究,2022(6).

[56]柯新凡.新中国司法建设的重大历史性转换及现实启示[J].毛泽东邓小平理论研究,2021(7).

[57]李步云.依法治国历史进程的回顾与展望[J].法学论坛,2008(4).

学位论文类:

[1]夏玉珍.中国社会规范转型及其重建研究[D].武汉:华中师范大学,2004.

[2]沈新坤.乡村社会秩序整合中的制度性规范与非制度性规范——改革开放以来乡村社会秩序的实践[D].武汉:华中师范大学,2008.

[3]李仁燕.高校内部行政法律关系论[D].北京:中国政法大学,2007.

报纸类:

[1]习近平.坚持依法治国和以德治国相结合推进国家治理体系和治理能力现代化[N].人民日报,2016-12-11(1).

[2]习近平.在首都各界纪念现行宪法公布施行30周年大会上的讲话[N].人民日报,2012-12-05(2).

[3]中央宣传部、司法部关于开展法治宣传教育的第八个五年规划(2021—2025年)[N].人民日报,2021-06-16(1).

[4]中共中央国务院转发《中央宣传部、司法部关于在公民中开展法治宣传教育的第七个五年规划(2016—2020年)》[N].人民日报,2016-06-16(1).

[5]进一步健全立法体制机制规范立法活动[N].民主与法制时报,2023-03-15(4).

[6]李克强.简政放权 放管结合 优化服务 深化行政体制改革 切实转变政府职能[N].人民日报,2015-05-15(2).

[7]靳昊.各地各部门取消1.3万余项证明[N].光明日报,2019－05－15(16).

[8]胡萌.互联网司法规则的中国模式[N].人民法院报,2022－05－12(8).

[9]中共中央国务院转发《中央宣传部、司法部关于在公民中开展法治宣传教育的第七个五年规划(2016—2020年)》[N].人民日报,2016－04－18(1).

[10]中共中央关于全面推进依法治国若干重大问题的决定[N].人民日报,2014－10－29(1).

[11]习近平.认真学习党章 严格遵守党章[N].人民日报,2012－11－20(1).

[12]冯玉军.沿着中国特色社会主义法治道路阔步前进[N].人民日报,2018－08－31(7).

[13]王首航.与买家未达成一致意见 代购发起"人肉搜索"[N].民主与法制时报,2021－09－17(4).

[14]王春霞.十四届全国人大妇女代表所占比重为历届最高[N].中国妇女报,2023－02－27(1).

[15]习近平.在文艺工作座谈会上的讲话[N].人民日报,2015－10－15(2).

[16]顶替者,陈某某[N].中国青年报,2020－06－17(6).

[17]曲新久.一个较为科学合理的刑法解释[N].法制日报,2013－09－12(7).

[18]黄洁.主审法官回应牟林翰虐待案五大焦点[N].法治日报,2023－06－16(4).

[19]财政部、教育部.确保每一个学生顺利入学完成学业[N].人民日报,2022－06－29(16).

[20]必须彻底改革司法工作[N].人民日报,1952－12－22(3).

[21]胡锦涛.坚持科学执政、民主执政、依法执政 扎实加强执政能力建设和先进性建设——在中共中央政治局第三十二次集体学习时的讲话[N].人民日报,2006－07－04(1).

[22]朱宁宁.督促推动2.5万件规范性文件修改完善或废止[N].法治日报,2023－02－21(5).

[23]中华人民共和国国务院新闻办公室.新时代的中国网络法治建设[N].人民日报,2023—03—17(11).

[24]李克强.简政放权 放管结合 优化服务 深化行政体制改革 切实转变政府职能[N].人民日报,2015—05—15(2).

[25]张毅,廖文根,徐隽,张璁.最广泛、最真实、最管用的民主——习近平总书记引领发展全过程人民民主[N].人民日报,2023—03—03(1).

[26]让教育之光照亮贫困山区[N].人民日报,2021—02—22(10).

[27]照亮大山女孩的梦想[N].人民日报,2021—07—17(4).

[28]李永利.发挥党内法规和国家法律协同共振效用[N].学习时报,2023—09—01(A1).

[29]社会主义民主和法制的里程碑——评审判林彪、江青反革命集团[N].人民日报,1980—12—22(1).

报告类：

[1]习近平.高举中国特色社会主义伟大旗帜 为全面建设社会主义现代化国家而团结奋斗[R].人民日报,2022—10—26(1).

[2]中华人民共和国国务院新闻办公室.中国的和平发展(白皮书)[R].北京:人民出版社,2011.

[3]周强.最高人民法院工作报告[R].人民日报,2023—03—18(4).

[4]栗战书.全国人民代表大会常务委员会工作报告(2023年)[R].人民日报,2023—03—17(1)

[5]张德江.全国人民代表大会常务委员会工作报告(2018年)[R].人民日报,2018—03—25(1).

[6]吴邦国.全国人民代表大会常务委员会工作报告(2011年)[R].人民日报,2011—03—19(1).

[7]吴邦国.全国人民代表大会常务委员会工作报告(2008年)[R].人民日报,2008—03—22(1).

[8]李鹏.全国人民代表大会常务委员会工作报告(2003年)[R].人民日报,2003(1).

[9]田纪云.全国人民代表大会常务委员会工作报告(1998年)[R].人民日报,1998-3-23(2).

电子文献：

[1]全国人大委员会2023年度立法工作计划[EB/OL].中国人大网.http://www.npc.gov.cn/npc/c30834/202305/3369dcb74761426d92fd19a19cb9ac98.shtml.

[2]警方通报网传中电科加班事件调查结果[EB/OL].新华网.http://www.news.cn/2023-04/07/c_1129503339.html.

[3]为什么认定于海明的行为属于正当防卫？——关于昆山"8·27"案件的分析意见[EB/OL].最高人民检察院网.https://www.spp.gov.cn/spp/zdgz/201809/t20180901_390617.shtml.

[4]构建全方位系统化的互联网司法规则体系最高法发布人民法院在线运行规则[EB/OL].中华人民共和国最高人民法院.https://www.court.gov.cn/xinshidai-xiangqing-346501.html.

[5]恋爱中的暴力也是家暴，必须"零容忍"[N/OL].齐鲁晚报.https://epaper.qlwb.com.cn/qlwb/content/20230206/PageArticleIndexLB.htm.

[6]相互替考被开除，大学生不服处分决定起诉高校，法院判了！[N/OL].昆明日报.2022-8-19.http://yn.people.com.cn/n2/2022/0819/c372456-40086993.html.

[7]交一笔特殊党费[EB/OL].共产党员网.(2016-05-10).https://news.12371.cn/2016/05/10/ARTI1462812591143849.shtml.

[8]中共中央办公厅法规局.中国共产党党内法规体系[EB/OL].中国政府网.(20021-08-06).https://www.gov.cn/xinwen/2021-08/06/content_5629962.htm.

[9]张煜.我国社会组织数量超90万个，教育和社会服务领域占近一半[EB/OL].上观新闻.https://export.shobserver.com/baijiahao/html/550518.html.

[10]关于自治区十二届人大代表对我区开展村规民约制定情况的综合调研报告[R/OL].广西人大网.(2013-11-28).https://www.gxrd.gov.cn/html/

art145254.html.

[11]全国人大常委会2023年度立法工作计划[EB/OL].中国人大网.http://www.npc.gov.cn/npc/c30834/202305/3369dcb74761426d92fd19a19cb9ac98.shtml.

[12]中国人权法治化保障的新进展[EB/OL].国务院新闻办.(2017-12-16).http://www.scio.gov.cn/ztk/dtzt/36048/37475/37477/Document/1613559/1613559.htm.

[13]指导案例140号:李秋月等诉广州市花都区梯面镇红山村村民委员会违反安全保障义务责任纠纷案[EB/OL].(2019)粤01民再273号.最高人民法院网.(2020-10-16).https://www.court.gov.cn/shenpan/xiangqing/263571.html.

[14]指导案例39号:何小强诉华中科技大学拒绝授予学位案[EB/OL].最高人民法院网.(2009)武行终字第61号.(2014-12-25).https://www.court.gov.cn/shenpan/xiangqing/13223.html.

[15]指导案例60号:盐城市奥康食品有限公司东台分公司诉盐城市东台工商行政管理局工商行政处罚案[EB/OL].最高人民法院网.(2013)盐行终字第0032号.(2016-06-06).https://www.court.gov.cn/shenpan/xiangqing/27531.html.

[16]中国演出行业协会发布对杜雪儿进行从业抵制的公告[EB/OL].光明网.(2022-04-26).https://m.gmw.cn/2022-04/26/content_1302919224.htm.

[17]国家新闻出版署关于图书"质量管理2022"编校质量不合格图书的通报[EB/OL].国家新闻出版署.https://www.nppa.gov.cn/xxfb/tzgs/202304/t20230418_712823.html.

[18]国家学生资助政策体系有关情况介绍[EB/OL].中华人民共和国教育部.http://www.moe.gov.cn/jyb_xwfb/xw_fbh/moe_2069/xwfbh_2018n/xwfb_20180906/sfcl/201809/t20180906_347463.html.

[19]死刑!吴谢宇弑母案宣判[EB/OL].中华人民共和国最高人民检察院.https://www.spp.gov.cn/zdgz/202108/t20210826_527748.shtml.

[20]国家统计局.中华人民共和国2022年国民经济和社会发展统计公报[EB/OL]. http://www.stats.gov.cn/xxgk/sjfb/zxfb2020/202302/t20230228_1919001.html.

[21]加油站内任性吸烟,一男子被大兴警方拘留[N/OL].新京报.(2022－11－4). https://www.bjnews.com.cn/detail/1667543174168070.html.

[22]王某某投放危险物质案[N/OL].安徽省人民检察院.(2020－7－8). http://www.ah.jcy.gov.cn/ahwjzx/yasf/dxal/202007/t20200708_2872437.shtml.

[23]张扣扣故意杀人案[EB/OL].人民法院网.(2020－01－12). https://www.chinacourt.org/article/detail/2020/01/id/4769097.shtml.

[24]深圳实施重大行政决策责任倒查机制[EB/OL].中华人民共和国中央人民政府. http://www.gov.cn/xinwen/2016－06/03/content_5079299.htm.

[25]网络消费典型案例[EB/OL].中华人民共和国最高人民法院. https://www.court.gov.cn/zixun－xiangqing－393481.html.

[26]劳动人事争议典型案例(第二批)[EB/OL].中华人民共和国最高人民法院.(2021－8－26). https://www.court.gov.cn/zixun－xiangqing－319151.html.

[27]2021年全国医疗保障事业发展统计公报[EB/OL].国家医疗保障局. http://www.nhsa.gov.cn/art/2022/6/8/art_7_8276.html.

[28]社会保障卡持卡人数(2023年3月)[EB/OL].中华人民共和国人力资源和社会保障部.(2023－4－28). http://www.mohrss.gov.cn/xxgk2020/fdzdgknr/zhgl/rlzyshbzxxh/202305/t20230505_499504.html.

[29]签发超过两亿张,覆盖全国所有地市——电子社保卡 百姓便利多[EB/OL].中华人民共和国人力资源和社会保障部. http://www.mohrss.gov.cn/SYrlzyhshbzb/dongtaixinwen/buneiyaowen/202009/t20200918_386377.html.

[30]心疼女儿制毒"辛苦",父母帮忙一起干……一家三口被判了![EB/OL].新华网.(2023－05－15). https://mp.weixin.qq.com/s?__biz=MzA4MjQxNjQzMA==&mid=2768836863&idx=1&sn=20316a674371d9f67c467e51e459c2bb&chksm=bf7bbebe880c37a828e1c1f866a031ae4ae798d009472385790c79c33dd0e7a

85424566e1582♯rd.

［31］上海迪士尼乐园游客须知［EB/OL］.上海迪士尼度假区. https://www.shanghaidisneyresort.com/rules/.

［32］江西法院发布弘扬社会主义核心价值观典型案例［EB/OL］.江西法院网.（2022－11－30）. http://jxgy.jxfy.gov.cn/article/detail/2022/11/id/7042345.shtml.

［33］江苏法院网.2021年度江苏省消费者权益保护十大典型案例［EB/OL］.（2022－03－15）. http://www.jsfy.gov.cn/article/91660.html.

［34］彭某某与上海鱼腥草信息科技有限公司肖像权纠纷一审民事判决书［EB/OL］.裁判文书网.（2022）沪0116民初10304号. https://wenshu.court.gov.cn/website/wenshu/181107ANFZ0BXSK4/index.html?docId＝OZTPCt-KNQuGrzBlHCHG1hfFoYaiFFTGLn8gqZquOznvfTJFOIAyEH5O3qNaLMqsJTEIeSqK6na7ACHKBoXOd7n5ovQqL/MH06FIzGCs9GiuqaoB09q7mR/SOOVQQLnPT.

［35］2020年度十大法律监督案例之四：同网络诽谤"较真"，你不是单打独斗！［EB/OL］.中华人民共和国最高人民检察院.（2021－02－04）. https://www.spp.gov.cn/spp/zdgz/202102/t20210204_508457.shtml.

［36］张传粉、闫忠明一般人格权纠纷二审民事判决书［EB/OL］.裁判文书网.（2017）鄂06民终2382号. https://wenshu.court.gov.cn/website/wenshu/181107ANFZ0BXSK4/index.html?docId＝939AmlYaUQ＋uZsKPwAgJS0XqDXLEk68HmIUHpHBbUwLev＋q＋yKqI45O3qNaLMqsJTEIeSqK6na7ACHKBoXOd7n5ovQqL/MH06FIzGCs9GivHQgjywleKMus6rLfiNEzH.

［37］李菁.上海老人300万房产赠水果摊主案二审宣判：维持原判［EB/OL］.澎湃新闻.（2024－05－17）. https://www.thepaper.cn/newsDetail_forward_27412851?commTag＝true.

［38］广州布谷信息科技有限公司、范星鸿劳动合同纠纷二审民事判决书［EB/OL］.裁判文书网.（2017）粤01民终23684号. https://wenshu.court.gov.cn/website/wenshu/181107ANFZ0BXSK4/index.html?docId＝rnZKb0y5gfx/5BXXOzlTXKF0iCJyr2GtjbkV0PN4O3CdHBLsyDWxTZO3qNaLMqsJTEIeSqK

6na7ACHKBoXOd7n5ovQqL/MH0b3/5AokZJ3K5RWV4NWVQkjc2Elg9eYrb.

[39]劳动人事争议典型案例(第二批)[EB/OL]. 中华人民共和国最高人民法院. (2021－08－26). https://www.court.gov.cn/zixun－xiangqing－319151.html.

[40]沙洋县人民政府.沙洋县人民政府关于对拒服兵役青年张佳豪实施处罚的通报[EB/OL]. 2023－02－08. http://www.shayang.gov.cn/art/2023/2/8/art_5449_955537.html.

[41]加油站内任性吸烟，一男子被大兴警方拘留[N/OL]. 新京报. (2022－11－04). https://www.bjnews.com.cn/detail/1667543174168070.html.

[42]安徽省未成年人检察工作白皮书第四部分典型案例.王某某投放危险物质案[R/OL]. (2020－05－27). http://www.ah.jcy.gov.cn/jctt/202005/t20200527_2842135.shtml.

[43]林森浩故意杀人二审刑事裁定书[EB/OL]. 裁判文书网. (2014)沪高刑终字第31号. (2015－12－14). https://wenshu.court.gov.cn/website/wenshu/181107ANFZ0BXSK4/index.html?docId=1ezqk3F+LTOY3DuHTOtUH5gi7M9b7FCUN/8l3ZQZaYNUIP1IqEbVep/dgBYosE2g5jpF2jo9N7eVUtoVNbAhrX5ovQqL/MH07k6ZWyRg9iLBuW+jf0uKQtWdUM4XGA7V.

[44]蒋某某诈骗一审刑事判决书[EB/OL]. 裁判文书网. (2019)沪0110刑初604号. (2019－09－05). https://wenshu.court.gov.cn/website/wenshu/181107ANFZ0BXSK4/index.html?docId=6X8yG55tLKJp7kpnZm0IeemWN7UwNRyt4aFsB1M9G9C4b745hl1cQ5/dgBYosE2g5jpF2jo9N7eVUtoVNbAhrX5ovQqL/MH07k6ZWyRg9iKeMnn3Xdq1dY57JPY0T3Mc.

[45]张永明、毛伟明故意损毁名胜古迹一审刑事判决书[EB/OL]. 裁判文书网.(2018)赣11刑初34号. (2020－09－25). https://wenshu.court.gov.cn/website/wenshu/181107ANFZ0BXSK4/index.html?docId=uABmGlTV+LCWFBVQunpqxsCxH/61zgJH96E0eysXs+cqvLeW4HG9gZO3qNaLMqsJ4xyDwBxrQvaVUtoVNbAhrX5ovQqL/MH0b3/5AokZJ3LIEcBpTkqgHrTbP9Q48w9F.

[46]高莹等与首都经济贸易大学等生命权、健康权、身体权纠纷二审民事判决书[EB/OL]. 裁判文书网. (2018)京0106民初3402号. https://wenshu.

court. gov. cn/website/wenshu/181107ANFZ0BXSK4/index. html? docId＝BPnDf6f76e4q0La5Df03JcshOgUD39NLZtEE0naCc7e4Ja8YUkd7n5O3qNaLMqsJ4xyDwBxrQvaVUtoVNbAhrX5ovQqL/MH0okTUvn3kUV39gT3Nr8uu7cy5OSb16IMw.

[47] 周一叶与徐协生命权、身体权、健康权纠纷民事二审案件民事判决书[EB/OL]. 裁决文书网. (2021). 沪02民终9028号. https://wenshu. court. gov. cn/website/wenshu/181107ANFZ0BXSK4/index. html? docId＝EeOUo0kvtCIzYh4BZ6bx2zvjysoznpzZ4eAzW1tldFwjF3CJO3qNaLMqsJ4xyDwBxrQvaVUtoVNbAhrX5ovQqL/＋loux＋MH0okTUvn3kUV0P293＋d3VBg5GRrdY0Cgei.

[48] 田永与北京科技大学其他二审行政判决书[EB/OL]. 裁判文书网. (1999－04－26). (1999)一中行终字第73号. https://wenshu. court. gov. cn/website/wenshu/181107ANFZ0BXSK4/index. html? docId＝jE7iRRnAuVjEio1Wd3wtu9OjiYZqvBTqqfB43om8Hn6ThtwkCS4jSZO3qNaLMqsJ4xyDwBxrQvaVUtoVNbAhrX5ovQqL/MH06FIzGCs9GiurOoe1xOLATJaItegiXojQ.

[49] 俞怀芳与扬州市邗江区西湖镇人民政府不服行政侵权赔偿决定一审行政判决书[EB/OL]. 裁判文书网. (2020－10－28). (2020)苏1012行赔初1号. https://wenshu. court. gov. cn/website/wenshu/181107ANFZ0BXSK4/index. html? docId＝f6sKbpPLSgRy3Ho7PnTMU3qHBqQegDJDRZupWWEzYgVh29oYsRyJwpO3qNaLMqsJ4xyDwBxrQvaVUtoVNbAhrX5ovQqL/MH0okTUvn3kUV1//ODkd5f/YQv9wHhsqvYw.

[50] 尤某、周某帮助信息网络犯罪活动罪一审刑事判决书[EB/OL]. 裁判文书网. (2020)浙0110刑初770号. https://wenshu. court. gov. cn/website/wenshu/181107ANFZ0BXSK4/index. html? docId＝hVmS6czW3wYYI2i/N00mmlBFQFO2ioOyKcddJuNxDtQfDQK＋jigrtpO3qNaLMqsJ4xyDwBxrQvaVUtoVNbAhrX5ovQqL/MH0okTUvn3kUV3heoCIUwwVa＋L9kY8Qiq＋Q.

[51] 国务院关于"七五"普法决议贯彻落实情况的报告[R/OL]. 中国人大网. (2021－06－07). http://www. npc. gov. cn/npc/c30834/202106/b2318e8727954dc693dfaf1cb3d54f88. shtml.

[52] 中国特色社会主义法律体系[R/OL]. 中国人大网. https://www. gov.

cn/jrzg/2011—10/27/content_1979498. html.

[53]国家医疗保障局发布的2021年全国医疗保障事业发展统计公报[R/OL].(2022—06—08). http://www. nhsa. gov. cn/art/2022/6/8/art_7_8276. html.

[54]中华人民共和国人力资源和社会保障部.社会保障卡持卡人数(2023年3月)[EB/OL].(2023—04—28). http://www. mohrss. gov. cn/xxgk2020/fdzdgknr/zhgl/rlzyshbzxxh/202305/t20230505_499504. html.

[55]中华人民共和国2022年国民经济和社会发展统计公报[R/OL].国家统计局.索引号:410A04—0402—202302—0006.(2023—02—28). http://www. stats. gov. cn/xxgk/sjfb/zxfb2020/202302/t20230228_1919001. html.

[56]加油站内任性吸烟,一男子被大兴警方拘留[N/OL].新京报.(2022—11—04). https://www. bjnews. com. cn/detail/1667543174168070. html.

[57]相互替考被开除,大学生不服处分决定起诉高校,法院判了![N/OL].昆明日报.(2022—08—19). http://yn. people. com. cn/n2/2022/0819/c372456—40086993. html.

[58]恋爱中的暴力也是家暴,必须"零容忍"[N/OL].齐鲁晚报.(2023—02—06). https://epaper. qlwb. com. cn/qlwb/content/20230206/PageArticleIndexLB. htm.

[59]安徽省未成年人检察工作白皮书第四部分典型案例.王某某投放危险物质案[R/OL].(2020—05—27). http://www. ah. jcy. gov. cn/jctt/202005/t20200527_2842135. shtml.

[60]中华人民共和国教育部.国家学生资助政策体系有关情况介绍[EB/OL].(2018—09—06). http://www. moe. gov. cn/jyb_xwfb/xw_fbh/moe_2069/xwfbh_2018n/xwfb_20180906/sfcl/201809/t20180906_347463. html.

[61]藏可为.上海市税务局第四稽查局依法对邓伦偷逃税案件进行处理[EB/OL].国家税务总局.(2022—03—15). http://www. chinatax. gov. cn/chinatax/n810219/c102025/c5173581/content. html.

[62]现行有效法律目录(302件)[EB/OL].全国人大网.2024—04—28. http://www. npc. gov. cn/npc/c2/c30834/202309/t20230905_431560. html.

[63]江苏法院2021年度十大典型案例.仇某某侵害英雄烈士名誉、荣誉刑事附带民事公益诉讼案[EB/OL].江苏省高级人民法院网.(2021)苏0105刑初149号.2022—01—14,http://www.jsfy.gov.cn/article/91585.html.

[64]人民政协网.最高法发布大力弘扬社会主义核心价值观典型民事案例[EB/OL].2022—02—23.https://www.rmzxb.com.cn/c/2022—02—23/3055431.shtml.

[65]90后校友未履行1100万元捐赠被列为失信执行人[EB/OL].极目新闻.2023—03—16.https://baijiahao.baidu.com/s?id=1760529095127171378&wfr=spider&for=pc.

外文文献：

[1]USC3002.PartG,Title Ⅲ,Educational Amendment of 1978,Public Law 95—561,Nov.1,1978.Sec.347(b)

[2]J.Feinberg,*Social Philosophy*,Prentice Hall,1973,pp.85.

[3]J.Austin,*The Province of Jurisprudence Determined*,Weidenfeld & Nicolson,London,1954,pp.140.

[4]H.J.McCloskey,"Rights",*The Philosophical Quarterly*,vol.15,no.59,1965,pp.115—127.